"十二五"国家重点出版物出版规划项目

面向21世纪课程教材

天然气工程

（第三版·富媒体）

采气工程分册

李海涛　主编

李士伦　主审

石油工业出版社

内容提要

《天然气工程(第三版·富媒体)》为"十二五"国家重点出版物出版规划项目,分为气藏工程、采气工程、地面集输工程三个分册,本书是第二分册。

本书是在长期教学和科研实践的基础上,根据地层、井筒与地面相结合的原则,对天然气的开采作了系统全面的阐述。主要内容有:气井完井工艺技术、气井基本流动规律、排水采气工艺技术、气井增产工艺技术、污水回注工艺技术、气井腐蚀与防护工艺技术和采气工程方案设计。本书在传统出版的基础上,以二维码为纽带,加入了富媒体教学资源,为读者提供了更为丰富和便利的学习环境。

本书可作为石油工程本科专业的教材,也可作为研究生、成人教育及相近专业的参考教材,还可供气田工程技术和生产管理人员学习和参考。

图书在版编目(CIP)数据

天然气工程:富媒体.采气工程分册/李海涛主编.—3版—北京:石油工业出版社,2017.8

"十二五"国家重点出版物出版规划项目

ISBN 978—7—5183—1913—8

Ⅰ.①天… Ⅱ.①李… Ⅲ.①天然气工程 ②采气 Ⅳ.①TE64 ②TE37

中国版本图书馆 CIP 数据核字(2017)第 110183 号

出版发行:石油工业出版社

(北京市朝阳区安华里2区1号楼 100011)

网　　址:www.petropub.com

编辑部:(010)64523579

图书营销中心:(010)64523633

经　　销:全国新华书店

排　　版:北京市密东科技有限公司

印　　刷:北京中石油彩色印刷有限责任公司

2017年8月第3版　2017年8月第10次印刷

787毫米×1092毫米　开本:1/16　印张:16.25

字数:412千字

定价:39.00元

(如发现印装质量问题,我社图书营销中心负责调换)

版权所有,翻印必究

《天然气工程(第三版·富媒体)》
编　委　会

主　任：李士伦

副主任：郭　平　刘建仪

委　员：(按姓氏笔画排序)
　　　　刘启国　孙良田　李　闽　李颖川　何更生
　　　　杨继盛　张茂林　张思永　施太和　郭建春
　　　　康毅力　梁光川　熊　钰　潘　毅

《采气工程分册》编写组

主　编：李海涛

主　审：李士伦

成　员：(按姓氏笔画排序)
　　　　邓　燕　刘永辉　张　智　钟海全　蒋贝贝

第三版前言

西南石油大学,地处川渝老天然气工业基地,一直以服务于天然气开发、开采和地面集输工程作为办学特色。

"天然气工程"课程诞生于石油高等教育经历重大变革和天然气工业快速发展的背景下。2000年,根据教育部颁布的专业目录,钻井、采油和油藏工程三个专业按照"拓宽专业、加强基础、提高能力、办出特色"的教学改革方针合并成了一个专业,按照新的教学计划,"天然气工程"成为该专业一门重要而新兴的主干课程。同时,该课程的设立也适应了天然气工业快速发展的需要。从1983年的油印本,到1996年李士伦与张茂林主编的《气田及凝析气田开发》,再到2000年石油工业出版社出版的面向21世纪课程教材《天然气工程》,以及2006年转变为普通高等教育"十一五"国家级规划教材《天然气工程(第二版)》,本书已经有30多年历史了。中国石油大学(北京)、东北石油大学、西安石油大学、重庆科技学院等多所高校也都选用此教材为其专业课或研究生教材。随着历史的推移、科学技术的发展和校内外同行老师的教学实践,我们积累了许多宝贵的经验。趁本教材被国家新闻出版广电总局评为"十二五"国家重点出版物出版规划项目之际,同时也为适应高等教育课程改革的要求,对《天然气工程(第二版)》作了重大调整,将其拆分成为气藏工程、采气工程和地面集输工程三个分册,以满足课程模块化教学和深度教学需要。

采气工程是气田开发领域重要的学科之一,它以气藏地质和气藏工程研究成果为指导,以气井基本流动规律(从地层到井筒和地面)研究为基础,以油气井系统优化分析方法为手段,通过完井工艺、排水采气工艺、气井增产工艺、气田污水回注工艺、动态监测工艺、修井工艺、气井腐蚀与防护工艺和健康安全环保(HSE)等综合研究,提出科学合理的采气工程方案,把埋藏于地下的各类天然气及有用资源以经济、安全、高效的方式开采出来,以实现气田长期高产、稳产和安全生产,获得最佳的经济效益和社会效益。

本书是《天然气工程(第三版·富媒体)》的第二分册,在教材编写过程中,努力贯彻加强基础、拓宽专业和理论联系实际的思想,使本书能反映新理论、新技术和新方法;尽可能给读者建立一个地层、井筒及地面的一体化的采气工程设计理念;给出最基本、较成熟、技术先进适用、反映现代科学技术成果的知识、理论、方法和技术;能从实际出发,符合认识规律和教学规律,每章有小结、实例和习题,以帮助理解、启发思考和便于自学。在横向上与本科《气藏工程》《地面集输工程》

和《采油工程》教材相结合,纵向上与研究生教材《气藏工程方案设计》《气田开发理论与方法》一起构成层次分明的系列教材。

本书既凝聚了包括杨继盛、李颖川、施太和、何更生等老一辈知名教授的心血和汗水,同时也包括郭平、孙雷、刘建仪、熊钰、杜建芬、李闽、张茂林、张思永、刘启国、张智等中青年教授和专家前期的辛勤工作,一大批硕士和博士研究生也都参加了此项工作。

本书由李海涛教授担任主编,李士伦教授担任主审,具体编写分工为:前言、第一章、第二章、第六章由李海涛负责编写;第三章、第四章第一节和第三节由刘永辉负责编写,第四章第二节由刘建仪负责编写;第五章由邓燕负责编写;第七章由张智负责编写;第八章由钟海全、李海涛负责编写;蒋贝贝参与了第一章绪论部分编写和书稿校核。全书由李海涛教授统稿,由李士伦教授审核。此外还邀请了郭新江教授级高级工程师和刘同斌教授级高级工程师对此书进行了审读和评价。郭建春教授、梁光川教授、王永清教授、赵立强教授也对教材建设提出了宝贵意见,在这里一并向他们表示深切的感谢。

特别要感谢李士伦教授,他对本教材倾注了大量心血,他严谨、认真、博学、宽容的人格魅力一直感染着每一位编者,其高尚的情操、高风亮节的情怀和天然气人执着的追求深深地激励着我们:齐心协力,谨遵校训,为祖国加油,为民族争气。

由于编者水平有限,书中难免有错漏之处,恳请读者批评指正。

李海涛
2016.7.26

第二版前言

西南石油大学,地处川渝老天然气工业基地,一直以服务于天然气开发作为办学特色。

"天然气工程"课程诞生于石油高等教育经历重大变革和天然气工业快速发展的背景下。2000年,钻井、采油和油藏工程三个专业按照"拓宽专业、加强基础、提高能力、办出特色"的教学改革方针合并成了一个专业,按学校新的教学计划,"天然气工程"成为该专业一门重要而新兴的主干课程。同时,该课程的设立也适应了天然气工业快速发展的需要,为天然气专业技术人员、博士生、硕士生提供一本他们急需的参考书。若仅追溯到1983年的油印本,1996年和张茂林主编的"气田及凝析气田开发"这个合并专业试点的教材,到2000年石油工业出版社出版的面向21世纪教材《天然气工程》,也已有25年历史了。中国石油大学(北京)、西安石油大学、重庆科技学院等也都选用此教材为其专业课教材。随着历史的推移、科学技术的发展和校内外同行老师的教学实践,我们累积了许多宝贵的经验,借此教材转为普通高等教育"十一五"国家级规划教材之际,对第一版作一次较大的修改,以履行2000年初版时的诺言。

修改时有这样几点想法:按气田开发大系统工程的概念,给读者建立一个从开发、开采到地面工程的完整概念;给出最基本、较成熟而又是先进的、反映现代科学技术成果的知识、理论、思路、方法和技术;从实际出发,符合认识规律和教学规律,便于自学,"教人以渔";注意理论联系实际,学以致用;文风好,学风好,把错误降到最低限度;尊重知识产权,集众人智慧,引用他人成果时详细注明了出处。按照上述思想,这次修改中做到了以下几点:删繁就简,削枝保干,突出重点,减轻负担;顺应需要,增加内容,高含硫气田开发日益重要,防腐、环保和安全是头等大事,特请这方面专家施太和、何更生两位老教授和张智博士专门撰写"气井的防腐与安全"一章;每章有提示、小结、实例、习题,以帮助理解,启发思考;尽可能多列参考文献,尤其是中文的相关文献,便于查找;继续、适度反映我们的科研成果,如凝析油气烃类体系相态和状态方程,提高天然气采收率,气井试井和动态监测、分析管理,气井生产节点分析,排水采气和气井防腐及安全等相关研究内容;改变了版面。

本书在内容上作了较大的修改,新增了"气井的腐蚀与安全"一章。绪论、第二章、第八章、第十章改动较大,对其他各章也都有不同程度的修改和调整。本版新增内容主要有:我国天然气开采简史;天然气工业在国民经济中的地位(化工利用）；世界与中国油气资源和科学技术发展趋势；天然气偏差系数、黏度、压缩系数的计算公式（便于计算机编程计算）；天然气中水蒸气含量图版；天然气热值和爆炸性；C_n^+重馏分特征化处理和相态数值模拟计算方法；气井完井的3种方式及其产能方程；气井井筒温度分布计算；气藏采收率；气藏动态分析信息管理系统；天然气水合物防治；节流和透平膨胀制冷低温回收轻烃。

全书共分十二章，主要内容有：绪论，天然气的物理化学性质，烃类流体相态，气井产能分析及设计，气井管流及节流动态，气井生产系统节点分析，气藏物质平衡、储量计算及采收率，气藏开发动态监测、分析和管理，排水采气，矿场天然气集输系统，天然气预处理及轻烃回收，气井的腐蚀与安全。

参加本书编写的有杨继盛、施太和、何更生、李颖川等老教授，还有郭平、孙雷、刘建仪、张茂林、李闽、刘启国、熊钰、杜建芬等一批年轻有为的教授和专家，还有在美国工作的张思永校友，一批博士生、硕士生也参与了此项工作。

本书编写分工为：前言、绪论、第八章由李士伦、张茂林、刘廷元编写；第二章由张思永、杜建芬、李士伦编写；第三章由孙雷、杜建芬、李士伦编写；第四章由杨继盛、李闽、刘启国编写；第五章由李颖川编写；第六章、第九章由刘建仪编写；第七章由郭平编写；第十章由张思永、杜建芬、李士伦编写；第十一章由熊钰编写；第十二章由何更生、施太和、张智编写。全书由李士伦教授主编，刘建仪、孙雷、郭平等教授为副主编，由赵必荣教授、王鸣华教授级高级工程师审核，还请郭尚平、韩大匡、罗平亚三位院士和中国石油天然气集团公司咨询委员会开发部主任李海平博士对此书进行了审核和评价。在这里向他们表达深切的谢意。

衷心感谢杜志敏校长的关心和大力支持，感谢校教务处、校印刷厂和赵晓锋同志的大力支持和热情帮助。

由于编者水平有限，书中难免仍有不足，恳请读者随时批评指正。

李士伦

2008.4.12

第一版重印前言

自 2000 年 8 月本书出版以来,已在西南石油学院石油工程本科专业中使用两届,"天然气工程"定为该校石油工程专业的主修课程,同时,它也作为油气田开发工程和油气井工程学科博士、硕士研究生的重要参考书。石油大学(北京)也把它选为石油工程本科专业的教材,西安石油学院也选为硕士研究生的主要参考教材。此外,许多油气区从事天然气开发开采专业的工程技术人员,也把它作为重要的技术参考书。

在此期间,在教学实践中,广大任课老师和学生反馈了不少好意见,我们也听到了来自生产一线的声音,如东海石油公司李欣高工,通篇阅读本书,提出了不少宝贵意见。中国石油天然气股份有限公司刘宝和副总裁、西南石油学院院长罗平亚院士、石油大学(北京)党委书记李秀生教授、长庆油气田分公司金忠臣副总经理、石油工业出版社张卫国副社长和本专业领域里的著名教授、专家李相方、赵碧华、孙良田、赵必荣、薄春生、方义生、王鸣华和江同文等都提出了许多宝贵的建议和意见。在这里向他们和所有关心本书的读者表示深切的谢意,并望继续能得到你们的关心和帮助。

这里请允许我们把杨继盛教授撰写的"气井产能试井"内容再现在第五章中,他毕生从事天然气事业和人民教育事业,他写的《采气工艺原理》教材曾于 1997 年获得国家优秀教材奖。李颖川教授也专为本书写稿,而且再版时又认真修改。限于篇幅和避免与其他教材重复,张茂林和刘启国两位博士分别编的数值模拟和不稳定试井两章未能收集,钦佩他们顾全大局的精神。

在重版前,我们再请任课老师、参与编写本书的老师查找问题改正错误,在此基础上,我们寻根查源,静下心来反复多次查错修改,这样做的目的只有一个,就是怀有对读者的高度责任感,望能让他们"用得放心,看得顺心",望能增强读者对我们的信任感,确保内容,尤其是公式的正确无误,以此也表示我们弘扬严谨治学精神和实事求是科学态度的决心。对在第一版时所出现的错误,我们深表歉意,这次重印时我们力争把错误降低到最低限度。限于时间和精力,本次只是重印,待三年之后,随着更多的教学实践,我们再好好作大的修改。

由于编者水平所限,书中难免还有缺点和不足之处,再次恳请读者批评指正。

李士伦
2003 年 7 月 1 日

目 录

第一章　绪论	1
第一节　采气工程技术发展现状	1
第二节　采气工程概述	4
第三节　课程性质与学习要求	9
小　结	10
参考文献	10
习　题	10
第二章　气井完井工艺技术	11
第一节　完井表皮	11
第二节　气层保护	15
第三节　完井方式	22
第四节　射孔设计	37
第五节　完井测试与投产措施	55
小　结	63
参考文献	63
习　题	64
第三章　气井基本流动规律	65
第一节　气井流入动态	65
第二节　气井井筒压力计算模型	71
第三节　气井井筒携液理论	83
第四节　气井节流动态	87
小　结	91
参考文献	91
习　题	92
第四章　排水采气工艺技术	93
第一节　气井积液诊断方法与排水采气工艺技术简介	93
第二节　泡沫排水采气	97
第三节　柱塞举升排水采气	105
小　结	114
参考文献	114
习　题	115

第五章　气井增产工艺技术 ... 116
第一节　储层改造增产机理 ... 116
第二节　酸化及酸压增产工艺技术 ... 118
第三节　水力压裂增产工艺技术 ... 131
小　结 ... 148
参考文献 ... 149
习　题 ... 149

第六章　污水回注工艺技术 ... 150
第一节　水质指标设计 ... 150
第二节　气田污水处理 ... 156
第三节　注水井吸水能力 ... 165
第四节　注水工艺设计 ... 170
小　结 ... 173
参考文献 ... 173
习　题 ... 174

第七章　气井腐蚀与防护技术 ... 175
第一节　气井腐蚀概述 ... 175
第二节　气井腐蚀的重要参数及其获取方法 ... 188
第三节　采气工程用材料的性能测试 ... 190
第四节　气井腐蚀性环境的材料选用 ... 195
第五节　气井的防腐设计 ... 201
第六节　含硫化氢气井的安全与防护 ... 206
小　结 ... 208
参考文献 ... 209
习　题 ... 210

第八章　采气工程方案设计 ... 211
第一节　采气工程方案设计的作用与特点 ... 211
第二节　采气工程方案设计的主要内容 ... 213
第三节　采气工程方案设计程序 ... 214
第四节　HSE 管理体系 ... 231
第五节　采气工程方案设计典型案例 ... 234
小　结 ... 246
参考文献 ... 246
习　题 ... 246

富媒体资源目录

序号	名称	页码
1	网页　精品课程"天然气工程"	9
2	视频 2－1　水平井裸眼滑套压裂完井	35
3	视频 2－2　射孔与高能气体压裂联作工艺	40
4	视频 3－1　气液两相管流流型	83
5	视频 3－2　连续携液临界流速	84
6	视频 4－1　气井泡沫排水采气工艺	97
7	视频 4－2　柱塞举升排水采气	107
8	视频 5－1　酸洗	117
9	视频 5－2　基质酸化	117
10	视频 5－3　酸压	117
11	彩图 2－11　三种不同类型的预充填筛管	28
12	彩图 2－21　机械封隔器分段压裂完井示意图	36
13	彩图 2－22　水平井封隔器分段压裂完井示意图	36
14	彩图 2－27　超正压射孔工艺管柱示意图	41
15	彩图 3－18　井下节流器	90
16	彩图 4－21　典型的柱塞举升装置	106
17	彩图 5－1　岩板刻蚀后表面及叠置裂缝形态	117
18	彩图 7－1　电化学腐蚀示意图	176
19	彩图 7－4　氧导致的点蚀形貌	185
20	彩图 7－5　硫化物应力腐蚀示意图	186
21	彩图 7－6　冶金成分、应力水平和工作环境对氢脆的影响	186
22	彩图 7－7　MTS 810 材料试验机	192
23	彩图 7－10　气井腐蚀环境与材料选用指导图	199
24	彩图 7－11　油管外螺纹端部腐蚀形貌	203

本教材富媒体资源由作者李海涛提供，若有教学需要，可向责任编辑索取，联系邮箱：fzq1981@163.com。

第一章 绪 论

我国有着悠久、光辉的天然气开采和利用史。早在公元前三世纪,我国就有了凿井汲卤、煮卤熬盐的历史记载,到了明朝中期,更是形成了令人惊叹的天然气地面管线集输系统。古人的骄人成就,至今仍激励着我们去锐意进取、开拓创新。

作为油气田开发工程学科的必修课程,采气工程具有多学科性和实践性等特点,课程涉及有关气田开发的完井与投产、排水采气、气井增产、污水回注、气井腐蚀与防护、井下作业、动态监测等系列工艺技术,是天然气开采工程中一个占有主导地位的系统工程,对天然气气田的高效开发具有举足轻重的作用。

第一节 采气工程技术发展现状

中国巨大的能源消费总量和以煤为主的能源消费结构给经济—能源—环境协调发展带来严重挑战,而天然气作为最清洁低碳的化石能源,其在一次能源消费中的占比极大地影响着我国能源消费结构的调整战略和"能源—经济—社会—环境协同发展"这一伟大"中国梦"的实现。2014年国务院印发的《能源发展战略行动计划(2014—2020年)》,明确提出我国未来一段时间应坚持"节约、清洁、安全"的能源发展战略方针,这为我国天然气工业的发展带来了新的机遇与挑战。

天然气工业的快速发展离不开采气工程技术的进步与提高。截至2016年底,我国共探明53个大气田,这些气田已成为中国天然气工业的支柱。新发现的大气田中,低丰度、低渗致密气藏(如苏里格、靖边、大牛地气田等)和高温、高压、高含硫、深埋存气藏(如普光、元坝、龙王庙气田等)的产量占到全国天然气总产量的76.3%[1],这些气田开发难度极大,对采气工程技术的要求也很高。例如,世界上罕见的"低渗、低压、低产和低丰度"的苏里格气田,如何解决低成本钻井、低成本开采、低成本集输和快速建产等问题;超深、高含硫、高压和复杂山地地形的普光气田,如何解决超深钻井、超深储层改造、超强硫化氢腐蚀、抗腐蚀管材降本和高风险生产作业等世界级难题。此外,要实现我国能源结构的优化调整,不能单纯依靠加大常规天然气的开发力度,还必须要加大对非常规页岩气和煤层气的开发力度。2015年我国页岩气产量为50亿立方米,根据《页岩气发展规划(2016—2020年)》,2020年力争实现页岩气年开采量突破300亿立方米,我国天然气自给率提升到50%,并使天然气在我国一次能源消费中的占比提升至8%左右。要实现这一宏伟目标,采气工程就必须要突破长水平井钻井、完井、压裂集成工厂化作业技术瓶颈,解决分段多簇压裂、重复压裂以及同步体积压裂等技术难题,形成技术水平高、作业成本低、安全环保的高效一体化技术。此外,现阶段我国煤层气的开采还面临着单井产量低、效益差、缺乏煤层气有效开发技术和工艺体系等限制我国煤层气快速发展的技术瓶颈。

所有这些问题的解决,很大程度上依赖于采气工程技术的进步,采气工程对我国天然气工业的发展具有巨大的推动作用。

一、国内采气工程技术发展现状

世界上石油和天然气工业的兴起只是近百年的事。我们勤劳勇敢的人民在天然气开采和利用上有着伟大的成就,四川是世界上产气最早的地区之一,比欧洲用煤气点灯的最早国家——英国(1787年)要早十几个世纪。据《史记》记载,在公元前三世纪,当时担任蜀郡太守的水利专家李冰就曾在今天的四川邛崃一带凿井汲卤,并利用开采盐井过程中取得的天然气煮卤熬盐。东汉时期,四川的盐井已遍及临邛、成都、南充等十多个县,利用天然气做饭熬盐随之也普及到上述地区。清朝道光十五年(公元1835年),我国钻井已突破千米大关,而美国在1859年才钻了一口21.69m的井。但是,由于长期的封建统治、列强的入侵和政府的腐败,我国石油和天然气工业长期处于落后状态[2]。

新中国成立以来,我国的采气工程配套工艺技术的研究与应用取得了举世瞩目的成就。20世纪60年代前,我国便可实施相对简单的气井试井、地面集输、气井管理、酸化解堵等采气工艺技术;60年代以后,天然气脱硫、脱水工艺技术,常规酸化解堵装备研制及配套工艺技术已在我国气井生产中大规模使用。20世纪末,随着天然气生产规模的扩大和气井开采难度的增加,我国加快了采气工程配套工艺技术系列的研究,并取得了长足进步。在气井完井与储层保护方面,从储层评价方法、完井液、完井方式、固井以及水泥添加剂的研究,到高效射孔、投产措施等方面的技术都获得了重要成果。在低渗透储层有效开发方面,我国建成了具有国际先进水平的压裂酸化实验室,形成了压裂酸化储层描述、室内试验、机理研究、优化设计、压裂液及酸液体系、压裂酸化效果评价系统配套的低渗透区块整体改造技术,能满足多井况勘探开发、多层系压裂酸化施工要求[3]。

进入21世纪以来,随着天然气在我国一次能源消费比重的不断提高[4-5]和天然气勘探与开发领域连续取得重大突破,我国天然气工业的发展迎来了新的春天。随着我国凝析气藏、水驱气藏、火山岩气藏和疏松砂岩气藏的成功开发,苏里格气田和普光气田超百亿立方米天然气产能的建成,国内埋藏最深的海相元坝气田的成功投产,单层地质储量规模全国最大的川中古隆起龙王庙组特大型气田以及四川威远—长宁和重庆涪陵海相页岩气示范区的相继投入开发,标志着我国采气工程技术迈上了新的台阶。在低渗、低压、低丰度且高含水饱和度气田开发中,通过井位优选、水平井分段压裂增产以及排水采气提高采收率等配套工艺技术,我国在实现苏里格气田有效开发的同时还提出了"标准化设计、模块化建设、数字化管理"的创新气田建设模式[6]。在高温、高压、高含硫的气田开发中,通过高含硫气田气—液—固(硫)三相渗流理论模型的建立,高抗硫套管、高镍基合金油管、大口径抗硫集输管等关键抗硫管材的科技攻关,高含硫气田储层改造、腐蚀评价、泄漏模拟等实验室的创建,我国不仅成功实现了普光气田的高效开发,还使高含硫气田开发研究水平迈入了世界先进行列[7]。在页岩气开发中,我们突破了页岩气钻井过程中井眼坍塌、套管受损等技术难题,完善了体积压裂优化设计方法,形成了一套适合我国页岩气储层特征的开采技术方法,有力推进了我国页岩气的开采进程。所有这些都说明我国采气工程技术的发展进入了一个全新的历史时期。

二、国外采气工程技术发展现状

目前,天然气剩余资源量中低渗致密难动用储量和非常规气藏资源量所占比例越来越大,如何低成本高效益、安全环保地开发这些资源是国内外面临的主要难题和挑战。围绕这一难点,石油天然气工业上游逐步形成了一套科学的天然气开发技术体系,该体系以效益为第一目标,在高新技术研究和发展的同时,更加注重成熟技术和高新技术的集成化应用,十分重视从气田开发系统工程出发,运用计算机科学、渗流力学、开发地质学、气藏工程、油气井工程等现代科学综合技术,深入研究采气工程理论以指导采气工程实践,为重大技术措施提供了科学的决策依据[8]。在完井、增产、排水采气、修井等各个方面都取得重要进展。

在完井工艺技术方面,以常规完井技术为基础发展了欠平衡完井技术、高含硫气井完井技术、分支井和水平井完井技术、控水完井技术以及智能完井技术,其完井工程理论和完井设计方法系统完善,完井工具先进。同时发展了基于生产测井的完井评价技术,如国外先进的 Sondex MAPS 和 FlowScan 系统,还发展了低成本的分布式光纤温度传感器温度测试评价技术,能够通过传感器收集产层不同位置温度的微小变化,信息经过计算机处理可转化为气井产气和产水剖面信息,从而评价水平井产气贡献、裂缝贡献、出水点位置,这对于进一步完善完井优化设计和提高气井控水、堵水作业成功率具有重要的作用。

在增产工艺技术方面,随着近十年非常规油气资源开发的广泛兴起,增产技术领域取得了明显的发展。从压前井层评估、方案设计到施工监测、压后评估,从基础理论、工艺技术到配套装备,都取得了长足进步,有些方面的进展可谓突飞猛进。水力加砂压裂规模已经从常规油气的"百方液十方砂"发展到页岩油气等非常规油气的"万方液千方砂",水力压裂工艺从单井单层压裂发展到多井多段同步压裂、拉链式压裂,加砂方式从台阶式连续加砂发展到多级加砂、脉冲式加砂 Hi-way 压裂;压裂液体系从常规的水基冻胶压裂液发展到了清洁压裂液、滑溜水压裂液、氮气和二氧化碳泡沫压裂液以及液态二氧化碳无水压裂液。酸化技术也已经在复杂岩性、特殊地层流体、高温深层、复杂井筒状况等特殊条件下广泛使用。随着油气特别是非常规天然气勘探开发的技术难度越来越大,增产技术已经在石油工程技术中由单一辅助技术发展成气田成功开发的关键技术。

在排水采气工艺技术方面,非常重视利用数值模拟技术对气田整体控水开采方案进行优化,特别是对于具有复杂气水关系气藏的整体防水治水优化设计,发展了强排水采气法、气水联合开采法、阻水开采法、聚合物控水采气等新技术,不仅提高了气藏采收率,而且获得了可观的经济效益。采气工艺方面,在速度管柱、泡排、常规气举、柱塞气举、喷射气举、球塞气举、机抽、电潜泵、射流泵、螺杆泵、井间互举、同心毛细管等排水采气工艺技术上已经非常成熟,目前排采工艺技术的研究重点在于各项工艺的组合优化研究,通过扩大单项工艺的适用范围实现优势互补,达到提高排水采气效率的目的。

在修井工艺技术方面发展了低密度、轻伤害修井液和保护储层的连续油管不压井修井工艺技术,过油管修井工艺技术,第三代长、短冲程液压式不压井修井工艺技术,这不但对低压、低渗和低产气井修井后成功复产意义重大,对于正常气井的产能保护也十分重要。同时井下视频装置、先进打捞工具和修井诊断专家系统的研发使复杂气井的修井变得更加简单易行。

总之,围绕气藏的经济高效科学开发,以提高气藏采收率为目的,进一步加强特殊天然气气藏开发的工艺技术和上下游一体化为重点的研究与应用攻关,仍然是国内外 21 世纪采气工程与采气工艺技术发展的总趋势[3]。

第二节 采气工程概述

采气工程的研究要与气藏的总体地质特征和开发特征相结合,要在充分认识采气工程技术系列特点和研究对象的基础上深入展开。

一、采气工程的主要特点

1. 气田开发越来越复杂

2000年以后,我国陆续投入开发的大型气田中,苏里格气田属于典型的低渗、低压、低产、低丰度且高含水饱和度的岩性控制气藏,气藏储层物性差异大、单井产能低、气水同层特征明显,气藏开发中面临着大间距井网建设、高成本单井投入、低产量单井产出以及气水同产同输等技术难题,开发难度极大。

普光气田、元坝气田均属于埋藏深、压力高、硫化氢含量高且气水关系复杂的裂缝性碳酸盐岩气藏,开发中必须解决高压采气安全性、井下管柱抗腐性、集输管道防腐性以及后期的排水采气有效性等技术难题,不仅前期建产难度大,后期气田管理也异常复杂。

作为西气东输源头的克拉2气田,是我国最大的大型整装异常高压气田,具有规模大、整装、气柱高、异常高压、单井产量高和完井工艺难度大等特点,必须针对性地掌握高陡山地构造精细地震解释技术、巨厚砂岩储层精细三维地质建模技术、异常高压高产气藏产能评价技术、巨厚气藏完井工艺技术、山前高陡构造钻井防斜提速技术和高压气井防气窜固井技术,才能实现气田成功开发。

柴达木盆地青海涩北气田是典型的疏松砂岩气藏,面临气水关系复杂、出砂严重、储量动用程度不均衡等开发技术难题;我国先后在渤海湾、二连、黄骅、准噶尔等盆地发现了火山岩气藏,特别是在松辽盆地北部徐家围子断陷和南部长岭断陷均发现了具有百万立方米无阻流量的工业气井,松辽盆地发现的火山岩气藏已逐渐成为近年来勘探开发的一个热点,但该区火山岩气藏具有地质条件十分复杂、岩性及岩相变化快、储层微裂缝较发育、物性差、非均质性强、存在启动压力等特点;在我国东海、南海西部建成的海上气田由于所处地理环境恶劣、地质条件复杂,既有疏松砂岩气藏,也有低渗致密气藏,投资巨大,气田开采或工程作业难度极大。

2. 气藏出水对气井产能的影响很大

气藏开采过程中,地层水的侵入以及凝析水在井底的聚集,都会导致近井地带含水饱和度的增加,降低气相渗透率,严重影响气井产量和产能。对于水驱气藏、凝析气藏一定要采取相应的防水和治水措施,有预见性地发展相应的采气工艺技术。如果气藏一旦见水,还必须采取有效的排水采气工艺措施,防止气井积液,提高气藏采收率。然而,现阶段我国出水气藏面临的排水采气难度很大,苏里格气田部分气井由于地层能量不足,现有的排水采气技术仍难以有效恢复生产,有些井不得不放弃生产;元坝气田由于复杂的气水关系,且处理单元未配套到位,元坝27−1H井在开井当天就不得不关井停产,现有控水完井工艺技术还不能实现超深、高含硫化氢的裂缝性气藏水平井的有效控水。针对性地开展气藏出水规律和控水治水工艺技术研究,还需要投入更多的人力、物力攻坚克难。

3. 高含酸气气藏安全开采要求高

2003年12月23日,位于重庆市开县高桥镇罗家寨的川东气田发生了特大井喷事故,造成243人遇难,是新中国成立以来重庆历史上死亡人数最多、损失最重的一次特大安全事故。这次安全事故的发生,既有人为因素成分,也反映出我国高含硫化氢气藏的高开发难度和极高安全需求。我国投入开发的大型及特大型气田(普光气田、元坝气田、龙王庙气田)中,基本都含有高腐蚀性的H_2S和CO_2等酸性气体,这些气体的存在,不仅会威胁到人、畜的生命安全,而且会严重腐蚀气井设备和输气管线。实现此类气田的高效开发,给采气工程作业及配套装备提出了极为苛刻的要求。

4. 采气工程技术要求越来越高

现有对我国天然气工业起支柱作用的大气田,多数具有低渗、低压、低产或者超深、高温、高压、高含硫化氢以及复杂气水关系等特征。对于低压、低产、致密气藏,如果不能有效实施压裂增产改造,则气井难以达到工业开采价值;对于存在强边、底水的裂缝性气藏,如果不能实施有效的控水和排采措施,则可能出现气藏水淹停产的结局,如威远气田;对于高含硫化氢的气藏,如果没有有效措施保证气井生产安全,则可能重蹈"罗家寨"事故悲剧。诸如此类的气藏开发难题摆在面前,迫使我们必须在采气工程技术上开拓创新,进一步发展具有我国天然气开采特色的采气工程系列技术。

二、采气工程研究的主要对象

根据我国现有已开发气藏和具备开发潜能气藏的储量分布、储层特征、地质特征和开发特征,可将采气工程的主要对象分为九类:气驱气藏、水驱气藏、低渗透气藏、异常高压气藏、含酸性气气藏、凝析气藏、疏松砂岩气藏、页岩气藏和煤层气藏。

1. 气驱气藏

所谓气驱气藏就是主要依靠天然气弹性能量进行驱动开采,没有边底水和层间水(也包括边、底水不活跃)的气藏。此类气藏的开采属于衰竭式开采,不需要实施排水采气工艺,开采成本低,经济效益高,具有很高的商业开采价值。

气驱气藏的开采一般具有井间连通范围大、气井产量稳定、气藏边水能量有限、气藏采气速度与稳产期有直接关系等开发特征;气井正常生产中一般会出现产量上升阶段、稳产阶段、产量递减阶段、低压小产量阶段四个开采阶段,酸化解堵是提高此类气藏气井产能的有效工艺措施。气驱气藏对采气工程要求较低,只要保证合理的采气速度,充分利用气层能量,适当增大生产压差,发挥低渗透区的补给作用,就能实现气藏的有效开发。需要注意的是,在气藏开采末期,最好能建立地面压缩机增压站,以实现气藏增压开采,提高气藏采收率。

2. 水驱气藏

水驱气藏又称为产水气藏,四川常称有水气藏,根据水驱指数大小又可细分为弹性水驱气藏和刚性水驱气藏(很少见)。我国水驱气藏主要有砂岩边、底水气藏和碳酸盐岩边、底水气藏(裂缝—孔隙性边、底水气藏)两种[9]。水驱气藏开发难度较大,气井生产过程中必须严格控制生产压差,确定合理气井产量,积极采取防水治水措施以防止气井过早水淹。此外,还要加强气井动态监测,及时进行动态分析,避免产出水处理系统过早或过晚投入建设,造成不必要的麻烦。最后,气藏开发中还要确定合理的天然气和地层水的集输处理系统,减少环境污染。

3. 低渗透气藏

低渗透气藏只是一个相对概念,世界上尚无统一的标准和界限,主要依据不同国家、不同时期的资源状况和技术经济条件而定。我国 2011 年颁布实施的 GB/T 26979—2011《天然气藏分类》中对气藏的分类见表 1-1。

表 1-1 气藏按储层物性的划分

类	高渗气藏	中渗气藏	低渗气藏	致密气藏
有效渗透率,$10^{-3}\mu m^2$	>50	>5~50	>0.1~5	≤0.1
类	高孔气藏	中孔气藏	低孔气藏	特低孔气藏
有效孔隙度,%	>20	>10~20	>5~10	≤5

低渗气藏最大的开采特征就是单井产能低、气井压力下降快,气井增产稳产难度大,多数气井需要依靠增产措施才能实现商业化开采。所以,低渗气藏在开发时,要尽可能地采取储层保护措施和压裂增产措施,减少储层伤害,提高单井产能;要选择适应气田开发特点和规模的集输工艺,降低气田投资,提高经济效益。

4. 异常高压气藏

异常高压气藏又称高压或超高压气藏,按照《天然气藏分类》行业标准定义,是指压力系数大于 1.3MPa/100m 的气藏。异常高压气藏在开发中应注意保持合理的生产压差,避免因储层弹塑性变化而引起气井产能突变,避免因生产压差过大而导致气井出砂和套管损坏事故;此外,高压气井要注重井身结构优化和完井优化,保证天然气的集输安全,控制边底水的脊进或锥进。

5. 含酸气气藏

天然气中含有 H_2S 和 CO_2 的气藏统称含酸气气藏(表 1-2)。含酸气气藏的最大特点是酸性气体对气井油管、套管、井口和其他生产设备有强烈的腐蚀作用,并对天然气集输管线造成巨大破坏。因此,含酸气气藏在钻采、集输、净化、加工和尾气处理过程中,都要采取相应的技术措施,保证安全生产,防止因气体泄漏或腐蚀造成的人员伤亡和工程事故。

表 1-2 按酸性气体含量分类的指标体系表

类别	H_2S		CO_2 体积分数 %	N_2 体积分数 %
	质量分数,g/m^3	体积分数,%		
微含	<0.02	<0.001	<0.01	<2
低含	0.02~5	0.001~0.3	0.01~2	2~5
中含	5~30	0.3~2	2~10	5~10
高含	30~150	2~10	10~50	10~50
特高含	150~770	10~50	50~70	50~70
非烃气藏	≥770	≥50	≥70	≥70

在含酸气气藏开发的采气工程方案设计中,除了要提高采气速度以降低酸气腐蚀影响外,还要特别加强生产安全保障和生产设备防腐工作。钻井过程中,钻井设备和钻具必须具有安

全防护装置,井场和地面设施也要有监测和防护设备;采气过程中,井场必须配备足够数量的防毒面具和空气供应装备,要配备硫化氢探测器和硫化氢泄漏报警装置;集输过程中,要加强输气管线的定期维修保养,最大程度上降低危险事故发生的概率。此外,含酸气气井,特别是高含硫气井,在建井过程中,必须选用抗酸气腐蚀的管材,并定期向井中添加缓蚀剂,以减缓电化学腐蚀保护金属。

6. 凝析气藏

凝析气藏是介于油藏和气藏之间的一种气藏,一般定义为产出气相中凝析油含量大于 $50g/m^3$ 的气藏。凝析气藏气体的相态(气液固三相)、相间传质(相间质量交换)随压力温度的变化而变化,存在反凝析现象(随着地层压力降低到露点以下时,凝析油会从气相中析出,黏附在储层岩石颗粒表面,造成大量的凝析油损失)是凝析气藏开发的主要特征,也是区别于其他气藏开发的主要难点。它带来一个提高凝析油采收率问题,也就是注气保持压力的开发方式的选择问题。凝析气藏开发的另一个重要特征是气藏工程、采气工程和油气集输处理工程即地面和地下紧密联系的一体化工程。这些特点给采气工程提出了很高要求,首先要求对气藏开发优化模拟,确定最佳开发方式;其次,若采用注气开发,那么要进一步优化注、采井的完井方式和完井管柱,对套管、油管密封要求更高,对注气工程安全要求更高,以保证循环注气的顺利实施;第三,凝析气藏循环注气开发周期大大延长,可分为注气阶段和衰竭开发阶段,这对一系列采气工艺提出了更高要求;第四,循环注气凝析气藏也要求加强动态监测和分析,防止气窜和注入气重力超覆,应加强产气和吸气剖面监测、示踪剂监测、压力监测等;最后,采气工程还需要解决高压条件下的高效油气水三相分离技术,保证气井的正常运转。

7. 疏松砂岩气藏

疏松砂岩气藏一般具有储层胶结程度低、气水关系复杂、井段长和层段多等特点(以青海柴达木涩北、台南气藏为代表)。这类气藏的采气工程开发方案设计要注意以下问题:(1)完井方式要能够满足防砂和控水的需求,气井生产压差需进行优化,气井工作制度要有利于防砂和防止井壁坍塌;(2)浅层气藏纵向上通常会出现气水层交互的情况,必须保证固井质量,防止水窜;(3)如果垂向上存在多层,完井方式选择还要有利于分层作业;(4)为了最大程度降低建井成本,考虑应用单井分采工艺,减少钻井投资;(5)优化套管与生产管柱尺寸,降低完井费用;(6)要注重气井储层保护,提高井底完善程度,增加气井产量。

8. 页岩气藏

Curtis定义了现代页岩气的概念,认为页岩气可以是储存在天然裂隙和粒间孔隙中的游离气,也可以是干酪根和页岩颗粒表面的吸附气或是干酪根和沥青中的溶解气。国内学者通常把这些储集在页岩层中的自生自储式的天然气称为页岩气,把具有一定规模并含有商业性开采价值页岩气的页岩储集体称之为页岩气藏。

页岩气藏的最大特点是自生自储,成藏过程无运移或极短距离的有限运移。此外,页岩气的形成和富集有着自身的特点,往往储集在盆地内厚度较大、分布广的页岩烃源岩储层中。较常规天然气相比,页岩气开发具有开采寿命长和生产周期长的优点,由于页岩分布范围广、厚度大,且普遍含气,这使得页岩气井能够长期以相对稳定的速率产气。

页岩气藏的储层一般呈低孔、低渗透率的物性特征,气流的阻力比常规天然气大,所有的页岩气都需要实施储层压裂改造才能开采出来;另一方面,页岩气采收率比常规天然气低,根据美国油气杂志报道的数据,页岩气采收率仅为 $4.7\% \sim 10\%$,而常规天然气采收率则通常在

60%以上。页岩气的这些开发特征,使得页岩气的商业化开采主要依赖于采气工程技术的进步。其中,水平井分段多簇压裂技术、重复压裂技术以及体积压裂技术是提高页岩气井产量的关键技术。

9. 煤层气藏

煤层气藏从生成、储集到保存都有别于常规天然气藏(表1-3),这就使得煤层气藏在定义上多有差异。美国通常在煤层气勘探中把整个煤层气有利目标区统称为一个煤层气藏,在开发当中甚至把气田的某一层位定义为一个气藏;我国学者则通常把煤层气藏定义为在储层压力作用下,煤层内存在一定数量甲烷的聚集。

表1-3 常规气藏与煤层气藏的区别

序号	项目	常规气藏	煤层气藏
1	埋深	有深有浅,一般大于1500m	一般小于1500m
2	资源量计算	不可靠	可靠
3	勘探开发模式	滚动勘探开发或先勘探后开发	滚动勘探开发
4	储气方式	圈闭,游离气	吸附于煤系地层中(大部分)
5	气体成分	烃类气体,主要是C_1—C_4	95%以上是甲烷
6	储层孔隙结构	多为单孔隙结构	双孔隙结构,微孔和裂隙发育
7	渗透性	渗透率较高,对应力不敏感	渗透率较低,对应力敏感
8	开采范围	在圈闭范围内	大面积连片开采
9	井距	大,可采用单井,一般少井生产	小,必须采用井网,井数多
10	储层压力	超压或常压	欠压或常压
11	产出机理	气体在自然压力下向井筒渗流,井口压力大	气体在排水降压中解吸,在微孔中扩散,然后经裂隙渗流到井筒
12	初期单井产量	高	低
13	增产措施	根据实际气藏特征选择	必不可少

我国煤层气资源量非常丰富,大概有$36 \times 10^{12} m^3$,但由于我国煤层气资源具有成煤条件多样、成煤时代多期、煤变质作用叠加等特点,构造煤、高阶煤及深部煤难采资源量约占70%,这为我国煤层气的有效开发带来了极大挑战。

虽然我国已掌握了常规煤层压裂、排采等技术,也研发出了集成创新空气欠平衡钻井、水力加砂压裂等高阶煤煤层气开发技术,实现了山西省沁水南部煤层气田的成功开发;但由于煤层的渗透率、压力、含水饱和度、吸附性、含气量等各方面的差异,煤层气已有的成功开采经验难以复制,有效保护储层的低伤害压裂液体系、增产措施的适用条件以及煤层压裂优化设计方法等亟待解决的关键问题仍是制约我国煤层气大规模有效开采的技术瓶颈。

三、采气工程的主要任务与内容

采气工程的主要任务就是根据研究对象——气藏的主要储层地质特征和开发特征,按照气藏工程总体部署方案要求,通过储层保护、钻完井优化、压裂改造、采气工艺优选等技术手段,以最经济、最有效、最合理的生产方式最大限度地动用气藏储量,提高气井产量,提高采收率和气田的开采效益;此外,采气工程还要实现以最低的消耗完成产出天然气的集输和气水分离、净化回收,为用户提供气质合格的商品天然气。

采气工程的主要工作内容包括:

(1)根据气藏的地质特征及开发特征,编制气藏开发所需的采气工程方案,为气藏高效开发提供技术支撑。

(2)研究、发展适合气藏特点的采气工程系列工艺技术,并配套形成生产能力。

(3)根据气井生产系统分析,优化采气工艺方案,提高气井产量和气藏采收率。

(4)推广、应用各种新技术、新装备,解决气田合理开发的各种工程技术问题。

(5)确保安全生产,制定、完善采气工程方面的有关标准、规程、规范,使采气工程技术、施工操作有章可循,实现标准化、规范化作业。

第三节 课程性质与学习要求

学习本课程时望读者能牢牢掌握以下几点。

一、课程性质

"采气工程"是石油工程专业油气开采工程方向的一门专业必修课。课程旨在使学生掌握气井生产与技术管理的基本理论和技术原理,具备有关天然气开发和开采方面的技能,为学生将来从事专业技术、生产管理及科学技术研究打下专业理论基础(可参阅精品课程"天然气工程"网页)。

二、课程前期准备

(1)需要具备一定的开发地质基础。
(2)需要具备一定的钻井知识。
(3)需要具备一定的完井知识。
(4)必须具备气藏工程的基本知识。
(5)要具备气井增产措施的基础知识。
(6)要具备工程流体力学、油层物理、渗流力学、采油工程等专业基础知识。

网页:精品课程"天然气工程"

三、课程学习要求

(1)了解我国天然气工业的现状和发展,知道有关天然气开发和开采方面的新理论、新方法、新工艺、新技术,掌握有关天然气开发和开采方面的知识与技能,学会应用这些知识解决实际生产问题。

(2)掌握气井储层伤害机理及应对措施,熟悉不同完井方式的特点及其适应性,能进行直井射孔完井参数优化设计,并了解完井测试的工序和流程。

(3)掌握气井流入动态和井筒压力计算的几种常用方法,能进行气体携液所需的临界流速计算和气井节流设计。

(4)掌握气井积液特征及其诊断方法,熟悉各种排水采气工艺原理、优缺点及适用范围,能进行泡沫排水采气、气举排水采气工艺的设计计算。

(5) 掌握气井增产改造的基本原理和基本方法,熟悉各种酸化(酸压)以及水力压裂增产工艺技术原理、优缺点及适用范围,能进行简单的酸化(酸压)和水力压裂的设计计算。

(6) 了解气田污水回注水质指标及其设计方法,掌握工程中常用污水处理措施,能根据注水井指示曲线的变化判断储层吸水能力的改变。

(7) 掌握气井常见腐蚀机理、气体分压及溶液 pH 值计算方法,掌握材料的选择方法、选择流程以及常见的防腐流程设计等内容。

(8) 熟悉采气工程方案设计的特点、作用及设计程序,掌握采气工程方案设计的主要内容和设计方法,能够进行实例优化设计。

小　　结

实现我国能源—经济—社会—环境协同发展的宏伟目标任重而道远。希望同学们通过本门课程的学习,能够了解从气井完井到矿场集输处理的天然气生产全过程,建立一些初步概念,了解一些基本知识,掌握一些基本方法,并在随后的课程设计和毕业设计中进一步深化应用这些知识,努力把自己培养成为一名合格优秀的石油工程师,为把我国建设成为能够让人民生活在"蓝天白云、青山绿水"的生态文明国家贡献自己的青春和热血。

参 考 文 献

[1] 戴金星,吴伟,房忱琛,等.2000 年以来中国大气田勘探开发特征[J].天然气工业,2015,35(1):1-9.
[2] 李士伦,等.天然气工程[M].2 版.北京:石油工业出版社,2008.
[3] 金忠臣,杨川东,张守良.采气工程[M].北京:石油工业出版社,2004.
[4] 柳亚琴,赵国浩.节能减排约束下中国能源消费结构演变分析[J].经济问题,2015,(1):27-33.
[5] 国家发改委:2020 年天然气消费比重将超 10%[J].中国农资,2014,(44):3-3.
[6] 庞欢.数字化集气站橇技术在气田地面集输工程的应用[J].中国新技术新产品,2014,(18):66-67.
[7] 曹耀峰.普光气田安全高效开发技术及工业化应用[J].中国工程科学,2013,15(11):49-52.
[8] Ikoku C U. Natural Gas Production Engineering[M]. New York:John Wiley & Sons,Inc,1984.
[9] 王立群.水驱气藏的分类与驱动方式[J].中国化工贸易,2014,6(28):215-216.
[10] 曹宝军,李相方,姚约东.火山岩气藏开发难点与对策[J].天然气工业,2007,27(8):82-84.
[11] 吴康,马发明,石映.四川盆地采气工程技术现状及发展方向(上)[J].天然气工业,2005,25(3):113-117.

习　　题

1-1　试述我国采气工程技术的发展历程与发展机遇。

1-2　针对我国低渗致密砂岩气藏、含酸气藏、异常高压气藏、页岩气藏、煤层气藏的特点和开采技术瓶颈,如何走科技创新发展之路?

1-3　气藏和油藏开采技术有何共同点和差异性?

1-4　针对这门课程的主要内容、课程性质和课程特点,如何制订课程学习计划?

第二章 气井完井工艺技术

气井完井(gas well completion)是气田开发过程中的重要环节,它是从钻开储层到安装合理井底结构(如下套管固井和射孔)、下生产管柱、排液,直至投产的一项系统工程。完井工程的设计水平和施工质量对气井生产能否达到预期指标和气田开发的经济效益具有决定性的影响。完井工程有两个核心:一是从钻开气层开始到试气投产的全过程都要保护好储层,发挥气层的最大产能;二是优化完井设计,充分利用气层能量,用合理的方法使气井投入生产。

完井工程设计必须与采气工程和气藏工程相结合,以最大限度地提高气田总体开发效益为出发点,对完井工程中的各个环节提出技术要求,保护好气层,并使整个工程系统最优化。完井设计的目标是针对具体的气层特征,选择合理的完井方式,优化完井施工工艺参数,创造最佳的气层和井底的沟通条件;而完井投产则是根据储层特征、完井测试、储层伤害情况等提出适宜的投产措施。

本章主要从采气工程对完井设计要求的角度出发,阐述气层保护、完井方式、射孔完井设计方法和完井测试及其投产措施。

第一节 完井表皮

当气藏中一口井完钻以后,通过完井工艺措施建立气层和井筒的沟通通道,利用合理的投产措施,气井就可以正常生产,但气井产能能否正常发挥,直接与气层和井筒的沟通渠道是否完善密切相关,我们常常采用表皮系数来反映井筒附近沟通渠道的完善程度。

一、表皮系数的物理意义

把井底周围气层受伤害或改善以后使气井产能下降或上升的现象称为表皮效应。如图2-1所示,假设地层圆形等厚均质,井筒附近存在渗透率下降的伤害带,气体流动遵循达西定律,根据Hawkins表皮系数的定义,其表达式为

$$S = \left(\frac{K}{K_s} - 1\right)\ln\frac{r_s}{r_w} \tag{2-1}$$

式中 S——表皮系数;

K——地层原始渗透率,$10^{-3}\mu m^2$;

K_s——地层伤害带渗透率,$10^{-3}\mu m^2$;

r_s——地层伤害带半径,m;

r_w——井筒半径,m。

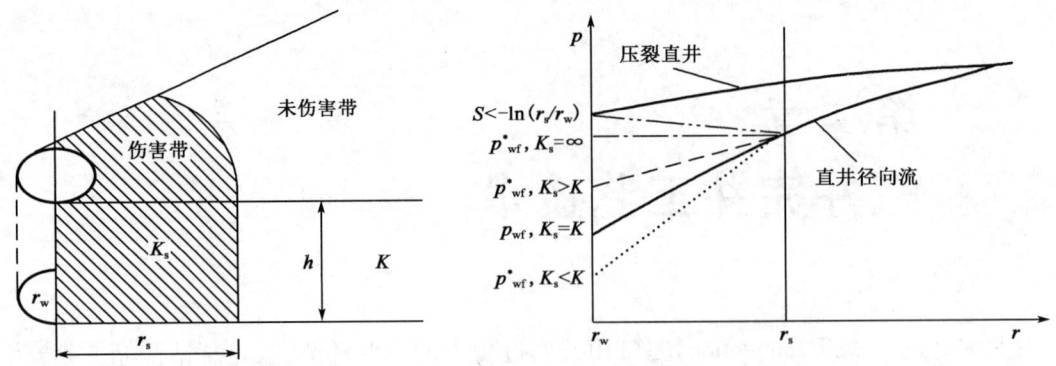

图 2-1 复合气藏直井压力分布与表皮系数

井筒附近伤害带的存在会导致流体向井流动过程中存在附加压力损失 Δp_s，它与表皮系数的关系为

$$\Delta p_s^2 = p_{wf}^2 - p_{wf}^{*2} = \frac{1.291 \times 10^{-3} q_{sc} T \bar{\mu} \bar{Z}}{Kh} S \qquad (2-2)$$

式中　p_{wf}——理想无伤害时气井井底流压，MPa；

　　　p_{wf}^*——实际情况下气井井底流压，MPa；

　　　q_{sc}——标准状态下产气量，m^3/d；

　　　T——气层温度，K；

　　　h——气层有效厚度，m；

　　　$\bar{\mu}$——天然气黏度，mPa·s；

　　　$\bar{Z}$——天然气偏差系数。

设定气井理想情况下井筒附近没有伤害（$K_s = K$）时给定产量下的井底流压为 p_{wf}，那么有伤害存在时（$S > 0$）达到相同产量的实际井底流压将会低于 p_{wf}；有改善情况下（$S < 0$）达到相同产量的实际井底流压将会高于 p_{wf}。如果在有限区域（$r \leq r_s$）内渗透率无限大（$K_s \rightarrow \infty$），此时负表皮系数达到最大值 $\ln(r_s/r_w)$，表示气井地层解堵所能获得的最佳效果，相当于有效井筒半径扩展为 r_s（图 2-1 中直线）。如果表皮系数 $S < -\ln(r_s/r_w)$，此时气井所表现出的储层压力分布规律已超越常规直井径向流的范畴，表现为双线性流的压裂直井特征。此时公式（2-1）表皮系数的概念已失去它的物理意义。因此，上述 Hawkins 表皮系数模型只能用于描述达西径向稳定渗流情况下井筒附近有限范围内的地层渗透率变化，对于非达西流和非径向流是不适用的。

二、表皮系数的构成

井筒附近存在物理伤害带的复合气藏模型所描述的表皮系数，仅仅是气井井筒与储层沟通不完善各种形式中的一种，只不过这种模式很形象直观，是钻井和完井过程中液体伤害最常用的表达形式。事实上，导致井筒与储层沟通完善程度发生改变（表皮系数可以为正，也可以为负）的因素很多，包括打开程度不完善、井筒倾斜、工作液伤害、打开性质不完善（如完井参数不合理引起流线汇聚）、相变（如凝析油析出）以及非达西流动等。为了方便计算，这些因素对气井产能的影响都可以用表皮系数来表达，但无法都用 Hawkins 表皮系数公式（2-1）来进行计算，只是对表皮系数的概念进行了外延和拓展。

一般把与流速无关的总表皮 S_t 统称为机械表皮(Mechanical skin),把与流速有关的表皮称为非达西视表皮 S_{nd}。此时,气井的总表皮可用视表皮系数(Pseudoskin) S_t' 表示为

$$S_t' = S_t + S_{nd} = S_d + S_p + S_\theta + Dq_{sc} \qquad (2-3)$$

$$D = 2.191 \times 10^{-18} \frac{\gamma_g K}{\mu h r_w} \beta \qquad (2-4)$$

其中
$$S_{nd} = Dq_{sc}$$

式中 S_d——钻井污染表皮系数;

S_p——完井表皮系数;

S_θ——井斜表皮系数;

S_{nd}——非达西表皮系数;

γ_g——天然气相对密度;

β——速度系数(描述孔隙介质的紊流影响),m^{-1};

D——惯性或紊流系数,d/m^3。

考虑表皮系数影响的拟稳态气井产能公式为

$$\bar{p}_R^2 - p_{wf}^2 = Aq_{sc} + Bq_{sc}^2 \qquad (2-5)$$

其中
$$A = \frac{1.291 \times 10^{-3} T \bar{\mu} \bar{Z}}{Kh} \left(\ln \frac{r_e}{r_w} - \frac{3}{4} + S_t \right) \qquad (2-6)$$

$$B = \frac{2.282 \times 10^{-21} \beta \gamma_g \bar{Z} T}{r_w h^2} = \frac{1.0415 \times 10^{-3} \bar{\mu} \bar{Z} T}{Kh} D \qquad (2-7)$$

注意到公式(2-5)使用的是原始地层有效渗透率,表皮系数影响都反映在 $S_t + Dq_{sc}$ 中。由于表皮系数是很多因素综合影响的结果,现场确定表皮系数最常用的方法就是产能试井,主要包括多点试井(multirate test)、等时试井(isochronal test)和不稳定压力恢复试井(pressure-buildup analysis)。例如,利用多点试井数据,通过绘制 $(\bar{p}_R^2 - p_{wf}^2)/q_{sc}$ — q_{sc} 关系曲线可以获得 A、B 系数,根据式(2-6)和式(2-7)可以获得 S_t 和 D,从而可以比较 S_t 和 Dq_{sc} 的数量级差异。如果在分配产量下,$S_t > Dq_{sc}$,说明气井井筒附近地层伤害影响较非达西影响明显,可以建议酸化解堵;反之,则说明井筒附近非达西影响比地层伤害更严重,应建议增加井底流动面积,如重复射孔或压裂等。

三、表皮系数的影响

表皮系数对气井产能的影响是十分明显的,用下面的例子进行说明。

【例 2-1】 已知气井数据:$p_r = 40\text{MPa}$,$r_e = 300\text{m}$,$h = 9\text{m}$,$T = 93°C$,$K = 1.5 \times 10^{-3} \mu m^2$,$r_w = 0.108\text{m}$,$\gamma_g = 0.7$,在地层平均温度和压力下天然气偏差系数 Z 和黏度 μ 分别为 0.8912 和 0.0282mPa·s,试分析达西流和非达西流两种情况下,表皮系数 S_t 分别为 -2、0、2 对气井流入动态的影响。

解:利用式(2-6)、式(2-7),系数 A、B 的计算结果为

$$A = 8.74 \times 10^{-4} \times (7.1794 + S_t), B = 2.4793 \times 10^{-9}, D = 3.4922 \times 10^{-6} \qquad (2-8)$$

根据式(2-5),分别计算不同井底流压 p_{wf} 下对应的气井产量,结果如表 2-1。如果将达西流情况表皮为 0 时的无阻流量作为基数 1,表皮为 -2 则无阻流量增加 39%,表皮为 2 则无

阻流量降低22%。同样,非达西流情况下,与表皮为0时无阻流量相比,表皮为-2时无阻流量增加27%,表皮为2的无阻流量降低18%。说明无论是达西流动还是非达西流动,表皮系数对产能的影响都是非常明显的(图2-2)。

而非达西流动与达西流动相比,当气井表皮系数从2、0变化到-2,产能差异分别从4%、8%增加到20%,即气井产能的差异随无阻流量的增加而增大。说明非达西流动产生的视表皮系数Dq_{sc}(D为与流量相关的紊流系数,q_{sc}为标准状况下的气井产量,详见第三章第一节)对气井产能影响较大,且随气井产量的增加,这种不利影响将进一步加剧。

表2-1 气井达西流和非达西流产量对比

p_{wf}, MPa	考虑达西流情况产量, m³/d			非达西流情况下产量, m³/d		
	$S_t=-2$	$S_t=0$	$S_t=2$	$S_t=-2$	$S_t=0$	$S_t=2$
40	0	0	0	0	0	0
35	82840	59763	46742	79388	58415	46085
30	154635	111557	87251	143376	107031	85018
25	215384	155384	121529	194636	146861	117278
20	265088	191241	149574	234874	178633	143234
15	303747	219131	171387	265221	202869	163160
10	331360	239052	186967	286427	219938	177257
5	347928	251004	196316	298973	230087	185663
3	351463	253554	198310	301632	232243	187451
0	353451	254988	199432	303126	233454	188456
无阻流量比	1.39	1	0.78	1.19	0.92	0.74

从计算实例可以看出,机械表皮系数和非达西视表皮系数的影响是不同的,机械表皮系数对产能影响十分显著,但这种影响与流速没有关系;相对而言,非达西视表皮系数的影响与流量大小密切相关,产量越高,非达西视表皮影响越明显,在低速流动时影响不大。

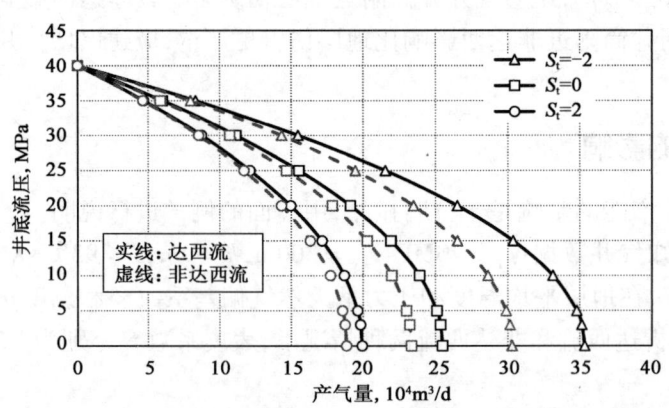

图2-2 气井流入动态与表皮系数和流动规律的关系

仍然利用例2-1的数据,假设井底流压为20MPa,按照平面径向稳定渗流理论,这口气井井筒附近压降消耗情况如表2-2所示。

表 2-2 油气井压降消耗的对比

离井筒中心的距离 r, m		1	2	3	6	100	200
$\dfrac{p_r - p_{wf}}{p_e - p_{wf}}$	油井	28%	37%	42%	50%	86%	95%
	气井	36%	45%	50%	69%	89%	96%

从表 2-2 中可以看出,在假设的井况下气井在井筒附近 3m 区压力消耗占全程压力消耗的 50%,井筒附近 1m 区的压力损失占了全程压力损失的 36%。也就是说,气井井筒附近区域的渗透性能对气井生产的影响相当大,且比油井更明显。

综上,气井完井表皮不但极大影响气井产能,同时加剧井筒附近区域的流动压力损耗,在钻井、完井和生产操作中保护好气层对气井生产和气田高效开发具有重要的实际意义。

第二节 气层保护

气藏在钻井、完井、采气、酸化和压裂、修井等作业工程中,各种井下工作液将不可避免地进入气层,而储层流体也会不断流入井筒。储层内的流体流动以及外来流体的侵入极易造成气层伤害。井筒附近如果存在地层伤害,将严重影响气井产能的发挥。因此,做好气层保护是关系到能否及时发现气藏、正确评价储量以及保证气藏开发效益的大事。气层保护工作在采气工程中的地位非常重要,且必须贯穿于气藏勘探开发的全过程。下面介绍钻井、完井及生产操作过程中气层伤害机理和相应保护措施。

一、气层伤害机理

气层伤害的内涵比较宽泛,凡引起近井地层绝对渗透率下降、气相相对渗透率降低以及完井造成的井底流入限制都称为气层伤害。油层伤害机理主要有物理作用、化学作用、生物作用和热力作用四大类型,而气层伤害机理主要集中在前两类。

1. 物理作用

物理作用指钻井、完井、增产措施及修井作业过程中,由工作液导致地层发生物理变化使地层绝对渗透率下降;有时生产中地层流体本身性质的变化(如凝析油)也可以导致物理作用损害,使气相相对渗透率降低。物理作用的主要伤害类型有内部微粒运移、外部颗粒侵入、相圈闭和应力敏感性。

1) 内部微粒运移

气层内部微粒在流体拖曳力作用下首先从岩石孔隙或裂缝壁面脱落和运移,当流动通道变窄或流速降低时,单个或多个微粒在孔喉处可能发生堵塞,造成气层渗透率下降(图 2-3)。使气层微粒开始运移的流体速度叫临界流速。只有流速超过临界流速后,微粒才能启动、运移并发生堵塞。由于流速大小直接受生产压差的影响,因而内部微粒运移损害的根源是生产压差过大。

研究表明,影响微粒堵塞的主要因素有微粒粒径、微粒浓度、孔壁粗糙度、流体流速及流动方向。当微粒粒径接近于孔隙尺寸的 1/3 或 1/2 时,微粒很容易形成堵塞;微粒浓度越大,越容易形成堵塞。孔壁越粗糙,孔道弯曲越大,微粒碰撞孔壁越易发生,微粒堵塞孔道的可能性越大。流体流速越高,不仅越易发生微粒堵塞,而且形成堵塞的强度越大;流动方向不同,对微粒运移堵塞也有影响。

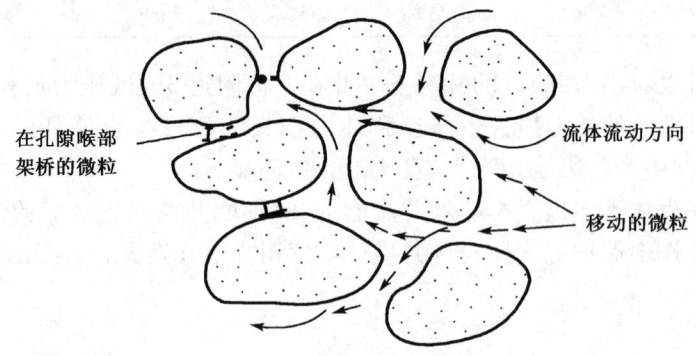

图 2-3 微粒运移堵塞示意图

2) 外部颗粒侵入

入井流体常含有两种固相颗粒:一种是为达到工艺性能要求而必须加入的有用颗粒,如钻完井液中的黏土、加重剂和桥堵剂等;另一种对于气层而言属有害固相,如钻井过程产生的钻屑和注入流体中的固相杂质。当井眼中液柱压力大于气层孔隙压力时,固相颗粒就会随流体一起进入气层,在井眼附近区域沉积下来,从而缩小气层孔隙喉道,甚至完全堵死气层。

外来固相颗粒对气层的伤害有以下特点:颗粒一般在近井地带造成较严重的伤害;当颗粒粒径较小且浓度较低时,即使颗粒侵入深度大,伤害程度也可能较低,通常此种伤害程度会随时间的增加而增加;对中、高渗透率的砂岩气层(尤其是裂缝性气层)来说,外来固相颗粒侵入气层的深度和所造成的伤害程度相对较大。

应用辩证的观点,可在一定条件下将外来固相颗粒这一不利因素转化为有利因素,如钻井过程中,当颗粒粒径与孔喉直径匹配较好、浓度适中且有足够的压差时,固相颗粒仅在井筒附近很小范围形成严重堵塞,这样就限制了固相和液相的侵入量,从而降低伤害深度,这就是常说的屏蔽暂堵技术。

3) 相圈闭

相圈闭的形式有水相圈闭和油相圈闭两种。国内外的研究和生产实践已经表明,水相圈闭是气藏生产井比较常见的伤害方式之一,尤其是裂缝性致密砂岩气藏,在钻井完井过程中使用水基工作液时,水相圈闭具有相当的普遍性和严重性;凝析气藏开发中当气藏压力降到露点压力以下时,或者使用油基工作液进行气井作业时,油相圈闭也可发生。

水相圈闭(aqueous phase trapping, or water trapping)是相圈闭的主要类型,在钻井、完井、生产、增产、修井等作业过程中,由于外来水基工作液侵入和地层原生水的重新分布都有可能使气层产生伤害,造成生产能力显著降低。水相圈闭的实质是当气藏初始含水饱和度 S_{wi} 低于束缚水饱和度(或不可动水饱和度) S_{wir} 时,即处于"亚束缚水状态",一旦发生水基工作液接触气层或地层中其他部位的水窜入气层,或凝析水在气井附近集结等过程,导致气井周围含水饱和度增高,甚至超过 S_{wir},结果气相的相对渗透率大幅下降,使气井受到伤害(图 2-4)。对于致密砂岩气藏,初始含水饱和度 S_{wi} 常常低于束缚水饱和度 S_{wir},储层的亲水性和高毛管压力使其表现为对水的强烈自吸趋势,使得水相圈闭伤害更严重和难以解除。

同样地,对于凝析气藏,当井筒附近压力低于露点压力后,井筒附近将逐渐聚集成凝析油带,随凝析油饱和度逐渐增加,气相有效渗透率逐渐降低,导致气井产气能力下降,采气指数降低。模拟研究表明,由于气井凝析油带的形成将使采气指数下降5%~8%,但现场实际生产资料显示产能下降只有2%~4%,主要原因是气井井底附近气体流速较高,将部分凝析油带出,使得凝析油圈闭影响下降,这可以通过引入基于毛管数的气相相渗曲线模型来解释,如图2-5所示,模拟结果与实际生产资料吻合较好。

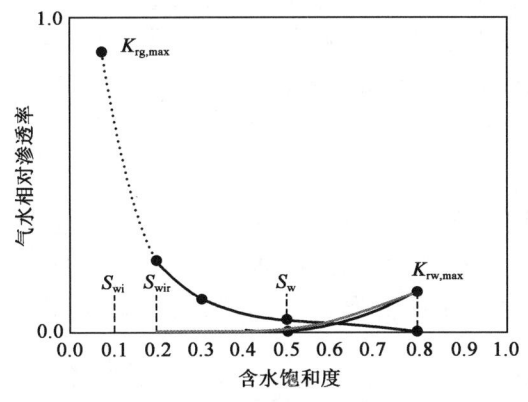

图2-4 水相圈闭的形成示意图　　图2-5 凝析气藏采气指数变化规律

影响相圈闭伤害的因素包括引起相圈闭的流体饱和度增加幅度、侵入量和深度、油气藏压力、岩石的相对渗透率和气层毛管压力。

4)应力敏感

应力敏感是指气层有效压力对气层微观孔隙结构特征(如孔隙度、渗透率)的影响所带来的气层渗流能力的变化。有效压力是指上覆岩石压力与孔隙流体压力之差。实验表明,气层渗透率随着有效压力的增加降低十分明显,对于低渗致密气藏,由于常常发育有微裂缝,使应力敏感伤害严重且难以恢复。

研究表明,微裂缝模型比毛管束模型更有利于描述致密砂岩的孔隙结构。Walsh 和 Jones (1981)[16]等基于两粗糙表面相互接触而建立起来的描述裂缝闭合和流体流动的模型可以较好地解释室内实验和矿场结果,模型如下:

$$\frac{K_f}{K_0} = \left(A\ln\frac{\sigma'}{\sigma^*}\right)^3 \tag{2-9}$$

式中　A——常数;

σ'——有效应力;

K_f——裂缝渗透率;

K_o、σ^*——参考状态下的渗透率和有效应力值(即初始值)。

一般来讲,气藏孔隙度高、渗透性好的常规储层应力敏感性弱,当发育有微裂缝时应力敏感性增强;致密砂岩岩块和裂缝的应力敏感性都强,岩石越致密,断开面越平整,起伏越小,应力敏感性越强。在地层条件下,有效应力的增加虽然不会造成严重的应力敏感性,但势必造成孔隙和毛管的压缩和变形,当有外来液相和固相侵入时,必然导致其返排困难,即应力增加可加重水锁效应。

2. 化学作用

化学作用主要包括外来流体与气层岩石不配伍带来的敏感性伤害和外来流体与气层流体不配伍造成的伤害两大类。

1) 水敏伤害

气层中黏土矿物在原始地层条件下处于一种含有一定矿化度的盐水环境中，当淡水进入气层后，某些黏土矿物就会发生膨胀、分散、脱落和运移，减小或堵塞储层喉道，造成气层渗透率降低，气层这种遇淡水渗透率降低的现象称为水敏性。水敏性矿物主要是蒙脱石和含蒙脱石的混层矿物。蒙脱石的水敏性程度取决于交换离子位置上的钠含量，当有淡水注入含蒙脱石的气层时，含钠高的蒙脱石可膨胀至原体积的 6~10 倍。

2) 酸敏伤害

酸化或酸化压裂是油气井解堵或低渗致密气层增产改造的常用措施，其机理是通过溶蚀岩石矿物，扩大油气流动通道来改善气井渗流能力。我们把酸液进入地层后与地层中的酸敏性矿物发生反应、产生沉淀或释放出微粒使地层渗透率下降的现象称为酸敏性。盐酸和土酸是最常用的两种酸。

酸处理气层并不是简单的溶解作用，因为溶解会释放出大量易沉淀的离子，在一定的物理化学条件下生成二次沉淀，堵塞孔喉。盐酸的酸敏性与矿物的含铁量有关，主要是生成氢氧化铁沉淀。引起 HCl 酸敏的矿物主要是绿泥石、菱铁矿、黄铁矿、高岭石和伊蒙混层矿物等。HCl 与铝硅酸盐矿物（黏土、长石、云母）作用，萃取了铝而使晶体结构削弱，残余的硅质淋滤层破碎可以产生微粒，致使渗透率下降。伊利石、伊蒙混层、高岭石在与不同浓度 HCl 作用时，溶解度仅为绿泥石的 1/7~1/14（Simon，1990）。氢氧化物沉淀的胶体颗粒较小，可以随溶液移动，在移动过程中，胶体可进一步聚集变大，堵塞孔喉。

氢氟酸的酸敏性复杂，主要与含钙高的一类矿物（方解石、白云石等）生成氟化钙沉淀，与硅酸盐矿物（长石类、氟石类、石英、黏土等）反应生成氟硅酸盐、氟铝酸盐沉淀。氟硅酸盐与氟铝酸盐沉淀具有很强的吸附能力，容易吸附在颗粒表面上，造成孔喉堵塞。

另一方面，在酸岩反应过程中，常常释放出一些不溶于酸的颗粒及反应残渣，这些颗粒及残渣的释放，使流动介质中固相颗粒浓度增加，固相颗粒运移并堵塞喉道，使渗透率降低。

3) 碱敏伤害

高 pH 值的工作液侵入气层时，与其中的碱敏性矿物发生反应造成黏土微结构失稳、分散（脱落）、新的硅酸盐沉淀和硅凝胶体生成，导致气层渗透率下降，统称为气层碱敏性伤害。气层产生碱敏伤害的原因包括：黏土矿物的铝氧八面体在碱性溶液作用下，边面的负电荷增多，导致晶体间斥力增加，促进分散；隐晶质石英和蛋白石等较易与氢氧化物反应生成不可溶性硅酸盐，这种硅酸盐可在适当的 pH 值范围内形成凝胶而堵塞流道。影响气层碱敏性伤害程度的因素有：碱敏性矿物的含量、工作液 pH 值和侵入量，其中 pH 值起着重要作用，pH 值越大，造成的碱敏性伤害越大。

4) 盐敏伤害

盐敏性亦主要与膨胀性黏土矿物有关，不膨胀的黏土也表现出盐敏性。当盐度增加并超过地层水的矿化度值时，根据 DLVO 理论，黏土矿物表面的扩散层受到压缩，黏土矿物出现缩聚、分散乃至从颗粒表面脱落，并运移堵塞孔喉。

5）无机垢沉淀

由于外来流体与气层流体不配伍,可形成 $CaCO_3$、$CaSO_4$、$BaSO_4$、$SrCO_3$、$SrSO_4$ 等无机垢沉淀。影响无机垢沉淀的因素包括外来流体和气层流体中盐类的组成、浓度和 pH 值。当外来流体的 pH 值较高时,可使 HCO_3^- 转化成 CO_3^{2-},引起碳酸盐沉淀,同时还可能引起 $Ca(OH)_2$ 等氢氧化物沉淀形成。

6）乳化液堵塞

外来流体常含有许多化学添加剂,可改变气液界面性能,使外来油与地层水或外来水与气层中的凝析油相混合,形成油或水作外相的乳化液。这样的乳化液造成的气层伤害有两方面：一方面是比孔喉尺寸大的乳化液滴堵塞孔喉；另一方面是增加了流体的黏度。

二、气层保护措施

1. 完井过程中的气层保护

钻完井过程中造成的气层伤害主要是钻完井液的滤液侵入气层造成的水相圈闭（包含水锁）伤害及钻完井液中的处理剂随滤液进入气层被岩石矿物吸附造成的伤害。因此,钻完井过程中的气层保护主要是防止钻完井滤液进入气层,可以采用以下措施来防止或尽量减少滤液进入气层。

1）使用无水工作液

使用无水的气体类流体作为工作液,如空气、N_2、CO_2、气态烃等,以及含水量低的泡沫都可以减轻水锁伤害。

2）采用欠平衡作业

在欠平衡钻完井中,由于循环工作液液柱压力低于地层压力,滤液进入气层的驱动力减小,这样可以减缓滤液进入地层。虽然逆流自吸作用仍不可避免,但滤液进入气层的量很有限。

3）采用屏蔽暂堵技术

屏蔽暂堵技术是把压差和钻完井液中的固相颗粒两个不利因素转变为有利因素,利用气层被钻开时,钻完井液液柱压力与气层孔隙压力形成的压差,在极短时间内,迫使钻完井液中人为加入的各种类型和尺寸的固相粒子进入井壁气层孔喉或裂缝的狭窄处,在井壁附近形成渗透率近于零的屏蔽暂堵带,此带能有效地阻止钻完井液中的固相和滤液继续进入储层,其厚度一般小于射孔弹穿透深度。

屏蔽暂堵技术的关键在于快速、浅层和高效。快速是指 10~20min 内形成屏蔽环,浅层是指暂堵带深度（包括液相）在 10cm 以内；高效是指暂堵带渗透率近于零。屏蔽暂堵技术是一项应用非常广泛的、防止储层伤害的先进技术,但将其用于低渗砂岩气层的气层保护则是相当困难的,因为此类储层的喉道相当细小,要实现对其暂堵,所需暂堵剂的加工十分困难和昂贵。

4）采用超低渗透（无渗透）钻完井液技术

超低渗透钻完井液利用特殊聚合物处理剂,在井壁岩石表面浓集形成胶束,依靠聚合物胶束或胶粒界面吸力及其可变形性,在井壁岩石表面形成致密超低渗透封堵膜,在井壁的外围形成保护层,封堵岩石表面较大范围的孔喉,有效封堵不同渗透性地层和微裂缝泥页岩地层,将钻完井液及其滤液完全隔离,阻止其渗透到气层中,从而可以实现零滤失钻完井。

5) 在钻完井过程中尽量减少正压差和工作液对气层的浸泡时间

压差越大、作业时间越长,滤液侵入气层的量越多,侵入深度越大,返排越困难。因此,应尽量实现近平衡或欠平衡钻完井,加快钻完井、测试和固井等作业速度,缩短工作液与地层的接触时间。

对不同于常规砂岩气藏的特殊气层,如裂缝性砂岩气藏、致密砂岩气藏、石灰岩气藏以及疏松砂岩气藏,由于钻完井过程中气层保护的重点不同,因而针对性的措施也不一样。裂缝性气层的特殊性在于气层的渗流通道以裂缝为主,而钻完井液对气层的伤害不仅表现为对裂缝的堵塞,而且钻完井液与裂缝面基岩接触会对基岩造成伤害,必须研制相应的裂缝暂堵剂。

疏松砂岩气藏的特殊性在于气层岩石胶结性差,存在比较显著的应力敏感性,在实施屏蔽暂堵技术时,不仅要将钻完井液的分散相粒度分布调整到与气层的孔喉分布相匹配,而且所使用的压差应尽量避免引起气层应力敏感伤害。

致密砂岩气层和石灰岩气藏的特殊性在于基岩渗透率很低,往往初始含水饱和度远低于束缚水饱和度,滤液的侵入是借助毛管压力自吸作用,即滤液与亲水的气层岩石一接触就会自动侵入气层形成水相圈闭,造成十分严重的气层伤害。气层伤害控制的主要途径是一方面借助钻完井液的内外泥饼控制滤失量,另一方面是通过提高滤液黏度和降低表面张力来减少滤液侵入量。

6) 优化完井工艺和完井参数

优化完井工艺和完井参数是完井工程的主要研究内容。完井工艺的优化主要是完井方式的优选。工程中常用的完井方式有多种类型,例如套管(射孔)完井、裸眼完井以及割缝衬管完井等,不同的完井方式都有其各自的适用条件和局限性,只有根据气藏的类型和气层的特性去选择最合适的完井方式,才能有效地开发气田,延长气井寿命和提高其经济效益。完井方式优选的关键在于优选出的完井方式能实现气层与井筒的有效沟通,能有效防止层间干扰、井壁坍塌,能满足后续酸化、压裂、修井等井下作业要求。此外,在满足基本完井需求的同时,完井工艺越简便,经济效益越高,该完井方式的优势就更为突出。

完井参数(例如射孔完井的孔密、割缝衬管完井的缝长等)的优化是完井工艺有效发挥作用的关键。以底水气藏水平井射孔完井为例,如果采用优化控水射孔参数(孔径、孔深、相位)高质量地完成射孔作业,就可以将射孔对储层的伤害降到最低,提高井底完善程度,均衡气井产气剖面,延缓气井见水时间,从而提高气井经济效益;如果不实施射孔参数优化,而是采用单一的射孔参数,在强非均质性储层中极有可能会造成气井的过早见水,降低气井的经济效益。所以,完井参数优化是完井工程的关键环节,应给予高度重视。

2. 修井作业过程中的气层保护

修井作业主要包括改变气井的生产方式及生产层位、气井解堵、防砂、打捞井下落物和修补套管等。在修井过程中,若采用不适当的修井作业工艺和修井液,必然会造成气层伤害,有时甚至造成气产量在修井后显著下降。主要保护措施包括以下三个方面。

1) 选择优质修井液

选择优质修井液是修井作业保护气层技术的关键。优质修井液既可以完成修井作业工作任务,又与气层岩石和流体配伍,对气层的伤害最小甚至不伤害气层。因此,必须针对气层特点,选择添加适合于气层的黏土稳定剂、阻垢剂、缓蚀剂、杀菌剂等,使修井液与气层岩石和流体配伍性好。同时应选择良好的降滤失剂和修井基液,控制滤失量和修井液的密度,保证对气藏造成所需的回压。另外,修井液必须成本低,易配制和维护,并且施工方便。

2) 选择适当的修井作业工艺和施工参数

修井作业必须优化修井作业程序,缩短修井作业时间,提高修井作业一次成功率,避免多次重复作业。应当采用适当的完井和生产工艺,减少修井作业次数。每次施工作业必须根据气层特征和井况优选施工参数,如采用适当的起下管串速度,避免因压力激动或抽吸造成气层伤害;采用适当的修井液体系密度,避免因体系密度过大而造成大量滤液侵入气层;采用适当的修井液上返速度和修井液黏度,避免修井作业中碎屑堵塞气层;采用适当的放喷压差,避免因此造成的气层应力敏感伤害等。

3) 采用不压井作业技术

不压井修井作业技术避免了外来修井液入井,从而有效地防止修井液伤害气层。不压井修井作业的本质是修井作业在承受气井压力的情况下,进行密闭井下作业,即在井筒内带有压力的条件下,不用压井液直接进行起下油管及特种工具的技术。

3. 增产作业过程中的气层保护

1) 酸化作业中保护气层技术

根据酸化作业中造成气层伤害的原因及方式,采用下列方法对气层进行保护。

(1) 选用与气层岩石和流体相配伍的酸液和添加剂。根据酸化作业特点,酸液和添加剂的选择原则如表2-3所示。

表2-3 酸液和添加剂的选择原则

储层岩性特点	与之配伍的酸液或添加剂	目 标
碳酸盐岩	不宜用土酸	避免生成氟化钙沉淀
伊—蒙间层矿物含量高	必须加防膨剂	抑制黏土膨胀、运移
绿泥石含量高	适当加入铁离子稳定剂	防止产生氢氧化铁沉淀
原油含胶质、沥青质较高	采用互溶土酸(砂岩)	消除或减少酸渣生成
砂岩气层	不宜用阳离子表面活性剂破乳	避免气层转为油润湿,降低油的相对渗透率
高温气层	耐高温缓蚀剂	避免缓蚀剂在高温下失效

由于实际气层类型繁多,在选择使用与之相配伍的添加剂和酸液时,必须考虑酸液、添加剂、地层水、岩石、凝析油相互之间的配伍性,达到不沉淀、不堵塞、不降低气层储渗空间,同时应尽可能降低成本。

(2) 使用前置液。首先,前置液可以隔开地层水。一般前置液使用浓度15%左右的盐酸,它可以防止氢氟酸(HF)与地层水接触生成不溶性的氟化钙(CaF_2)沉淀。在砂岩储层中,它可以防止氢氟酸与之反应生成氟硅酸,继而与地层水中的K^+、Na^+等离子反应生成氟硅酸钾(K_2SiF_6)、氟硅酸钠(Na_2SiF_6)等沉淀。其次,前置液可以溶解含钙、含铁胶结物,避免浪费昂贵的氢氟酸,并大大地降低氟化钙沉淀的形成。最后,前置液还可以使黏土和砂子表面为水润湿,减少氢氟酸乳化的可能性,并保持酸度(低 pH 值)防止生成氢氧化铁[$Fe(OH)_3$]、氢氧化硅[$Si(OH)_4$]沉淀。

(3) 优化酸液浓度和配方。当酸液浓度过高时,会溶解过量的胶结物和岩石的骨架,破坏岩石结构,造成岩石颗粒剥落,造成堵塞。如土酸中氢氟酸浓度过高时,在岩石表面形成沉淀,并且大量溶解砂岩的胶结物,使砂粒脱落,破坏其结构,造成地层出砂,严重者引起地层坍塌造成砂堵。当酸液浓度过低时,不仅达不到酸化的目的,还会产生二次沉淀。因此,当选用与岩石及流体配伍的酸液类型后,选用合适的酸液浓度是同等重要的。

(4)及时排液。残酸在气层中停留时间过长,会造成二次沉淀,结垢堵塞气层。因此,必须及时排除残酸。目前排液的方法很多,常用的有抽吸排液、下泵排液、气举排液、液氮排液等。

2)压裂作业中保护气层技术

根据压裂作业过程中造成气层伤害的原因及方式,采用下列方法对气层进行保护。

(1)选择与气层岩石和流体配伍的压裂液。根据被压裂气层的特点,有针对性地选用压裂液,表2-4列举了常见气层压裂液的选择原则。

表2-4 压裂液选择原则

气层特点	选用压裂液	添加剂及其他
水敏性气层	油基压裂液、泡沫压裂液	防膨剂
低孔低渗返排差的气层	滤失量低、无残渣或低残渣、返排能力强的压裂液	表面活性剂
高温气层	耐高温抗剪压裂液,高密度、低摩阻压裂液	满足经济成本要求

(2)选择合理的添加剂。对不同的压裂要求,在使用添加剂时,首先应注意添加剂之间不发生沉淀反应,以避免生成新的沉淀堵塞孔喉和裂缝;其次是使用成本要合理。

(3)合理选择支撑剂。支撑剂的要求为粒径均匀、强度高、杂质含量少且圆球度好。对于浅层,因闭合压力不大,使用砂子作支撑剂是行之有效的。在较高闭合压力下,粒径小的比粒径大的砂子有更高的导流能力,单位面积上浓度高比浓度低的有更高的导流能力。因此,采用较小粒径的砂子,多层铺置以适应较高闭合压力的气层压裂。对于更高闭合压力的油气层,只有采用高强度支撑剂,例如陶粒。现场应用表明,陶粒作为支撑剂无论几何形状(圆度、球度)或强度都比较理想,而且耐高温(可达200℃),抗化学作用性能好,用于气层压裂可大大减少由于支撑剂性能不好所带来的气层及支撑裂缝的伤害。

(4)及时返排。水平井分段压裂工艺在低渗、致密及页岩气藏开发中大量应用,压裂液用量可高达上万立方米,支撑剂过量顶替现象十分普遍。压后返排效果直接影响气井生产能力,返排过快容易出现支撑剂回流,过慢则可能出现"包饺子"。因此,必须通过优化返排工作制度,及时排出尽可能多的压裂液,以保证较高的裂缝导流能力,避免滞留压裂液对人工裂缝、天然裂缝和气层基质的进一步伤害。

第三节 完井方式

气井的完井方式,主要是指在气层或探井目的层部位的井身结构所反映的气层与井筒的沟通方式。目前完井方式有多种类型,以满足不同性质气层有效开发的需要,但各有其适用条件和局限性。不同完井方式的井底结构、井口装置以及完井工艺都有所不同。从生产角度出发,理想的完井方式应满足以下要求:

(1)气层和井底之间具有最佳连通条件,即渗流面积大、附加阻力小、储层所受的损害最小;

(2)能有效封隔开气、水层,防止层间干扰或窜流;
(3)能有效地控制气层出砂,防止井壁坍塌,确保气井长期稳产;
(4)应具备能够进行选择性压裂、酸化等增产措施及修井工作的条件;
(5)气田开发后期具备侧钻定向井及水平井的条件;
(6)工艺简便,成本低廉,完井速度快。

目前国内外气田常用的完井方式按照其功能来分,大致可分成自然完井、防砂完井和增产完井三大类,应根据气层的地质特征,结合该地区的实际经验和采气工艺的需要,慎重地选择最适宜的完井方式。

一、直(斜)井完井方式

1. 自然完井

自然完井是最常用的完井方式,其中包括裸眼完井、割缝衬管完井和射孔完井。

1)裸眼完井

裸眼完井(openhole completion)分为先期裸眼完井和后期裸眼完井两种方法。

先期裸眼完井[图2-6(a)]是钻头钻至产层顶部附近后,取出钻具下套管注水泥浆固井,水泥浆从套管和井壁之间的环形空间上返至预定高度,待水泥浆凝固后,从套管中下入直径较小的钻头,钻穿水泥塞和气层,直至达到设计井深。由于是在钻开气层之前完成固井工序,因此在起钻、下套管、挤水泥浆期间,水泥浆对产层没有任何影响;同时这种工艺可以消除高压油气对固井的影响,有利于提高固井质量;并且为采用保护产层的优质钻井液打开产层或平衡钻井创造了良好条件。

后期裸眼完井[图2-6(b)]是当钻头钻至产层顶部附近后,不用更换钻头,用同一尺寸的钻头钻穿气层直至设计井深,然后下套管至气层顶部,注水泥浆固井。为了防止固井时水泥浆损害套管鞋以下的产层,通常在产层段垫砂或替入低失水、高黏度的钻井液,防止水泥浆下沉。

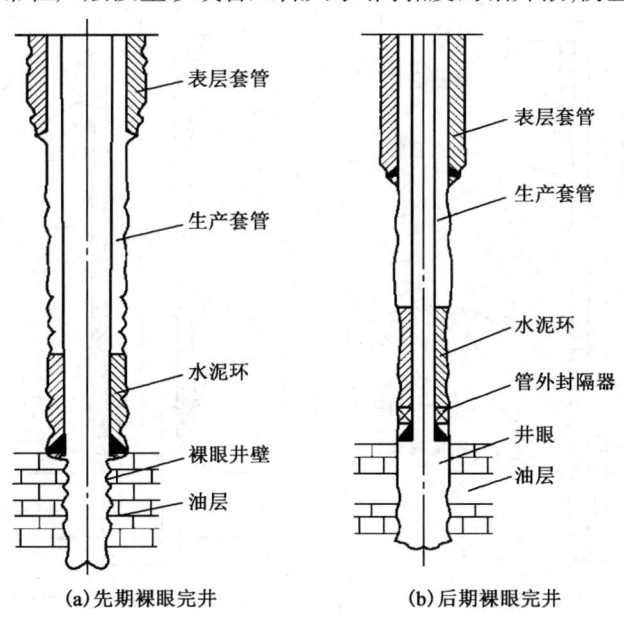

图2-6 裸眼完井

裸眼完井方式的主要优点是产层完全裸露，产层具有最大的渗流面积，流线平直，符合平面径向渗流规律，这种井称为水动力学完善井，其产能较高。此外，由于井底没有任何设备，也不需要射孔、砾石充填等工序，因此工艺简便，成本低，完井速度快。

应当注意的是，在地质情况不甚清楚的探区采用先期裸眼完井时，如果未能弄清产层部位，则无法保证准确地将套管下至产层顶部。套管下得过高，封不住上部坍塌地层，给今后的气井开采带来困难；下得太低，一旦钻开产层，则等于后期完成，还有可能造成井喷事故。可见，先期裸眼完井最重要的是弄清层位，卡准套管下入深度，确保套管下至产层顶部。目前，后期裸眼完井在现场已经很少使用，它仅限于对地层情况了解不够的探区。

裸眼完井的主要缺点如下：

(1) 不能克服井壁坍塌和产层出砂问题；

(2) 不能克服整个生产层内不同压力下气、水层之间的相互干扰；

(3) 不能进行选择性酸化或压裂等分层作业；

(4) 不能实现分层开采和控制；

(5) 先期裸眼完井法在下套管固井时不能掌握产层的全部真实资料，继续钻进时如遇特殊情况容易给钻进造成波动。

因此，裸眼完井仅适用于岩层坚硬致密、无含水夹层、无易坍塌夹层的单一气层或一些气层性质相同、压力相似的多层气层。因裸眼完井难以实施增产措施、控制底水锥进和堵水，现多转变为套管射孔完井。

2) 衬管完井

衬管完井法有两种完井工序。一种是用同一尺寸钻头钻穿产层后，套管柱下端连接衬管下入产层部位，通过套管外封隔器和注水泥接头固井，封隔产层顶界以上的环形空间，如图2-7(a)所示。这种完井工序的缺点是井下衬管一旦损坏就无法修理或更换，目前基本不采用。

另一种完井工序和先期裸眼完井法相似。如图2-7(b)所示，先钻至产层顶部，下套管注

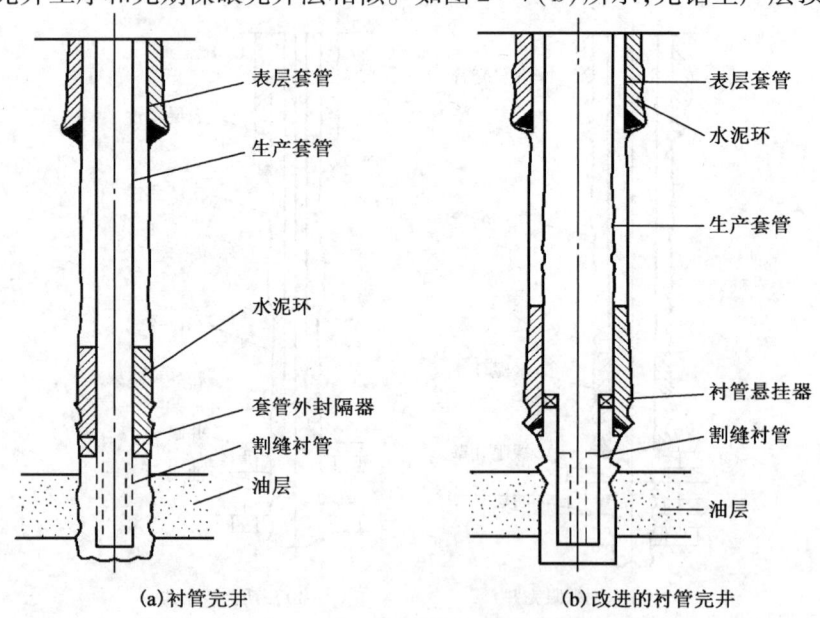

图2-7 衬管完井

水泥浆固井,待水泥浆凝固后,再从套管中下入直径较小的钻头钻穿气层达设计井深。和先期裸眼完井不同的是:此种衬管完井方式在产层部位下入衬管(包括割缝管或预孔管),依靠衬管顶部的衬管悬挂器把衬管的重量悬挂在套管上,并密封套管和衬管之间的环形空间,使油气只能通过衬管上的孔眼或割缝流入井内。

采用这种完井工序的产层不会受到固井水泥浆的伤害,可以采用与储层相配伍的钻井液或其他保护储层的钻井技术钻开产层。当衬管发生磨损和故障,还可以把它起出来修理或更换。

衬管完井法是目前主要的完井方式之一,可分为割缝衬管完井(slotted liner completion)和预孔管完井(pre-drilled liner completion)两种。它既起到裸眼完井的作用,又能防止裸眼井壁坍塌堵塞井筒,同时割缝衬管在一定程度上具有防砂的作用。由于这种完井方式的工艺简单,操作方便,成本低,因此在一些不出砂或出砂不严重的中粗砂粒储层中应用较多。

3)射孔完井

射孔完井是目前国内外使用最广泛的完井方式,包括套管射孔完井和尾管射孔完井。

套管射孔完井[图2-8(a)]是先钻穿产层至设计井深,将生产套管下至产层底部注水泥浆固井,然后再下入射孔枪对准产层射孔,射孔弹射穿套管、水泥环并在产层形成一定深度的孔眼,建立起气流入井的通道。

尾管射孔完井[图2-8(b)]是在钻头钻至产层顶界后,下套管注水泥浆固井,然后下小一级的钻头钻穿产层至设计井深,用钻具将尾管送下并悬挂在套管上,再对尾管进行注水泥固井,然后实施射孔。

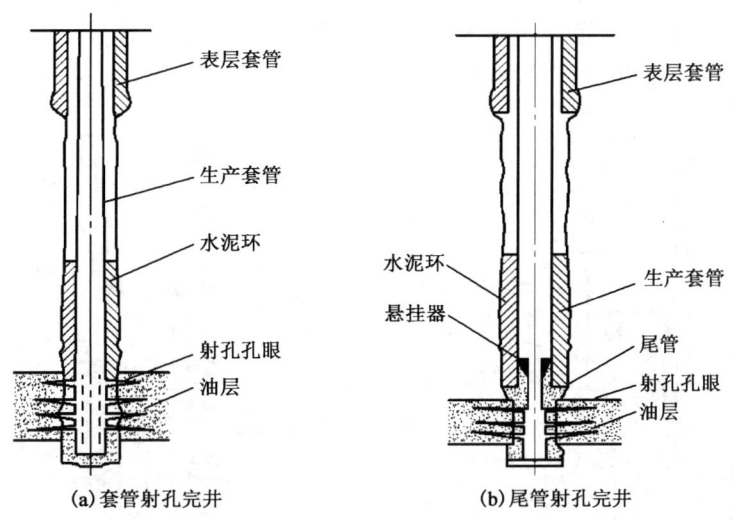

图2-8 射孔完井

尾管射孔完井在钻开产层以前上部地层已被套管封固,因此,可以采用与产层配伍的钻井液,采用平衡或欠平衡的方式钻开产层,有利于保护产层;同时此类完井可以减少套管的重量和固井水泥的用量,降低完井成本。

射孔完井的优点是:(1)能比较有效地封隔和支撑疏松易塌的生产层;(2)能比较有效地封隔含水夹层、支撑易塌的黏土夹层,只要不射开这些含水夹层和黏土夹层,就可以避免它们对生产的影响;(3)能够分隔不同压力和不同特性的气层,可以选择性地打开产层,从而实现分层开采、分层测试和分层增产措施等作业;(4)可进行无油管完井及多油管完井。

射孔完井的缺点是：(1)在钻井和固井过程中，由于钻井液和水泥浆浸泡时间较长，产层易受污染；(2)射孔完井的水动力学性质不完善，产层的渗流面积只是井眼孔壁面积的总和，流线在孔眼附近必然会发生弯曲、聚集，产生附加渗流阻力；(3)对射孔参数要求严格，固井质量要求高；(4)对于裂缝性气藏，由于裂缝发育的不均匀性，孔眼与裂缝相遇的机会难以控制。

目前国内外90%以上的气井都是采用套管射孔完井，对于较深的气井大多采用尾管射孔完井。

2. 防砂完井

防砂完井是疏松砂岩气藏开发过程中常用的完井方式，包括砾石充填完井、独立筛管完井、膨胀筛管完井、无筛管防砂完井和压裂充填防砂完井。

1）砾石充填完井

对于胶结疏松、出砂严重且粉砂含量较高的地层，一般应采用砾石充填完井方式。它是先将金属绕丝筛管下入井内产层部位，然后用充填液将地面上预制好的砾石泵送至绕丝筛管与井眼或者绕丝筛管与套管之间的环形空间内，构成一个砾石充填层，以阻止产层砂流入井筒，达到保护井壁、防砂入井的目的。砾石充填完井一般使用不锈钢绕丝筛管而不用割缝衬管，其原因是筛管的流通能力大大高于衬管且绕丝筛管以不锈钢丝为原料，其耐腐蚀性强，使用寿命长。为了适应不同产层特性的需要，裸眼完井和射孔完井都可以进行砾石充填，分别称为裸眼砾石充填和套管砾石充填。

(1)裸眼砾石充填完井(openhole gravel pack completion)。

在地质条件容许使用裸眼技术而又需要防砂时，就应该采用裸眼砾石充填完井方式，如图2-9(a)所示。其优点是渗流面积大，产量高，阻力小；充填层因扩孔厚度大，结构稳定。其缺点是工序复杂，井下滤饼使产量下降。

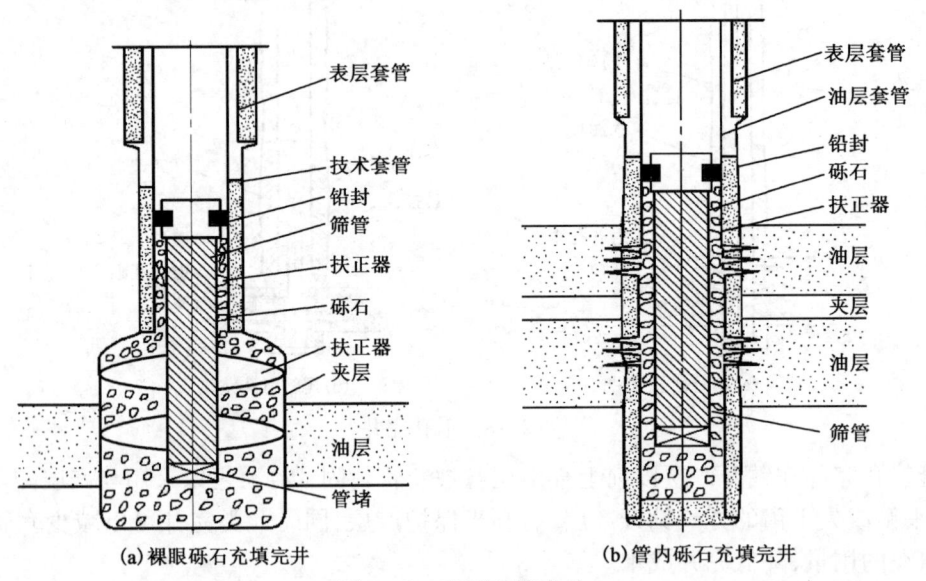

图2-9 砾石充填完井

施工工序包括领眼、扩孔、电测、下防砂管柱、充填、下生产管柱和完井投产。领眼是指钻到产层顶界以上3m后，下技术套管注水泥固井，再用小一级钻头钻穿水泥塞，然后钻开产层至设计井深。扩孔是指用专门的扩张式钻头将产层部位的井径扩大到技术套管外径的1.5~

2倍,以确保充填砾石时有较大的环形空间,增加防砂层厚度,提高防砂效果,一般砾石层的厚度不小于50mm。

(2)套管内砾石充填完井(cased hole gravel pack completion)。

对已下套管和射开多层或要求封隔夹水层及易坍塌层的防砂井,需要采用套管内砾石充填完井,如图2-9(b)所示。与裸眼井充填相比,管内充填井表皮系数较高,多采用高孔密、大孔径负压射孔。

套管内砾石充填完井的基本工序是:钻头钻穿产层至设计井深后,下产层套管至产层底部,注水泥浆固井,然后对产层部位射孔。要求采用高孔密(>32孔/m)、大孔径(>18mm)射孔,以增大充填流通面积;充填砾石之前应把套管外的产层砂冲掉,以便于向孔眼外的周围产层填入砾石,避免砾石和地层砂混合增大渗流阻力。

套管内砾石充填施工从充填类型上(按携砂液黏度和砂比)可分为常规低密度砾石充填和高密度砾石充填。由于高密度充填(高黏充填液)紧实,充填效率高,防砂效果好,有效期长,目前大多采用高密度进行充填施工。

2)独立筛管完井

独立筛管防砂完井(stand-alone screen completion)是指在裸眼井段放置具有一定防砂能力的筛管,其流通面积较大,有利于气井产能发挥,在确保防砂能力的基础上又具有支撑井壁的作用。

独立筛管通常包括绕丝筛管、预充填筛管和各种类型的优质复合筛管等。使用方法:将上部带有悬挂封隔器的某种防砂筛管下入井中,对准出砂层,然后坐封封隔器,并实现丢手,把防砂管留于井底,起出施工管柱后,再下入生产管柱投产。生产时,地层砂随液流进入井筒,逐渐堆积在防砂筛管周围,形成自然砂拱阻止地层出砂。下面简要介绍几种防砂筛管的结构及性能。

(1)金属绕丝筛管(wire-wrap screen)。

如图2-10(a)所示,金属绕丝筛管是通过特殊的绕丝机床将金属钢丝缠绕并焊接在金属肋条(Rib)上,形成螺旋的外窄内宽的丝缝,而金属肋条焊接在打孔基管(base pipe)上,基管起到支撑的作用。现场使用时如果发现缝宽变化超过0.005cm(0.002in),应该放弃使用该种筛管。

金属绕丝筛管是使用最广泛的绕丝筛管,具有以下特点:结构简单、价格便宜,流通面积大,不易堵塞,抗冲蚀能力不强,下井过程中容易损坏。全焊接金属绕丝筛管(图2-10b)或者标准绕丝筛管采用304L或者316L不锈钢丝,因此比割缝衬管更耐腐蚀和冲蚀。

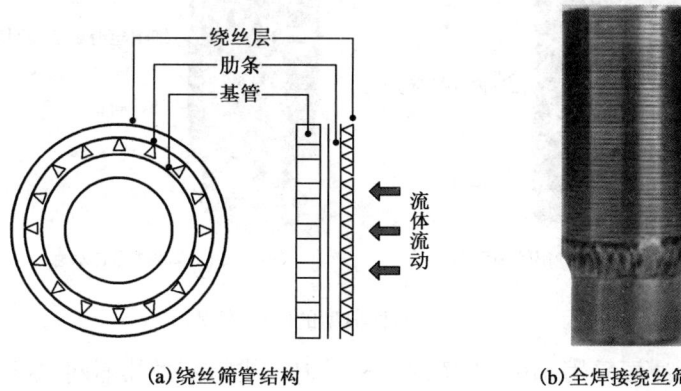

(a)绕丝筛管结构   (b)全焊接绕丝筛管

图2-10 金属绕丝筛管

(2)预充填筛管(pre-packed screen)。

预充填筛管(图2-11)是在地面预先将符合产层特性要求的砾石填入具有内外双层绕丝筛管的环形空间而制成的防砂管柱。它是绕丝筛管和砾石充填的一种模块化结合,其外层为标准绕丝筛管,内部空间为塑脂固结的砾石。使用该防砂方法的气井产能低于砾石充填的气井产能,防砂有效期不如砾石充填长,因其不像砾石充填能防止产层砂进入井筒,只能防止产层砂进入井筒后不再进入油管。但其工艺简便、成本低,在一些不具备砾石充填防砂条件的井仍是一种有效方法。

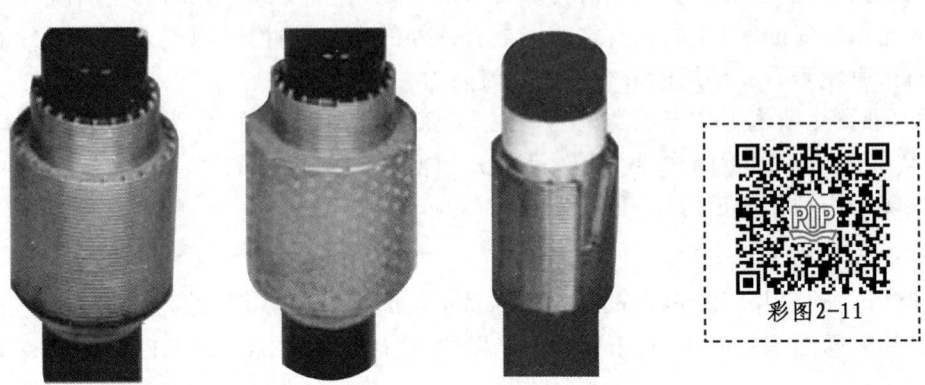

图2-11 三种不同类型的预充填筛管

(3)精密微孔复合防砂筛管(premium screen)。

如图2-12(a)所示,该种防砂筛管从内到外由基管、复合防砂过滤套、不锈钢保护套等组成。基管采用API标准的套管或油管,防砂过滤套为不锈钢精密微孔复合过滤材料,采用全焊接结构。由于复合过滤层具有高渗透性、高强度、高抗变形能力和强抗腐蚀性的特点,使这种微孔复合防砂筛管具有较好的使用性能。

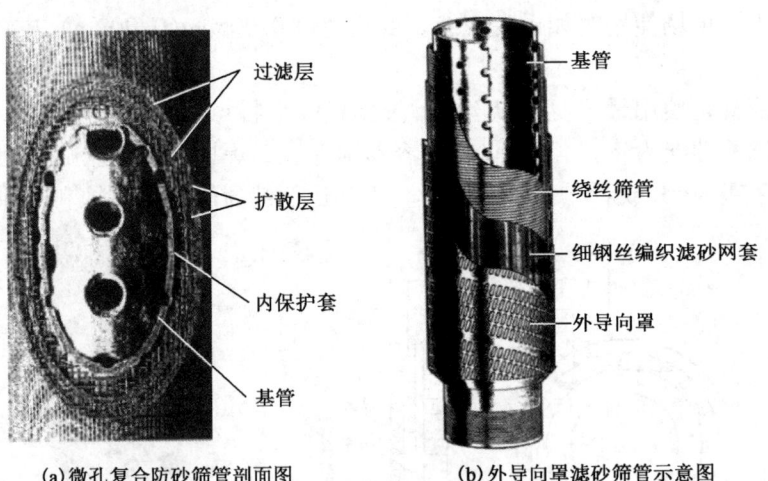

(a)微孔复合防砂筛管剖面图 (b)外导向罩滤砂筛管示意图

图2-12 两种典型的防砂筛管

多层复合防砂过滤层采用316L不锈钢作材料编织成精密微孔筛网,这种微孔筛网叫作防砂过滤层;用同样的不锈钢材料编织成孔眼较大一级筛网,叫作扩散层;然后把一层扩散层筛网和一层过滤层筛网重叠在一起,形成一个单一的过滤层,同样再把一层扩散层和一层过滤层重叠在已形成的单一过滤层之上,共四层微孔筛网,将其焊接在基管形成多层复合防砂过滤层,从而具有较高挡砂精度,但要注意防止筛管堵塞。

其他同类型的防砂筛管很多,如精密冲缝筛管、金属纤维防砂筛管以及具有外导向罩的滤砂筛管。如图2-12(b)所示,外导向罩滤砂筛管将绕丝筛管与滤砂管结合于一体,既具有绕丝预充填筛管的性能,又具有滤砂管的性能,而且优于其各自的性能。滤砂筛管组成为:带孔的基管,其外面是绕丝筛管;筛管外面包以由细钢丝编织绕结的网套;再外面是一外导向罩,用于保护滤砂筛管。这一结构提供了较好的生产能力,并延长了筛管的寿命。

3)膨胀筛管完井

膨胀筛管完井技术是20世纪90年代初期逐步发展起来的钻采行业核心技术之一,膨胀管包括实体膨胀管(solid expandable tubular)和膨胀筛管(expandable sand screen)两种,已被应用于钻井、完井、采油及修井等作业过程。

膨胀筛管完井是以常规的尺寸下入井内预定位置,然后用驱动头驱动膨胀筛管产生永久变形,膨胀后的筛管外壁可以紧贴裸眼井的内壁,达到"零环空"大大降低了生产过程中地层砂在环空的充填和重新排列,实现防砂功能,并可有效防止筛管堵塞、降低环空砂层带来的附加流动阻力,对于恢复井壁应力,稳定井筒具有较好作用。

膨胀筛管主要包括最内层的可膨胀基管(base pipe)、中间过滤层(filtration media)、可膨胀保护罩(outer protection shroud)和可膨胀式整体接头(expandable connector)。

最内层的膨胀基管是一种可膨胀的割缝管,通过提高过滤面积可有效降低生产过程砂堵的可能性,一般膨胀后的割缝管的内径可以扩大为原来的1.8倍,过流面积增大30%~60%。中间层滤网是专门为膨胀防砂系统设计的、由不锈钢材料316L和镍合金编织而成的一种金属织物,类似于将多层筛网叠合碾压在一起而成,滤网的缝眼尺寸为110~270μm。可膨胀保护罩的作用是在下膨胀筛管完井管柱的过程中保护滤网,并在膨胀作业过程中避免内部滤网重叠部分张开而导致防砂失效。

膨胀筛管完井的优势在于可降低生产成本、可作为应变方案、能够进行选择性完井和层间隔离,并可提供优良的气井生产动态。

4)无筛管防砂完井

无筛管防砂完井是指产层段没有安装机械挡砂装置的防砂完井方法,目前主要包括两种:(1)化学固砂完井(chemical consolidation);(2)完井及投产参数优化。

化学固砂就是使用各种硬质颗粒如核桃壳、石英砂作为支撑物,使用酚醛树脂、水泥浆作为胶结剂,混合均匀后,挤入套管外产层出砂部位,凝固后,形成有渗透性和一定强度的人工井壁。化学固砂完井对细粉砂的防止较为有效。但该种方法的成本高昂,使用周期有限,仅适用于单层薄产层,因而它的应用受到限制,通常用于5m左右的产层。

完井及投产参数优化方法防砂主要是通过控制投产压差避免产层出砂,或通过优化射孔策略避射容易出砂的层段、优化射孔参数(如孔密、孔径、方位)增加孔道的稳定性等方法控制地层出砂。这种方法由于没有挡砂或固砂功能,因而只适合于出砂趋势不明显的地层,弱非胶结地层不宜采用。

5)压裂充填防砂

压裂充填防砂就是对气层压裂造成裂缝,用常规砾石充填工艺将砾石充填入裂缝内,然后在套管内进行常规砾石充填。压开的裂缝使得径向流变为线性流,极大地降低了近井地带的流动压差,从而降低流速,同时金属筛管可以挡住回流的石英砂,所以能获得很好的防砂效果。

目前,压裂充填防砂正向着复合防砂方向发展,如我国青海涩北气田成功应用的纤维复合压裂防砂技术(图2-13),它的实质是通过在携带压裂支撑剂的携砂液中添加短切纤维和网络剂,使其与砂子混合,在裂缝中形成复合介质,其中支撑剂(砾石)成为基体,纤维成为增强相。纤维的摩擦力增加了复合支撑介质的稳定性,从而提高砂拱的稳定性和临界返排速度,控制支撑剂返排,较好地解决了防细粉砂的难题。充填砂分为两种,一种是普通陶粒或石英砂,另一种则是覆膜砂,其中混有纤维的覆膜砂在地下固结后形成的挡砂屏障与普通覆膜砂相比强度加大,渗透率提高,防砂效果较好。

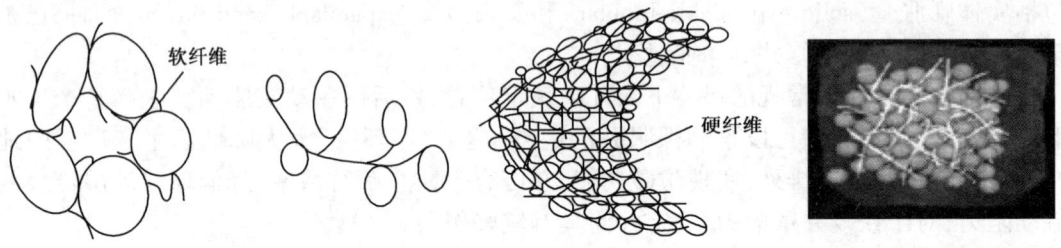

图2-13 纤维复合压裂防砂原理示意图

3. 增产完井

对于低渗透致密储层和煤层气储层,由于自然完井产能很低,常常通过压裂(包括水力压裂、酸化压裂和高能气体压裂)措施来增加气井与气藏接触面积、改变井底渗流模式,以便能够经济有效地开发气藏。因此斜直井的增产完井主要包括水力压裂增产完井、酸压增产完井、高能气体压裂(基于固体或液体炸药燃烧)。通常增产作业和完井一起联合作业完成施工,既改变了完井井底流动结构,又可减少作业时间和施工成本。

1) 水力压裂增产完井

斜直井的水力压裂增产完井一般是指射孔后直接进行水力压裂,施工结束后排液投产的一项常规油气增产完井方法。压裂一方面可有效增大油气向井内渗流的渗流面积,改善油气的流动方式,增大油气井附近储层的渗流能力;另一方面可以消除近井地带储层污染的影响;同时裂缝可沟通远离井筒的高渗透带、储层深部裂缝系统及油气区,从而有效提高压裂气井的产能。

2) 酸压增产完井

酸压增产完井主要用于碳酸盐岩气藏,也可用于满足酸压要求的部分砂岩油藏。

对于碳酸盐岩而言,由于岩石矿物分布和渗透性的不均一性,导致酸压施工中酸液壁面的非均匀刻蚀,裂缝壁面凹凸不平,施工结束后在许多支撑点的作用下裂缝不能完全闭合,最终形成了具有一定几何尺寸和导流能力的人工裂缝,可有效提高储层的渗流能力。

3) 高能气体压裂完井

高能气体压裂完井(high engery gas fracturing completion)主要利用固态或液态炸药燃烧后产生的高温高压高能气体,在较短时间作用于地层,在地层岩石中形成几条裂缝或裂缝网络,有效改变地层渗透率性,以提高油气井产能。它常常与射孔作业一起完成,因此现场也称为复合射孔脉冲压裂完井。

复合射孔脉冲压裂完井实质是指射孔(perforating)与高能气体压裂联作、旨在提高油气井井底完善程度的一种完井技术。其原理是在射孔枪内装填惰性炸药,利用油管或电缆把射孔装置下到目的层位,通过投棒或电雷管引爆射孔器,射孔弹引爆后形成的射流首先穿透套管,在地层中形成孔眼,而延迟燃烧的枪身内的推进剂随后产生高温高压气体,对刚形成的射孔孔眼进行冲刷和延伸,并产生不受地应力控制的裂缝(长可达2~8m),形成较完善的井底沟通,现场应用取得了较为明显的压裂增产效果,如图2-14所示。基于高能气体作用时间短、效果受限的缺点,国内外发展了复合射孔多脉冲压裂完井技术,技术关键在于高能推进剂分级燃烧控制和多次压力脉冲的实现,充分延长高能气体的作用时间,提高施工效果。

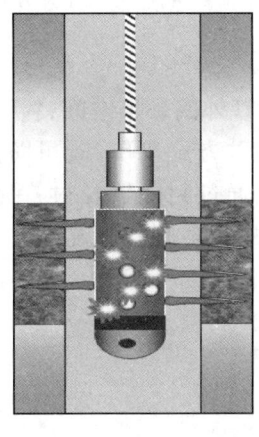 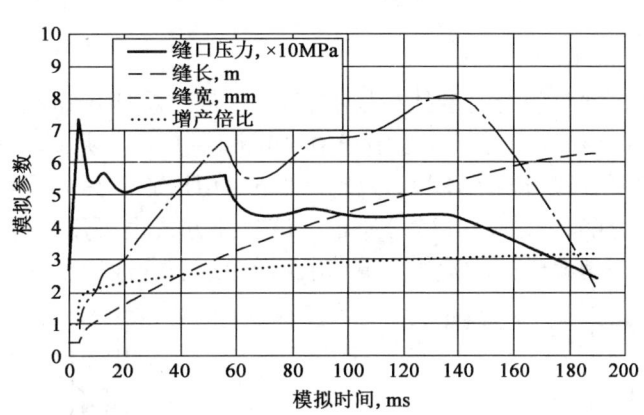

(a)复合射孔脉冲压裂示意图　　(b)井眼裂缝入口处模拟参数与模拟时间关系曲线

图2-14　复合射孔脉冲压裂

二、水平井完井方式

水平井完井技术根据完井后所具备的主要功能可分三类,即自然完井、防砂完井和增产完井。自然完井包括裸眼完井、割缝衬管/预孔筛管完井和射孔完井;防砂完井包括独立筛管完井和砾石充填完井等;增产完井则包括压裂充填完井、分段酸压完井和分段压裂完井等。目前这些完井方法都在不同的气田得到不同程度的应用,由于概念上和直井基本相似,因此只进行简要说明。

1. 自然完井

1)裸眼完井

裸眼完井是一种最简单的水平井完井方式,它是把技术套管下至预计的水平段顶部,注水泥固井封隔,然后换小一级钻头钻水平井段至设计长度完井,如图2-15所示。另外还可以通过封隔器滑套完井方式实施层段分隔,如图2-16所示。由于裸眼完井产能高、工艺简单且成本低,推荐在满足地质和工程条件的碳酸盐岩地层、变质岩地层、火山喷发岩地层和部分硬质砂岩地层中使用,如在四川裂缝性碳酸盐岩气藏和川西低渗透裂缝性硬质砂岩气藏等都有不同程度的应用。

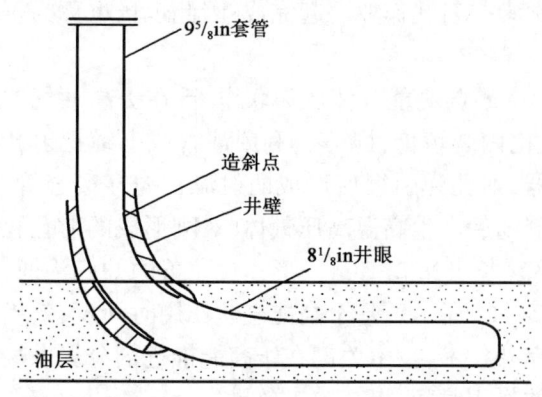
图2-15 水平井裸眼完井示意图

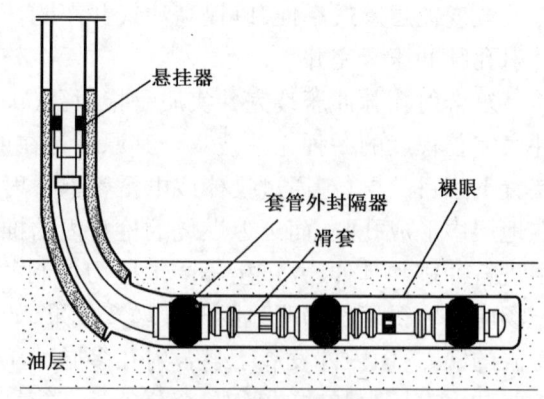
图2-16 水平井裸眼封隔器滑套完井方式示意图

2）衬管完井

衬管完井是将衬管悬挂在技术套管上，依靠悬挂封隔器封隔管外的环形空间，衬管要加扶正器，以保证衬管在水平井眼中居中，如图2-17(a)所示。该完井方式简单，既可防止井塌，还可将水平井段分成若干段，以便于实施小型措施。另外还可以通过封隔器及衬管完井方式实施层段分隔，如图2-17(b)所示。该完井方式也可用于分支井及多底井等复杂井底结构。国内在四川裂缝性碳酸盐岩气藏、川西低渗透裂缝性硬质砂岩气藏等都有应用。

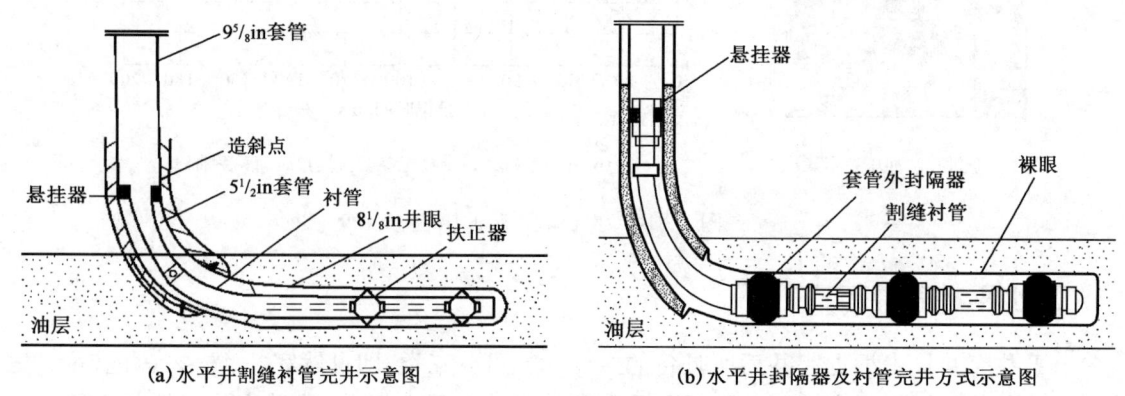

(a) 水平井割缝衬管完井示意图　　　　(b) 水平井封隔器及衬管完井方式示意图

图2-17 水平井衬管完井

3）射孔完井

射孔完井方式是将套管下过直井段，注水泥固井后在水平段内下入完井尾管，注水泥固井，完井尾管和套管重合100m左右为宜，最后在水平井段实施射孔或定方位射孔，如图2-18所示。这种完井方式可将层段分隔开，可以进行分层增产作业，在砂岩气藏应用较多。基于不同设计目的，水平井射孔完井可分为常规射孔完井、变密度射孔完井和分段射孔完井等。

2. 防砂完井

防砂完井是疏松砂岩气藏常用的完井方式，包括裸眼防砂和管内防砂两大类。其中基于裸眼的防砂完井包括独立筛管完井（standalone screen，SAS）、砾石充填完井（gravel pack，GP）和膨胀筛管防砂完井（expandable sand screen，ESS）三大类。由于水平井射孔完井费用高，流动面积小，产能发挥受限，因此基于套管射孔井的管内水平井防砂完井方式（如管内下绕丝筛管完井、管内预充填砾石筛管完井、管内金属纤维筛管完井、管内烧结陶瓷筛管完井、管内金属

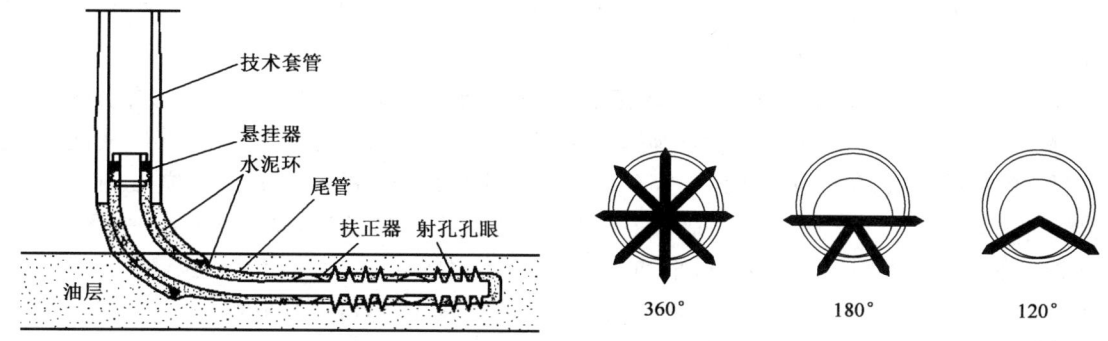

图 2-18 水平井射孔完井示意图

毡筛管完井、管内砾石充填完井、管内压裂充填完井)应用较少,水平井裸眼防砂完井是国内外发展的主流完井技术。

1) 独立筛管完井

常用的独立筛管包括绕丝筛管、预充填砾石筛管、金属纤维筛管、烧结陶瓷筛管、金属毡筛管和各种类型精密复合筛管(premium screens,基于金属网编织的防砂管)。由于预充填筛管很重,在水平井中基本不用。

目前,国内生产的精密复合筛管主要有微孔复合防砂筛管、微孔网布筛管、(增强)自洁防砂筛管、梯型变精度防砂筛管等。国外生产的精密复合筛管主要有 Bakerhughes 的 EXCLUDE 2000™、Halliburton 的 PoroMax® 和 PetroGuard®,Schlumberger 的 Endure、Extractor 和 MeshRite 筛管等。

由于独立筛管完井工艺相对简单,防砂效果较好,结合裸眼膨胀式管外封隔器(ECP)或遇油遇气膨胀式封隔器,已可以大量使用。其缺点包括:(1)当水平井沿井段供气不均时,容易在某些高产井段形成热点(hot spot),引起筛管冲蚀导致防砂失效;(2)当粉砂含量较高或储层泥质含量高时容易引起筛管堵塞导致完井失败。为了消除独立筛管环空存在造成的冲蚀加剧或筛管堵塞问题,采用水平井砾石充填或膨胀筛管完井是较好的方法。

2) 砾石充填完井

砾石充填完井是防砂效果最好的完井方式,由于套管射孔水平井存在上部孔眼难以充填砾石、完井成本高、完井表皮高等缺点,因而管内砾石充填应用较少,目前水平井砾石充填主要采用裸眼砾石充填完井方式。

水平井砾石充填一般分为 α 波充填和 β 波充填 2 个阶段,其中 α 波充填为井筒底部的平衡堤充填过程,当砾石砂浆流入筛管和井筒环空后,在一定流速条件下,流体难以携带全部砾石颗粒,一部分砾石颗粒开始在环空底部沉积,形成所谓的平衡堤,砂床高度升高,砂床上部砂浆流动空间减小,在流量不变的条件下,流动面积减小导致流速增大,从而携砂能力上升,到达一定程度后,流体又重新携带一部分已沉积的砾石颗粒,以增大流动空间,依此反复,直到砾石颗粒的携带和沉降达到一个动态平衡状态,这个平衡条件下的沉积平衡堤称为平衡砂床。由于在沉积前段流动空间最大,当后部达到平衡后,砾石颗粒总是趋向于在沉积前沿沉积,因此随着充填的继续,沉积前沿不断向前推进,直到达到水平井段末端,这一充填过程称为 α 波充填。α 波充填前沿到达水平井末端或当沉积床顶部接触到套管、井筒上壁时,砂浆中固体颗粒无法再向前运移,此时 α 波充填阶段结束,砾石开始在砂床顶部的空间内从井段末端进行反向充填,直至充填到水平段开始位置,最后携砂液通过沉积的砾石层和筛管进入冲管向上返回地面,这一过程称为β波充填阶段。β波充填压力决定了水平井最大能实现的充填长度,因为充填压力必须低于地层的破裂压力。

由于沿着流动方向,携砂液向地层不断滤失,所以水平井砾石充填是沿流动方向截面流量不断减少的变质量固液两相流动。影响砾石充填的因素很多,包括井身结构、携砂液性质、砾石性质、充填施工、油藏压力及渗透率等参数。在其他参数确定的情况下,如果施工排量过高,导致水平环空中携砂液携砂能力过高,砾石颗粒无法沉积;如果施工排量过低,水平环空中携砂液携砂能力过低,固体颗粒则会过早和过量沉积,堵塞环空,这两种情况都会导致充填失败。因此要想达到水平井完全充填,必须将施工排量控制在一个合理的范围内。

水平井裸眼砾石直接充填方式的缺点包括:

(1)在砾石完全充填到位之前,井眼有可能已经坍塌;

(2)扶正器有可能被埋在疏松地层中,因而很难保证筛管居中;

(3)充填液滤失量大,容易伤害储层,而且在现有泵送设备及充填液性能条件下,其充填长度受到限制,一般来讲砾石充填长度小于1000m,国外最高纪录是英国北海一口井,裸眼充填长度达2000m。

为了提高水平井充填效率,水平井旁通管(shunt tube)充填技术被大量采用,包括旁通充填管和旁通输送管,旁通充填管喷嘴大小一般在6mm左右。在水平段内,无论是进行裸眼砾石充填还是套管内砾石充填,其工艺都很复杂。

3)膨胀筛管完井

水平井膨胀筛管完井与其在直井上的应用类似,早期在水平井中的应用效果并不理想,随着技术逐步完善,水平井膨胀筛管防砂完井已逐步成为可替代水平井裸眼砾石充填和管内砾石充填的主要防砂完井技术。其主要优点在于:

(1)由于膨胀后筛管与岩石砂面接触,不存在环空,可有效避免独立筛管完井因热点冲蚀而导致的失效问题;同时在一定程度上可恢复井壁应力,提高井壁及骨架砂的稳定性。

(2)膨胀筛管完井后产能和井筒完整性与裸眼砾石充填相似,但操作更容易、成本更低。

(3)膨胀筛管与实体膨胀管结合,可有效实现层间封隔与水层封堵。

目前使用的膨胀筛管主要有两种类型。第一种是采用层叠的金属网,筛管膨胀但金属网不膨胀,只是多层叠合的筛网变薄(如变为单层)而已;内层基管(base pipe)和外层保护套(outer shroud)采用延展性较好的金属材料(如316L,25Cr和825合金),并通过预先在基管和保护套上割缝实现可膨胀性能。由于防砂的金属筛网不膨胀,因而常规的防砂筛管材料都可以使用。

第二种类型膨胀筛管的基管和保护套之间的防砂筛网是可膨胀的,在编织金属筛网时,沿筛管轴向的金属丝(经线)是铅直的,而沿筛管周向的编织丝(纬线)是弯曲的,因而筛管膨胀时中间的防砂金属网可沿周向膨胀,即纬线由弯曲状态变为直线状态,这样可保证筛网间隙达到防砂精度,同样地,可膨胀防砂筛网可以采用多层筛网结构。

3. 增产完井

近年来,以美国页岩油气为代表的非常规油气勘探开发飞速发展,已钻页岩油气水平井数量达50000多口,并逐步形成了非常规油气水平井增产完井系列配套技术,水平井多级分段压裂完井技术已日趋成熟。国外非常规油气水平井增产完井技术主要形成了水平井裸眼封隔器分段压裂完井和泵送桥塞射孔分段压裂完井两大主导增产完井技术。

1)裸眼分段压裂完井

裸眼分段压裂(图2-19)的分段工具主要有裸眼封隔器(open hole packer)、膨胀封隔器(swell paker)和化学封隔器(gel packer),而实现压裂液分段导向的方法主要有投球滑套开关(sliding sleeve)(视频2-1)、水力喷射(abrasive jetting)以及易碎破裂盘(burst discs)等,如Schlumberger的StageFRAC技术、Halliburton公司的Pin-Point系统、Baker Hughes公司的Frac-Point系统、Weatherford公司的Opti-Frac系统以及BJ公司DirectStim Frac Sleeve系统等。

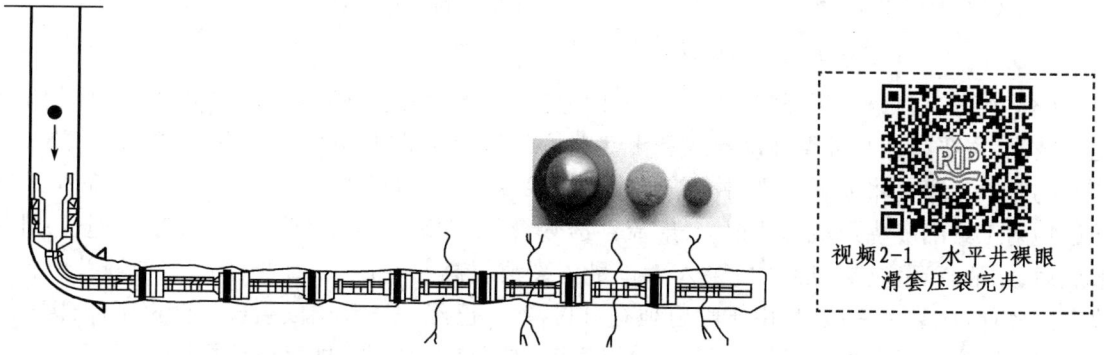

图2-19 裸眼分段压裂完井示意图

视频2-1 水平井裸眼滑套压裂完井

2)射孔分段压裂完井

射孔分段压裂完井主要包括聚能射孔和水力喷射射孔两种分段压裂完井技术,即从水平井末段开始分段射孔,每射开一段就压裂一段,这样从下到上,逐段射孔、逐段压裂、逐段封隔,直至整个水平井完成分段压裂施工。分段封隔技术主要包括胶塞或砂塞隔离分段技术、桥塞封隔技术(可钻式桥塞和可回收式桥塞)和套管封隔器技术。由于管内分段封隔技术较裸眼井而言相对简单,国内外技术都比较成熟。比较典型的套管井分段压裂技术包括:

(1)泵送桥塞分段压裂完井。泵送桥塞分段压裂完井的关键部件是新型可钻式桥塞,桥塞由高强度、低密度复合材料制成,采用液体输送和电缆坐封定位,满足易钻铣且碎屑易于返排出井的要求。该工艺采用射开一段、压裂一段、泵送桥塞封隔一段、逐层上返的方式进行,压裂完成后钻塞、下生产管柱投产,如图2-20所示。

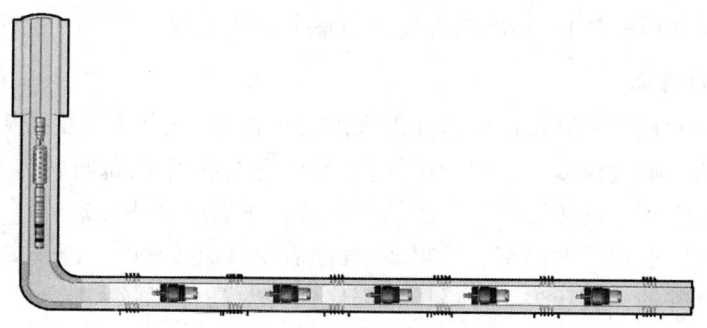

图2-20 泵送桥塞分段压裂完井

(2)机械封隔器分段压裂完井。机械封隔器分段压裂完井主要有两类:一是封隔器与机械桥塞配合分段压裂完井工艺,该工艺技术主要从直井桥塞分段压裂工艺发展而来,国内主要采用可回收式机械桥塞;二是基于封隔器的分段压裂完井工艺,例如国内开发的双封单卡分段压裂工艺和套管固井投球滑套分段压裂工艺(图2-21)等。

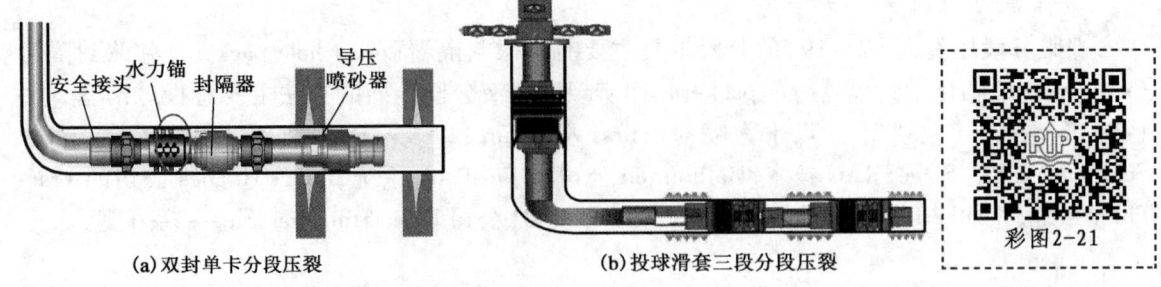

(a) 双封单卡分段压裂　　(b) 投球滑套三段分段压裂

图 2-21　机械封隔器分段压裂完井示意图

（3）水力喷射分段压裂完井。水力喷射分段压裂完井是集喷砂射孔和压裂于一体的增产完井技术，主要有连续油管拖动方式和多套喷枪与滑套组合不动管柱方式。连续油管拖动式作业的基本工序是将喷射工具对准需要改造的层段，利用油管或连续油管泵入高压流体，流体通过喷射工具的喷嘴形成高速射流，射流穿透套管、水泥环并在地层形成一个喷射通道；孔道形成后，从油套环空（或油管内）泵入大排量压裂液提高井底压力，使地层产生裂缝并驱使裂缝向前延伸；压裂下一段时，由于喷射独有自封特性，已经被压开层段裂缝不会再延伸，因此不需要专门隔离工具分段，通过拖动管柱，将喷嘴对应相应的层段，即可对该层段进行压裂改造，如图 2-22 所示。

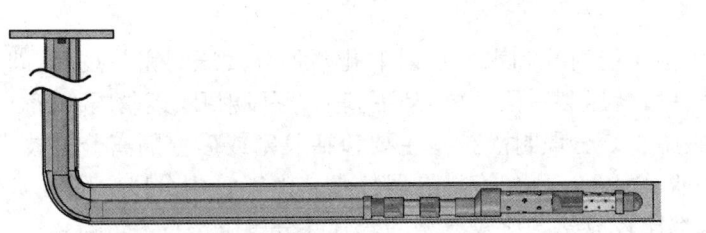

图 2-22　水平井封隔器分段压裂完井示意图

三、气井完井方式选择

气井完井方式选择取决于气层的地质情况、钻井技术水平和采气工艺技术的需要。气井完井方法选择和完井质量都制约、影响着气井的整个生产过程，甚至气井的寿命。

1. 气井完井的特点

气田的生产井数相对于同等规模的油田来讲要少得多，气井完井的成败对气田开发的影响比油井对油田的影响大得多。气田的探井，一旦获得工业气流，都将转为生产井。因此气田的探井或开发井都必须认真按天然气生产的特点选择正确的完井方式。

由于天然气的密度比原油的密度低得多，且随着勘探开发的深入，气藏埋深也越来越深，因此，一般而言，气井的井底压力和井口压力都比油井要高得多。天然气中常常含有硫化氢、二氧化碳等酸性气体，对井下管柱与井口装置有严重的腐蚀，尤其是硫化氢对管材造成的氢脆，会造成井内油管的断裂、落井，对套管头和井口装置的破坏，有时会酿成严重事故。因此，气井完井技术要求高、难度也大、安全风险等级高。

2. 气井完井方式选择应考虑的因素

气井完井方式选择应根据气层的地质特点，并参照本地区的实际经验，慎重地选择最适宜

的完井方式,具体来说,选择气井完井方式时应主要考虑以下因素:

(1)产层的结构。对碳酸盐地层来讲应注意产层的坚韧程度、产层倾角、夹层中泥土或页岩的情况、产层的裂缝及节理的发育情况,判断气井在生产过程中是否会发生坍塌、掉块、页岩或黏土膨胀等问题。如产层为疏松砂岩,该考虑气井在生产过程中是否会严重出砂。

(2)本地区气井或邻井天然气中硫化氢和二氧化碳的含量。分析是否对气井井下套管和油管柱有氢脆和严重电化学腐蚀的可能性。对于酸性气体,应采用带封隔器的一次性完井管柱,以保证油套管环空能充填防腐液。

(3)气田中后期产水的可能性,气井生产后期进行排水采气和修井的可能性。

(4)气井投产和增产措施的施工压力是否与生产套管的强度相适应。

(5)气井完井一般采用永久式完井管柱,应采用节点分析方法,考虑生产、增产、排液采气的综合需要,优选油管直径。油管直径确定后,再根据采气工艺的特点选择套管直径。

(6)有多个产气层的气井应考虑是否有分层开采的需求。

(7)水平井应考虑分段完井、分段压裂以及分段控水的需求。

根据以上因素确定完井方式,如果确实为较单一的产层,产层也不深,仅为中深井或浅井,采用较为简单的自然完井方式(裸眼完井、衬管完井或射孔完井)是可以的。单纯从节约资金出发,选择较单一或适应性较差的完井方式的做法是不可取的。适应性强的完井方式,一次性投入高一些,却可以延长免修期。完井方式的选择一定要着眼于气井的寿命和长期安全生产的需求,气井的寿命对气田开发经济效益而言是更为重要的因素。

因此,完井方式的选择,应从储层地质特征和流体特征出发,在井壁稳定性分析的基础上,考虑气井长期安全稳定生产的各种需求,从气井寿命、气井产能、增产措施、安全环保和经济效益的角度综合考虑,选择最适宜的完井方式。目前,国内外气田主要采用的完井方式是固井射孔完井。

第四节 射孔设计

射孔完井是油气井的主要完井方式之一,在射孔完成的气井中,射孔孔眼是沟通产层和井筒的唯一通道。如果采用合理的射孔工艺和正确的射孔设计,并高质量地完成射孔作业,就可以使射孔对储层的伤害降到最小,井底完善程度高,从而获得期望的产能。

一、射孔工艺

应针对气藏地质特征、流体特性、地层伤害状况、井类型(直井、斜井或水平井)、套管程序和气井试油投产或完井目标,选择与之相适应的射孔工艺。

1. 电缆输送射孔工艺

电缆输送射孔(wireline conveyed perfroating,WCP)工艺就是利用钢丝铠装电缆将射孔器输送到目的层进行射孔。按工艺的不同可分为普通电缆输送射孔工艺、电缆输送过油管射孔工艺和电缆输送密闭式射孔工艺。

(1)普通电缆输送射孔工艺,是在井口只装放炮阀门情况下进行射孔。这种射孔工艺的优点是射孔器直径可选范围大;缺点是建立负压差比较困难,防喷能力较差,如遇井喷只能关闭放炮阀门,切断电缆。这种方法主要用于低压气藏。

(2)电缆输送过油管射孔工艺,包括常规电缆输送过油管射孔工艺和电缆输送过油管张开式射孔工艺两种。常规电缆输送过油管射孔工艺是利用电缆将射孔器从油管下到目的层进行射孔,这一工艺的优点是在井口安装防喷装置后进行射孔,所以有较好的防喷能力;射孔后可直接投产,避免压井造成产层污染,适合于生产井不停产补孔和打开新层位,海上作业应用此工艺可避免起出油管生产管柱。缺点是油管的内径限制了射孔器的外径,使射孔弹的装药量受到影响,所以射孔弹穿深较浅。为了克服这一缺点,在此基础上又发展了电缆输送过油管张开式射孔工艺。它是用电缆输送射孔枪,可在不起出油管的情况下,把大能量射孔弹通过油管,用电缆输送到射孔目的层后,由地面对释放雷管发出电讯号,释放雷管起爆解锁后,射孔弹在弹簧拉力的作用下,旋转90°,与弹架轴线成垂直状态,然后由地面对电雷管发出起爆电讯号,雷管引爆导爆索,导爆索引爆射孔弹,从而实现过油管深穿透射孔。这样就相当于能在不起油管的情况下使用一种大直径套管射孔枪,其弹药量不小于23g,穿深可达到原工艺的4倍以上,有效发挥气井产能。

(3)电缆输送密闭式射孔工艺,是指在井口安装防喷装置后利用电缆将射孔器下到目的层进行射孔。优点是可用大直径的射孔器进行射孔,提高射孔弹穿透深度。缺点是井口防喷装置庞大,安装困难;增加了注脂泵车,施工较复杂。该工艺主要适用于常压或高压气藏。

2. 油管输送射孔工艺

油管输送射孔(tubing conveyed perforating,TCP)工艺是利用油管将射孔枪下到气层部位射孔。油管下部连接有压差式封隔器、带孔短节和引爆系统,油管内只有部分液柱造成射孔负压。通过地面投棒引爆、压力或压差式引爆等方式一次全部射开气层。图2-23是典型的油管输送射孔工艺管柱示意图。

油管输送射孔的深度较正一般采用较为精确的放射性测井校深方法。在管柱总成的定位短节内放置一粒放射性同位素,校深仪器下到预置深度(约在定位短节以上100m),开始测一条带磁定位的放射性曲线,超过定位短节约15m停止。将测得的放射性曲线与以前测得的校正的放射性曲线对比,换算出定位短节深度,并在井口利用油管短节进行调整。

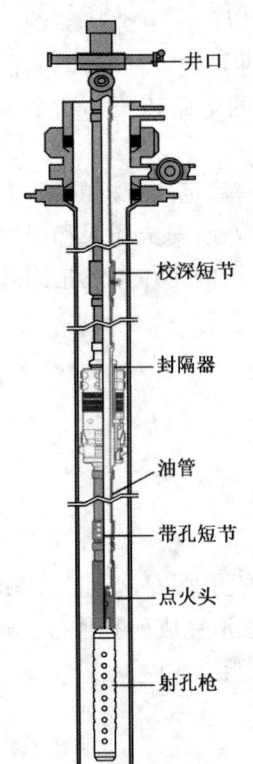

图2-23 油管输送射孔工艺管柱

油管输送射孔工艺具有可一次打开所有储层、高孔密深穿透、防喷能力强、通过不同的工具组合可满足各类气井射孔需要的优点,适用于高压气井射孔、大井段射孔、水平井射孔;缺点是工艺比较复杂、成本较高。但连续油管传输射孔工艺的出现则能够较好地规避常规油管输送射孔的缺点。

3. 模块枪电缆射孔工艺

模块枪电缆射孔(wireline conveyed modular perforating,WCMP)工艺是针对地层压力大的高压油气井,利用电缆输送方式实现油管输送式射孔完井过程,达到防喷的目的,并且能够实现定方位射孔。

该工艺是将模块枪用电缆分段下井,锚定在套管壁上,引爆模块枪一次射开全部射孔段,悬挂器和模块枪将自动释放丢到井底(图2-24)。该工艺的最大优点是,射孔枪不需要电缆或油管连接,能自行锚定在射孔目的层位,一次射开超长射孔井段并自动丢枪到井底,从而实现全通径生产完井管柱,并且可在负压情况下射孔,保护了储层,能最大限度地提高气井生产能力。

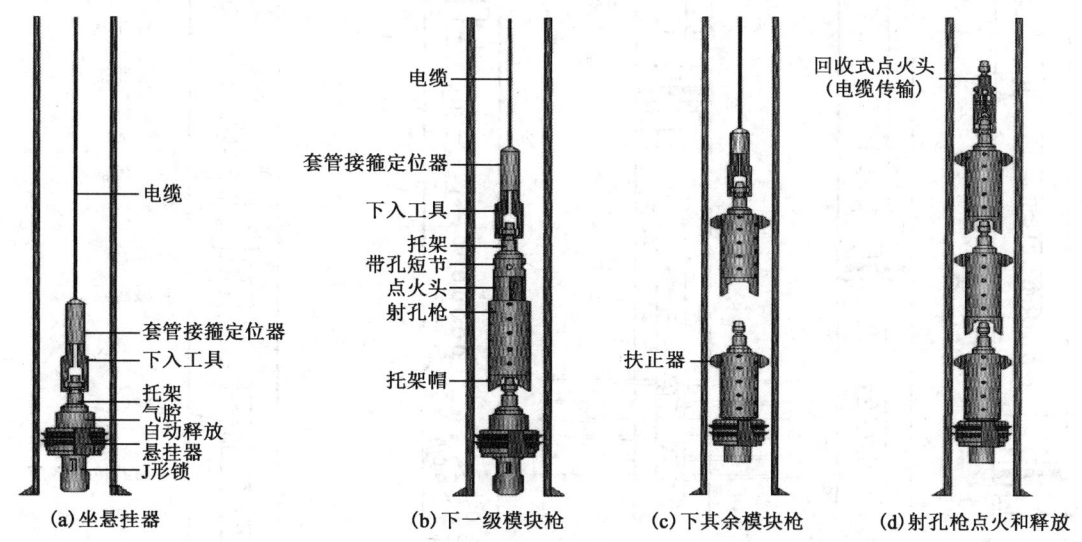

图 2-24　模块式射孔枪工作原理图

4. 油管输送射孔联作工艺

1) 油管输送射孔与投产联作工艺

国外对自喷井普遍采用这种工艺,既安全又经济,射孔与投产只下一次管柱就完成;管柱的结构和使用的封隔器因井而异,一般都采用丢枪的方式。如 Baker Hughes 公司油管输送与投产联作系统,它采用电缆将生产封隔器坐封在油层套管上,然后下入带射孔枪的管柱,管柱的导向接头下到封隔器位置时,循环冲洗管柱,将管柱内的积渣和污物冲洗干净;然后继续下管柱,当管柱总成坐封后,井口投棒撞击枪头的起爆器,使之射孔;射孔后射孔枪及其残渣被释放至井底,随后转入投产,如图 2-25 所示。

2) 油管输送射孔和地层测试联作工艺

将油管输送装置的射孔枪、点火头、激发器等部件接到单封隔器测试管柱的底部,管柱下到待射孔和测试井段后,进行射孔校深、坐好封隔并打开测试阀,引爆射孔后转入正常测试程序,国内基本上都采用旁通传压技术进行 TCP(油管输送射孔)测试联作,根据地层测试工具的不同类型可进行四种主要形式的组合,即 TCP + MFE(多流测试器)联作测试(图 2-26)、TCP + PCT(环压控制测试器)联作测试、TCP + HST(水力弹簧测试器)联作测试、TCP + APR(全通径测试器)联作测试。

这种工艺可缩短试油周期,降低成本,保护储层,特别适合于自喷井,目前在探井、评价井中应用极为广泛。例如在塔里木深井和超深井中取得成功应用,其射孔层段深度均在 4500m 以下,地层压力系数在 1.1~1.2 之间,地层温度在 120°~150° 之间,采用了油套环空加压引爆与 MFE 联作测试,在 100 多井次中成功率达 90%。其工作程序是:油套环空压力经封隔器上面的旁通孔传递到起爆器活塞,活塞受压剪断销钉后下行,撞击起爆药饼引爆射孔;射开地层后流体经过环空由筛管进入管柱,即转入正常测试流程。

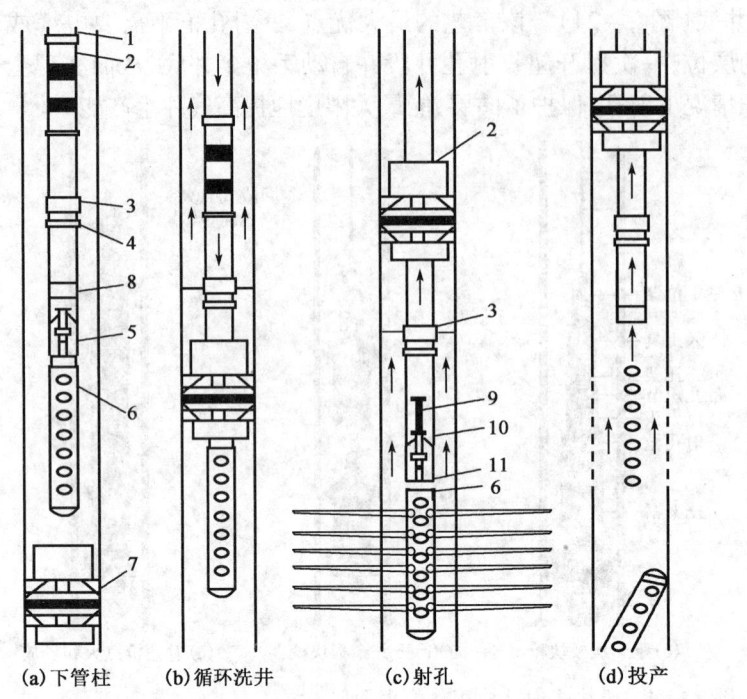
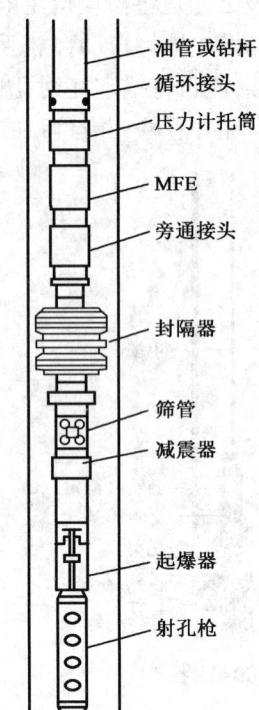

图 2-25 油管输送射孔与投产联作示意图

1—生产油管；2—生产密封总成；3—盘式循环接头；4—油管接箍；
5—重力引爆头与释放装置；6—射孔枪；7—生产封隔器；8—导向接头；
9—投棒；10—撞击；11—起爆器

图 2-26 TCP+MFE 联作测试

3) 油管输送射孔与水力压裂、酸化联作工艺

这种工艺在我国四川气田、长庆油田获得了成功的应用，完井时下一次管柱，能完成射孔、测试、酸化、压裂、试井等工序。

4) 射孔与高能气体压裂联作工艺

视频 2-2 射孔与高能气体压裂联作工艺

射孔与高能气体压裂联作工艺（视频 2-2）是在射孔弹架内装填惰性炸药，利用油管或电缆把射孔装置下到目的层位，通过投棒或电引爆射孔枪。其增产原理与前述的复合射孔脉冲压器完井工艺相同。

5. 超正压射孔工艺

超正压射孔工艺（extreme overbalance perforating, EOP）是 Orxy 能源公司的 Handren 等人于 20 世纪 90 年代提出的（图 2-27），由于其良好的施工效果在北美地区至少进行了 1000 口井现场应用，得到了很好发展。

该工艺是在射孔前，使用液体或氮气或混合气液柱向井筒加压，使井底压力至少等于地层破裂压力。在射孔瞬间压缩气体的能量直接转化为作用于地层的压力，加压液体以非常高的速度进入射孔孔眼。由于在射孔瞬间，聚能射孔作用本身在孔眼尖端的压力已高达上万兆帕，这样高的压力大大超过了地层岩石的主应力和抗张强度，必然在孔眼壁面产生高度的应力集中，使得孔道壁面产生大量裂纹，随后高速的流体冲击会使裂纹延伸扩展，形成有效井底沟通。

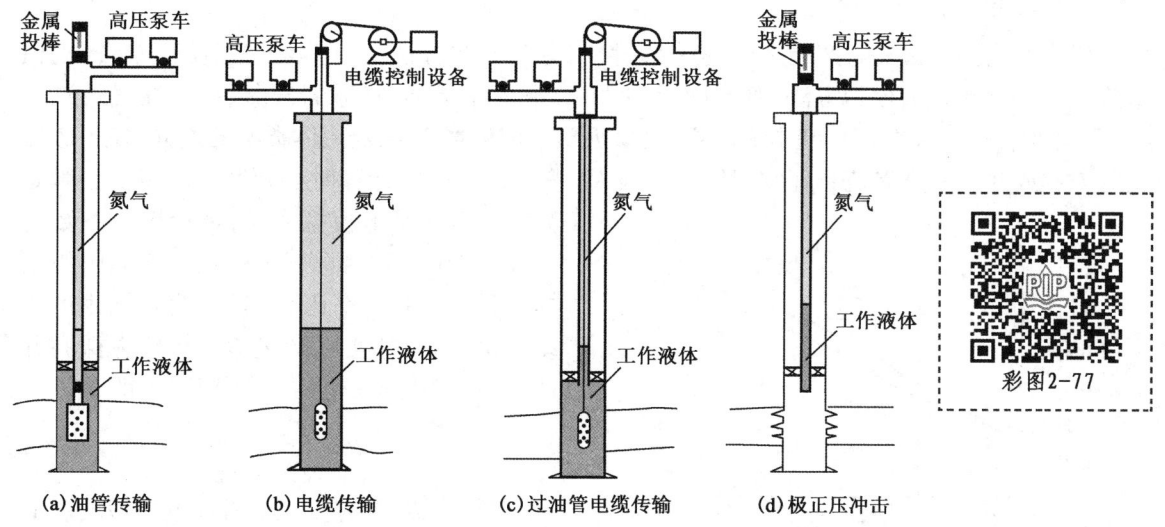

图 2-27 超正压射孔工艺管柱示意图

射孔后继续注液氮、酸、携砂液都可起到增产效果，也可继续注树脂固结地层砂而起到化学防砂的作用。

该工艺对碳酸盐岩地层来说，如果井筒流体介质采用酸液，通过酸液溶蚀能力，最终形成地层和井底的有效沟通，这对于提高低渗或裂缝性碳酸盐岩储层的气井产能将起到积极作用。对于低渗、非均质严重或污染严重、低压的砂岩气层，由于达不到清洗孔眼需要的负压差，它是替代常规负压射孔的极好方法，大大提高了射孔工艺对不同地质条件的适应性。对于低渗、非均质严重、完井后需要压裂投产的井，超正压射孔工艺也可作为压裂的先导技术或井底流动条件改善的有效技术。

由于超正压射孔工艺是高压作业，要考虑井下管柱、井口和设备的承压能力，强化安全措施。此外，液体要进入储层，必须保证完井流体与储层岩石和流体有良好的配伍性，以避免产生新的储层伤害。

一般来讲，超正压射孔工艺主要适用于以下情况：(1)中低渗气藏的压裂施工预处理，射孔相位 120°/180°，低孔密；(2)中高渗气藏解堵，高孔密，低相位(45°/60°)；(3)碳酸岩气藏(需添加酸液)；(4)天然裂缝性气藏，高孔密，相位不限；(5)非均质严重气藏；(6)已射孔井的高压冲击解堵。

除了上面讲到的常用射孔工艺外，还有水力喷砂射孔工艺、动态负压射孔工艺、自洁射孔工艺、分段压裂水平井泵送桥塞射孔工艺和定方位射孔工艺。

二、射孔参数敏感性分析

射孔效果的好坏体现在射孔后气井的产能上，在影响气井产能的射孔参数中，射孔枪以及射孔弹性能(包括孔密、孔深、孔径、压实伤害)与地层岩石和流体参数对射孔后气井产能的影响是十分明显的。为了科学地评价射孔过程对地层的伤害、预测不同射孔条件下的射孔井产能，需要利用室内实验、理论方法以及现场试验等手段针对不同储层类型、不同流体类型以及不同井的类型，结合相应的射孔工艺进行研究，弄清不同条件下射孔参数与气井产能的关系，以便科学合理指导施工。

1. 射孔完井产率比的定义

研究射孔影响因素与产能之间的关系,目前有两大类方法。一类是物理模拟方法(电模拟法),另一类是数值模拟方法(如有限元方法)。由于储层类型(砂岩气藏、裂缝性气藏)、井类型(直井、斜井、水平井)、基本流动规律(达西流、非达西流)以及流体类型的不同,使得渗流微分方程或井底三维渗流物理空间等差异很大,进行数值模拟计算时必须区别对待。不管是数值模拟还是电模拟实验,评价射孔参数对气井产能的影响都普遍采用了产率比的指标。射孔完井产率比 PR 定义为相同生产压差下,射孔完井实际产量 $Q_实$ 与理想裸眼井产量 $Q_理$ 的比值(也称为产能比),即

$$PR = \left.\frac{Q_实}{Q_理}\right|_{\Delta p = 常数} \qquad (2-10)$$

图 2-28 是有限元分析和电模拟实验的结果对比图,从图中可以看出电模拟和数值模拟结果是互相吻合的。

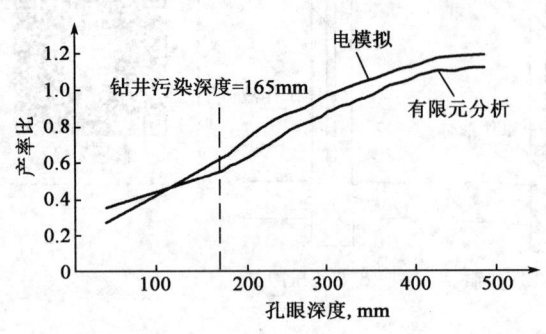

图 2-28 有限元分析与电模拟实验的结果对比图

2. 射孔完井产能影响因素分析

影响射孔完井产能的因素很多,下面主要讨论孔深、孔密、孔径、储层渗透率、生产压差、射孔压实损害和钻井损害对气井产能的影响规律。

1) 孔深、孔密的影响

图 2-29 揭示了气井产率比与孔深、孔密的关系。在未射穿钻井损害区时,孔深对产率比的影响很明显;而射穿损害区后,影响不明显(尤其是低孔密),但孔密的影响仍十分明显,尤其是穿过损害区后,即使孔密高达 40 孔/m,增加孔密仍然能较大幅度地提高产能。

2) 孔径的影响

从图 2-30 中可以看出,孔径影响很明显(尤其是射穿钻井损害区以后),这是与油井不同的地方。

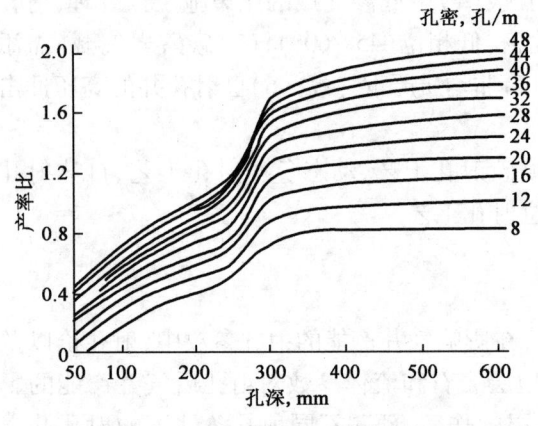

图 2-29 孔深、孔密对产率比的影响

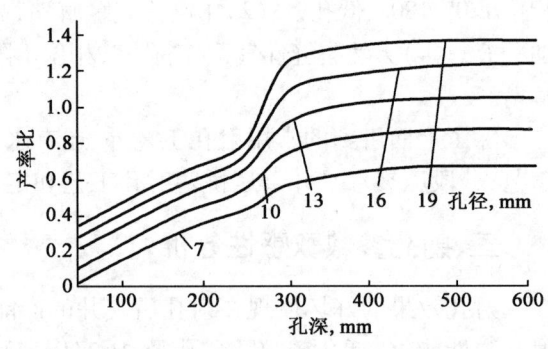

图 2-30 孔径对产率比的影响

3) 储层渗透率和生产压差的影响

由于气体的高速渗流会引起非达西效应,并且射孔井和裸眼井由于气体渗流速度的差异

而导致紊流效应的影响也不同。这样,储层渗透率和生产压差这些明显影响渗流速度的因素会对气井射孔产率比有所影响。图2-31表示的是气井产率比与储层渗透率的关系。随着气藏渗透率K增加,射孔井紊流效应越来越明显,产率比逐渐下降,并且导致孔深的影响减弱。生产压差增大也会使产率比下降(图2-32),主要原因是井底附近的非达西紊流系数增加,将引起附加表皮,因此增大生产压差不能正比增加气井产量。

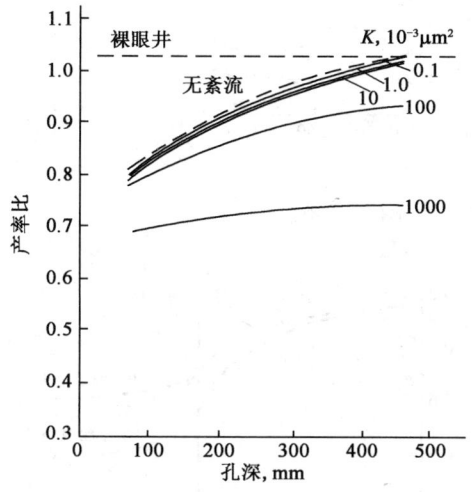

图2-31 储层渗透率对气井产率比的影响

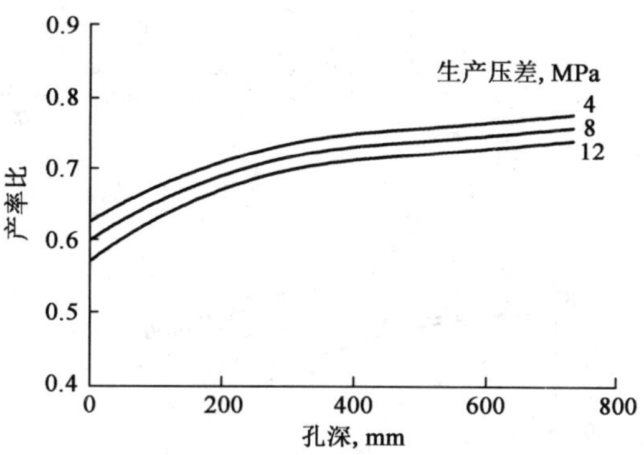

图2-32 生产压差对气井产率比的影响

4)射孔压实损害的影响

聚能射孔时的高温、高压冲击波会在孔眼周围产生压实带(crushed or compacted zone)。图2-33是R.J.Saucier描述的射孔贝雷岩心靶孔眼周围压实带的微观结构,压实带用三层结构表示——压实粉碎带、颗粒裂缝带和渗透率损害带。压实带渗透率K_{cz}大约为原始渗透率K_0的10%,压实带厚度在10~17mm之间,这个渗透率极低的压实带将大大降低射孔井的产能,主要依靠瞬时负压回流来消除它的影响。

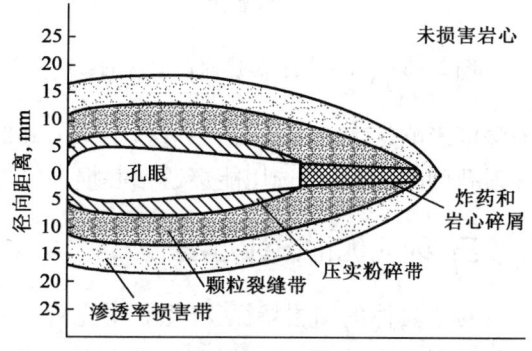

图2-33 射孔压实损害带微观结构

压实损害程度CZC(定义为K_{cz}/K_0)对产能的影响比较明显,尤其是孔眼穿透钻井损害区以后,其影响将显著上升,如图2-34所示。因此,选择流动效率高、压实损害小的射孔弹是十分必要的。

5)钻井损害的影响

钻井损害包含两个指标,一是钻井污染深度,二是钻井污染程度(定义为污染带渗透率与原始渗透率之比)。图2-35表示了钻井损害程度对产率比的影响,当孔眼穿透污染区时(曲线A,孔深为228.6mm),污染程度影响很小;反之,当孔眼未穿透污染区时(曲线B),污染程度影响要严重得多。图2-36则反映出钻井损害深度对产率比的影响,当孔眼未穿透污染区时,虽然总的产能较低,但污染深度影响较小;当孔眼穿透污染区时,虽然总的产能较高,但污

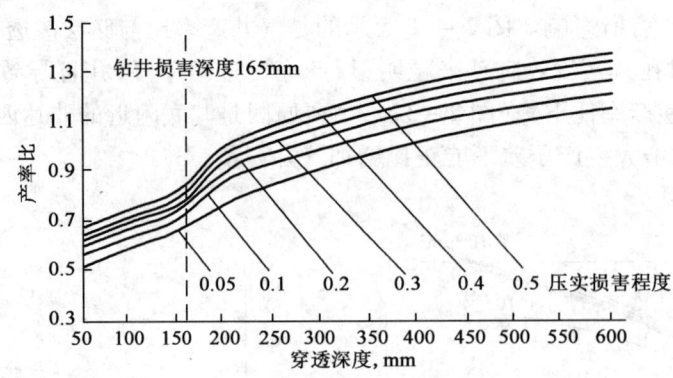

图 2-34 射孔压实损害程度对产率比的影响

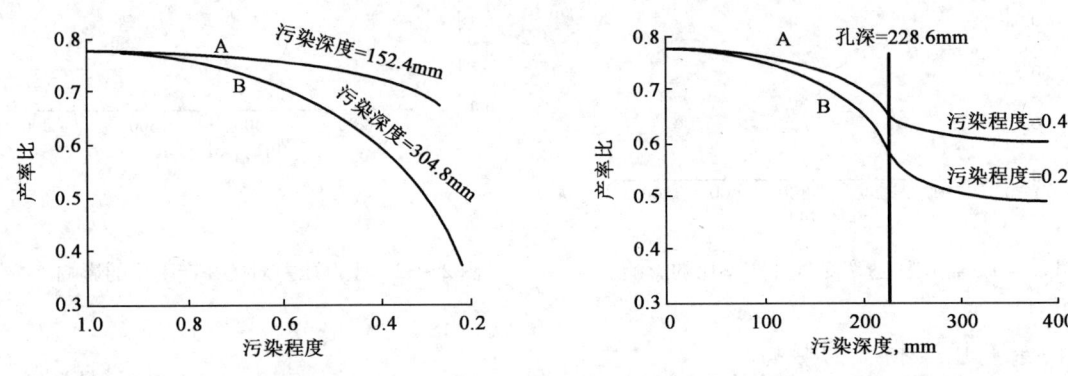

图 2-35 钻井损害程度对产率比的影响　　图 2-36 钻井损害深度对产率比的影响

染深度影响较大。因此,钻井过程中保护好储层对于充分发挥气井产能具有重要意义,同时选择射孔弹时,应尽量选用能穿透钻井损害区的射孔弹。

三、射孔优化设计方法

对于具体的储层特征,要想获得完善的井底沟通条件,必须对射孔进行优化设计。正确而有效的射孔设计,取决于以下几个方面:一是对于特定储层和地下流体情况下射孔井产能规律的量化认识程度;二是射孔参数、损害参数和储层及流体参数获取的准确程度;三是可供选择的枪弹品种、类型的系列化程度;四是射孔工艺和射孔液的选择与特定储层的匹配程度。这里谈到的射孔设计是指在现有的条件下针对特定储层的、使井产能达到最高的射孔参数、射孔工艺以及射孔液优配组合,也涉及实现这些参数的工艺要求,产率比是目标函数。

1. 射孔参数分类

对于不同的井身类型(主要为直井、大位移水平井)射孔设计所包含的射孔参数是不同的,为了明确射孔参数的功能和用途,把射孔参数分为三类。

第一类射孔参数:对于水平井和长井段巨厚直井,相同的射孔参数打开位置不同,产率比不同;打开程度不同,产率比也不同;射孔方位不同,产率比也不同。即孔眼分布参数直接影响射孔井的产能,所以第一类参数包括打开位置、打开程度和射孔方位。射孔方位的选择主要分两种,即360°周边射孔和低边射孔。

第二类射孔参数:实施射孔作业所选的枪型和弹型。不同的弹有各自的穿透几何参数(孔深和孔径)、射孔压实损害参数(压实损害程度和厚度),不同的枪有不同的孔密、布孔方式、相位参数。枪弹参数对气井的产能有较大的影响,即称为第二类参数。

第三类射孔参数:射孔压差对于获得完善的井底沟通条件至关重要,即第三类参数,包括负压射孔时合理负压差或超正压射孔时合理施工压力的确定。

如何根据具体的储层特征、井身条件(直井、水平井)进行合理设计、分析和优选三类参数,是射孔优化设计的主要内容。在进行射孔设计时对于压裂井、防砂井以及非达西渗流等情况,还要进行特殊考虑。

2. 直井射孔优化设计

直井射孔优化设计主要考虑三个方面的问题:各种可能射孔参数组合的产率比、套管损伤情况和孔眼的力学稳定性。产率比是优化目标函数,后两者是约束条件。

1)射孔弹性能数据准备

射孔弹生产厂家都会根据 API 标准、行业标准和企业标准进行打靶实验,发布射孔弹的性能数据,主要包括混凝土靶的穿深、孔径、抗压强度等。优选射孔弹参数时,射孔压实带厚度和压实损害程度是主要的参考指标。通常压实参数的获取,是根据每种射孔弹打靶的孔深、孔径、贝雷岩心靶长度、岩心直径和射孔岩心流动效率计算得到。

压实损害程度对射孔优化设计有重要的影响,可使用射孔弹穿透贝雷岩心靶的各项数据(孔深、孔径、流动效率等)通过射孔岩心靶有限元分析软件计算得出。

射孔参数优化设计时,也要调查射孔枪的参数,包括枪外径、适用孔密、相位角、枪的工作压力和发射后外径(包括毛刺)以及适用射孔弹型号。配套使用射孔枪、弹效果最好,因为配套射孔枪能保证射孔弹炸高在一个合理的范围内。

2)射孔弹孔深与孔径校正

射孔弹厂家公布的射孔弹性能数据目前大都是混凝土靶数据,它并不表示在实际地下情况的穿透数据,只有地下实际情况下的穿透数据才能用来评价射孔井的动态。因此,针对特定地层条件进行射孔优化设计时必须进行射孔弹性能参数校正。

以前通过大量的实验,已经获得了贝雷砂岩靶的校正方法,针对目前大量使用混凝土靶的现状,必须进行混凝土靶的校正方法研究。方法之一是寻找混凝土靶向贝雷砂岩靶的转换方法,其二是研究混凝土靶数据直接向实际地层穿透数据的校正方法。

(1)将混凝土靶穿透数据转换为贝雷岩心靶数据。

根据美国石油学会(API)和我国大庆检测中心各年来公布的数据,分析发现混凝土靶和贝雷砂岩靶穿透数据之间有较明显的关联性。图2-37、图2-38是统计计算关系图,由此两图可根据混凝土靶穿透数据估算贝雷砂岩的穿深和孔径。

(2)射孔弹井下穿深和孔径的校正。

虽然根据混凝土靶可以近似得到贝雷靶数据结果,但实际井下条件下,穿深和孔径与地面贝雷砂岩靶的数据可能会有很大的不同。由贝雷靶向实际地层的校正应该包括以下几个方面:枪与套管的间隙、下井时间和井下温度、射孔液静水压力、产层套管级别和层数、岩石抗压强度(或孔隙度)、射孔弹存放环境和时间。下面是前五个方面具体的经验校正方法。

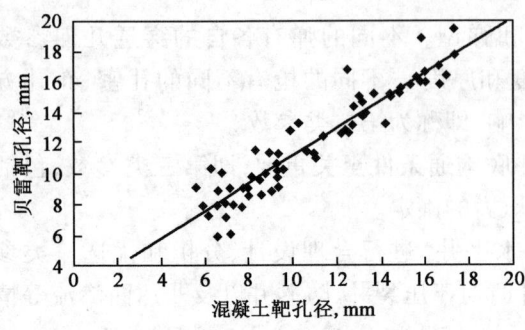

图 2-37 根据混凝土靶孔径折算贝雷靶孔径　　图 2-38 根据混凝土靶孔深折算贝雷靶孔深

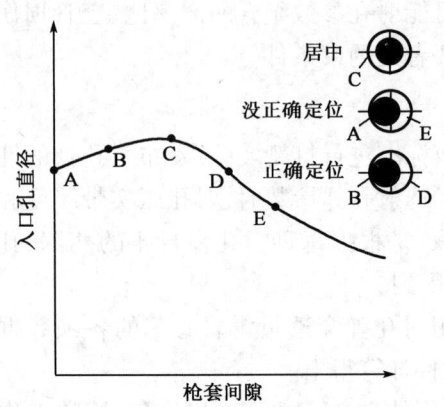

图 2-39 射孔枪位置对孔眼直径的影响

①枪与套管的间隙校正。

枪套最佳间隙为 0~13mm,若枪套间隙为 16~24mm,应将地面孔深和孔径数据乘以 0.95;若枪套间隙大于 25mm,应再乘以 0.95。枪套间隙对孔深的影响要小于对孔径的影响,设计时若需要大孔径弹,则枪套间隙影响最好通过实验确定。图 2-39 是射孔不能居中时间隙对孔径的影响结果。

②下井时间和井下温度校正。

常用炸药都存在耐温与耐时问题,如果射孔环境超过炸药的耐温耐时极限,射孔弹炸药将会降解,严重影响射孔弹性能。若可能超过耐温、耐时范围,应将地面孔深乘以 0.95~0.85。实际设计时,最好根据实际井下环境,利用射孔弹炸药的耐温耐时曲线,选择合适的炸药类型。图 2-40 是常见炸药 RDX、HMX、HNS 和 PYX 的耐温耐时曲线。

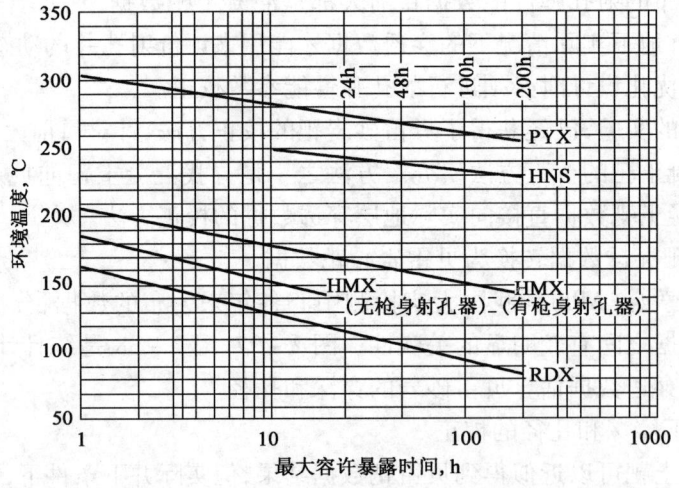

图 2-40 常用炸药耐温、耐时关系曲线

③射孔液静水压力校正。

苏联格里戈和美国 L.A.Berhrman 等人的研究表明,射孔液静水压力增大会使孔深和孔

径减小。这是由于聚能射流在穿过液层时会在液体中形成空腔。射孔液压力越大,空腔收缩回原始状态的时间就越短,使穿透能力下降。因目前国内岩心靶测试是在"井"内压力 10.5MPa 下进行的,若实际井下压力不同则需校正。当井底压力小于 10.5MPa,应将地面穿深和孔径乘以 1.05。若井底压力在 15~24MPa 之间时,应乘以 0.95。若井底压力大于 25MPa 时,应再乘以 0.95。

④产层套管级别和层数校正。

套管强度对孔眼尺寸有直接影响,对于高速射流深穿透射孔弹,不同套管钢级下孔眼大小可由下式计算:

$$\frac{d}{d_r} = \left(\frac{2250 + 4.2x_r}{2250 + 4.2x}\right)^{0.5} \tag{2-11}$$

式中 d——实际井下套管的孔眼直径,mm;

d_r——地面打靶套管的孔眼直径,mm;

x——实际井下套管的布氏硬度;

x_r——地面打靶套管的布氏硬度。

对于多层套管的情形,孔径因套管层数和弹型的不同而不同。对深穿透射孔弹来说,一般估计第二层套管孔径比第一层套管孔径下降 5%~10%,第三层套管孔径比第二层套管孔径下降 5%。遇到这种情形最好采用地面打靶实验进行确定,特别是有特殊用途(防砂或砾石充填)的大孔径聚能射孔弹。

穿深的校正最好根据套管类型采用地面打靶实验的方法确定。

⑤岩石抗压强度校正。

射孔弹的穿透能力与岩石抗压强度密切相关。由于岩石抗压强度不易获得,而岩石抗压强度与孔隙度有很好的相关性,因此直接采用孔隙度校正是通行的做法。随岩石孔隙度减小,抗压强度增大。根据国外公司诺模图,利用回归分析方法给出了以下校正关系。用 ϕ_f 表示地层孔隙度,ϕ_b 表示贝雷砂岩靶的孔隙度,C 表示校正系数。则校正方法如下:

若 $\phi_f/\phi_b < 1$,则

$$C = \left(\frac{\phi_f}{\phi_b}\right)^{1.5} \left(\frac{19\%}{\phi_f}\right)^{0.5} \tag{2-12}$$

若 $\phi_f/\phi_b = 1$,则

$$C = 1$$

若 $\phi_f/\phi_b > 1$,且 $\phi_b < 19\%$,则

$$C = \left(\frac{\phi_f}{\phi_b}\right)^{1.5} \left(\frac{\phi_b}{19\%}\right)^{0.5} \tag{2-13}$$

若 $\phi_f/\phi_b > 1$,且 $\phi_b \geq 19\%$,则

$$C = \left(\frac{\phi_f}{\phi_b}\right)^{1.5} \tag{2-14}$$

如能提供地层岩石的抗压强度,可直接用 Thompson 方法,根据贝雷靶的抗压强度和实际地层抗压强度按下式计算:

$$C = \exp[0.0125(\sigma_b - \sigma_f)] \tag{2-15}$$

式中 σ_b、σ_f——贝雷靶和实际地层的抗压强度,MPa。

应注意式(2-15)不能直接用于混凝土靶到地层的转换。

3) 钻井伤害参数的计算

钻井伤害主要表现在固相侵入和滤液侵入,并由此而引起物理和化学伤害,使产层在一定径向深度的范围内渗透率降低。就射孔而言,钻井伤害参数(包括伤害深度、伤害程度)是影响射孔优化设计的两个重要参数。目前确定钻井伤害参数的方法有裸眼中途测试方法、测井方法、反求法、经验法以及根据实际测试资料进行拟合等。若有条件就采用裸眼中途测试法测定或借用同一地层相同钻井条件的邻井中途测试资料,若无中途测试条件可根据钻井数据用经验法确定。

4) 射孔参数优化设计

射孔参数优化必须建立在对目标储层射孔产能规律正确认识的基础上,或者说必须建立起正确的模型,获得定量化的关系。参数优选时,根据定量关系,计算各种可能的孔密、相位、射孔弹配合下的产率比,并计算出每种配合下套管抗挤能力降低系数,在保证套管抗挤毁能力降低不超过5%的前提下,选择出使产率比最高的射孔参数配合。对裂缝性储层、砂泥岩交互薄层和疏松砂岩储层等,要建立各自相应的产能模型,根据这些储层射孔的特殊性,进行参数优选。下面简要总结射孔参数优选步骤:

(1) 建立各种储层和产层流体条件下射孔完井产能关系数学模型,获得各种条件下射孔产率比定量关系;

(2) 收集本地区、邻井和设计井有关资料和数据,用以修正模型和优化设计;

(3) 调查射孔枪、弹型号和性能测试数据;

(4) 校正各种射孔弹的井下穿深和孔径;

(5) 计算各种射孔弹的压实伤害参数;

(6) 计算设计井的钻井伤害参数;

(7) 计算和比较各种可能参数配合下的产率比和套管抗挤毁能力降低系数,优选出最佳的射孔参数配合;

(8) 计算选择方案下的产量及表皮系数;

(9) 计算出最小和最大负压,推荐施工负压;

(10) 选择合适的射孔工艺和射孔液;

(11) 设计施工管柱和编写施工设计书。

上述各种计算的工作量很大,查诺模图的精度也很有限,采用射孔优化设计软件可以方便、快速、较准确地进行优化设计。

5) 射孔液优选

目前,常规射孔液体系主要有无固相清洁盐水射孔液、聚合物射孔液、油基射孔液和酸基射孔液。而高密度、耐高温射孔液体系主要有高密度清洁盐水射孔液(溴盐盐水射孔液、非溴盐盐水射孔液、有机酸盐盐水射孔液)、水基无黏土射孔液、改性射孔液等。

随着油气勘探开发的重点已由浅层转向深层,射孔液的适用温度由低温向超高温、密度由常规向高密度方向发展,同时由于环境保护的严格要求,射孔液特别是其中各种添加剂又必须具有无毒或低毒和易生物降解的性能。因此射孔液的设计应满足以下要求:(1)能够有效控制地层压力,实现密度可调;(2)与储层岩石和流体具有良好配伍性,防止黏土膨胀和结垢等;(3)低腐蚀性,有利于保护油管、套管及设备;(4)在地面和井下具有良好的稳定性;(5)清洁环保;(6)成本低廉、货源广等。

射孔液的合理选择必须结合具体的储层潜在伤害机理、通过大量的室内实验来优化射孔液配方,使射孔液尽量有良好的环保性、与储层的配伍性,保证最佳的射孔效果。

6)射孔压差设计

完井设计要求在既安全又经济的条件下保证流体通过完井段压力损失最小。按照实施射孔时井筒压力与地层压力的关系,可把射孔作业分为负压射孔、正压射孔和超正压射孔。由于常规正压射孔时射孔液的压持效应,伤害地层的风险极大,目前很少采用。负压射孔和超正压射孔都能改善油气井的生产能力,目前已在世界范围内大量应用,前者几乎成为一种工业标准,而后者则是前者的有益补充。为了保证在气井安全的前提下,获得预期的射孔效果,必须对射孔压差进行科学设计。

(1)负压射孔与超正压射孔。

负压射孔(underbalance perforating)就是在射孔时造成的井底压力低于气藏压力,负压射孔出发点的关键在于利用射孔瞬间负压产生的高速回流冲洗孔眼,运移孔眼堵塞物,以期获得清洁无伤害的孔眼。因此负压值大小是负压设计的关键,一方面要保证孔眼清洁、冲刷出孔眼周围的破碎压实带中的细小颗粒,满足这一要求的负压称为最小负压;另一方面,负压值又不能超过某个值,以免造成地层出砂、垮塌、套管挤毁、封隔失效和其他方面的问题,对应的这一临界值称为最大负压。合理射孔负压值的选择应当是既高于最小负压又不超过最大负压。

负压射孔确能有效地提高油气井产能,并得到广泛应用,但其效果与油气田的射孔工艺水平、负压设计水平和储层物性有极大关系。对于没有进行优化射孔的低渗气藏,可能出现虽采用负压射孔,但负压选择偏低的情况,气层产能仍未充分发挥;对于低渗、严重污染的气藏,完全清洁孔眼要求的负压值较高,有时可能无法实现;对于层间非均质严重的地层,在同一负压下射孔,孔眼的清洁程度不一;对于气藏欠压情形,有时会出现采用全井掏空也不能达到理想负压值的情形;对于弱胶结地层,负压能满足孔眼清洗要求但又可能造成地层出砂。因此采用负压射孔虽能将改善这些情况下井底附近的流动能力,但达不到最优值,在这种情形下应寻求更为有效的方法。

超正压射孔[12]则完全避开了这些问题,它是在射孔瞬间井底压力大于地层破裂压力的条件下完成点火射孔的。射孔点火后,射孔液垫立刻在高压压缩气膨胀能的驱动下以很高的流动速度快速冲击孔眼,由于液体几乎是不可压缩的,它就像楔子嵌入岩石一样使孔眼迅速起裂,液体或其中的支撑剂将以高达 $16m^3/min$ 的速度冲蚀地层,形成稳定畅通的流动通道。一般来讲,当气体到达孔眼时裂缝扩展立即终止,因为气体将迅速滤失进入地层。

对实施超正压射孔作业的井,由于孔眼(压实)伤害带来的孔眼导流能力降低的影响是很低的,孔眼周围岩石破碎导致的渗透率降低已经被产生的高渗透裂缝掩盖而变得微不足道了。同时气体在通过孔眼时速度将接近声速,也会对孔眼和裂缝壁面产生冲蚀和摩擦作用,提高渗透能力。

超正压射孔工艺的效果与井口施工压力、液氮用量、液垫用量以及地层物理性质密切相关,其中射孔时井口压力(或射孔压差)十分关键,相应的井底压力必须大于井底地层破裂压力,因此对射孔地层井底破裂压力的准确预测也直接影响施工参数合理选择。

(2)负压设计模型。

国外学者 King 等人根据 90 口井的经验获得了最小负压计算模型。King 等人指出,若砂

岩气藏射孔后酸化增产不明显(产能增加低于10%),则表明这种孔眼是干净的,对应的负压就是足够的,最小负压计算经验方程为

$$\Delta p_{\min} = 17.24/K \quad (K < 100 \times 10^{-3} \mu m^2) \quad (2-16)$$

$$\Delta p_{\min} = 17.24/K^{0.18} \quad (K \geqslant 100 \times 10^{-3} \mu m^2) \quad (2-17)$$

式中 $\Delta p_{\min}$——气层的最小负压,MPa;

K——产层的渗透率,$10^{-3} \mu m^2$。

Colle 则根据在委内瑞拉和海湾地区的经验提出了最大负压 $\Delta p_{\max}$ 的计算方法。将最大负压与相邻泥岩声波时差或体积密度建立了联系。根据声波时差的计算公式为

$$\Delta p_{\max} = 33.059 - 0.0524 \Delta T_{as} \quad (\Delta T_{as} \geqslant 300 \mu s/m) \quad (2-18)$$

$$\Delta p_{\max} = \Delta p_{tub,\max} \quad (\Delta T_{as} < 300 \mu s/m) \quad (2-19)$$

式中 $\Delta p_{\max}$——最大负压,MPa;

ΔT_{as}——相邻泥岩声波时差,$\mu m/s$;

$\Delta p_{tub,\max}$——井下管柱或水泥环最大安全负压,MPa。

20 世纪 90 年代中后期,Schlumberger 射流测试中心 Behrmann 等对射孔损害带通过 CT 扫描、薄片分析、压汞测量及模拟井下岩心流动实验进行了大量详细的研究,使人们对射孔压实带的概念有了新的认识,提出达到零压实表皮系数的最佳负压设计方法:

$$\Delta p_{\min} = 1.80 \phi d_p^{0.3}/K^{0.3333} \quad (K < 100 \times 10^{-3} \mu m^2) \quad (2-20)$$

$$\Delta p_{\min} = 3.87 \phi d_p^{0.3}/K^{0.5} \quad (K \geqslant 100 \times 10^{-3} \mu m^2) \quad (2-21)$$

式中 $\Delta p_{\min}$——零表皮最小负压,MPa;

ϕ——孔隙度,%;

d_p——孔眼直径,mm;

K——地层渗透率,$10^{-3} \mu m^2$。

该方法的缺点是没有提供最大负压的计算方法。

(3)合理射孔施工压差确定。

①负压射孔施工压差设计。

在按照前面讨论的方法设计出最小负压 $\Delta p_{\min}$ 和最大的负压 $\Delta p_{\max}$ 之后,还必须设计出射孔施工必须采用的施工负压差 Δp_{rec}。经过对各种因素的综合考虑,制订出确定合理射孔负压 Δp_{rec} 的方法。首先确定合理负压的限制条件,由于前面所研究的 $\Delta p_{\min}$,$\Delta p_{\max}$ 并未考虑井下套管的安全因素,为此必须要求

$$\Delta p_{rec} \leqslant 0.8 \Delta p_{tub,\max} \quad (2-22)$$

对于低压气层,有时甚至全井掏空也达不到所要求的负压值,为此必须要求

$$\Delta p_{rec} \leqslant p_r \quad (2-23)$$

其次进行最佳负压的选择,分两种情况进行选择:

a. $\Delta p_{\max} \geqslant \Delta p_{\min}$,此时若无出砂史,则

$$\Delta p_{rec} = 0.8 \Delta p_{\max} + 0.2 \Delta p_{\min} \quad (2-24)$$

若有出砂史或者含水饱和度 $S_w > 50\%$,则

$$\Delta p_{rec} = 0.2 \Delta p_{\max} + 0.8 \Delta p_{\min} \quad (2-25)$$

b. $\Delta p_{\max} < \Delta p_{\min}$,这种情况在某些时候也是有可能出现的,因为 $\Delta p_{\max}$ 是指防止出砂允许的最大负压,$\Delta p_{\max}$ 完全有可能小于保证孔眼清洁所需的最小负压 $\Delta p_{\min}$,决不能从符号上理解为

$\Delta p_{\max}$ 一定会大于 $\Delta p_{\min}$。此时 $\Delta p_{\max}$ 实际上成了采用负压的制约条件,则为安全起见,有

$$\Delta p_{\text{rec}} = 0.8 \Delta p_{\max} \qquad (2-26)$$

②超正压射孔施工压力设计。

合理确定氮气加压井口施工压力是超正压射孔工艺的关键参数之一,原则上以最大限度地强化射孔效果、不损伤井筒和不带来新的污染为标准。射孔点火瞬间井筒压力的关系如下:

$$p_{\text{wf}} = p_{\text{压井液}} + p_{\text{氮气柱}} + p_{\text{井口}} \qquad (2-27)$$

超正压射孔工艺要求井底压力 p_{wf} 高于地层破裂压力并低于油管和套管最低抗挤毁压力,即有

$$p_{\text{破裂}} < p_{\text{wf}} < p_{\text{挤毁}} \qquad (2-28)$$

在这一范围内,井口施工压力 $p_{\text{井口}}$ 就可以确定。大量实践经验表明,井底压力梯度要求范围为 22~70kPa/m,这与实际地层破裂压力有关。井口施工压力的优化设计应该根据预期的施工效果,通过不同井底压力、液氮用量、液体用量条件下动态模拟地下裂缝的扩展以及进行产能分析综合确定。

井口施工压力与氮气的用量也是密切相连的,表 2-5 是不同油管、套管和施工压力与液氮用量的关系。注意该表仅作参考选用,不同地层的温度体条件不同,液氮用量不同,具体设计时最好通过软件计算。

表 2-5 不同施工压力下各类管柱结构千米容积液氮用量   单位:m³

施工压力,MPa	2½in 油管	3in 油管	5½in 套管对应的油套环空		7in 套管对应的油套环空	
			2½in 油管	3in 油管	2½in 油管	3in 油管
20	0.78	1.18	1.93	1.41	3.99	3.47
30	1.08	1.62	2.67	1.94	5.51	4.78
40	1.32	1.97	3.25	2.37	6.70	5.82
50	1.51	2.27	3.73	2.72	7.71	6.69
60	1.68	2.52	4.14	3.02	8.55	7.42

【例 2-2】 已知气层直井数据为:目标地层深度 3500m,地层压力 40MPa,供给半径 400m,气层厚度 9m,地层温度 93℃,地层渗透率为 $1.5 \times 10^{-3} \mu m^2$,平均孔隙度为 15%,井筒半径 0.108m,天然气相对密度 0.7,地层岩石弹性模量为 12000MPa,泊松比 0.23,生产套管尺寸为 5½in,测井资料表明钻井污染深度大约为 300mm,钻井污染程度为 0.5,试根据井况进行射孔优化设计和产能评价。

解:(1)射孔枪弹选择。

根据套管尺寸、枪套间隙要求和常用射孔枪尺寸规范,适合该井的射孔枪外径为 89mm 或 102mm;由于该井没有特别要求,射孔枪材质选择常用的 N80 钢材即可。

由于该井温度为 93℃,根据图 2-40 可知,装药 RDX 类型的射孔弹井下容许滞留时间为 100h(大约 4d 时间),完全满足射孔施工时间需求。因此,选择装药类型为 RDX 的射孔弹即可。

根据前面的分析可知,射孔弹如能穿透钻井污染带则气井产能将大幅提高,因此初选射孔弹时要求射孔弹在地面标准靶穿透深度必须大于 300mm,基于射孔枪弹厂家的产品数据库性能,选择的射孔枪弹数据如表 2-6 所示。

表 2-6 射孔枪弹性能表

射孔枪	射孔弹型	外径 mm	混凝靶穿深 mm	混凝靶孔径 mm	抗压强度 MPa	弹分类	压实带厚度 mm	压实损害程度
SYD-102	DP44RDX-1 (102)	102	639	11.6	34.47	DP	11.31	0.31
SYD-102	DP46RDX45-1 (127)	102	1050	16	44.4	DP	13.33	0.29
SYD-89	DP36RDX-1 (89)	89	505	8.8	34.47	DP	10.27	0.25

（2）射孔弹性能校正。

表 2-6 中射孔弹性能数据是地面混凝土标准靶的穿透数据，不能直接用来评价井下射孔孔眼的流动效率和气井产能，需要根据选择的套管层数与级别、枪套间隙、地层孔隙度进行校正。根据 89 枪（SYD-89）和 102 枪（SYD-102）的实际枪套间隙、套管层数和地层孔隙度（15%），利用式（2-12）~式（2-14），得到射孔枪弹性能校正结果如表 2-7 所示。

表 2-7 射孔枪弹性能校正结果表（实际井下穿透数据）

射孔枪型	射孔弹型	原始穿深 mm	原始孔径 mm	校正系数	校正孔深 mm	孔径系数	校正孔径 mm
SYD-102	DP36RDX-1 (89)	505	8.8	0.4339	219.1	0.6021	5.3
SYD-102	DP44RDX-1 (102)	639	11.6	0.4339	277.3	0.6209	7.2
SYD-102	DP46RDX45-1 (127)	1050	16.0	0.4565	479.3	0.5715	9.1
SYD-89	DP36RDX-1 (89)	505	8.8	0.4146	209.4	0.5753	5.1
SYD-89	DP44RDX-1 (102)	639	11.6	0.4146	264.9	0.5932	6.9
SYD-89	DP46RDX45-1 (127)	1050	16.0	0.4362	458.0	0.5461	8.7

（3）产率比评价与射孔方案选择。

根据实际地层参数和射孔弹井下实际穿透性能数据，可利用现有射孔软件直接进行当前射孔枪弹参数下的射孔井能得到的实际产率比和射孔后套管性能降低系数，结果如表 2-8 所示。从表中可以看出，本次设计组合出的射孔方案共计 11 套，不同射孔枪、射孔弹、射孔孔密和射孔相位组合得到的产率比相差较大，套管强度降低系数都在要求的 5% 以下，因此该井推荐采用产率比最高的方案 1。

表 2-8 不同射孔方案产率比计算结果对比

方案号	射孔枪名称	射孔弹型	产率比	孔密,孔/m	相位,(°)	套管强度降低系数
1	SYD-102	DP46RDX45-1(127)	0.8121	16	90	2.70%
2	SYD-102	DP46RDX45-1(127)	0.7862	13	90	2.20%

续表

方案号	射孔枪名称	射孔弹型	产率比	孔密,孔/m	相位,(°)	套管强度降低系数
3	SYD-102	DP46RDX45-1(127)	0.7213	8	90	1.30%
4	SYD-102	DP44RDX-1(102)	0.5877	20	90	1.80%
5	SYD-102	DP44RDX-1(102)	0.5571	16	90	1.40%
6	SYD-102	DP44RDX-1(102)	0.5285	13	90	1.20%
7	SYD-89	DP36RDX-1(89)	0.5086	20	90	1.00%
8	SYD-89	DP36RDX-1(89)	0.4788	16	90	0.80%
9	SYD-102	DP44RDX-1(102)	0.4633	8	90	0.70%
10	SYD-89	DP36RDX-1(89)	0.4517	13	90	0.70%
11	SYD-89	DP36RDX-1(89)	0.3934	8	90	0.40%

（4）射孔井产能评价与分析。

根据选择的射孔方案——SYD-102枪、DP46RDX45-1(127)射孔弹、孔密16孔/m、相位90°，结合储层特征参数，可以得到该井射孔后流入动态曲线以及不同弹型对流入动态的影响，如图2-41所示。当井口压力为20MPa时，该井产气量为$8.88 \times 10^4 \mathrm{m}^3/\mathrm{d}$。

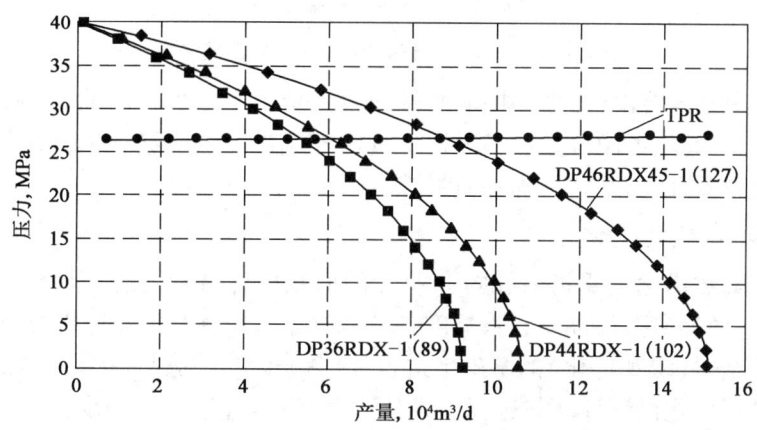

图2-41 气井流入动态及射孔弹型对气井产能的影响

（5）射孔负压设计。

根据式(2-16)可知,最小负压为

$$\Delta p_{\min} = 17.24/1.5 = 11.5(\mathrm{MPa})$$

利用射孔软件可计算得到保证孔眼稳定的最大负压差是14MPa，合理施工负压为

$$\Delta p_{\mathrm{rec}} = 0.2 \times 11.5 + 0.8 \times 14 = 13.5(\mathrm{MPa})$$

（6）射孔工艺选择。

该井压力系数为1.14，地层压力充足，由于自然产能较高，不需要酸化、压裂作业，可选择油管输送负压射孔工艺。

3. 水平井射孔优化设计

水平井射孔完井优化设计主要包括三类参数优化。

1) 第一类射孔参数优化

第一类射孔参数优化主要指打开程度、打开段数和打开位置的确定。由于井筒的流动动态和气藏渗流的共同作用,使得射孔打开程度、打开段的位置和分布直接影响水平井的生产能力。水平井打开位置和打开程度优化是通过耦合储层流入动态和水平井筒的多相流动模型利用数值方法求解完成的,它必须结合实际气藏和井身结构数据来进行分析。

图2-42是射孔完成水平井分段打开与全部打开的流量分布结果示意图,可以看出分段打开时单段的流量贡献比全部打开对应井段的流量贡献高,如果打开程度合适,分段打开和全部打开时水平井产能相差不会很大。合理的打开程度必须进行结合具体气藏进行相应的分析计算。

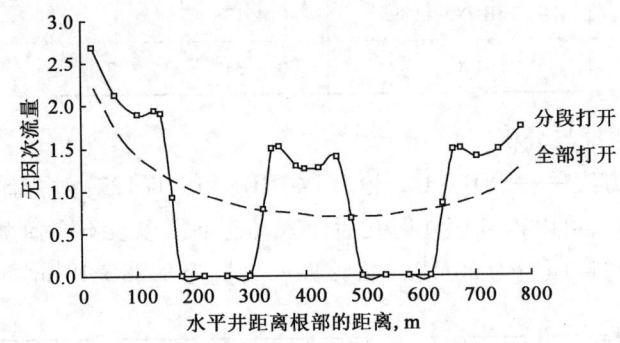

图2-42 水平井打开方式与流量贡献分布

从图2-42中同样看出,水平井根端的打开段流量贡献最大。因此,如果分段射开,在给定打开程度下分多少段、各段位置也必须根据具体气藏情况、井身轨迹、钻遇情况和测井解释等进行相应的模拟器计算,并结合固井质量综合决定。

2) 第二类射孔参数优化

第二类射孔参数优化主要指射孔打开单元的射孔枪弹参数优化,具体包括射孔枪、射孔弹、孔密、孔深、孔径等参数设计。其数据准备及基本步骤和直井优化过程类似,一般是在第一类射孔参数优化结果(宏观优化)的基础上进行局部打开单元的射孔优化(局部优化),或二者相互结合直接进行优化设计计算与选择。设计计算步骤与直井基本相同。

3) 第三类射孔参数优化

第三类射孔参数优化指射孔方位、射孔压差、射孔工艺及射孔液的合理选择,射孔压差设计与射孔工艺的选择有关,具体设计方法参见射孔压差设计。

至于打开方位需要结合水平井的实际情况进行选择。水平井和直井射孔优化设计的不同点除了第一类射孔参数外,还在于地层非均质性和孔眼方位的影响与直井完全不同。研究表明,如果孔眼方向与地层最小渗透率方向一致,那么水平井射孔完井的表皮系数将最低。也就是说,对大多数各向异性地层来讲,孔眼最好是垂向180°定向射孔,60°、90°或120°相位确实没有180°有效,但是如果提高孔密,则也可能获得与180°相似的结果,同时这对精确定向要求不高,有利于施工。对于需要防止地层出砂和孔眼坍塌的情况,采用低边射孔则更具实际意义。

第五节　完井测试与投产措施

一般把钻井过程中进行的地层测试称为中途测试,把套管完井后进行的测试称为完井测试(或套管测试)。气井完井测试是对气井的产气量、产水量、温度、地层压力、天然气性质等进行测试,掌握气井的静态和动态资料,以便在生产时确定合理的生产工作制度,为实施增产措施、建设采气场站和集输管线提供重要的参考资料。完井测试结束以后,根据测试结果采用合理的投产措施使气井投入正常生产。

一、完井测试

1. 测试工序

测试工序一般分为放喷、关井复压、气量测试和关井求压。

1) 放喷

气井射孔完井或酸化后,井底有不少积液和脏物,井筒内装满了液体,所以必须对气层进行诱喷,排除井筒内积液,净化井底,为保证录取资料的准确性奠定基础。放喷时应收集的资料包括:放喷起止时间、放喷方式(油管放喷、套管放喷或同时放喷)、针形阀开度、放喷期间油压和套压的变化情况、喷出物及颜色、点火火焰高度、放喷排液量等,并按要求录取气、水样品以便化验分析等。

放喷管线应接出井口 100m 左右,固定牢固,放空点燃。控制好放喷压差,采用间歇式多次放喷,尽量把井内污染物带出,确认喷尽后方可进入下步工艺。判断是否喷净的方法有三个方面。一是根据液量判断,如果排出总液量大于或等于挤入地层液量(如酸液)与井筒内液量之和视为排净;二是根据火焰颜色判断,纯气呈蓝色,带盐水呈黄色,带地层水呈淡红色;三是根据关井后油管压力与套管压力的差值判断,若油管压力与套管压力相等,说明井筒无积液或液柱高度相同,若套管压力高于油管压力说明油管内液柱高于套管内液柱。

2) 关井复压

在排尽井内液体(地层不产水)情况下,需要关井复压,以求取目前地层压力。如井口关井可通过油压上涨速度确定是否平稳,稳定的标准要求 24h 内压力波动不超过 0.5%。

3) 气量测试

气量测试的主要目的是计算气井的产量。井内放喷干净后,对气井再进行一次测试放喷。放喷要求油管压力、套管压力达到稳定,记录稳定放喷时的稳定时间、孔板直径、油管压力、套管压力、孔板前后压力、孔板前后温度、硫化氢含量等,根据理论公式计算该井的井口气量。

气量测试过程中,一般采用临界速度流量计测试,回压控制在该井最大关井压力的 75% 以上。压力波动范围小于 0.1MPa,产量波动范围小于 10% 视为基本稳定,稳定时间视产量的大小而定。气产量大于 $30 \times 10^4 m^3/d$,稳定 2h 以上;气产量为 $(10 \sim 30) \times 10^4 m^3/d$,稳定 4h 以上;气产量为 $(5 \sim 10) \times 10^4 m^3/d$,稳定 6h 以上;气产量小于 $5 \times 10^4 m^3/d$,稳定 8h 以上。测试的同时应现场测定天然气中硫化氢含量。

4）关井求压

对气井产量测试后,应立即关井,获取压力恢复数据和最大关井压力,关井求压一直到压力恢复稳定为止,最大关井压力为24h压力上升不超过0.01MPa视为合格,如井口关井可按静气柱公式用井口压力计算地层压力。气井完井测试完成后,试油工作即宣告结束,便可建设井场转入投产。

2.测试流程

根据现场实践,气井测试流程主要有以下四种。

1）常压气井测试流程

常压气井测试流程是最常用的一种测试流程。它主要由采气井口、流量计、旋风分离器、测试和燃烧筒组成,如图2-43所示。这种测试流程适用于不产水或产少量凝析水的气井,因为临界速度流量计测试要求必须是干气,不能含有水。因此,测试前必须安装旋风分离器进行脱水。

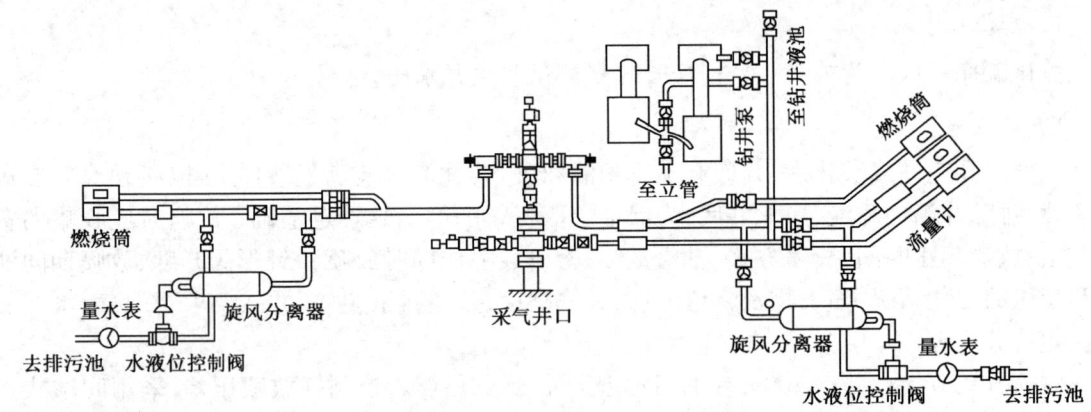

图2-43 常压气井测试流程示意图

2）气水井测试流程

若目标测试井是气水井,则要应用气水井测试流程。该流程与第一种流程基本相同,不同点在于测试流程中必须配置重力式分离器。分离后的天然气用临界速度流量计测试,水用计量罐测试,如图2-44所示。

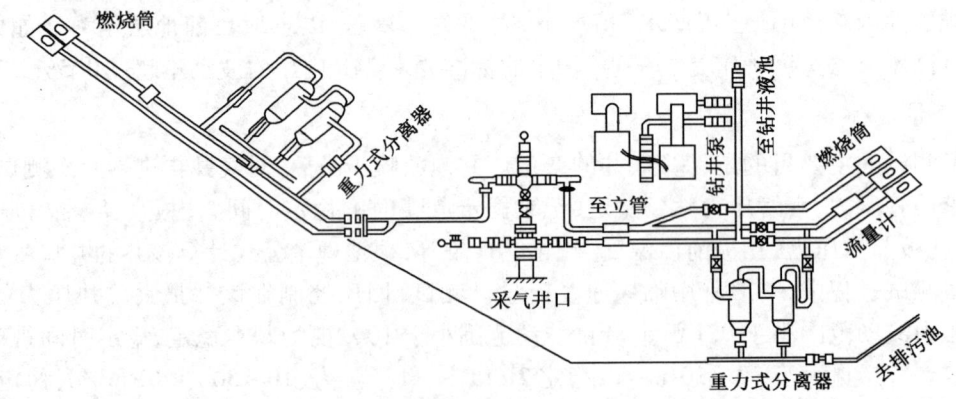

图2-44 产水气井测试流程示意图

3)高压气井测试流程

对于高压或超高压气井,测试过程中井口压力降低较多,大压差会造成测试管线和分离器结冰。因此,流程中需要配置降压保温装置。为了使降压不致太大,一般采用三级降压保温装置。通过热水或蒸气在管线上的热交换,防止测试管线水合物结冰,如图2-45所示。

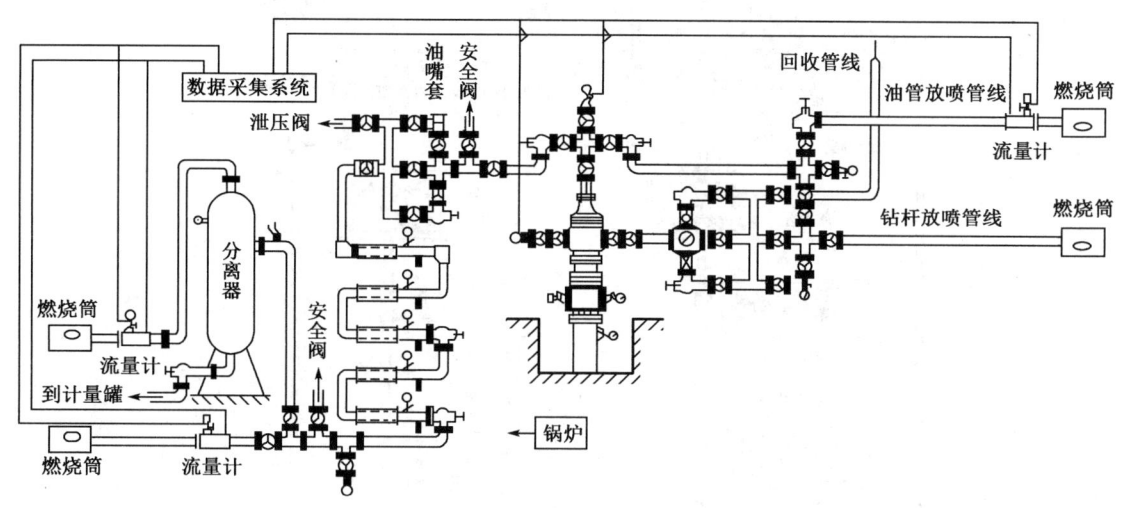

图2-45 高压气井测试流程示意图

4)高压高产气井测试流程

对高压高产气井测试时,一般采用多套地面测试流程,其主要优点在于提高测试的地面安全性、施工作业的连续性和满足高产量井测试要求。因为高压气井测试的井口压力高,同时使用多套地面流程,可以使地面流动压力得到分流,降低了单套地面流程设备承受的压力,减小了流程刺漏的风险,提高了安全性。当其中一套地面流程发生故障时,其余流程能够继续使用,使施工作业可以得到连续进行,一些施工作业的连续性是非常重要的,如酸化后的排酸作业。一套地面测试流程的天然气测试产量一般在 $100 \times 10^4 \text{m}^3/\text{d}$ 左右,多套地面测试流程同时使用可以满足高产量井测试。

在多套测试流程中,每套测试流程基本是相同的,单套流程的设备组成主要包括:远程控制液动安全阀、数据头、转向管汇、节流管汇、热交换器、分离器、数据采集系统、蒸汽发生器和燃烧器。图2-46是龙岗气田典型的双套完井测试地面流程示意图,现场应用17口井均取得成功。

3. 测试产量计算

完井测试过程中的产气量主要依靠流量计来测量。测量气体流量的方法和仪表种类较多,而用于天然气的主要有三类:容积式流量计(如罗茨流量计、湿式流量计和皮囊式流量计)、速度式流量计(如孔板差压流量计、临界速度流量计)和质量式流量计(如涡轮流量计、靶式流量计)。

由于我国天然气工业用的流量计90%以上为孔板差压流量计,用于采气井场、集气站和输配气站计量的流量计一般要求为精度较高的标准差压孔板流量计。用于流量变化大或未知流量的探井、评价井及集输管线未配套情况下的完井测试,多为垫圈流量计和临界速度流量计。下面主要介绍完井测试气量计算方法。

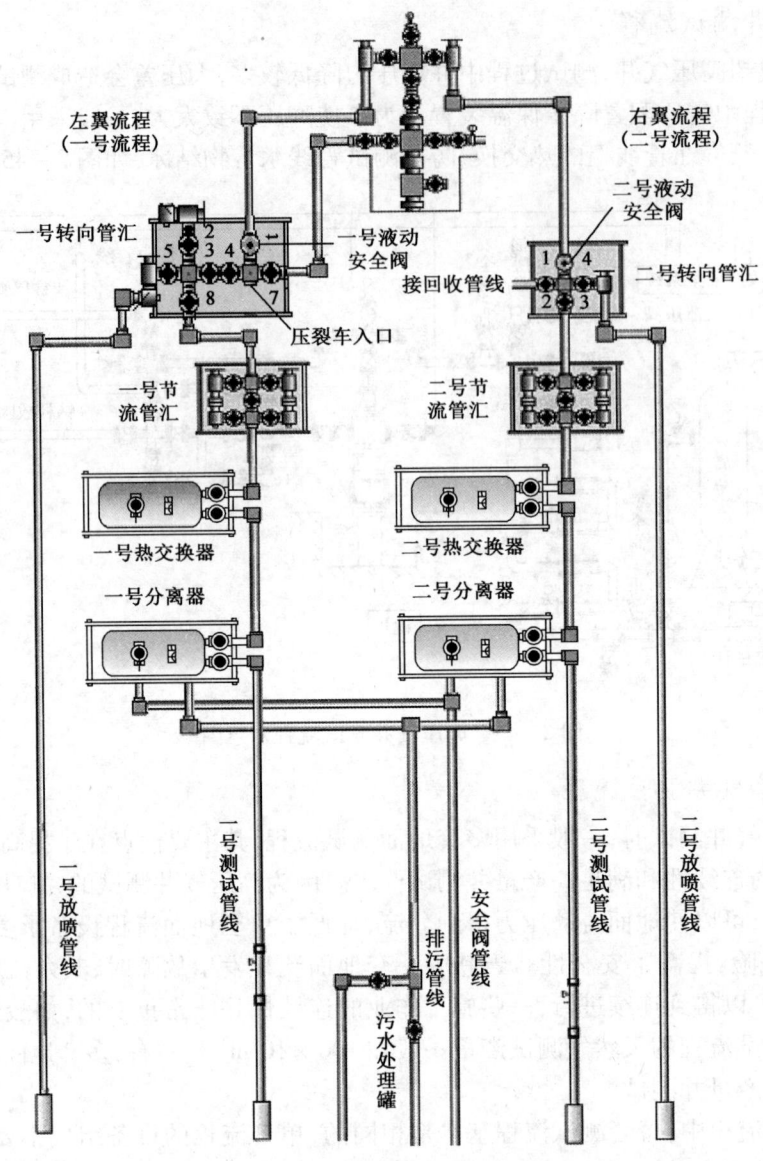

图 2-46 双套完井测试地面流程示意图

1) 垫圈流量计

垫圈流量计属于孔板差压流量计。垫圈流量计主要用于小产量(低于 8000m³/d)的气井,尚未安装输气管线时在井场进行的试气测量。气井流经孔板产生节流,形成压力差。当气流速度小于临界流速时,压力差越大流量就越大,只要测出流经孔板前后的压力差,即可求出流量。

如图 2-47 所示,垫圈流量计由直径 50mm、长 125mm 的金属测气短节,孔板,压帽和胶皮管组成。U 形管内盛水银或水,出口端接大气。测出压力差后即可计算出通过孔板的流量。

流量计算公式为

$$q_{sc} = C_D d^2 \sqrt{\frac{h}{\gamma_g T}} \tag{2-29}$$

式中 q_{sc}——标准状态下气体的体积流量,m^3/d;
C_D——系数,汞柱时取 10.64,水柱时取 2.89;
d——孔板开孔直径,mm;
h——U 形管中液柱压力差,mm;
γ_g——天然气相对密度;
T——气流温度,K。

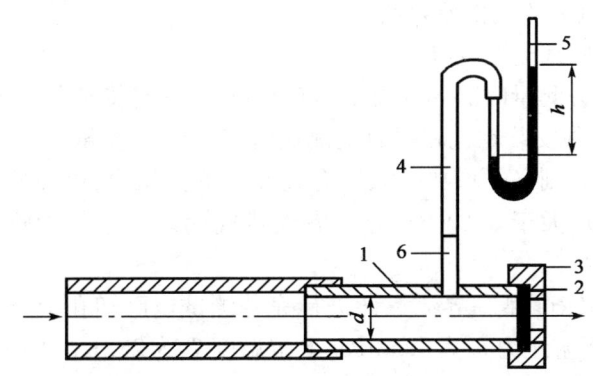

图 2-47 垫圈流量计示意图
1—测气短节;2—孔板;3—压帽;4—胶皮管;5—U 型压力计;6—取压管;
d—孔板开孔直径;h—U 形管中液柱压力差

垫圈流量计算只适用于较小流量测试,具有结构简单,携带方便等优点,一般用于钻井中途测试和完井测试,也适合油井伴生气量测试。测试时要求放空测试,气流速度必须低于临界流速,且气流出口不能有阻挡物,不能逆风测试。

2) 临界速度流量计

临界速度流量计具有结构简单、所取参数少、计算简便、测量范围广等优点,广泛应用于气藏探井和尚未接通输气管线的新井放喷测量。但该流量计对生产井不宜采用,因为输气管最大容许压差一般不满足该流量计要求。

临界速度流量计主要由本体、孔板、接头、温度计插管和压力计接头组成(图 2-48),本体内径有 2in(50mm)和 4in(100mm)两种类型。测试中低产井用 2in 型,而测试高产气井时常用 4in 型。2in 型流量计与井口管线上、下游均用螺纹连接,而 4in 型要求上游侧用螺纹连接,下游则可用法兰连接。

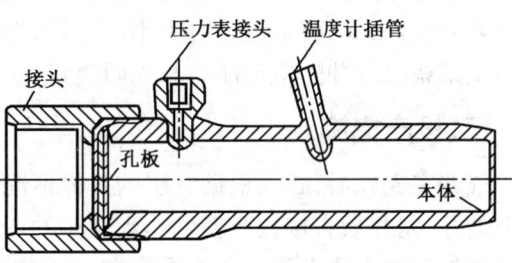

图 2-48 临界流量计示意图

临界速度流量计测试时要求气流必须达到临界流速,即压力波在气流中的传播速度达到声速。因此要求孔板上游压力 p_1 约为下游压力 p_2 的两倍($p_2 \leq 0.55p_1$),此时若再降低 p_2 不会使气流量增加,若再增加 p_1,虽然气体流束最小截面处的流速仍保持声速,但由于气体密度增加,因而气流量要增大。也就是说,流过临界速度流量计的气体流量与下游压力 p_2 无关,仅取决于上游压力 p_1。只要测得孔板上游压力即可求得天然气的流量。流量计算公式为

$$q_{sc} = \frac{1896.7 d^2 p_1}{\sqrt{\gamma_g Z T_1}} \qquad (2-30)$$

式中 q_{sc}——标准状态下天然气的体积流量，m^3/d；
d——孔板开孔直径，mm；
p_1——孔板上游侧气流绝对压力，MPa；
γ_g——天然气相对密度；
Z——孔板上游侧天然气偏差系数；
T_1——孔板上游侧气流温度，K。

使用临界速度流量计测量时必须注意的事项包括：(1)安装时孔板不能反装，喇叭口必须朝下游方向；(2)孔板必须安装在比较平直的测试管线上；(3)流量计下游不宜接较长的管线，一般2～3根油管即可，否则必须增接一只压力表计量下游压力，以便确定气流是否达到临界流速；(4)若上游压力 p_1 大于0.8MPa，应考虑天然气偏差系数的影响，当上游压力 p_1 小于0.8MPa时，偏差系数取1。

【例2-3】 某井用2in型临界流量计进行完井测试。已知孔板开孔直径 d 为25mm，上游压力 p_1 为6.06MPa，下游压力 p_2 为0.5MPa，上游温度 T_1 为282K，相对密度 γ_g 为0.567，临界压力为4.7MPa，临界温度192K，求天然气流量。

解：(1)压力比 $p_2/p_1 = 0.5/6.06 = 0.083$，即 $p_2 = 0.083 p_1 < 0.546 p_1$，故为临界流动状态。
(2)由于 $p_1 = 6.06 > 0.8$MPa，故需要考虑天然气偏差系数的影响。
拟对比压力 $p_{pr} = p_1/p_{pc} = 6.06/4.7 = 1.29$；
拟对比温度 $T_{pr} = T_1/T_{pc} = 282/192 = 1.47$；
得到天然气偏差系数 $Z = 0.868$。
(3)计算天然气流量：

$$q_{sc} = \frac{1896.7 d^2 p_1}{\sqrt{\gamma_g Z T_1}} = 1896.7 \times 25^2 \times \frac{6.06}{\sqrt{0.567 \times 0.868 \times 282}} = 60.9 \times 10^4 (m^3/d)$$

3)一点法测试

气井完井测试的最大特点是完井测试时集输管线尚未建成，测试时产出的天然气需要被烧掉或放空，因此，要求测试时间不能过长，以减少不必要的能源浪费。工程上通常采取一点法测试来获取气井的生产能力和无阻流量。

二、投产措施

气井完成以后，必须根据气层的具体情况选择合适的投产措施。对储层性质较好、供气能力强的井，完井后直接投产就可达到期望的产能；而对渗透性能差、污染严重的储层，直接投产后的自然产能无法满足工业开采要求，必须采取酸化或压裂等投产措施。因此气井在投产前需要进行必要的措施，使其能达到预期的生产能力。

1. 投产前准备

气井完井后，即交付投产。无论是自然投产还是采取改善气井生产能力的措施，都要做好以下准备工作。

1)通井

通井的目的是用通井规来检验井筒是否畅通无阻。通井工序不仅在投产作业中应用，在以后的生产中,凡重要的管柱工具下井前及大修过程中也都是一项重要的工序。通井用的主要工具为通井规和铅模,如图2-49和图2-50所示。

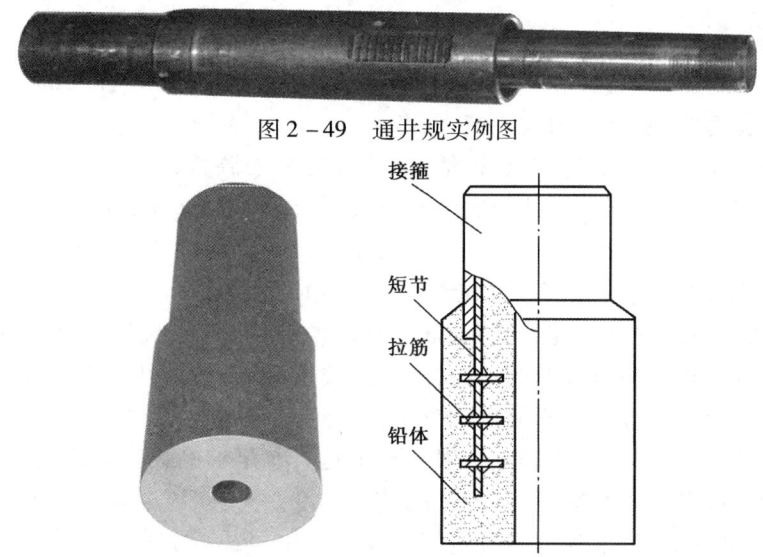

图2-49 通井规实例图

图2-50 铅模示意图

2) 刮管

刮管的目的是把套管内壁上的水泥及炮眼毛刺清除掉,以保证下井工具正常工作及封隔器坐封成功。常用套管刮削工具有两种:胶筒式套管刮削器和弹簧式套管刮削器,如图2-51和图2-52所示。

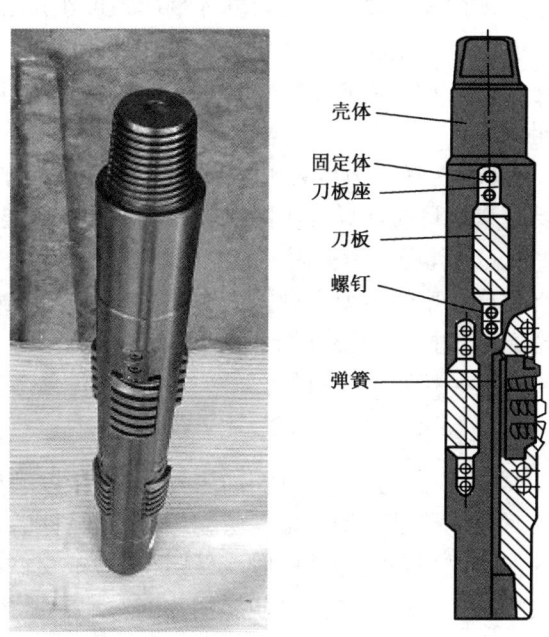

图2-51 胶筒式套管刮削器示意图   图2-52 弹簧式套管刮削器示意图

3) 洗井

洗井的目的在于把井筒内的脏物用洗井液冲洗带出井筒,为以后的施工做好准备。常用的洗井液主要是盐水,有时也加入一些清洗剂,对洗井液总的技术要求是对气层不造成损害。

2.投产措施分类

1)水力压裂

水力压裂是通过压裂液在储层中造缝,在低渗储层中形成高导流能力的支撑裂缝,使渗流方式由径向流动变为线性流动,增大渗流面积。

水力压裂一般设计后实施、实施后评估、评估后反过来调整设计,即为后续设计提供改进和完善的基础。这样,可使压裂设计与实施效果进一步地统一起来,使整个工作针对性更强,更符合实际。一般步骤为:

(1)优化压裂设计。优化压裂设计包含以下三项内容:

①压前地层评估:以油藏描述为基础,取得满足压裂优化设计要求的地层评估资料,这可由完井工程系统设计程序中所提及的地质描述、测井岩心分析、试井与探井试气以及压裂测试等内容以及对其综合研究提供完整的评估分析而得到。

②压裂液的选择与评估:对压裂液一般的要求是具有足够的黏度与滤失控制性能,以保证有效造缝和携带支撑剂进入裂缝,达到设计的铺置浓度,并使压裂液对支撑裂缝与储层的伤害最小,易于返排。此外,压裂液还应具有良好的操作性能、安全与低成本。现场常使用的压裂液类型为水基、油基、醇基、乳化与泡沫等压裂液,可根据具体情况选择与应用。

③支撑剂的选择与评估:对支撑剂最基本的要求是能得到高导流能力,其选择方法是使用McGuire 和 Sikara 的电模拟曲线图版,或由气藏模拟按产量并进行经济分析进行选择。使用电模拟曲线图版可按不同的储层渗透率为获得不同的增产倍数,在一定的穿透深度下,根据相对导流系数(支撑缝导流能力与储层渗透率的比值)来选择支撑剂。

支撑剂的评估包括对支撑剂的粒度组成、球度、圆度、酸溶解度、浊度、密度、光滑度、抗破碎能力及导流能力等 9 项指标进行评价,其中最主要的是在一定压力下由各种铺置浓度(常规为 $5kg/m^2$)测定支撑缝的导流能力,标准测量装置为线性导流能力测定仪器(与 API 标准相同)。

(2)选择合适压裂工艺与施工方案。现场施工工艺与质量控制是影响压裂增产效果的重要因素。目前现场常用的比较成功的施工工艺有封隔器分层压裂、封堵球选压、限流压裂等。

(3)现场质量控制。施工现场质量控制是压裂优化设计转化为现场优化施工、提高施工有效成功率的重要保证。为实施质量控制,现场压裂施工时必须配备功能齐全的压裂仪表车。现场质量控制的要点如下:建立实时监测系统、对压裂液配制与交联比的控制、监测合理的加砂浓度和控制返排时机。

2)酸压

酸压与水力压裂有相同之处,只是酸蚀裂缝与水力裂缝的形成过程有其不同之处。酸压的对象主要是碳酸盐岩储层,对其储层特性的认识更依赖于地层天然裂缝系统的研究。酸压的作业过程是将高黏度胶液(线性溶胶或交联冻胶)作为前置液对地层造缝,接着注入酸液与碳酸盐地层反应或直接使用稠化酸对地层造缝并与地层起反应,而形成一定的酸蚀宽度与缝长。由于这种对地层的蚀刻是不均匀的,所以当裂缝闭合时仍可保持有一定导流能力与有效长度的裂缝。酸压的有效缝长由所用酸量、反应速度与酸液滤失量所决定。多级注入酸压闭合酸化工艺技术可增加导流能力与有效缝长,其特点是在裂缝闭合后,低排量注入酸液,酸液将沿先前酸压形成的裂缝流动,继续加深已形成的沟槽,进一步增加了裂缝的导流能力,从而达到提高酸压增产效果的目的。

酸压设计的基本步骤为:(1)地层评估;(2)选择酸液与施工参数系统;(3)使用酸压数值模拟,研究裂缝几何形状与酸穿透距离和导流能力;(4)计算增产量;(5)选择最经济的优化设计方案。

3)酸化

酸化是通过向地层注入酸液,溶解储层岩石矿物成分及钻井、完井、修井和采油等作业过程中造成储层堵塞的物质,改善和提高储层的渗透性能,从而提高气井产能的增产措施。酸化增产原理主要为:(1)酸液挤入孔隙或天然裂缝与其发生反应,溶蚀孔壁或裂缝壁面,增大孔径或扩大裂缝,提高储层的渗流能力;(2)溶蚀孔道或天然裂缝中的堵塞物质,破坏钻井液、水泥及岩石碎屑等堵塞物的结构,疏通流动通道,解除堵塞物的影响,恢复储层原有的渗流能力。酸化工艺既可用于碳酸盐岩储层也可以用于砂岩储层,不过对于砂岩储层来说,一般采用土酸进行酸化。

酸化设计的基本步骤为:(1)酸液驱替工艺确定;(2)最大施工排量确定;(3)酸化工作液类型、浓度及用量确定;(4)模拟酸化设计计算;(5)酸化后排液。

小 结

本章引入了完井表皮的概念,并分析了其实质及对生产的影响,进而提出了气井完井必须从气层保护做起,通过优化完井方式、完井工艺及完井参数设计,达到气田最优化完井的思路。详细讨论了气层伤害机理和气层保护措施,强调了水相圈闭伤害对低渗致密气田开发的重要影响。分析了直井、水平井主要完井方式的特点及其适应性,阐明了气田完井方式选择应考虑的主要因素。重点讲述了射孔完井工艺、射孔参数敏感分析及优化设计方法。最后分析了完井测试的工序、流程和测试产量计算方法,并讨论了相应的投产措施。

参考文献

[1] 李仕伦.天然气工程[M].2版.北京:石油工业出版社,2010.
[2] 杨川东.采气工程[M].北京:石油工业出版社,1997.
[3] 曾庆恒.采气工程[M].北京:石油工业出版社,1999.
[4] 郭建春,唐海,李海涛.油气藏开发与开采技术[M].北京:石油工业出版社,2013.
[5] 万仁溥.现代完井工程[M].3版.北京:石油工业出版社,2007
[6] 蒋长春.采气工艺技术[M].北京:石油工业出版社,2009.
[7] 李相方.高温高压气井测试技术[M].北京:石油工业出版社,2007.
[8] 李海涛,王永清.复杂结构井射孔完井设计理论与应用[M].长沙:湖南科学技术出版社,2009.
[9] Y Tang, O Erdal, K Mohan, et al. Performance of Horizontal Wells Completed with Slotted Liners and Perforations[R]. SPE 65516-MS,2002.
[10] L A Behrmann, B McDonald. Underbalance or extreme overbalance[R]. SPE 31083,1996.
[11] Jonathan Bellarby. Well Completion Design[M]. Amsterdam, The Netherlands, Elsevier Science & Technology, 2009.

[12] Tariq S M. Evaluation of Flow Characteristics of Perforations Including Nonlinear Effects With the Finite-Element Method[J], Spe Production Engineering. 1987,2(2):104-112.

[13] 李海涛,王永清.预测油井射孔最大无砂负压的方法研究[J].石油钻采工艺,1997,19(4):64-69.

[14] Furui K, Zhu D, Hill A D. A New Skin Factor Model for Perforated Horizontal Wells[R], Spe Drilling & Completion,2002,23(3):205-215.

[15] Furui K, Zhu D, Hill A D. A Comprehensive Model of Horizontal Well Completion Performance[R], Spe Production & Facilities, 2003,20(3):207-220.

[16] Walsh, J. B. ,Jones F. O. Effect of Pore Pressure and Confining Pressure on Fracture Permeability. Intemational Joumal of Rock Mechanics and Mining Sciences and Geomechanics Abstracts,1981,18(5):429-435.

习　题

2-1　气井完井表皮系数的物理意义是什么？其对产能有何影响？

2-2　气层水相圈闭伤害的实质是什么？

2-3　气层钻完井过程中储层保护措施有哪些？

2-4　气井完井主要有那些方法？各自的优缺点是什么？

2-5　完井方式选择主要应考虑那些因素？

2-6　简述目前主要的射孔工艺类型及其适用性。

2-7　射孔设计时为什么要进行射孔弹穿透深度校正？影响穿透深度的因素有哪些？

2-8　水平井射孔设计与常规直井有何不同？

2-9　气井完井测试的目的和工序有哪些？

2-10　试述完井投产前要进行哪些准备工作。

2-11　完井投产的措施有哪些？如何应用？

第三章 气井基本流动规律

气井投产后,天然气从储层采出至地面需要经历储层渗流、垂直或倾斜井筒单相或气液两相管流和地面水平管线流动三个流动过程,且各个过程所遵循的流动规律均不相同。本章重点介绍气井流入动态、井筒流动过程流体压力分布计算方法、井筒携液基础理论和流体流过地面油嘴的流动规律。

第一节 气井流入动态

气体从储层到井底通过多孔介质的渗流是气井生产系统的第一个流动过程,其流入特性可用气井流入动态曲线(在一定储层压力条件下气井产量与井底流压的关系)来描述,它主要受储层性质、流体参数和完井条件等参数影响。

一、直井流入动态

1. 稳定流动状态的流入动态

假设气体渗流满足达西定律,对定压边界(即存在边底水)、水平等厚和均质的气层中心一口垂直井,气体沿径向流入井底,常规气藏气井很容易达到稳定流动状态,此时其产量为

$$q_{sc} = \frac{774.6Kh(p_e^2 - p_{wf}^2)}{T_r \bar{\mu} \bar{Z} \ln(r_e/r_w)} \tag{3-1}$$

式中 q_{sc}——标准状态下的产气量,m^3/d;

K——渗透率,$10^{-3}\mu m^2$;

h——气层有效厚度,m;

p_e——r_e 处的压力,MPa;

p_{wf}——井底流压,MPa;

T_r——气层温度,K;

$\bar{\mu}$——气层平均压力和温度下的气体黏度,$mPa \cdot s$;

$\bar{Z}$——气层平均压力和温度下的气体偏差系数;

r_e——气井供给半径,m;

r_w——井筒半径,m。

式(3-1)将整个储层视为均质,即从储层供给边界到井底的渗透率为定值。实际上,近

井筒储层的渗透率与远井区储层的渗透率是不同的，例如钻井、完井过程的工作液污染会使井底附近储层的渗透率减小，使相同流量的气体经过该段储层时压降增大；反之，一次成功的解堵酸化将使井底附近储层的渗透率变好，使相同流量的气体经过该段储层时压降减小。该渗透率变化仅限于井壁附近很小范围，相对于整个储层而言其径向距离小，形象地称之为表皮效应，由于表皮效应包含内容较多[式(2-3)]，用表皮系数 S_t 度量其值的大小。将总表皮效应产生的压降合并到总压降中，则稳定达西流动产能公式为

$$q_{sc} = \frac{774.6Kh(p_e^2 - p_{wf}^2)}{T_r \bar{\mu} \bar{Z} \left(\ln \frac{r_e}{r_w} + S_t \right)} \tag{3-2}$$

当生产压差一定，表皮系数 S_t 为正值时，产气量下降；反之，表皮系数 S_t 为负值时，产气量增大。因此通过试井了解表皮系数 S_t 的变化，及时采取措施，这对气井稳产和增产极为重要。

在气体流入井底过程中，垂直于流动方向的过流断面逐渐减小，渗流速度逐渐增大，在井底附近可能出现高速紊流流动，称为非达西流动，可用 Forchheimer 提出的二次方程来描述。采用类似前面处理表皮效应的思路，引入一个与流量相关的紊流系数 D，并将非达西流动引起的附加压降合并到式(3-2)中可得

$$q_{sc} = \frac{774.6Kh(p_e^2 - p_{wf}^2)}{T_r \bar{\mu} \bar{Z} \left(\ln \frac{r_e}{r_w} + S_t + Dq_{sc} \right)} \tag{3-3}$$

2. 拟稳定流动状态的流入动态

常规气藏大多数都是封闭气藏，气井定产量生产一段时间且压力波达到边界后，当泄气面积内单位时间各处的压降相等时，即达到拟稳定流动状态。常采用气井泄气面积内的平均地层压力 $\bar{p}_r$ 代替边界压力，此时气井产量方程为

$$q_{sc} = \frac{774.6Kh(\bar{p}_r^2 - p_{wf}^2)}{T_r \bar{\mu} \bar{Z} \left(\ln \frac{0.472r_e}{r_w} + S_t + Dq_{sc} \right)} \tag{3-4}$$

将式(3-4)进行整理，即可获得常用的二项式产能方程：

$$\bar{p}_r^2 - p_{wf}^2 = Aq_{sc} + Bq_{sc}^2 \tag{3-5}$$

其中

$$A = \frac{1.291 \times 10^{-3} T_r \bar{\mu} \bar{Z}}{Kh} \left(\ln \frac{0.472r_e}{r_w} + S_t \right)$$

$$B = \frac{2.282 \times 10^{-21} \beta \gamma_g \bar{Z} T_r}{r_w h^2}$$

$$\beta = 7.644 \times 10^{10} / K^{1.5}$$

式中　A——层流系数；

　　　B——紊流系数；

　　　β——速度系数，m^{-1}；

　　　γ_g——天然气相对密度。

式(3-5)右边第一项表示黏滞力引起的压力损失，第二项表示惯性力引起的压力损失，这两项损失之和为气流入井的总压降。

射孔完井是目前国内外应用最广泛的一种完井方式，气体都是通过射孔孔眼流入井筒的，

其渗流示意图如图 3-1 所示。

射孔完井时会在孔眼周围产生一压实带,当气体流过该区域时,会产生额外的附加压力降。因此气流入井的总压降 Δp 为地层径向流压降 $\Delta \bar{p}_r$ 与射孔完井单向流压降 Δp_p 之和。

$$\bar{p}_r - p_{wf} = (\bar{p}_r - p_{wfs}) + (p_{wfs} - p_{wf}) \quad (3-6)$$
$$= (A + A_p)q_{sc} + (B + B_p)q_{sc}^2$$

式中 p_{wfs}——射孔压实带外缘的储层压力,MPa;
A_p——射孔孔眼层流系数;
B_p——射孔孔眼紊流系数。

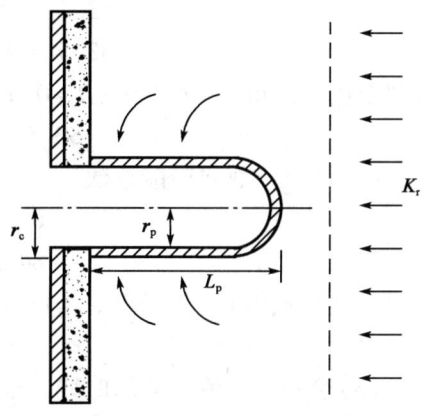

图 3-1 射孔完井渗流示意图
r_c—包含压实带厚度的射孔孔眼半径;
r_p—孔眼半径;L_p—孔眼深度;K_r—气层渗透率

射孔孔眼层流系数 A_p 取决于孔数、射孔弹性能、工作液性能以及射孔对孔眼周围岩石的压实程度等因素,可由 Mcleod 模型计算:

$$A_p = \frac{1.291 \times 10^{-3} \bar{T}_t \bar{\mu} \bar{Z}}{K_p h}(S_p + S_{dp}) \quad (3-7a)$$

式中 K_p——压实带渗透率,$10^{-3}\mu m^2$;
S_p——反映流线向孔眼汇集影响的表皮系数;
S_{dp}——反映流体通过孔眼周围压实区和工作液污染区影响的表皮系数。

射孔完井的绝大部分压降是由压实带的非达西流动和孔眼的紊流所引起,由射孔孔眼紊流系数 B_p 表征。

$$B_p = \frac{2.828 \times 10^{-21} \beta_p \gamma_g \bar{Z} \bar{T}_r}{r_p L_p^2 N^2} \quad (3-7b)$$

其中 $$\beta_p = 7.644 \times 10^{10} / K_p^{1.5}$$

式中 β_p——压实带速度系数,m^{-1};
r_p——孔眼半径,m;
L_p——孔眼深度,m;
N——总射孔孔眼数目。

3. 指数式产能方程

Rawlins 和 Schelhardt 通过对大量气井实际生产数据总结分析后发现,气井产量满足指数式方程

$$q_{sc} = C(\bar{p}_r^2 - p_{wf}^2)^n \quad (3-8)$$

式中 C——系数,与气体和岩石性质有关;
n——指数,通常在 0.5~1.0 之间。

当气流入井完全符合达西渗流规律时,$n=1$;当气流入井完全符合非达西渗流规律时,$n=0.5$;n 由 1.0 向 0.5 减小,说明井底附近的视表皮系数逐渐增大。

【例 3-1】 已知某高产气井地层平均压力 53.5MPa,测试井底流压为 50.01MPa 和 49.85MPa 时的产气量分别为 $82.26 \times 10^4 m^3/d$ 和 $84.37 \times 10^4 m^3/d$,试计算其二项式产能方程和指数式产能方程,并绘制气井流入动态曲线。

解:(1)计算二项式产能系数。

$$53.5^2 - 50.01^2 = A \times 82.26 + B \times 82.26^2$$
$$53.5^2 - 49.85^2 = A \times 84.37 + B \times 84.37^2$$

求解上述二式得 $A = 1.2903$，$B = 0.0377$，则产能公式为

$$53.5^2 - p_{wf}^2 = 1.2903 q_{sc} + 0.0377 q_{sc}^2$$

（2）计算指数式产能系数。

$$82.26 = C(53.5^2 - 50.01^2)^n$$
$$84.37 = C(53.5^2 - 49.85^2)^n$$

求解上述两式得 $C = 2.6204$，$n = 0.5852$，则产能公式为

$$q_{sc} = 2.6204(53.5^2 - p_{wf}^2)^{0.5852}$$

（3）绘制气井流入动态曲线。根据上述产能方程计算不同流压下的产气量，见表3-1。

表3-1 气井流入动态数据

井底流压，MPa		0	10	20	30	40	50	53.5
产气量 $10^4 m^3/d$	二项式	258.96	254.11	239.02	211.67	166.66	82.39	0
	指数式	276.20	270.51	252.91	221.45	171.06	82.39	0

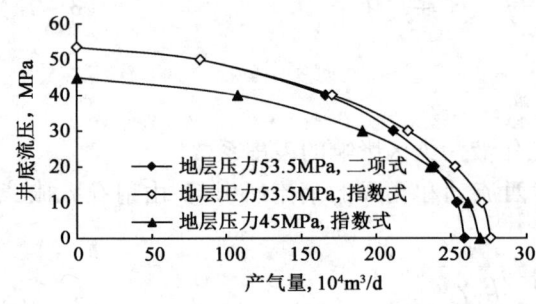

图3-2 气井流入动态曲线

根据计算结果绘制的气井流入动态曲线，如图3-2所示。

注意，例3-1中只给出了2个实测点，而试井测试点更多，此时需要采用最小二乘法拟合求取系数，具体见本章参考文献[1]或[2]。在没有进行试井测试的气井，也可以根据气藏参数用式（3-5）计算气井流入动态。

4. 预测气井未来的流入动态

指数式产能方程的指数 n 可视为与地层平均压力 $\bar{p}_r$ 变化无关的常数。系数 C 的计算模型可用下式近似表示。

$$\frac{C_f}{C_p} = \frac{(\bar{\mu}_g \bar{Z})_p}{(\bar{\mu}_g \bar{Z})_f} \quad (3-9)$$

式中，μ_g 和 Z 与地层平均压力有关。C_f、C_p 分别对应未来和目前的地层平均压力 $\bar{p}_{rf}$、$\bar{p}_{rp}$ 的系数。则地层压力衰竭到 $\bar{p}_{rf}$ 时的流入动态为

$$q_{sc} = C_f (\bar{p}_{rf}^2 - p_{wf}^2)^n = \frac{(\bar{\mu}_g \bar{Z})_p}{(\bar{\mu}_g \bar{Z})_f} C_p (\bar{p}_{rf}^2 - p_{wf}^2)^n \quad (3-10)$$

Mishra 和 Caudle 在对气井生产资料进行拟合的基础上，提出预测气井未来流入动态的模型；国内学者也提出了一点法产能公式，详见本章参考文献[4]。

【例3-2】 已知 $\gamma_g = 0.6$，$T_r = 93.3℃$，其他数据同例3-1，预测地层压力递减到45MPa时气井的产能方程，并绘制气井流入动态曲线。

解： 从例3-1中可知，指数式产能方程的系数 $C_p = 2.6204$，$n = 0.5852$。

（1）计算地层压力下降到45MPa时对应的系数 C_f。

目前地层压力53.5MPa 对应的 $\bar{\mu}_g = 3.1613 \times 10^{-2}$ mPa·s，$\bar{Z} = 1.2171$；地层压力下降到45MPa 时，计算得到对应的 $\bar{\mu}_g = 2.8815 \times 10^{-2}$ mPa·s，$\bar{Z} = 1.1202$，则

· 68 ·

$$C_{\mathrm{f}} = C_{\mathrm{p}} \frac{(\overline{\mu}_{\mathrm{g}}\overline{Z})_{\mathrm{p}}}{(\overline{\mu}_{\mathrm{g}}\overline{Z})_{\mathrm{f}}} = 2.6204 \times \frac{3.1613 \times 10^{-2} \times 1.2171}{2.8815 \times 10^{-2} \times 1.1202} = 3.1235$$

因此,地层压力下降到 45MPa 时气井产能方程为

$$q_{\mathrm{sc}} = 3.1235 \, (45^2 - p_{\mathrm{wf}}^2)^{0.5852}$$

(2)根据上述产能方程,可计算地层压力下降到 45MPa 时不同井底流压下的产气量(表 3 – 2),绘制气井未来的流入动态曲线,如图 3 – 2 所示。

表 3 – 2 地层压力降至 45MPa 时气井流入动态数据

井底流压,MPa	0	10	20	30	40	45
产气量,$10^4 \mathrm{m}^3/\mathrm{d}$	268.88	261.03	236.39	190.62	107.84	0

图 3 – 2 给出目前和未来的气井流入动态曲线。目前地层压力条件下,随着井底流压的下降,二项式和指数式产能公式计算的产气量逐渐增加,二者的无阻流量差为 $17.24 \times 10^4 \mathrm{m}^3/\mathrm{d}$,即不同气井产能公式对计算得到的产气量有一定的影响。同时采用指数式产能公式,未来地层压力下降到 45MPa 流入动态曲线与目前地层压力 53.5MPa 的流入动态曲线不是平行关系,即不能将地层压力取未来的值代入气井产能公式计算,因为天然气偏差系数与黏度随地层压力是变化的。

二、水平井流入动态

由于水平井的水平井段大幅度增加了井筒与储层的接触面积,提高气藏动用程度,降低开采成本,目前已广泛应用于国内外各类气藏的开发。

如图 3 – 3 所示,陈元千(2008 年)基于 Joshi 和 Giger 的水平井产量公式研究思路,将椭圆形的驱动边界转变为拟圆形驱动边界,同时将水平井段的长度转变为拟圆形生产坑道,并借鉴水电相似原理的等值渗流阻力法,建立了水平井流入动态模型:

$$q_{\mathrm{hg}} = \frac{774.6 K_{\mathrm{h}} h (p_{\mathrm{e}}^2 - p_{\mathrm{wf}}^2)}{T_r \overline{\mu} \overline{Z} \left[\ln \sqrt{\left(\frac{4a}{L} - 1\right)^2 - 1} + \frac{h}{L} \ln \frac{h}{2r_{\mathrm{w}}} \right]} \quad (3 – 11)$$

其中
$$a = L/4 + \sqrt{(L/4)^2 + r_{\mathrm{eh}}^2}$$

式中 K_{h}——储层水平渗透率,$10^{-3} \mu \mathrm{m}^2$;

L——水平井段长度,m;

a——水平井中椭球体长半轴,m;

r_{eh}——泄气半径,m。

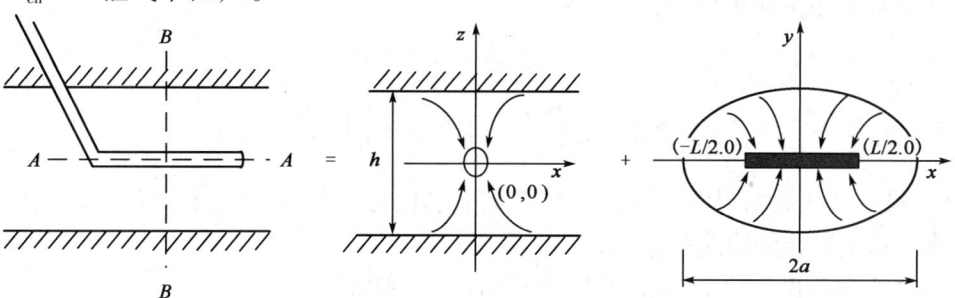

图 3 – 3 水平井三维渗流模型简化

【例 3-3】 已知某气藏原始地层压力为 27.56MPa,地层温度为 80℃,气层厚度为 8m,均质储层 $K_h=K_v=2.14\times10^{-3}\mu m^2$,天然气相对密度为 0.56,黏度为 0.022mPa·s,天然气偏差系数为 0.957,泄气半径为 860m,井眼半径为 0.05m。(1)试计算井底流压为 23.56MPa 时直井的产量。(2)若将直井改为水平段长 400m 的水平井时,相同条件下水平井产量是直井产量的多少倍?

解:(1)直井按稳定流动状态计算产量。

$$q_{sc}=\frac{774.6Kh(p_e^2-p_{wf}^2)}{T_r\bar{\mu}\bar{Z}\ln(r_e/r_w)}=\frac{774.6\times2.14\times8\times(27.56^2-23.56^2)}{(273+80)\times0.022\times0.957\times\ln(860/0.05)}=3.74\times10^4(m^3/d)$$

(2)水平井椭球体长半轴为

$$a=L/4+\sqrt{(L/4)^2+r_{eh}^2}=400/4+\sqrt{(400/4)^2+860^2}=965.79(m)$$

当井底流压为 23.56MPa 时,产气量为

$$q_{hg}=\frac{774.6\times K_h h(p_e^2-p_{wf}^2)}{T_r\bar{\mu}\bar{Z}\left[\ln\sqrt{\left(\frac{4a}{L}-1\right)^2-1}+\frac{h}{L}\ln\frac{h}{2r_w}\right]}$$

$$=\frac{774.6\times2.14\times8\times(27.56^2-23.56^2)}{(273+80)\times0.022\times0.957\times\left[\ln\sqrt{(4\times965.79/400-1)^2-1}+\frac{8}{400}\times\ln\frac{8}{2\times0.05}\right]}$$

$$=16.87\times10^4(m^3/d)$$

则水平井与直井的产量之比为

$$\frac{q_{hg}}{q_{sc}}=\frac{16.87}{3.74}=4.51$$

注意,例 3-2 计算产量时认为直井与水平井的泄气半径相等,实际上直井的泄气半径要远小于水平井的泄气半径。尽管相同条件下水平井的产气量为直井的 4.51 倍,但其钻井、完井成本比直井高。

为了评价水平井与直井的产能增加幅度,现定义产能指数为

$$J_h=\frac{q_{hg}}{p_e^2-p_{wf}^2} \qquad (3-12)$$

则相同条件下水平井与直井的产能倍比为

$$\frac{J_h}{J_v}=\frac{K_h\ln(r_e/r_w)}{K_v\left[\ln\sqrt{\left(\frac{4a}{L}-1\right)^2-1}+\frac{h}{L}\ln\frac{h}{2r_w}\right]} \qquad (3-13)$$

【例 3-4】 已知数据同例 3-3。试计算水平段长度为 100m 时与直井的产能倍比,并绘制产能倍比与水平段长度的关系曲线。

解:(1)水平段长度为 100m 时,水平井椭球体长半轴为

$$a=L/4+\sqrt{(L/4)^2+r_{eh}^2}=100/4+\sqrt{(100/4)^2+860^2}=885.36(m)$$

其产能倍比为

$$\frac{J_h}{J_v} = \frac{K_h \ln(r_e/r_w)}{K_v \left[\ln \sqrt{\left(\frac{4a}{L}-1\right)^2 - 1} + \frac{h}{L} \ln \frac{h}{2r_w} \right]} = \frac{2.14 \times \ln(860/0.05)}{2.14 \times \left[\ln \sqrt{\left(\frac{4 \times 885.36}{100} - 1\right)^2 - 1} + \frac{8}{100} \times \ln \frac{8}{2 \times 0.05} \right]}$$

$$= 2.51$$

（2）水平段不同长度下的产能倍比见表3–3和图3–4。

表3–3 不同水平段长度与产能倍比的关系

水平段长,m	100	200	300	400	500
产能倍比	2.51	3.23	3.82	4.36	4.88

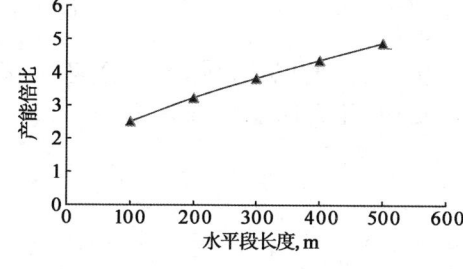

图3–4 产能倍比与水平段长度的关系

由图3–4可知,随着水平段长度的增加,产能倍比逐渐增加,但其增加幅度逐渐减小,表明水平段长度存在一合理值。此外,产能倍比还与储层渗透率、气层厚度以及水平段是否居于气层中心位置等参数有关,详见本章参考文献[6]。

第二节　气井井筒压力计算模型

本节基于动量守恒原理导出单相可压缩流体的稳定一维管流压力梯度方程,并对普遍存在的干气井、凝析气井和产水气井分别给出了相应的井筒压力计算模型及其求解步骤。

一、压降基本方程

如图3–5所示,假设单相可压缩流体在一控制体（与水平方向的夹角为 θ）内沿 z 轴向上流动,可简化为稳定的一维流动问题,作用于控制体的外力包括：(1)重力沿 z 轴的分力 $-\rho g A \mathrm{d}z \sin\theta$；(2)压力 $pA - (p+\mathrm{d}p)A = A\mathrm{d}p$；(3)管壁摩擦阻力（与流体流向相反）$-\tau_w \pi D \mathrm{d}z$。

根据动量守恒定律,作用于控制体内流体的外力等于控制体内流体的动量变化,即

$$\sum F_z = -\rho g A \mathrm{d}z \sin\theta + A\mathrm{d}p - \tau_w \pi D \mathrm{d}z = \rho A \mathrm{d}z \frac{\mathrm{d}v}{\mathrm{d}t}$$

(3–14)

其中　　　　$\tau_w = f\rho v^2/8$；　$A = \pi D^2/4$

式中　ρ——流体密度,kg/m^3；

　　　g——重力加速度,$9.81 m/s^2$；

　　　A——管内流通截面积,m^2；

　　　θ——管斜角,$(°)$；

　　　p——压力,Pa；

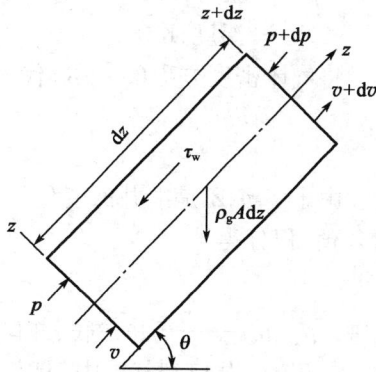

图3–5 稳定一维气相流动

D——管内径，m；
v——流速，m/s；
τ_w——单位管壁面积上流体受到的摩擦应力，与单位体积流体所具有的动能成正比，Pa。
f——摩阻系数。

整理上述动量守恒方程(3-14)即得到压力梯度方程

$$\frac{dp}{dz} = -\left(\rho g\sin\theta + f\frac{\rho v^2}{2D} + \rho v\frac{dv}{dz}\right) \qquad (3-15)$$

上式总压降梯度可用下式表示为重力、摩阻、动能压降梯度(分别用下标 G、F、A 表示)三个分量之和，其中动能项明显小于前两项。

$$\frac{dp}{dz} = \left(\frac{dp}{dz}\right)_G + \left(\frac{dp}{dz}\right)_F + \left(\frac{dp}{dz}\right)_A \qquad (3-16)$$

在气井管流计算时往往是已知地面参数，计算井底流压，需要以井口作为计算起点($z=0$)，由上而下为 z 的正向，即与气井流体流动方向相反。此时，压力梯度取"+"号。

二、干气井井筒压力计算

1. 井底静压计算

关井时，气体不流动且整个井筒全部为单相气体，其井筒压降梯度只包含因气柱重力产生的压降梯度，直井压降基本方程(3-15)简化为

$$\frac{dp}{dz} = \rho g \qquad (3-17)$$

其中 ρ 可用状态方程表示为

$$\rho = \frac{M_g p}{RTZ} = \frac{28.97\gamma_g p}{RTZ} \qquad (3-18)$$

其中
$$M_g = 28.97\gamma_g$$

式中　ρ——气体密度，kg/m³；
M_g——天然气视分子量，g/mol；
R——通用气体常数，8315 Pa·m³/(kmol·K)；
γ_g——天然气相对密度；
p——压力，Pa；
T——温度，K。

将气体密度方程(3-18)代入式(3-17)，分离变量并积分得

$$\int_{p_{wh}}^{p_{ws}} \frac{dp}{p} = \int_0^H \frac{28.97\gamma_g g}{RTZ}dz \qquad (3-19)$$

由于 T,p,Z 是沿井深变化的，为了便于直接积分，采用井筒平均温度和平均压力计算平均 Z 值，积分得

$$p_{ws} = p_{wh}e^s = p_{wh}e^{0.03418\gamma_g H/(\overline{T}\overline{Z})} \qquad (3-20)$$

式中　p_{ws}、p_{wh}——气井井底、井口静压，Pa；
H——井口到气层中部深度，m；
$\overline{T}$——井筒气柱平均温度，K；

$\overline{Z}$——井筒气柱平均偏差系数；

s——无因次指数。

由于偏差系数 Z 中隐含所求井底静压 p_{ws}，需要采用迭代法求解。井底静压 p_{ws} 与井口压力 p_{wh} 和井深 H 有关，迭代计算时建议其初始值取 $p_{ws}^0 = p_{wh}(1 + 0.00008H)$。

【例 3-5】 已知某垂直气井井深 3000m，关井时油压为 2MPa，井筒平均温度为 50℃，$\gamma_g = 0.65$，试用平均参数方法计算井底静压 p_{ws}。

解：（1）第一次试算，取

$$p_{ws}^0 = p_{wh}(1 + 0.00008H) = 2 \times (1 + 0.00008 \times 3000) = 2.48(\text{MPa})$$

（2）计算平均参数：

$$\bar{p} = (p_{ws}^0 + p_{wh})/2 = (2.48 + 2)/2 = 2.24(\text{MPa})$$

$$\overline{T} = 273 + T = 273 + 50 = 323(\text{K})$$

天然气的拟临界压力和拟临界温度按 Standing 公式计算。

$$p_{pc} = 4.67 + 0.1\gamma_g - 0.26\gamma_g^2 = 4.67 + 0.1 \times 0.65 - 0.26 \times 0.65^2 = 4.63(\text{MPa})$$

$$T_{pc} = 93.3 + 180.6\gamma_g - 6.9\gamma_g^2 = 93.3 + 180.6 \times 0.65 - 6.9 \times 0.65^2 = 207.77(\text{K})$$

$$p_{pr} = \bar{p}/p_{pc} = 2.24/4.63 = 0.48$$

$$T_{pr} = \overline{T}/T_{pc} = 323/207.77 = 1.55$$

天然气偏差系数按 Dranchuk 和 Purvis 公式迭代计算，第一次取 $Z^0 = 1$。

$$\rho_r = \frac{0.27p_{pr}}{ZT_{pr}} = \frac{0.27 \times 0.48}{1 \times 1.55} = 0.084$$

$$Z = 1 + \left(0.3151 - \frac{1.0467}{T_{pr}} - \frac{0.5783}{T_{pr}^3}\right)\rho_r + \left(0.5353 - \frac{0.6123}{T_{pr}} + \frac{0.6815}{T_{pr}^3}\right)\rho_r^2$$

$$= 1 + \left(0.3151 - \frac{1.0467}{1.55} - \frac{0.5783}{1.55^3}\right) \times 0.084 + \left(0.5353 - \frac{0.6123}{1.55} + \frac{0.6815}{1.55^3}\right) \times 0.084^2$$

$$= 0.956$$

将 $Z = 0.956$ 代入上式再次计算结果为 $Z = 0.955$，比较两次计算结果，相差仅 0.001，因此 Z 取两次计算结果的平均值，即 $\overline{Z} = 0.956$。

（3）计算 p_{ws}：

$$p_{ws} = p_{wh}e^{\frac{0.03418\gamma_g H}{\overline{T}\overline{Z}}} = 2e^{\frac{0.03418 \times 0.65 \times 3000}{323 \times 0.956}} = 2.48(\text{MPa})$$

试算的井底压力与假设的井底流压相同，故所求气层压力为 $p_{ws} = 2.48\text{MPa}$。

2. 井底流压计算

气井生产时，干气井井筒中单相气体由井底向上流动，忽略动能压降梯度，垂直气井的压力梯度方程为

$$\frac{\mathrm{d}p}{\mathrm{d}z} = \rho g + f\frac{\rho v^2}{2D} \tag{3-21}$$

任意流动状态 (p, T) 下的气体流速可表示为

$$v = v_{sc}B_g = \frac{q_{sc}B_g}{A} = \left(\frac{q_{sc}}{86400} \cdot \frac{Tp_{sc}Z}{T_{sc}p}\right) \Big/ \left(\frac{\pi D^2}{4}\right) = 5.082 \times 10^{-9}\frac{q_{sc}TZ}{pD^2} \tag{3-22}$$

式中　v——任意位置处流动状态下的气体流速，m/s；

v_{sc}——标准状态下气井流速,m/s;
B_g——天然气体积系数;
q_{sc}——气井日产气量(标准状态),m³/d;
A——油管横截面积,m²;
p_{sc}——标准状况的压力,取 $p_{sc}=0.101$ MPa;
T_{sc}——标准状况的温度,取 $T_{sc}=293$ K;
D——油管内径,m。

将气体密度公式(3-18)和流速公式(3-22)代入压降方程(3-21),并分离变量积分得井底流压计算公式

$$p_{wf} = \sqrt{p_{wh}^2 e^{2s} + 1.324 \times 10^{-18} f(q_{sc} \overline{TZ})^2 (e^{2s}-1)/D^5} \tag{3-23}$$

其中

$$f = \left[1.14 - 2\lg\left(\frac{e}{D} + \frac{21.25}{N_{Re}^{0.9}}\right)\right]^{-2} \tag{3-24}$$

$$N_{Re} = \rho v D / \mu_g$$

式中 p_{wf}——气井井底流压,MPa;
f——T、p 下的摩阻系数,由 Jain 公式计算;
e——管壁绝对粗糙度,m;
N_{Re}——雷诺数;
s——无因次指数。

【例 3-6】 已知某气井产气量 10×10^4 m³/d,油管内径为 62mm,其他数据同例 3-5,试计算井底流压。

解: 由例 3-5 可得,$p_{wf}^0 = 2.48$ MPa,$\bar{p} = 2.24$ MPa,$\overline{T} = 323$ K,$\overline{Z} = 0.956$。

(1)天然气的黏度按 Lee 公式计算:

$$\rho = 3484.4 \frac{\gamma_g \bar{p}}{ZT} = 3484.4 \times \frac{0.65 \times 2.24}{0.956 \times 323} = 16.43 \, (\text{kg/m}^3)$$

$$K = \frac{(9.4 + 0.02 M_g)(1.8T)^{1.5}}{209 + 19 M_g + 1.8T} = \frac{(9.4 + 0.02 \times 28.97 \times 0.65) \times (1.8 \times 323)^{1.5}}{209 + 19 \times 28.97 \times 0.65 + 1.8 \times 323} = 119.37$$

$$X = 3.5 + \frac{986}{1.8T} + 0.01 M_g = 3.5 + \frac{986}{1.8 \times 323} + 0.01 \times 28.97 \times 0.65 = 5.38$$

$$Y = 2.4 - 0.2X = 2.4 - 0.2 \times 5.38 = 1.32$$

$$\mu_g = 10^{-4} K e^{X \rho_g^Y} = 10^{-4} \times 119.37 \times e^{5.38 \times 0.01643^{1.32}} = 0.012 \, (\text{mPa} \cdot \text{s})$$

(2)计算 N_{Re}:

$$B_g = 3.458 \times 10^{-4} \frac{\overline{Z}T}{\bar{p}} = 3.458 \times 10^{-4} \times \frac{0.956 \times 323}{2.24} = 0.0477$$

$$v = \frac{q_{sc} B_g}{A} = \frac{4 \times 10^5 \times 0.0477}{86400 \times 3.14 \times 0.062^2} = 18.30 \, (\text{m/s})$$

$$N_{Re} = \frac{\rho v D}{\mu_g} = \frac{16.43 \times 18.30 \times 0.062}{0.012 \times 0.001} = 1.55 \times 10^6$$

(3) 计算 f:
$$f = \left[1.14 - 2\lg\left(\frac{e}{D} + \frac{21.25}{N_{Re}^{0.9}}\right)\right]^{-2} = \left\{1.14 - 2\lg\left[\frac{0.016}{62} + \frac{21.25}{(1.55 \times 10^6)^{0.9}}\right]\right\}^{-2} = 0.015$$

(4) 计算无因次量 S:
$$S = \frac{0.03418 \gamma_g H}{\overline{TZ}} = \frac{0.03418 \times 0.65 \times 3000}{323 \times 0.956} = 0.216$$

(5) 计算井底流压:
$$\begin{aligned}p_{wf} &= \sqrt{p_{wh}^2 e^{2S} + 1.324 \times 10^{-18} f (q_{sc}\overline{TZ})^2 (e^{2S} - 1)/D^5} \\ &= \sqrt{2^2 e^{2 \times 0.216} + 1.324 \times 10^{-18} \times 0.015 (10^5 \times 323 \times 0.96)^2 \times (e^{2 \times 0.216} - 1)/0.062^5} \\ &= 4.17 (\text{MPa})\end{aligned}$$

将 $p_{wf} = 4.17\text{MPa}$ 进行第二次试算,得到 $p_{wf} = 4.15\text{MPa}$,两次计算结果相差 0.02MPa,故所求气井井底流压为 $p_{wf} = 4.16\text{MPa}$。

例 3-5 和例 3-6 均是以整个井深为步长的简化算法,为了提高计算的准确性,可将井深 H 分为多个节点逐段计算。井筒温度考虑沿井深线性分布,逐步计算各井段的平均温度,将上一节点的 p_{ws} 值作为下一节点的 p_{wh} 值即可。

三、凝析气井井筒压力计算

对于含有重烃的凝析气井,天然气沿油管上升流动过程中会部分冷凝成液相,形成气液两相流动,工程上常采用拟单相流和 Gray 模型计算井筒压力。

1. 拟单相流模型

当气液比大于 1780m³/m³ 时,紊流程度严重,气液两相混合较为均匀,可视为均匀的单相流(称为拟单相流)。即仍可按单相流动井筒压力计算模型[式(3-23)]计算井底流动压力,但须对凝析气总流量和相对密度进行修正。

1) 凝析气总流量的修正

$$q_T = q_{SG} + q_o q_{EG} + q_{TG} \quad (3-25)$$

其中
$$q_{EG} = 24.04\left(\frac{1000\gamma_o}{M_o}\right); \quad M_o = \frac{44.29\gamma_o}{1.03 - \gamma_o}$$

式中 q_T——修正后的凝析气总流量,m³/d;
q_{SG}——经分离器得到的干气产量,m³/d;
q_o——凝析油产量,m³/d;
q_{EG}——凝析油的相当气相体积,m³/m³;
q_{TG}——凝析油罐逸出气量,m³/d;
γ_o——凝析油罐内凝析油的相对密度;
M_o——凝析油罐内凝析油的平均分子量,根据原油的摩尔组成计算,也可采用经验公式计算。

2) 相对密度的修正

凝析气复合相对密度考虑了凝析油物性和含量的综合影响,以下相对密度修正公式可用于计算凝析气井的静压和流压。

$$\gamma_w = \frac{R_g \gamma_g + 830\gamma_o}{R_g + 24040\gamma_o/M_o} \tag{3-26}$$

$$\gamma_g = \frac{q_{SG}\gamma_{SG} + q_{TG}\gamma_{TG}}{q_{SG} + q_{TG}} \tag{3-27}$$

式中 γ_w——复合气体相对密度;

R_g——地面总生产气油比,m^3/m^3;

γ_g——地面分离器和凝析油罐气的平均相对密度;

γ_{SG}——分离器的干气相对密度;

γ_{TG}——凝析油罐逸出气相对密度。

建议用γ_w计算复合气体的临界参数,再按常规方法确定凝析气的偏差系数。拟单相流模型只能用于气液比大于$1780m^3/m^3$时的情况,当凝析气井气液比小于该值时则无法应用。下面介绍更常用的Gray模型。

2. Gray 模型

Gray(1978)提出了适用于凝析气井的井筒压降计算方法,考虑了井筒中凝析油的影响,并将其计算结果与108口井的实际生产资料进行比较,结果表明该方法计算精度明显优于干气压降计算模型[式(3-23)]。其井筒压力梯度方程为

$$\frac{dp}{dz} = \rho_m g + \frac{f_m \rho_{ns} v_m^2}{2D} - \rho_{ns}^2 v_m^2 \frac{d}{dz}\left(\frac{1}{\rho_{ns}}\right) \tag{3-28}$$

其中
$$\rho_m = \rho_L H_L + \rho_g (1 - H_L)$$
$$\rho_{ns} = \rho_L \lambda_L + \rho_g (1 - \lambda_L)$$
$$v_m = v_{SL} + v_{SG}$$

式中 $\frac{dp}{dz}$——井筒压力梯度,Pa/m;

ρ_m——气液混合物密度,kg/m^3;

f_m——气液混合物摩阻系数;

ρ_{ns}——无滑脱混合物密度,kg/m^3;

v_m——气液混合物速度,m/s;

D——油管内径,m;

ρ_L——液相密度,kg/m^3;

ρ_g——气相密度,kg/m^3;

H_L——持液率;

λ_L——无滑脱持液率;

v_{SL}——液相表观流速,m/s;

v_{SG}——气相表观流速,m/s。

持液率模型中考虑了凝析油的反凝析现象,具体模型为

$$H_L = 1 - \frac{1 - e^{-2.314\left[N_v\left(1 + \frac{205}{N_D}\right)\right]^B}}{R + 1} \tag{3-29}$$

$$B = 0.0814\left[1 - 0.0554\ln\left(1 + \frac{730R}{1+R}\right)\right] \tag{3-30}$$

持液率计算过程中涉及的三个无因次数为

无因次两相速度数 $$N_v = \frac{\rho_{ns}^2 v_m^4}{g\sigma_{gL}(\rho_L - \rho_g)} \tag{3-31}$$

无因次管径数 $$N_D = \frac{g(\rho_L - \rho_g)D^2}{\sigma_{gL}} \tag{3-32}$$

无因次表观速度数 $$R = \frac{v_{SL}}{v_{SG}} \tag{3-33}$$

式中 σ_{gL}——气液表面张力，N/m。

气液表面张力计算考虑了凝析油和水的影响。

$$\sigma_{gL} = \frac{(1-f_w)\sigma_o + 0.617 f_w \sigma_w}{(1-f_w) + 0.617 f_w} \tag{3-34}$$

式中 f_w——含水率；
σ_o——油气间的表面张力，N/m；
σ_w——气水间的表面张力，N/m。

气液混合物摩阻系数 f_m 的计算公式为

$$\frac{1}{\sqrt{f_m}} = 1.74 - 2\lg\left(\frac{2\varepsilon}{D}\right) \tag{3-35}$$

其中
$$\varepsilon = \begin{cases} \dfrac{4.24 \times 10^4 \sigma_{gL}}{\rho_{ns} v_m^2} & R \geqslant 0.007 \\ 1.49 \times 10^3 \left[e + \dfrac{R}{0.007}\left(\dfrac{28.5\sigma_{gL}}{\rho_{ns} v_m^2} - e\right)\right] & R < 0.007 \end{cases} \tag{3-36}$$

式中 ε——有效粗糙度，m；
e——管壁绝对粗糙度，m。

对于普通新油管，其管壁绝对粗糙度 e 可取 0.01524mm；对于在用的油管，实际取值应考虑油管腐蚀和结垢情况。

Gray 模型主要应用于高气液比的凝析气井井筒压力计算，关于 Gray 模型的推导过程和计算实例，有兴趣的读者可以阅读本章参考文献[8]。

四、产水气井井筒压力计算

实际上，干气井或凝析气井并不多，大多数气井都是产水的，由于水源可能来自同层，也可能来自底水、边水甚至层间水，产水量变化很大。气井产水会极大地影响气井生产。产水气井井筒压力的正确预测既是气井生产系统优化的基础，也对气井动态分析和排水采气工艺设计具有重要影响。

在描述气水两相管流压力计算方法时，除了要引用单相管流的参数外，还要引用一些两相流所特有的参数。

1. 两相管流特性参数

气相速度 $$v_G = q_G / A_G \tag{3-37a}$$
液相速度 $$v_L = q_L / A_L \tag{3-37b}$$

式中 q_L、q_G——液相、气相体积流量，m³/s；

A_L、A_G——液相、气相所占管道的横截面积,m^2。

上述速度实质上是气相、液相在各自所占流通面积上的局部速度的平均值,常称为气相、液相的真实速度。因为 A_G、A_L 不便测定,故 v_L、v_G 也很难计算出来。为了便于研究,常采用表观速度,即假定管子全部截面 A 只被两相混合物中的某一相单独占据时的流速,即

气相表观速度 $\qquad v_{SG} = q_G/A \qquad$ (3-38a)

液相表观速度 $\qquad v_{SL} = q_L/A \qquad$ (3-38b)

两相混合物速度 $\qquad v_m = (q_G + q_L)/A = v_{SG} + v_{SL} \qquad$ (3-38c)

显然,表观速度必小于相应各相的真实速度,即 $v_{SG} < v_G, v_{SL} < v_L$。同时由于气相密度明显小于液相密度,则气相流速必定大于液相流速。这种由于两相间物性差异所产生的气相超越液相上升的现象称为滑脱现象。相对于气相而言,一部分液相滞留于管段中,即不同深度截面处的液体流速沿流向是逐渐减小的。为此,引入持液率来描述两相间的滑脱现象。

持液率 $\qquad H_L = \dfrac{\text{单位管段内液相容积}_{p,T}}{\text{单位管段容积}} = \dfrac{A_L}{A} \qquad$ (3-39a)

持气率 $\qquad H_G = 1 - H_L = \dfrac{A_G}{A} \qquad$ (3-39b)

持液率是表示气液相管流混合物密度特性的重要参数,不同文献的术语不同,如截面含液率、真实含液率或液相存容比,多名一义。若 $H_L = 0$,表示单相气流;若 $0 < H_L < 1$,表示气液两相流;若 $H_L = 1$,表示单相液流。

在两相流计算中常用到无滑脱持液率 λ_L,表示在理想的无滑脱($v_G = v_L$)情况下,管流截面上液相体积流量与气液混合物总体积流量的比值,又称体积含液率。

$$\lambda_L = \dfrac{q_L}{q_m} = \dfrac{q_L}{q_L + q_G} \qquad (3-40a)$$

同理,体积含气率(无滑脱持气率)λ_G 为

$$\lambda_G = 1 - \lambda_L = \dfrac{q_G}{q_L + q_G} \qquad (3-40b)$$

两相混合物密度 $\qquad \rho_m = \rho_L H_L + \rho_g(1 - H_L) \qquad$ (3-41a)

气液混合物流动密度,也称无滑脱混合物密度 $\qquad \rho_{ns} = \rho_L \lambda_L + \rho_g(1 - \lambda_L) \qquad$ (3-41b)

在气液两相管流中,滑脱现象将增大气液混合物密度,从而增大混合物的重力消耗。因滑脱而产生的附加压力损失称为滑脱损失。通常用存在滑脱时混合物的密度与不考虑滑脱时的混合物流动密度之差来表示单位管段上的滑脱损失,即

$$\Delta \rho = \rho_m - \rho_{ns} \qquad (3-42)$$

2. Hagedorn—Brown 模型

Hagedorn 和 Brown(1965)针对垂直井中气液两相流动,基于单相流体的能量守恒原理,建立了压力梯度模型;在 457m 深的实验井中,完成了考虑不同油管尺寸(分别为 1in、1¼in、1½in)和不同液相黏度的气液(气、油、水)两相管流试验,根据大量的试验数据反算持液率,并忽略动能变化引起的压力梯度,提出了两相垂直上升管流压降关系式。该关系式不需要判别流型,特别适用于产水气井的流动条件,具体模型为

$$\dfrac{dp}{dz} = \rho_m g + f_m \dfrac{G_m^2}{2DA^2 \rho_m} \qquad (3-43)$$

其中 $\qquad G_m = A(v_{SL}\rho_L + v_{SG}\rho_G)$

式中 G_m——气液混合物质量流量,kg/s;
f_m——两相摩阻系数。

应用式(3-43)计算压力梯度的关键是气液混合物密度 ρ_m 及气液两相摩阻系数 f_m 的计算。

1) ρ_m 的计算

计算 ρ_m 需要先计算持液率 H_L。Hagedorn 和 Brown 通过引用以下参数,基于实验建立了计算 H_L 的图版分析方法,使用图版确定持液率时,需要计算以下4个无因次量:

液体速度数 $$N_{Lv} = v_{SL} \sqrt[4]{\frac{\rho_L}{\sigma_{gL}}} \qquad (3-44a)$$

气体速度数 $$N_{gv} = v_{SG} \sqrt[4]{\frac{\rho_g}{\sigma_{gL}}} \qquad (3-44b)$$

管径数 $$N_D = D \sqrt{\frac{\rho_L g}{\sigma_{gL}}} \qquad (3-44c)$$

液体黏度数 $$N_L = \mu_L \sqrt[4]{\frac{g}{\rho_L \sigma_{gL}^3}} \qquad (3-44d)$$

式中 μ_L——液相黏度,Pa·s;
μ_g——气相黏度,Pa·s。

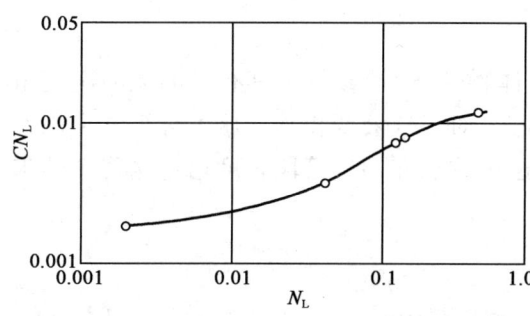

图 3-6 CN_L 与 N_L 关系图

利用上述四个参数求持液率 H_L 的过程如下:

(1)计算平均压力和温度条件下的 N_{Lv}、N_{gv}、N_D 和 N_L。

(2)根据 N_L 查实验数据图版(图3-6)确定中间过程参数 CN_L 值。

(3)计算滞留系数 $\phi = \dfrac{N_{Lv} CN_L}{N_{gv}^{0.575} N_D} \left(\dfrac{\bar{p}}{p_{sc}}\right)^{0.1}$,其中 p_{sc} 为标准大气压(0.101325Pa),$\bar{p}$ 为井筒内计算段的平均压力,单位为 Pa。

(4)根据计算出的 ϕ 值从持液率系数图版(图3-7)中查出 H_L/ϕ,其中 H_L 为持液率,ϕ 为中间过程参数。

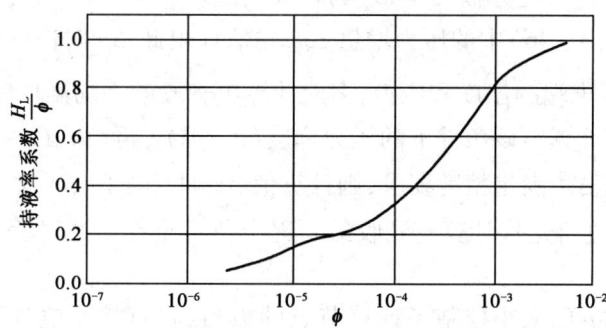

图 3-7 持液率系数关系图

(5)计算 $\phi_s = \dfrac{N_{gv} N_L^{0.38}}{N_D^{2.14}}$,查图 3-8 求得中间过程参数 ϕ,再根据以上求得的 H_L/ϕ 值计算持液率 H_L。

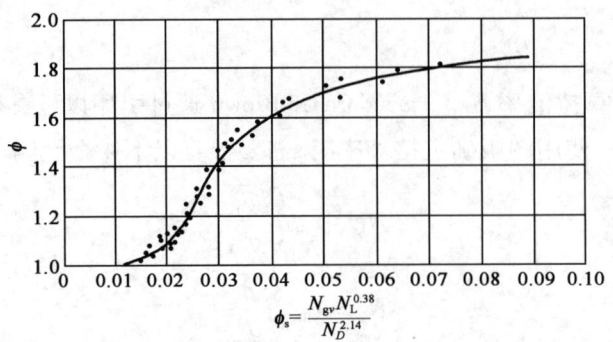

图 3-8 确定参数 ϕ 的关系图

2)f_m 的计算

两相摩阻系数 f_m 采用 Jain 公式计算[参见式(3-24)],其中两相雷诺数 N_{Rem} 由下式计算

$$N_{Rem} = \dfrac{\rho_{ns} v_m D}{\mu_m} \tag{3-45}$$

其中

$$\mu_m = \mu_L^{H_L} \mu_g^{1-H_L}$$

3. 两相管流压力计算的一般步骤

由于压力梯度方程(3-43)的右函数包含了流体物性、运动参数及其有关的无因次变量等,这些参数与待求压力有关,无法求得解析解。因此,对于气液两相管流压力计算常采用迭代法,包括按管段长度增量和压力增量迭代两种。这里重点介绍按管段长度增量迭代法的求解步骤。

将压力梯度方程写成管长增量的形式:

$$\Delta z_i = \Delta p \Big/ \left(\dfrac{\mathrm{d}p}{\mathrm{d}z}\right)_i \quad (i=1,2,\cdots,N) \tag{3-46}$$

式中　下标 i——节点序号;

N——节点总数;

$(\mathrm{d}p/\mathrm{d}z)_i$——压力梯度方程(3-43)的右函数值。

求解思路:给定式(3-46)中的压力增量 Δp,先估计出此 Δp 对应的管段长度增量的初值 Δz^0,由此确定相应管段末端的温度和压力,据此计算出管段的平均温度 $\overline{T}$ 和平均压力 $\overline{p}$,根据压力梯度方程(3-43)计算出该条件下的压力梯度 $(\mathrm{d}p/\mathrm{d}z)_i$,再由式(3-46)计算出 Δz_i,若计算值 Δz_i 与估计的初值 Δz^0 满足精度要求,则计算值 Δz_i 即为给定 Δp 对应的解,否则将计算值 Δz_i 作为新的初值 Δz^0 进行迭代计算直到收敛。逐个节点重复上述过程直到或超过预计终点为止。

所选压力增量值 Δp 的大小控制了计算节点的数目,将直接影响计算结果的误差和计算速度。一般选 $\Delta p = 0.3 \sim 1.0\mathrm{MPa}$,低压条件下应取得小一些,而高压条件下则应取得大一些。这样既能减小计算误差又能提高计算速度。

【例 3-7】 已知某井产水量为 $50\text{m}^3/\text{d}$,产气量为 $2\times10^4\text{m}^3/\text{d}$,天然气和水的相对密度分别为 0.65、1.05,井口油压为 2MPa,平均流动温度 50℃,采用 2⅞in 油管(内径 62mm),管壁绝对粗糙度为 0.016mm,试用 Hagedorn-Brown 方法计算距离井口 100m 井段的压力梯度。

解:(1)计算该管段平均压力和平均温度下的偏差系数 $\overline{Z}$。

假设距井口 100m 的 $\Delta p=1.0\text{MPa}$,则 $p_2=p_1+\Delta p=2+1=3(\text{MPa})$。

例 3-5 已计算出天然气相对密度为 0.65 的拟临界压力 $p_{pc}=4.63\text{MPa}$ 和拟临界温度 $T_{pc}=207.77\text{K}$。

$$\bar{p}=\frac{p_1+p_2}{2}=\frac{2+3}{2}=2.5(\text{MPa})$$

$$p_{pr}=\bar{p}/p_{pc}=2.5/4.63=0.54$$

$$\overline{T}=273+T=273+50=323(\text{K})$$

$$T_{pr}=\overline{T}/T_{pc}=323/207.77=1.55$$

按例 3-5 给出的 Dranchuk 和 Purvis 公式迭代计算天然气偏差系数得 $\overline{Z}=0.956$。

(2)计算气、液密度。

$$\rho_g=3484.4\frac{\gamma_g\bar{p}}{\overline{Z}\,\overline{T}}=3484.4\times\frac{0.65\times2.5}{0.956\times323}=18.33(\text{kg/m}^3)$$

$$\rho_L=1000\gamma_w=1000\times1.05=1050(\text{kg/m}^3)$$

(3)计算气、液表观流速。

$$q_w=50/86400=0.58\times10^{-3}(\text{m/s})$$

$$q_{sc}=20000/86400=0.2315(\text{m}^3/\text{s})$$

$$A=\pi D^2/4=3.1416\times0.062^2/4=0.00302(\text{m}^2)$$

$$v_{SL}=q_w/A=0.58\times10^{-3}/0.00302=0.19(\text{m/s})$$

$$v_{SG}=\frac{q_{sc}B_g}{A}=\frac{q_{sc}T\times0.101\times Z}{293\times p}=\frac{0.23}{0.00302}\times\frac{0.101}{2.5}\times\frac{323}{293}\times0.956=3.24(\text{m/s})$$

(4)单位流通截面积上的混合物质量流量。

$$\frac{G_m}{A}=v_{SL}\rho_L+v_{SG}\rho_g=0.19\times1050+3.24\times18.33=258.89[\text{kg}/(\text{s}\cdot\text{m}^2)]$$

(5)计算四个无因次量。

气水表面张力按杨继盛等主编的于 1994 年出版的《采气实用计算》推荐的公式计算。

$$\sigma_1=76\text{e}^{-0.0362575p}=76\times\text{e}^{-0.0362575\times2.5}=69.41(\text{mN/m})$$

$$\sigma_2=52.5-0.87018p=52.5-0.87018\times2.5=50.32(\text{mN/m})$$

$$\sigma=\frac{(137.78-\overline{T})1.8}{206}(\sigma_1-\sigma_2)+\sigma_2$$

$$=\frac{(137.78-50)\times1.8}{206}\times(69.41-50.32)+50.32=64.96(\text{mN/m})$$

$$N_{Gv}=v_{SG}\left(\frac{\rho_L}{g\sigma}\right)^{1/4}=3.22\times\left(\frac{1050}{9.8\times0.06496}\right)^{1/4}=20.52$$

$$N_{Lv} = v_{SL}\left(\frac{\rho_L}{g\sigma}\right)^{1/4} = 0.19 \times \left(\frac{1050}{9.8 \times 0.06496}\right)^{1/4} = 1.21$$

水的黏度按《采气实用计算》推荐的公式计算：

$$\mu_w = e^{1.003 - 1.479 \times 10^{-2}(1.8T+32) + 1.982 \times 10^{-5}(1.8T+32)^2}$$
$$= e^{1.003 - 1.479 \times 10^{-2}(1.8 \times 50 + 32) + 1.982 \times 10^{-5}(1.8 \times 50 + 32)^2} = 0.603 (\text{mPa} \cdot \text{s})$$

$$N_L = \mu_L \left(\frac{g}{\rho_L \sigma^3}\right)^{1/4} = 0.000603 \times \left(\frac{9.8}{1050 \times 0.06496^3}\right)^{1/4} = 0.001457$$

$$N_D = D \left(\frac{\rho_L g}{\sigma}\right)^{1/2} = 0.062 \times \left(\frac{9.8 \times 1050}{0.06456}\right)^{1/2} = 24.75$$

(6) 由图 3-6 查得 $CN_L = 0.0019$。

(7) 计算 $\dfrac{N_{Lv}(CN_L)}{N_{Gv}^{0.575} N_D}\left(\dfrac{\bar{p}}{p_{sc}}\right)^{0.1} = \dfrac{1.21}{20.52^{0.575}} \times \dfrac{0.0019}{24.75} \times \left(\dfrac{2.5}{0.101}\right)^{0.1} = 2.25 \times 10^{-5}$；由图 3-7 查得比值 $H_L/\phi = 0.21$。

(8) 计算 $\dfrac{N_{Gv} N_L^{0.38}}{N_D^{2.14}} = \dfrac{20.52 \times 0.001457^{0.38}}{24.75^{2.14}} = 0.0018$；由图 3-8 查得 $\phi = 1.0$。

(9) 计算 $H_L = (H_L/\phi) \cdot \phi = 0.21$。

(10) 混合物密度。

$$\rho_m = \rho_L H_L + \rho_g (1 - H_L) = 1050 \times 0.21 + 18.33 \times (1 - 0.21) = 234.98 (\text{kg/m}^3)$$

(11) 计算雷诺数 N_{Rem}。

$$v_m = v_{SG} + v_{SL} = 3.24 + 0.19 = 3.43 (\text{m/s})$$

$$\lambda_L = v_{SL}/v_m = 0.19/3.43 = 0.055$$

$$\rho_{ns} = \rho_L \lambda_L + \rho_g (1 - \lambda_L) = 1050 \times 0.055 + 18.33 \times (1 - 0.055) = 75.07 (\text{kg/m}^3)$$

天然气的黏度按 Lee 公式计算 $\mu_g = 0.012 \text{mPa} \cdot \text{s}$

$$\mu_m = \mu_L^{H_L} \mu_g^{(1-H_L)} = 0.000603^{0.21} \times (0.012 \times 10^{-3})^{1-0.21} = 2.73 \times 10^{-5} (\text{Pa} \cdot \text{s})$$

$$N_{Rem} = \frac{\rho_{ns} v_m D}{\mu_m} = \frac{75.07 \times 3.43 \times 0.062}{2.73 \times 10^{-5}} = 5.85 \times 10^5$$

(12) 用 Jain 公式计算 f_m。

$$f_m = \left[1.14 - 2\lg\left(\frac{e}{D} + \frac{21.25}{N_{Rem}^{0.9}}\right)\right]^{-2}$$
$$= \left\{1.14 - 2 \times \lg\left[\frac{0.016}{62} + \frac{21.25}{(5.85 \times 10^5)^{0.9}}\right]\right\}^{-2} = 0.0158$$

(13) 用式(3-43)计算压力梯度。

$$\frac{dp}{dz} = \rho_m g + f_m \frac{G_m^2}{2DA^2 \rho_m} = 234.98 \times 9.8 + 0.0158 \times \frac{258.89^2}{2 \times 0.062 \times 234.98} = 2339 (\text{Pa/m})$$

(14) 距井口 100m 的压力为。

$$p_2' = p_1 + \Delta z \frac{dp}{dz} = 2 + 100 \times 2339 \times 10^{-6} = 2.23 (\text{MPa})$$

由于100m处计算出的流压 p_2' 远小于假设的流压 p_2，因此需要令 $p_2 = p_2'$ 再次进行试算，直到满足精度为止。

第三节 气井井筒携液理论

气井一般都会产出一些液体（包括水和凝析油），一部分液体来自气层边底水或层间水，一部分液体来自储层中的层内游离水、凝结水或烃类凝析液，也有部分气井储层不产液（储层压力温度高，液体以气态的形式随天然气进入井筒），但随着流体沿井筒向上流动过程中压力、温度的降低，出现凝析液。

垂直井筒内混合物向上流动过程中，在不同的气相和液相速度下，可以观察到四种流型（图3-9，视频3-1）。当气相和液相速度很小时，液相是连续的，气相是分散的，这种状态称为泡状流。随着压力、温度的降低，气相体积（速度）逐渐增加，气泡开始聚集，最终几乎占据了整个截面，这种流动称为段塞流。随着气相速度进一步增加，气液每一相都是扰动的，介于连续相和非连续相之间，称为过渡流或搅动流。当气相速度已经达到很高时，气相变成了连续相，液相变成了非连续相并且以液滴的形式存在，另一些液相在管壁上形成了一层薄膜，称为环雾流。

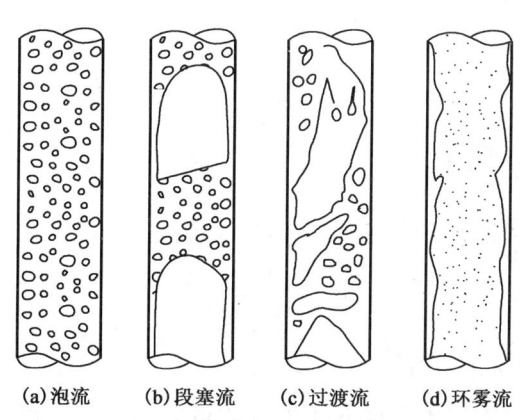
(a)泡流　(b)段塞流　(c)过渡流　(d)环雾流

图3-9　垂直管气液两相流典型流型

视频3-1　气液两相管流流型

在大多数气井中，产液量极少，气液比极高，主要以环雾流的形式存在。由环雾流流型可知，被举升的液体主要包括管壁上的液膜和气流中夹带的液滴，且两者之间不断交换，液膜下降、聚集、破碎成液滴。Turner等人用矿场资料对液滴模型和液膜模型进行了检验，发现液滴模型更实用。下面主要介绍以液滴模型为代表的气井携液基础理论。

一、携液临界流速

气井携液临界流速是指雾流条件下，携带液体所需的最小气体流速（视频3-2）。

液滴在气流中的形状受到两种相互对抗力的作用，一种是企图使液滴破坏的惯性力，另一种是力图保持液滴完整的表面张力。两种力的综合作用使得相对气流运动的液滴会呈现不同形状，比较典型的液滴形状有两种：(1)表面张力大，液滴呈圆球形，有效迎流面积小，不容易被天然气带出地面，携液所需的临界流速较高，以Turner模型为代表；(2)惯性力大，液滴呈椭球形,有效迎流面积大,容易被天然气带出地面,携液所需的临界流速相对圆球模型小得多,以 Limin 模型为代表。惯性力与表面张力的比值即为韦伯数 N_{we}。

$$N_{we} = \frac{v_{cr}^2 \rho_g d}{\sigma} \tag{3-47}$$

式中　v_{cr}——气井携液临界流速,m/s;

　　　ρ_g——气体的密度,kg/m³;

　　　d——液滴直径,m;

　　　σ——气液界面张力,N/m。

Hinze 给出了液滴自由降落时的临界韦伯数为 20~30,超过该临界值时,液滴为扁平形,反之为圆球形,如图 3-10 所示。

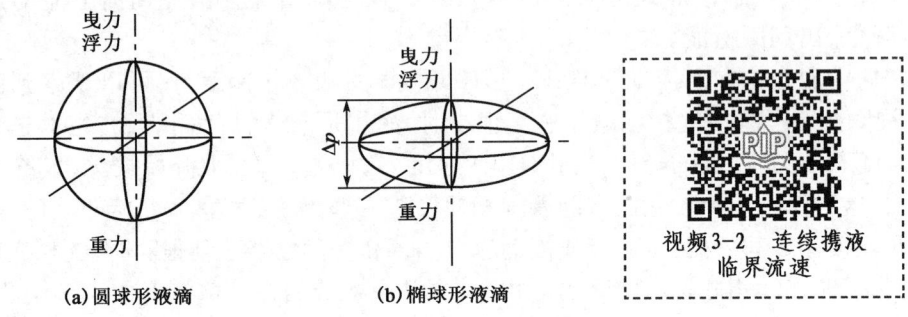

图 3-10　液滴变形受力示意图
Δp——椭球形液滴上下表面产生的压力差

1. Turner 模型

气体对液滴的曳力

$$F = \frac{\pi}{4} d^2 C_d \frac{v_{cr}^2}{2} \rho_g \tag{3-48}$$

液滴的重力

$$G = \frac{\pi}{6} d^3 (\rho_L - \rho_g) g \tag{3-49}$$

式中　C_d——曳力系数;

　　　ρ_L——液体的密度,kg/m³;

　　　g——重力加速度。

为了实现液滴被携带,气体对液滴的曳力应大于或等于液滴的重力。当二力相等时,气体流速最小,即为气井携液的临界流速。

$$v_{cr} = \left[\frac{4gd(\rho_L - \rho_g)}{3C_d \rho_g} \right]^{0.5} \tag{3-50}$$

式(3-50)表明,液滴直径越大,要使它向上运动的气流速度就越高。如果能够确定出最大液滴直径,就可以计算出使所有液滴向上运动的气流临界速度。

取液滴以圆球状存在的韦伯数临界值($N_{ew}=30$),即可计算出圆球状液滴的最大直径,则临界流速为

$$v_{cr} = 5.5 \left[\frac{\sigma(\rho_L - \rho_g)}{\rho_g^2} \right]^{0.25} \tag{3-51}$$

2. Limin 模型

Limin 等人认为液滴在气流中运动时受到的前后压力不同,如图 3-10(b)所示,存在一个

压差 Δp，液滴以椭球状形式被带出地面，则临界流速为

$$v_{cr} = 2.5 \left[\frac{\sigma(\rho_L - \rho_g)}{\rho_g^2} \right]^{0.25} \quad (3-52)$$

对比 Turner 和 Limin 的临界流速模型可知，两者的参数相同，只是液滴形状不同导致其系数不同，椭球状液滴的临界流速约为圆球状液滴临界流速的 45.45%。

【例 3-8】 某产水气井井口压力 3.21MPa，温度 22℃，天然气和原油的相对密度分别 0.6 和 0.85，气油比为 $10^4 m^3/m^3$，不产水，试按 Turner 模型计算气井井口的携液临界流速。

解：（1）根据井口压力 3.21MPa，温度 22℃ 以及天然气相对密度 0.6，按例 3-5 计算气体偏差系数，得 $Z = 0.92$。

（2）气体密度为

$$\rho_g = 3484.4 \frac{\gamma_g p}{TZ} = 3484.4 \times \frac{0.6 \times 3.21}{295 \times 0.92} = 24.73 \, (kg/m^3)$$

（3）原油密度 $\rho_L = 0.85 \times 1000 = 850 \, (kg/m^3)$。

（4）油气表面张力按《采气实用计算》推荐的模型计算。

$$\begin{aligned}
\sigma &= [42.4 - 0.047(1.8T + 32) - 0.267\gamma_{API}] e^{-0.101521p} \\
&= \left[42.4 - 0.047 \times (1.8 \times 22 + 32) - 0.267 \times \left(\frac{141.5}{0.85} - 131.5 \right) \right] \times e^{-0.101521 \times 3.21} \\
&= 21.44 \, (mN/m)
\end{aligned}$$

（5）气井携液临界流速为

$$v_{cr} = 5.5 \times \left[\frac{\sigma(\rho_L - \rho_g)}{\rho_g^2} \right]^{0.25} = 5.5 \times \left[\frac{0.02144 \times (850 - 24.73)}{24.73^2} \right]^{0.25} = 2.27 \, (m/s)$$

二、气井携液临界流量及应用

气井携液临界流量为气井携液临界流速对应的流量，即

$$q_{cr} = \frac{A v_{cr} t}{B_g} = \frac{A v_{cr} \times 86400}{3.458 \times 10^{-4} ZT/p} = 2.5 \times 10^8 \frac{A p v_{cr}}{ZT} \quad (3-53)$$

式中　q_{cr}——气井携液临界流量（标准状态），m^3/d；

　　　A——油管横截面积，m^2；

　　　v_{cr}——携液临界流速，m/s；

　　　t——时间，s；

　　　Z——气体偏差系数；

　　　T——温度，K；

　　　p——压力，MPa。

携液临界流量与压力、温度有关，而流体沿井筒举升至地面的过程中，压力、温度会逐渐降低，即携液临界流量沿井深剖面是变化的。为了实现整个井筒均能携液，应将携液临界流量的最大值作为气井的携液条件。

1. 确定气井能否连续携液

由携液临界流量的定义可知，气井连续携液的条件为气井产气量大于气井携液临界流量，下面用例 3-9 来具体说明。

【例 3 – 9】 已知某井气层中部深度为 3000m,井底温度为 107℃,采用 2in 油管(内径 50.3mm)进行生产,日产气量为 $3 \times 10^4 m^3/d$,其余参数同例 3 – 8,试判断气井能否连续携液生产。

解:该井为产液气井,井筒压力按 Gray 模型计算,温度按线性计算,根据已知条件计算气井沿井深的参数,见表 3 – 4。

表 3 – 4 气井沿井深的参数

深度 m	压力 MPa	温度 K	气体偏差系数	气体密度 kg/m³	气体流速 m/s	临界流速 m/s	临界流量 $10^4 m^3/d$
0	3.21	295	0.92	26.87	5.10	1.87	1.10
500	3.77	309	0.92	30.11	4.55	1.70	1.12
1000	4.32	323	0.92	32.94	4.16	1.57	1.13
1500	4.88	338	0.92	35.40	3.87	1.45	1.12
2000	5.44	352	0.93	37.73	3.63	1.34	1.11
2500	6	366	0.93	39.83	3.44	1.25	1.09
3000	6.56	380	0.94	41.73	3.28	1.16	1.06

由表 3 – 4 可知,井筒中任一位置的临界流速都小于气体流速,故该井能连续携液生产。临界流速在井口最大,为 1.87m/s;临界流量的最大值出现在 1000m 处,为 $1.13 \times 10^4 m^3/d$,表明此处更易积液。气井是否具有携液能力,还与气井的举升压力有关,该井必须能提供高于 6.56MPa 的井底压力,才能连续携液。

2. 优选油管尺寸

携液临界流量与气体流通截面积成正比,而气体流通截面积为油管半径的平方与圆周率之积,即降低油管尺寸,携液临界流量将随油管半径的平方倍降低;但另一方面,在相同流量条件下,较小的油管尺寸将增加流体的流速,其摩擦阻力增大,导致井筒举升压降增加。因此在选择油管尺寸时应综合考虑携液和举升压降要求。

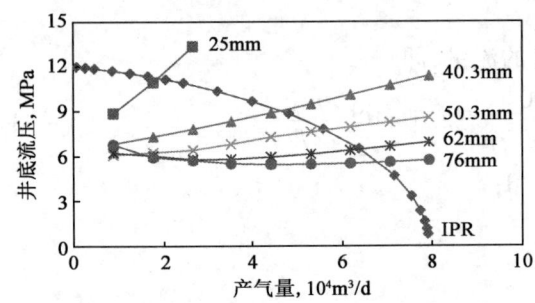

图 3 – 11 不同油管尺寸下节点系统分析图

【例 3 – 10】 已知气井产能方程为 $12^2 - p_{wf}^2 = 6.88 q_{sc} + 1.42 q_{sc}^2$,其余参数同例 3 – 9,请确定气井连续携液的油管尺寸。

解:(1) 以井底为节点,计算的节点系统分析结果如图 3 – 11 所示。其不同油管尺寸对应的产气量与临界流量见表 3 – 5。

表 3 – 5 不同油管尺寸下的产气量与临界流量

油管尺寸,mm	25	40.3	50.3	62	76
产气量,$10^4 m^3/d$	1.87	4.63	5.63	6.39	6.81
临界流量,$10^4 m^3/d$	0.33	0.74	1.10	1.64	2.47

(2) 选定某一油管尺寸对应的协调点产气量,再根据例 3 – 9 的方法计算出井筒压力剖面(图 3 – 12)和携液临界流量剖面(图 3 – 13)。

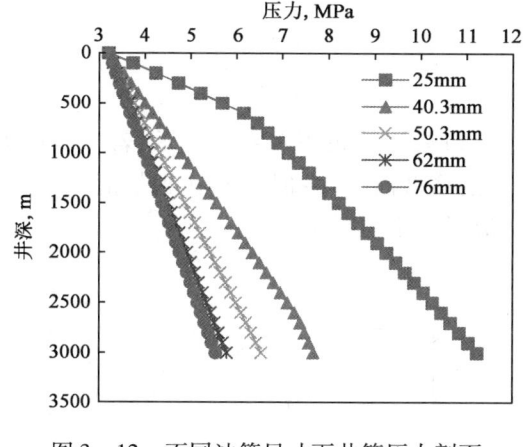 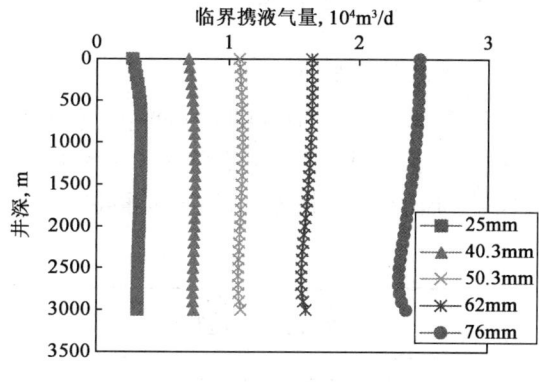

图 3-12 不同油管尺寸下井筒压力剖面　　图 3-13 不同油管尺寸下携液临界流量剖面

随着油管内径由 25mm 增至 50.3mm,井底流压大幅下降,这主要是由于油管尺寸的增加,降低了流体摩阻,导致井筒举升压降下降;当油管内径进一步增至 76mm 时,井底流压下降幅度极小,这主要是由于油管尺寸较大会导致液相滑脱损失增加,井筒液体密度增大。但从携液临界流量剖面看,油管尺寸的降低,可以大幅降低携液临界流量。综上所述,选择内径 50.3mm 的油管作为该井的生产管柱是较为合适的。

优选出的管柱具有一定的适用范围,随着地层产能的降低,原来优选的生产管柱可能不再满足连续携液生产的需要,需要根据实际生产情况在一定时间后重新对管柱进行优选。因此,优选管柱具有时效性。当需要重新进行管柱优选时,应充分考虑地层压力、产能递减速度,以及与其他排水采气工艺接轨的灵活性,避免因更换管柱造成设备(管材)的浪费。因此,在实际生产中,应加强气层压力、产水量、产气量等参数的监测分析,以便为下一步是否采用优选管柱提供科学决策依据。

(3)选择一组地层平均压力,绘制气井流入动态曲线,进行地层压力和油管尺寸双因素节点系统分析,其结果如图 3-14 所示。

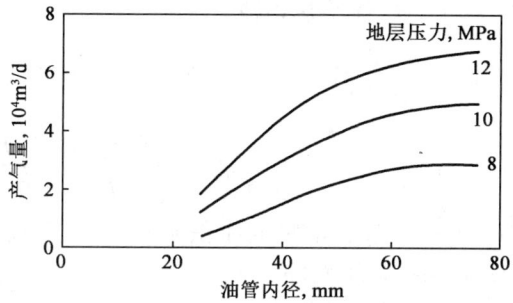

当地层压力一定时,随着油管尺寸的增加,产气量逐渐增加,其增加幅度先大后小。随着地层平均压力降低,产气量逐渐降低,但不同油 图 3-14 不同油管随着地层压力下降后的产气量
管尺寸的降低幅度是不同的,如采用内径 62mm 油管生产时,当地层平均压力由 12MPa 降至 10MPa 产气量下降了 $1.69 \times 10^4 m^3/d$,而采用内径 40.3mm 油管生产时相同条件下产气量只下降了 $1.54 \times 10^4 m^3/d$。

第四节　气井节流动态

气井节流部件种类较多,如井口油嘴或针形阀、安装在油管上的井下油嘴或井下安全阀(SSSV)等。当气流通过这些流通截面突缩部件时,其流动规律基本一致,可统称为节流。

一、单相气体节流

1. 嘴流流动特征

图 3-15 是一圆形孔眼的油嘴嘴流示意图。嘴流动态关系如图 3-16 所示,若上游压力 p_1 保持不变,气体流量(标准状态下)将随下游压力 p_2 的降低而增大;但当 p_2 达到某值 p_c 时,流量将达到最大值即临界流量;若 p_2 再进一步降低时,流量也不再增加。

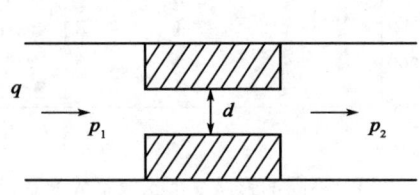

图 3-15 嘴流示意图
q—气体流量;d—嘴眼直径

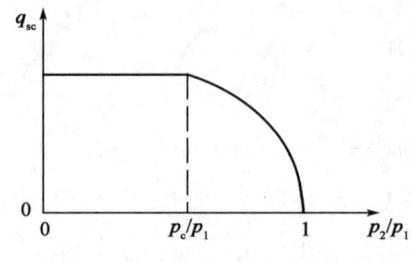

图 3-16 嘴流动态关系

所谓临界流是指流体在油嘴喉道里被加速到声速时的流动状态。在临界流状态下,油嘴下游压力变化对气井产量没有影响,因为压力波向上游的传播不会快于声速。

2. 节流流量计算

根据热力学原理,达到临界流动状态的临界压力比为

$$\frac{p_c}{p_1} = \left(\frac{2}{k+1}\right)^{\frac{k}{k-1}} \tag{3-54}$$

式中 k——气体绝热指数。

当 $\dfrac{p_2}{p_1} > \left(\dfrac{2}{k+1}\right)^{\frac{k}{k-1}}$ 时,为亚临界流。根据气体嘴流的等熵原理,流量与压力比的关系为

$$q_{sc} = \frac{0.408 p_1 d^2}{\sqrt{\gamma_g T_1 Z_1}} \sqrt{\frac{k}{k-1} \left[\left(\frac{p_2}{p_1}\right)^{\frac{2}{k}} - \left(\frac{p_2}{p_1}\right)^{\frac{k+1}{k}} \right]} \tag{3-55}$$

式中 q_{sc}——通过油嘴的体积流量(标准状态下),$10^4 \text{m}^3/\text{d}$;

p——压力,MPa;

d——嘴眼直径,mm;

T——温度,K;

下标 1、2——嘴前、嘴后位置。

当 $\dfrac{p_2}{p_1} \leqslant \left(\dfrac{2}{k+1}\right)^{\frac{k}{k-1}}$ 时,为临界流。式(3-55)中的上下游压力比 p_2/p_1 采用式(3-54)代替即可计算出临界流动状态下气体流量。

【例 3-11】 已知气体相对密度为 0.7,k 为 1.25,气体偏差因子为 0.93,井口温度和压力分别为 38℃ 和 4 MPa。试绘制油嘴直径分别为 4mm、5mm、6mm、7mm、8mm 时的产气量与压力比的特性曲线。

解:由式(3-54)计算天然气的临界压力比为

$$\frac{p_c}{p_1} = \left(\frac{2}{k+1}\right)^{\frac{k}{k-1}} = \left(\frac{2}{1.25+1}\right)^{\frac{1.25}{0.25}} = 0.555$$

$$q_{sc} = \frac{0.408 p_1 d^2}{\sqrt{\gamma_g T_1 Z_1}} \sqrt{\frac{k}{k-1}\left[\left(\frac{p_2}{p_1}\right)^{\frac{2}{k}} - \left(\frac{p_2}{p_1}\right)^{\frac{k+1}{k}}\right]}$$

$$= \frac{0.408 \times 4 d^2}{\sqrt{0.7 \times 311 \times 0.93}} \sqrt{\frac{1.25}{1.25-1}\left[\left(\frac{p_2}{p_1}\right)^{\frac{2}{1.25}} - \left(\frac{p_2}{p_1}\right)^{\frac{1.25+1}{1.25}}\right]}$$

$$= 0.256 d^2 \sqrt{\left(\frac{p_2}{p_1}\right)^{1.6} - \left(\frac{p_2}{p_1}\right)^{1.8}}$$

当流动为临界流动时,即当 $p_2/p_1 = 0.555$ 时,其流量将是临界流量,即

$$q_{max} = 0.256 d^2 \sqrt{0.555^{1.6} - 0.555^{1.8}} = 0.0533 d^2 (10^4 \text{m}^3/\text{d})$$

对每一油嘴尺寸,从 0.555 到 1 改变 p_2/p_1 值,可绘制嘴流动态曲线,如图 3-17 所示。

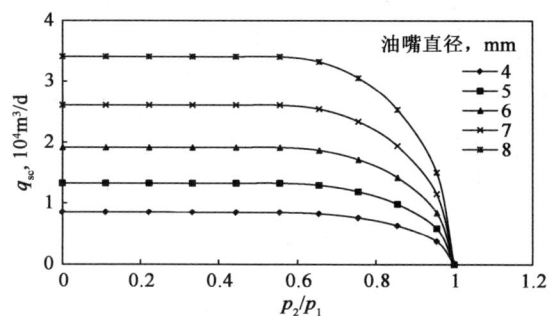

图 3-17 不同油嘴尺寸的嘴流动态曲线

不同油嘴尺寸所对应的临界流量列入表 3-6 中。

表 3-6 不同油嘴尺寸的临界流量

d, mm	4	5	6	7	8
q_{max}, $10^4 \text{m}^3/\text{d}$	0.85	1.33	1.92	2.61	3.41

3. 节流温降计算

由实际气体状态方程可得节流器入口处压力为

$$p_1 = \frac{Z_1 n R T_1}{V_1} = \frac{n M_g}{V_1} \times \frac{Z_1 R T_1}{M_g} = \frac{\rho_1 Z_1 R T_1}{M_g} \quad (3-56\text{a})$$

式中 n——气体物质的量。

同理,节流器喉部压力为

$$p_c = \frac{Z_c n R T_c}{V_c} = \frac{n M_g}{V_c} \times \frac{Z_c R T_c}{M_g} = \frac{\rho_c Z_c R T_c}{M_g} \quad (3-56\text{b})$$

将式(3-56b)除以式(3-56a),整理可得节流器喉部温度为

$$T_c = \frac{p_c}{p_1} \times \frac{\rho_c}{\rho_1} \times \frac{Z_c}{Z_1} \times T_1 \quad (3-57)$$

天然气通过节流孔眼时流速很高,在孔眼附近的气流与外界的热交换极小,一般可忽略不计,节流过程视为绝热过程。则由理想气体的泊松方程可得

$$p_1 q_1^k = p_c q_c^k = \text{常数} \quad (3-58)$$

式中 q_1——节流器入口处体积流量;

p_c、q_c——节流器处压力和体积流量。

由质量守恒方程可得

$$\rho_1 q_1 = \rho_c q_c = 常数 \tag{3-59}$$

将式(3-59)代入式(3-58),整理可得

$$\frac{\rho_c}{\rho_1} = \left(\frac{p_c}{p_1}\right)^{\frac{1}{k}} \tag{3-60}$$

将式(3-60)代入式(3-57),整理可得

$$T_c = \left(\frac{p_c}{p_1}\right)^{\frac{k-1}{k}} \frac{Z_c}{Z_1} T_1 \tag{3-61}$$

式(3-61)即为节流装置喉部温度方程。

二、井下节流工艺

将节流器安装于油管的适当位置,实现井筒节流降压的同时充分利用地温对节流后的天然气流进行加热,使节流后气流温度高于该压力条件下的水合物形成温度,从而达到降低地面管线压力、防止水合物生成、取消地面水套炉、简化井场地面流程、快速投产和节能降耗的目的,这种井下节流工艺已在四川、胜利、中原、青海、新疆和长庆等气田得到广泛应用。

根据井下油嘴的安装方式,井下节流器可分为固定式和活动式,如图3-18所示,其主要区别在于有无工作筒和卡定方式不同。固定式井下节流器需特制的工作筒来座放油嘴并起密封作用,未座放节流器时相当于油管接箍,适于已下入节流工作筒、产量大、压差高、出砂的新投产井。活动式井下节流器无需工作筒,适于产量小、压差低、不出砂或少量砂的井。活动式井下节流器可根据需要下入任意井段位置,而固定式节流器下入位置由井下工作筒位置确定。

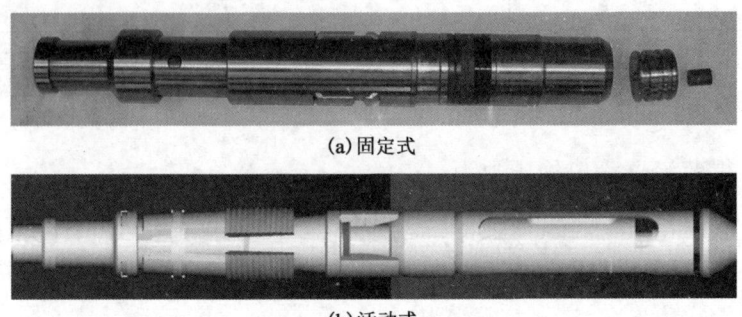

(a)固定式

(b)活动式

图3-18 井下节流器

井下节流与地面节流过程均服从伯努利能量平衡定律,只是地面节流属于水平管喷嘴流动,井下节流属于垂直管喷嘴流动。气体或气液混合物从状态Ⅰ(节流嘴入口)流经状态Ⅱ(节流嘴出口)时,压力下降,比容增加,流体所做的膨胀功为图3-19(b)中曲线以下的面积(ⅠⅡba);相应地,气体内能($\Delta i = i_1 - i_2$)减少,温度从T_1急剧下降至T_2,如图3-19(a)所示,即内能(焓)转换为膨胀功的过程。

流体经井下油嘴后温度急剧下降,易出现水合物冰堵。为此井下油嘴的最小下入深度,应保证节流油嘴下游的温度T_2必须大于水合物生成温度T_h,即

$$T_2 > T_h \tag{3-62}$$

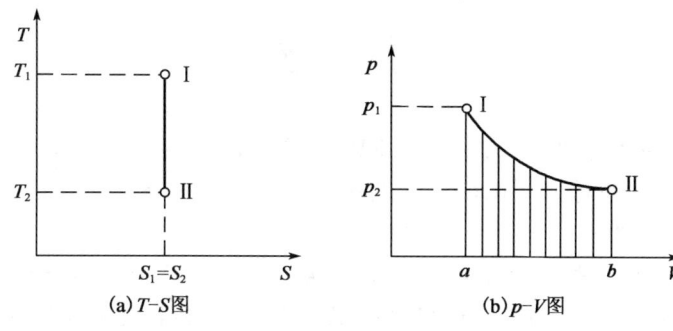

图 3－19 节流嘴等熵绝热膨胀过程
T—深度;S—熵;p—压力;V—体积

小 结

根据采气井系统的组成,详细介绍了各流动过程的数学模型,具体包括气井流入动态、井筒压力计算方法、气体携带液体所需的临界流速计算方法和气体节流动态,其中井筒压力计算方法是本章的难点,气体携带液体的基础理论是本章重点。

参 考 文 献

[1] 李仕伦,等. 天然气工程[M]. 2 版. 北京:石油工业出版社,2008.
[2] 杨继盛. 采气工艺基础[M]. 北京:石油工业出版社,1992.
[3] 李爱芬,姚军. 砾石充填防砂井产能预测方法[J]. 石油勘探与开发,2004,31(1):103－105.
[4] 李颖川,杜志敏. 气井无因次流入动态曲线的特征函数[J]. 天然气工业,2002,22(1):67－69.
[5] 陈元千. 水平井产量公式的推导与对比[J]. 新疆石油地质,2008,29(1):68－71.
[6] 李晓平,刘启国,赵必荣. 水平井产能影响因素分析[J]. 天然气工业,1998,18(2):53－56.
[7] 杨继盛,刘建仪. 采气实用计算[M]. 北京:石油工业出版社,1994.
[8] Gray H E. Vertical flow correlation in gas wells[S]. User's Manual for API 14B, SSCSV Sizing Computer Program, 1978, Appendix B: 38－41.
[9] 刘永辉,任桂蓉,薛承文,等. 凝析气井筒压力计算[J]. 天然气工业,2014,34(9):64－69.
[10] Hagedorn A R, Brown K E. Experimental Study of Pressure Gradients Occurring during Continuous Two-Phase Flow in Small-Diameter Vertical Conduits [J]. Journal of petroleum Technology,1965,17(4): 475－484.
[11] Moody L F. Friction Factors for Pipe Flow [J]. Asme Trans V,1944,66.
[12] Hasan A R, Kabir C S. Heat Transfer During Two-Phase Flow in Wellbores[J]. Part Ⅱ-Wellbore Fluid Temperature. SPE 22948.
[13] Turner R G,Hubbard M G, Dukler A E. Analysis and Prediction of Minimum Flow Rate for the Continuous Removal of Liquids from Gas Wells[J]. Journal of Petroleum Technology, 1969,21(11):1475－1482.
[14] 李闽,郭平,谭光天. 携液新观点[J]. 石油勘探与开发,2001,28(5):105－106.
[15] 刘永辉,张中宝,陈定朝,等. 高气液比气井井下节流携液分析[J]. 新疆石油地质,2011, 32(5): 495－497.
[16] 刘永辉,周宇驰,王嘉,等. 苏里格气田井下节流参数优化[J]. 长江大学学报(自然科学版),2015,12(14):66－70.

习 题

3-1 某干气井关井时井口油压为 17.2MPa，其对应的温度为 25℃，气层中部深 3000m，气层温度为 110℃，气体相对密度 0.65。试用平均温度平均偏差系数法计算气层静压，并绘制井口至井底的静压梯度曲线。

3-2 习题 3-1 所述气井开井生产，产气量 $4 \times 10^4 \mathrm{m}^3$，62mm 内径新油管下至气层中部，井口油压为 12MPa，井口温度 50℃。试用平均温度平均偏差系数法计算井底流压，并绘制油管流压梯度曲线。

3-3 习题 3-1 和习题 3-2 所述气井出水，产水量为 $30 \mathrm{m}^3/\mathrm{d}$，井口油压 2MPa，水的相对密度 1.05，井口温度 40℃。试用 Hagedorn-Brown 方法计算气水比分别为 $50\mathrm{m}^3/\mathrm{m}^3$、$100\mathrm{m}^3/\mathrm{m}^3$ 和 $300\mathrm{m}^3/\mathrm{m}^3$ 时的三条油管流压梯度曲线。

3-4 已知某产水气井的井口油压为 5.21MPa，井口温度 40℃，油管内径 62mm，气体和水的相对密度分别为 0.64 和 1.02，气水比 $10^4 \mathrm{m}^3/\mathrm{m}^3$，不产油。试按 Turner 模型计算气井井口携液所需的临界流速和临界流量。

3-5 已知某气井井深 2500m，气层温度 97℃，油管内径 62mm，气体和水的相对密度分别为 0.64 和 1.02，油压 5.5MPa，井口温度 35℃，产气量 $4 \times 10^4 \mathrm{m}^3/\mathrm{d}$，气水比为 $10^4 \mathrm{m}^3/\mathrm{m}^3$，不产油。试判断气井是否能连续携液生产。

3-6 已知某气井产能方程 $q_{\mathrm{sc}} = 0.2(10^2 - p_{\mathrm{wf}}^2)^{0.85}$，其余参数同习题 3-5。试确定气井连续携液的油管尺寸。

第四章 排水采气工艺技术

排水采气工艺技术是产水气井提高气藏采收率的关键技术,目前工程上常用的排水采气工艺技术有泡沫排水、柱塞举升、连续气举、潜油电泵排水等。本章首先介绍气井积液诊断方法,并概述各种排水采气工艺技术的适应性,最后重点介绍泡沫排水和柱塞举升。

第一节 气井积液诊断方法与排水采气工艺技术简介

一、气井积液形成及其特征

1. 气井井底积液形成

气井一般都会产出一些液体,井筒中液体来源有两种,一是地层中的游离水或烃类凝析液与气体一起渗流进入井筒,液体的存在会影响气井的流动特性;二是地层中含有水汽的天然气流入井筒,由于热损失使温度沿井筒逐渐下降,出现凝析水。

多数气井在正常生产时的流态为环雾流,液体以液滴的形式由气体携带到地面,气体呈连续相而液体呈非连续相。当气相流速太低,不能提供足够的能量使井筒中的液体连续流出井口时,液体将与气流呈反方向流动并积存于井底,气井开始积液,如图4-1所示。

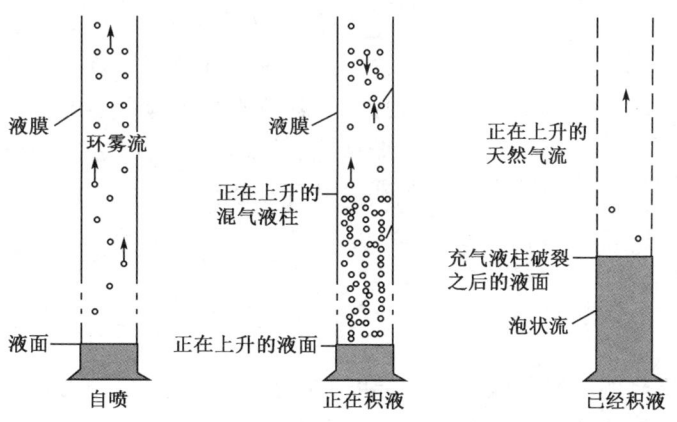

图4-1 气井积液过程示意图

气井开始积液后,液体在井筒中的聚集将增加产层回压,严重限制产能,阻碍天然气的产出,甚至可使井完全压死,导致停产。但如果发现及时,可以采用许多有效的人工举升方式排除积液恢复气井正常生产;而如果气井积液被忽略,井筒液体的积累则可能暂时或永久地破坏气藏,因此尽早发现气井积液具有非常重要的意义。

2. 气井积液特征

气井开始积液时,通常会出现以下几个现象:

(1)井筒中气液两相流型发生变化,井口发生液体间喷,出现压力峰值,如图4-2所示。在产水气井正常生产时,井筒气液两相一般呈现为环雾流,压差波纹卡片上压差表现为圆盘形状,生产平稳,而开始出现积液时,井筒中液体会积累形成段塞,气液两相流型会转变为过渡流或段塞流,从而在井口出现液体间喷现象。

(2)产量递减曲线急速下降,且出现大幅度波动,如图4-3所示。图中平滑曲线为气井正常生产时的产气量随时间的变化曲线,而气井开始积液后,产量递减曲线会出现大幅度波动。

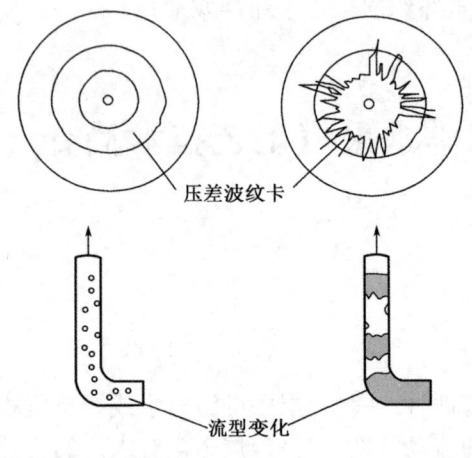

图4-2 气液两相流型变化

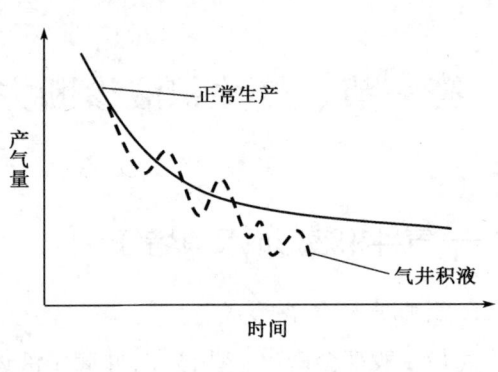

图4-3 积液井产量递减曲线

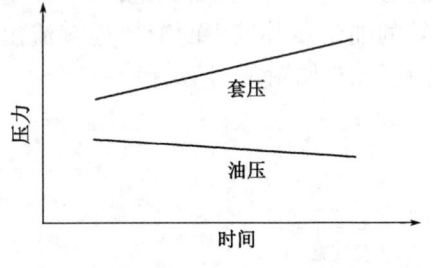

图4-4 积液井油压和套压变化

(3)油压、套压之差随时间变化不断增大,如图4-4所示。油管、套管压力波动是判断积液面上升的主要依据,对于低产气井,积液的征兆是套压变高;高产井则呈现套压变低。在实际生产中,还可以根据套压与油压之差来判断气井是否积液,根据Libson的经验认为,若套压与油压之差大于1.38MPa,则通常表明气井存在积液。

二、诊断方法

1. 现场测试法

根据现场测试得到的不同井深处压力梯度曲线,无积液井的压力梯度曲线为一平滑曲线,而有积液井的压力梯度曲线在积液界面处会发生突变,如图4-5所示。

2. 携液临界流量法

携液临界流量法适于气液比大于$1367m^3/m^3$,且井筒为雾状流条件的气井。当产气量小于携液临界流量时,气井积液。

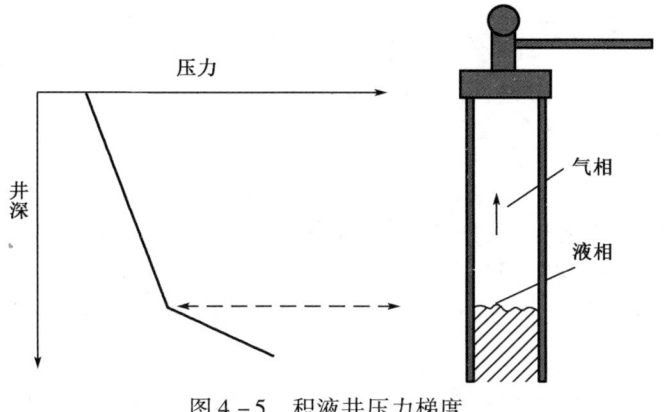

图 4-5 积液井压力梯度

3. 油套压差法

理论上讲,未下封隔器气井井筒为一 U 形连通管,油管内为地层流体流动通道,油套环空为静止流体。若套管与油管之间的压差可使油套环空内液体全部进入油管内,即油套环空内为纯气柱,可按静止气柱压降模型计算其压降剖面,且其压降梯度较小,计算结果与实际情况一致,可视为真实值;而油管内可按连续携液气液两相流压降模型计算其压降剖面,两压降剖面曲线的关系如图 4-6 所示。图 4-6(a)中油管压降剖面曲线上的井底流压远小于油套环空压降剖面上的静压值,表明油管内压降梯度比单相气体计算的压降梯度大,即井筒积液;图 4-6(b)中油管和油套环空压降剖面计算的井底压力近似相等,表明井筒无积液;图 4-6(c)中油管压降剖面的井底流压大于油套环空压降剖面的静压值,与油套环空为纯气柱的假设相悖,说明油套环空可能存在液柱。

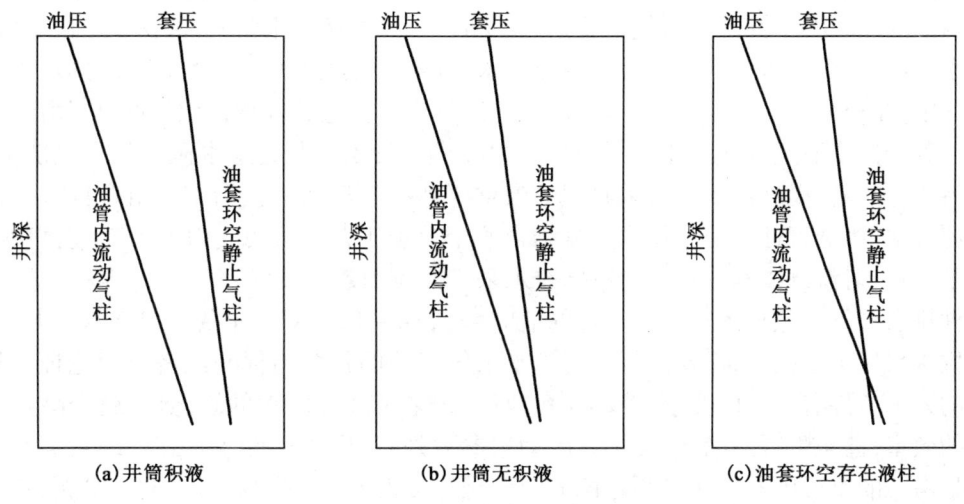

图 4-6 气井井筒压降剖面

4. 综合方法

根据气井生产数据,综合应用油套压差法、临界携液流量法对气井进行积液判断。涩北气田根据多年产水气井诊断经验,初步建立积液判断标准:当油套压差小于 0.25MPa,产气量大于携液临界流量时,气井不积液;反之,油套压差大于 0.25MPa,产气量小于携液临界流量,气井积液。

三、排水采气工艺技术

排水采气是带水气藏开采过程中所面临的一个世界性难题。排水采气又可分为气藏排水与单井排水两种方式。

1. 气藏排水

气藏排水是把气藏作为一个统一的系统来考虑进行排水采气,这不仅要考虑水淹井及气水同产井的排液,还要考虑纯气井的协调开采问题。其关键是如何合理确定排水井、采气井及气水同产井的井位、排水量及排水时机,从而最大限度地降低水侵强度,经济有效地提高气藏的最终采收率。

(1)强排水采气。强排水采气就是人为地以大于地层供水量的大排量加速采出地层水,使储层压降降低至含水层影响以下,改善井底附近的水淹生产状况。目前广泛用于大排量强排水的工艺技术为潜油电泵排水和气举。

(2)气水联合开采。气水联合开采时将气、水作为统一体,通过气藏数值模型描述,确定排水井位、排水量和采气量。其机理是:①减缓水体前沿推进速度,推迟尚未水淹气井的出水时间;②降低含水区域的压力或降低已被水驱扫过地带及带水封闭地带的压力,使不动气膨胀变为可流动气体进入井底。该方法适用于气藏尚未完全水淹或已经完全水淹而报废了的气藏。

(3)阻水开采。阻水机理是在边水驱气藏气水界面含水一侧或底水驱气藏的含水层布置排水井,或在局部水驱气藏,水沿高渗透带或裂缝发育带进入气藏的通道上建立高分子聚合物黏稠液阻水屏障,以拖住边水推进,降低底水上升的速度,避免或减少气水接触,让原来边、底水驱退化为弹性气驱。

2. 单井排水采气

国内产水气藏的单井排水采气试验始于1978年,经过多年生产实践,初步形成了气举、有杆泵排水、潜油电泵排水、射流泵排水、泡沫排水、优选管柱、柱塞举升等众多的排水采气工艺技术。其中,在充分利用地层自身能量方面,泡沫排水与优选管柱稳产效果好,应用广泛;柱塞举升能显著降低小液量气井液相滑脱损失,举升效果好;当气井完全水淹丧失自喷能力后,气举是维持气井产量、提高产水气藏采收率的最重要和最广泛的工艺措施。组合排采工艺如气举+泡沫排水、优选管柱+泡沫排水充分结合两个单项工艺的优点,应用较广。有杆泵排水、潜油电泵排水、射流泵排水等在一些特殊排水采气井应用效果较好。

各种排水采气工艺技术都有其自身的适应性(表4-1)。对给定的一口产水气井,究竟选择何种排水采气工艺技术,需要进行不同排水采气工艺的技术指标和经济指标论证。排水采气对井的开采条件有一定的要求,若不注意地质、开采及环境因素的敏感性,就会降低排水采气工艺的效率,甚至失败。因此,除了井的动态参数外,产出流体性质、出砂、结垢等其他开采条件也是考虑的重要因素。而最终考虑的因素是经济投入,必须进行综合对比分析,最后确定采用何种排水采气工艺技术。

表4-1 各种排水采气工艺技术的适应性分析

	优选管柱	泡沫排水	气举	柱塞举升	有杆泵排水(钢杆)	电潜泵排水	射流泵排水
目前最大排液量,m^3/d	100(小油管)	120	400	50	70	500	300
目前最大井深,m	4000	4000	4900	3000	4200	3500	2800

续表

		优选管柱	泡沫排水	气举	柱塞举升	有杆泵排水（钢杆）	电潜泵排水	射流泵排水
井身情况		适宜	适宜	适宜	受限	受限	适宜	适宜
地面及环境条件		适宜	适宜	适宜	适宜	一般适宜	需高压电	适宜
开采条件	高气液比	很适宜	很适宜	很适宜	很适宜	较适宜	一般适宜	一般适宜
	含砂	适宜	适宜	适宜	受限	一般适宜	一般适宜	很适宜
	结垢	化学防垢较好	适宜	化学防垢较好	较差	化学防垢较差	化学防垢较好	化学防垢较好
	腐蚀	缓蚀适宜	缓蚀适宜	适宜	适宜	较差	较差	适宜
设计难易		简单	简单	较易	较易	较易	较易	较复杂
维修管理		很方便	方便	方便	方便	较方便	较方便	较方便
投资成本		低	低	较低	较低	较低	较高	较高
运转效率		好	好	好	较低	一般	较高	较低
灵活性		工作制度可调	注入量、周期可调	可调	可调	可调	变频可调	喷嘴可调
免修期		长	长	长	一般	受限	受限	受限

第二节 泡沫排水采气

泡沫排水采气(视频4-1)是将表面活性剂注入井底,借助于天然气流的搅拌,与井底积液充气接触,产生大量较稳定的低密度含水泡沫,将井底积液携带到地面,从而达到排水采气的目的。该工艺具有设备简单、施工简便、收效快、成本低、不影响日常生产等优点,广泛应用于产水气井。

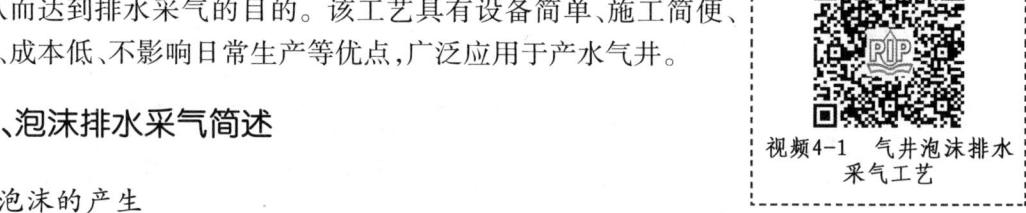

视频4-1 气井泡沫排水采气工艺

一、泡沫排水采气简述

1. 泡沫的产生

泡沫的产生需要两个必备条件:

(1)较低的液体表面张力:当液体表面张力降低后,气体更容易分散到液相中,起泡更容易,这是表面活性剂的部分作用。水的表面张力约为72mN/m,当表面张力被表面活性剂降到20~35mN/m时开始起泡。通常将改变溶剂表面张力的表面活性剂称为起泡剂。起泡剂分子一端是亲水基,另一端为亲油基,在两相或多相体系中存在时,表面活性剂一般在相界面处聚集。当界面处起泡剂达到饱和(交界面被起泡剂分子完全覆盖)时,对应的起泡剂最低浓度称为临界胶束浓度。继续增加的起泡剂将进入液相内部。水的表面张力与起泡剂的浓度关系如图4-7所示,从图中可以看出,随着起泡剂浓度增加,水的表面张力先迅速降低;但当起泡剂浓度大于临界胶束浓度时,表面张力随浓度变化不大。

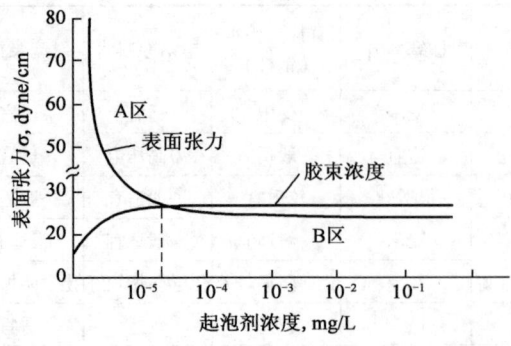
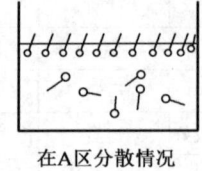
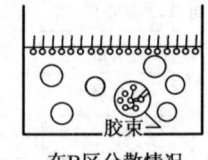

图4-7 表面张力与起泡剂浓度的关系

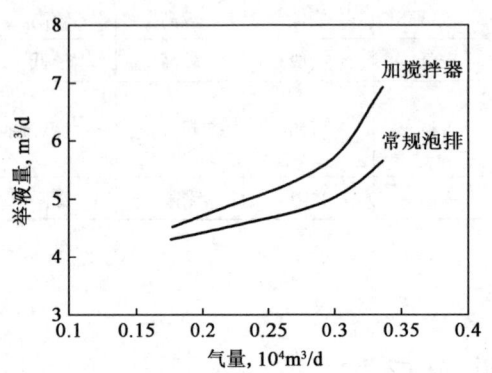

图4-8 不同气量下搅拌强度对泡沫排水举液量的影响

(2)气体对液体的扰动:通常起泡剂溶解于静止的液体中是不会起泡的,只有在气体的扰动下,气体分散到液相中才起泡;同时气体对液体的搅动强度对起泡的能力和泡沫举液能力有显著影响。搅拌强度对泡沫排水举液量的影响如图4-8所示,在搅拌器的强扰动下,其举液量明显高于常规泡排。

泡沫是由充气泡、泡膜和液沟构成,液沟一般由3个相邻的气泡构成,如图4-9所示。在工作压力和温度下泡沫混合物中的气体体积百分比称之为泡沫干度,用 L_p 表示。当泡沫干度小于50%时,泡沫以气液乳化体系的形式存在,该体系在重力的作用下气液相分离,不稳定。随着泡沫干度的增加,液膜变薄并容易变形,静止状态时表现为稳定的泡沫;流动时需要克服泡沫内部结构的束缚力,其最小的压力即屈服应力,如图4-10所示。

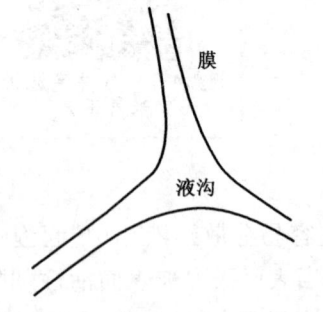

图4-9 泡沫的膜和液沟示意图

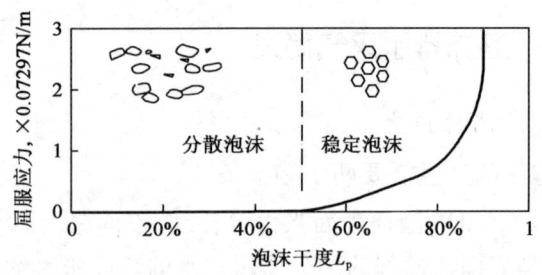

图4-10 泡沫屈服应力与泡沫干度的关系

2. 泡沫的稳定性

泡沫一形成就开始析液。泡沫上升过程中,液体会从液沟中滑落,造成泡膜变薄变弱;同时充气泡随着压力、温度的降低,泡内气体逐渐膨胀,使泡膜变得更薄直至破裂。影响泡膜变薄的主要参数为膜的流变性和膜结构,其中膜结构起决定性作用。溶液中胶束越多,泡膜的排列也就越容易,在相同的起泡剂浓度下,较低的临界胶束浓度泡膜会有更多的胶束分子,泡沫也就更稳定。

降低泡沫层内的液体排出速度及增加起泡剂的弹性可以增加泡沫的稳定性。较高的浓度将会抑制液体的滑落,但大多数起泡剂的稀释液浓度较低。这里引入过量浓度来表征起泡剂实际浓度与临界胶束浓度的差值,在泡沫稳定过程中具有重要的作用。当泡沫膨胀时,过量浓度就会降低,造成表面张力增大以抑制膨胀,泡沫收缩时其作用正好相反。尽管局部会发生起泡剂浓度降低,但由于有过量浓度的存在,足够使泡膜保持稳定。

3. 泡沫排水采气机理

泡沫排水采气的机理包括泡沫效应、分散效应、减阻效应和洗涤效应等。下面主要介绍泡沫效应和分散效应。

1) 泡沫效应

注入起泡剂后,液柱将变为泡沫柱,形成稳定的充气泡沫,鼓泡高度增加,水的滑脱减少,使流动更平稳、更均匀,从而降低井底回压。泡沫使气水两相结合得更加紧密,具有乳状液性质。图4-11为30mm油管在定水量120L/h时不同气流量下测试的举升压降对比,表明相同条件下泡沫在低气流速时能够减小压降梯度;但当气体流速足够高时,由于黏度增大,泡沫反而增大了压力梯度。

泡沫效应主要在泡流和段塞流等低流速下出现。段塞流时,加入一定浓度的表面活性剂如泡棒、酸棒或滑棒等,可促使气相和液相相互混合,减弱振荡效应,且浓度越大,混合越好,振荡越弱,能量损失越小。

2) 分散效应

分散效应一般出现在环雾流的高流速状态。由于表面张力降低,水滴在相同动能条件下更易分散为质点,质点越小越易被气流带走,而且管壁形成的平滑液膜减少了对气流的阻力。

分散效应可降低携液临界流速。Campbell等人提出了泡沫液滴模型(图4-12),将表面张力和液体密度都看作泡沫的参数,得出泡排时临界携液流速计算公式为

$$v_{cr} = 5.48 \left[\frac{\sigma_F (\rho_F - \rho_g)}{\rho_g^2} \right]^{0.25} \tag{4-1}$$

式中　v_{cr}——泡排携液临界流速,m/s;

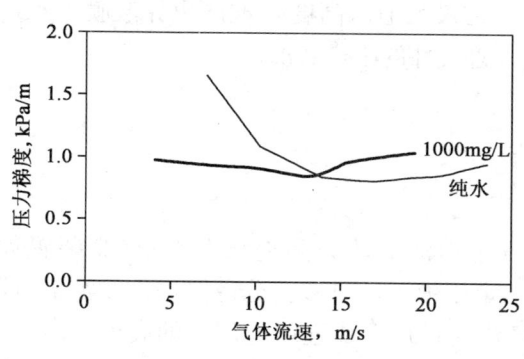

图4-11　泡沫与水举升压降梯度对比

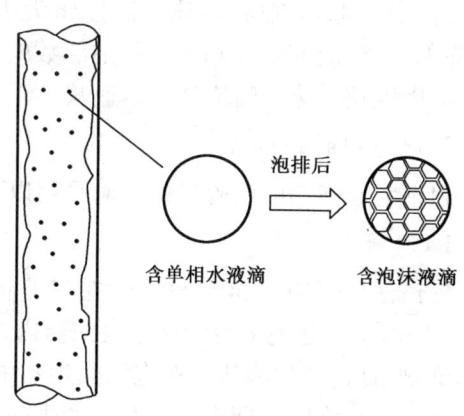

图4-12　泡沫液滴模型图

σ_F ——泡沫表面张力,N/m³;

ρ_F ——泡沫密度,kg/m³;

ρ_g ——气体密度,kg/m³。

由于泡沫本身具有较小的界面张力 σ_F,同时泡沫液的密度 ρ_F 也小,从而大幅降低携液所需的临界流速。

二、起泡剂的优选与评价

1. 起泡剂的类型

根据起泡剂的离子特征可分为非离子型、阴离子型、阳离子型、两性表面活性剂。

(1)非离子型。由酚和醇经聚氧化乙基化形成,分油溶和水溶系列。该类起泡剂随着温度的升高,溶解度降低,溶液变浑浊。同时高矿化度也会降低其溶解度,可增加起泡剂中乙基类成分的含量来提高其溶解度。由于其非离子性质,受地层水的活性和化学性质影响小,在不知道地层水性质时可以使用。

(2)阴离子型。该类起泡剂为水溶性起泡剂,通过在制造过程中硫化作用形成,由于硫酸根的加入呈阴性,使阴离子活性剂在水中的溶解度增大。

(3)阳离子型。低分子的季胺类起泡剂在烃类、矿化水中发泡效果好;高分子季胺类起泡剂在富含液态烃的井中具有一定的使用效果,但在矿化水中应用效果变差,且含量过高时可能产生油水乳化问题。

(4)两性起表面活性剂。该类起泡剂在酸性溶液中表现出阳离子的特性,在碱性溶液中表现出阴离子的特性,在中性溶液表现出非离子的特性。

2. 起泡剂的性能

起泡剂的性能主要表现为:(1)可降低水的表面张力;(2)起泡性能好,使水和气形成水包气的乳状液;(3)能溶解于地层水,亲憎平衡值要求在 9~15 范围之内;(4)泡沫携液量大,即气泡壁形成的水膜越厚,单位体积泡沫的含水量就越高,表示泡沫的携水能力越强;(5)泡沫稳定性适中,因稳定性差有可能达不到将水带至地面的目的;反之,如稳定性过强,则将会给地面消泡、分离带来困难。

起泡剂的起泡能力由泡沫高度表示。不加起泡剂时,气体可将水冲成泡沫状,为水柱的 6~7 倍;加入起泡剂后,泡沫柱高度将大大增加,具体倍数与起泡剂的类型和使用浓度有关(稳态时,单位时间生成和破裂的泡沫数应相等,故存在最大泡沫高度),泡沫边界液膜含水量和泡沫密度随泡沫高度增加而迅速减小,故可大大改善气井的生产状况。

3. 起泡剂的评价

目前对起泡剂的实验评价普遍采用以下两种方法。

1)气流法

气流法用于测定起泡剂溶液在气流搅拌下,产生泡沫的能力和泡沫含水量,其装置如图4-13所示。起泡剂溶液盛于发泡器内,空气在一定压力下通过多孔分散器进入发泡器,搅动起泡剂溶液,产生泡沫。在泡沫发生器中,每升气流通过后形成连续泡沫柱的高度,表示起泡剂溶液生成泡沫的能力。实验中产生的泡沫,用泡沫收集器收集。加入消泡剂消泡后,测定每升泡沫的含水量用以表示泡沫的携水能力:

$$起泡能力 = 泡高(cm)/单位气体体积(L)$$

或

$$起泡能力 = 泡沫体积(L)/单位气体体积(L)$$

$$泡沫含水量 = 水的体积(mL)/泡沫体积(L)$$

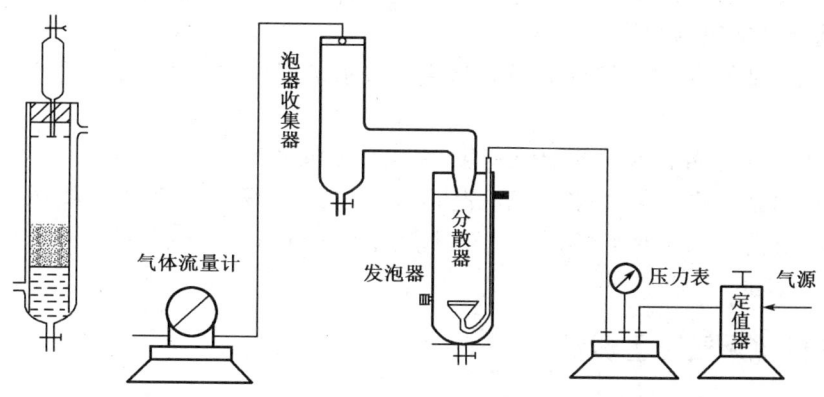

图 4-13 起泡剂评价装置流程

2) 罗氏米尔法

通常测定 200mL 起泡剂溶液从罗氏管口流至管底时管中形成的泡沫高度,开始时和 3min (或 5min) 分别测两个高度。起始泡沫高度反映了起泡剂溶液的起泡能力,其差值表示泡沫的稳定性。

4. 影响起泡剂效果的主要因素

1) 井温

随着温度升高,起泡剂在水样中的起泡能力增大、泡沫稳定性下降。

2) 流体性质

(1) 气液比。气液比在 $178.1 \sim 1424.9 m^3/m^3$ 的低产气井泡排效果好,液体在井筒中形成干度在 50%~85% 之间的稳定泡沫。

(2) 矿化度。水的矿化度越高,其表面张力增大;同时盐的存在可以降低起泡剂的溶解度和临界胶束浓度,导致泡排效果变差。

(3) 凝析油。由于烃无连接活性键,所以难以起泡,主要依靠水泡沫将油举升至地面,而不是油自生起泡被举升。随着凝析油含量的增加,携液能力下降较大。当含烃量高于 70%~80% 时,泡沫携液极差。

3) 起泡剂性质

(1) 亲憎平衡值 (HLB)。在排水采气中,一般要求亲憎平衡值在 9~15 之间,其值越大,水溶性越高。

(2) 表面张力。表面张力会影响润湿、起泡、乳化和分散。所选起泡剂能使表面张力下降越低越好,这样才能改善垂管气液两相流动中的流态。

(3) 临界胶束浓度。起泡剂的临界胶束浓度一般应大于 $6.0 \times 10^{-5} mol/L$,临界胶束浓度越大的其带水能力越好,起泡性能越高。

(4) 稳定性。泡沫的稳定时间长,易将地层水从井底带至地面,但稳定时间过长又会给地面的分离、集输、计量等带来困难。根据现场的使用情况,认为泡沫的稳定时间一般为 1~2h,

泡沫高度为泡沫始高的2/3为好。

5. 起泡剂的选择步骤

(1)根据施工井管柱情况、生产情况、井底温度、流体性质(总矿化度、凝析油含量、硫化氢含量)等,初选与之适应的起泡剂类型。

(2)按石油行业标准 SY/T 6465—2000《泡沫排水采气用起泡剂评价方法》对起泡剂进行性能检测。

(3)取施工井液样做起泡剂的配伍实验,检查有无沉淀产生。

(4)对同一口施工井根据性能实验和配伍实验结果初选两种或多种起泡剂,在保证气井工作制度不变的情况下,进行现场试验。根据试验结果,进行技术经济论证,确定使用起泡剂的型号。

三、泡沫排水采气工艺设计

1. 选井

选井时应考虑以下几点:

(1)气井产量。具有一定自喷能力的气井,井底油管鞋处气流速度不小于0.1m/s,产水量一般在 100m³/d 以下,泡沫排水效果好。图4-14表示气流速度对排水量的影响。从图中可以看出,气流速度在 1~3m/s 时,泡沫带水能力小,不利于泡沫排水;当气流速度小于1m/s或大于3m/s时,有利于排水。通过选择油管尺寸,控制井口压力,可以获得合理的气流速度。

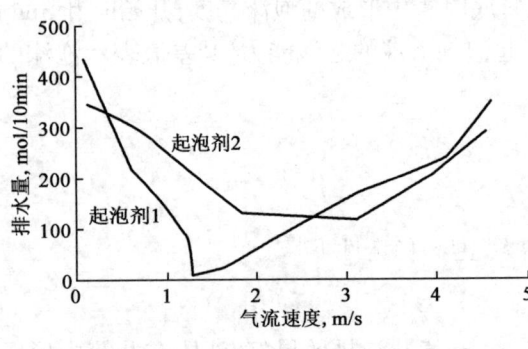

图4-14 气流速度对排水量的影响

(2)油管下入深度。如果油管下入深度太浅,起泡剂不易流到井底,难以达到消除井底积液的目的。

2. 气井投药时间

如果气井的实际流速小于临界流速,携液困难,井底出现积液。这时就要加入起泡剂助排,其时间就是投药时间。

3. 起泡剂最佳注入浓度和注入量

1)最佳注入浓度

起泡剂注入浓度必须根据其性能和气井本身的条件来确定。注入浓度过低,达不到改善井筒气水两相流流态的目的;注入浓度过高,井筒压降反而回升,而且地面消泡困难,分离器也会产生较高的回压。

起泡剂注入气井的浓度一般应小于其临界胶束浓度。对正在生产的气井,开始试验时,建议按其临界胶束浓度的70%加入,再视其排水的情况酌情加减。而对停产井,初始加入起泡剂宜稍过量,以达到既能正常排水又不影响地面气水分离的目的。但实际上影响浓度的因素较多,要视气流速度、分离条件、井温和是否有凝析油而定。

图4-15和图4-16表示不同类型起泡剂和不同流态下起泡剂注入浓度与排水增量的关系。由图可见,两种起泡剂浓度在 400~600mg/L 时,排水能力好;但对不同的药剂和流态,排

水能力不同。现场使用时,因加入药剂后使气井排水能力增强,水量增大,药剂的浓度会降低。故现场使用浓度为600mg/L。

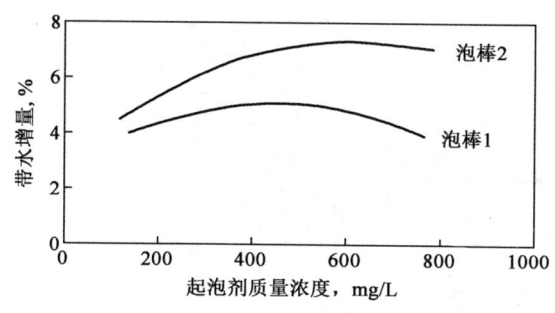

图4-15 不同类型起泡剂的排水能力

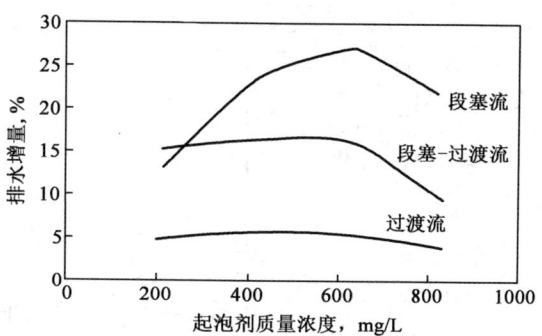

图4-16 不同流态下起泡剂的排水能力

2)起泡剂注入量

根据起泡剂注入浓度和气井产水量,直接计算起泡剂注入量。同时,还要考虑起泡剂的类型、气井排水生产平稳状况、温度和不溶物等物性参数,以气井排水稳定连续为宜。

4. 起泡剂注入方式和流程

目前液体起泡剂的注入可采用泵注法、平衡罐注入法、泡沫排水采气工程作业车注入法三种注入方式,固体起泡剂采用的是投注法。

(1)泵注法。该方法将起泡剂从井口套管或油管通过柱塞计量泵或注醇泵注入井内,适用于产水量不小于20m³/d的连续产水气井,其优点是可以控制加注速度,连续向井内加注药剂,进行连续泡排(图4-17)。

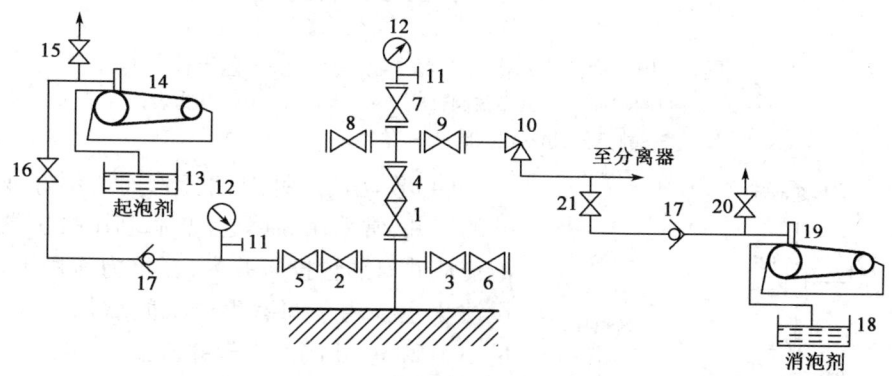

图4-17 泵注法工艺流程
1~9—采气井口闸阀;10—角式节流阀;11—截止阀;12—压力表;13,18—供液罐;
14,19—柱塞计量泵;15,20—排空阀;16,21—注入阀;17—单流阀

(2)平衡罐注入法。该方法是利用平衡罐内外压差将起泡剂从井口套管或油管注入井内,主要用于无动力电源、产水量不大于20m³/d,需小剂量连续注入的产水气井(图4-18)。

(3)泡沫排水采气工程作业车注入法。该方法利用汽车引擎的动力带动柱塞泵加注。其优点是可移动性强、加注量大,适应各类气井,主要用于边远又无人看守或间歇注入起泡剂的气井(图4-19)。

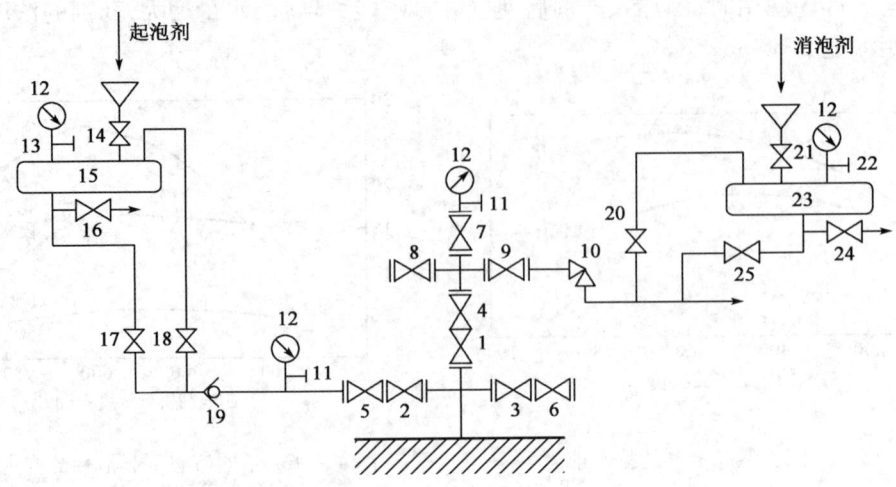

图 4-18　平衡罐注入法工艺流程

1~9—采气井口闸阀；10—角式节流阀；11,13,22—截止阀；12—压力表；14,21—入口阀；
15,23—平衡罐；16,24—排污阀；17,25—注入阀；18,20—平衡阀；19—单流阀

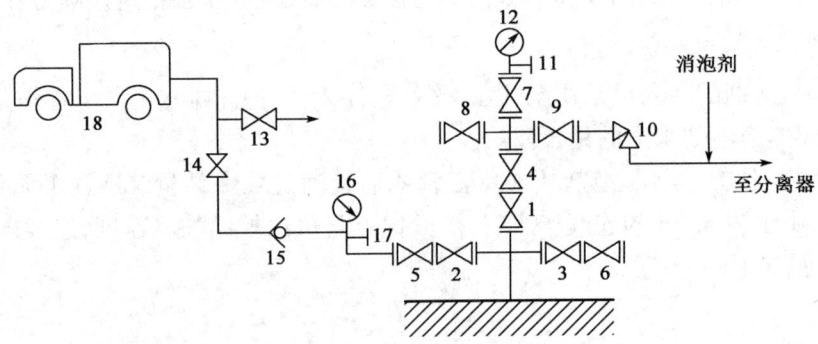

图 4-19　泡沫排水采气工程作业车注入法工艺流程

1~9—采气井口闸阀；10—角式节流阀；11,17—截止阀；12,16—压力表；
13—排空阀；14—注入阀；15—单流阀；18—泡排车

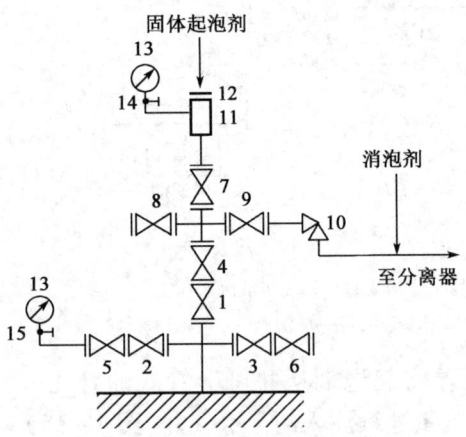

图 4-20　投注法工艺流程

1~9—采气井口闸阀；10—节流阀；11—加料阀；
12—加料筒头盖；13—压力表；14、15—截止阀

（4）投注法。针对油套管连通不好或封隔器完井的气井，常采用固体起泡剂，利用投掷器将固体起泡剂从井口油管投入井内，在重力作用下落入井底。投注法主要用于间歇生产或间歇加注起泡剂，产水量小于 $20m^3/d$ 的产水气井（图 4-20）。

5. 消泡剂注入浓度和注入量

消泡是为了使泡沫排水采气井能连续稳定生产，避免起泡剂注入过量，防止起泡剂第二次起泡，使产出流体易于分离、计量和输送，防止井口压力升高。

消泡剂可采用泵注法或平衡罐注入法，注入位置选在分离器前两级针形阀之间。这样能够提高消泡能力，使水气通过分离器的分离效果更好。

消泡剂应与起泡剂配伍,且不同类型的消泡剂使用的浓度不同,其注入量须根据起泡剂的注入量、气井产水量、井温等参数来确定,同时还应根据分离后液体中泡沫的多少来酌情加减消泡剂注入量。

第三节　柱塞举升排水采气

柱塞举升是通过柱塞的固体密封界面作用,将举升用的高压气体和被举升的液体分开,在井筒中形成气体—柱塞—液体这一稳定的理想段塞流,减少气体窜流和液体回落,提高举升效率。气井柱塞举升排水采气与柱塞气举采油不同,气井柱塞举升的能量全部来源于本井地层气,不需外来高压气源;同时柱塞举升过程中柱塞的往复运动可以破坏油管壁上的结蜡、结垢过程。

一、柱塞举升装置

柱塞举升装置由柱塞、井下和地面配套装置组成。图4-21是典型的柱塞举升装置。

1. 柱塞

理想的柱塞工作特性包括:(1)要求柱塞有良好的耐磨性、抗震性和在油管内的防卡性;(2)柱塞上行过程中要求柱塞与油管之间有良好的密封性;(3)柱塞下落过程中要求能迅速地通过气柱、液柱下落,即下落阻力小。

常用柱塞类型有以下五种:

(1)弹块式柱塞[图4-21(a)]:应用最广泛的柱塞之一,它将若干弹簧加载的金属弹块固定在一个心轴上,在弹簧力作用下向外延伸与油管壁紧密接触,同时上下弹块之间安装了气体挡圈来阻止柱塞下的气窜到柱塞上面,使柱塞能够充分利用井下的气体推动柱塞和液段上行到地面。但其下落较慢,井筒出砂、结蜡也会沉积在弹块的后面,影响弹块的正常工作。

(2)刷式柱塞[图4-21(b)]:利用硬毛紧靠油管壁作为密封元件,并起到清洁井筒的作用,主要应用于出砂、结蜡及杂质多的带液气井。

(3)棒式柱塞[图4-21(c)]:为一实心或空心金属体,柱塞表面有螺旋或其他形状的凹槽,在其内形成湍流,以密封柱塞和油管壁之间的间隙。主要应用于柱塞运行初期,清除油管内部毛刺,确保其他类型柱塞的稳定运行,尤其适于出砂或结蜡严重的井。

(4)旁通柱塞[图4-21(d)]:有一个活动的转换杆,当开井生产时,柱塞转换杆和柱塞外壳形成一个整体,起到柱塞排液效果;当关井后,活动转换杆和柱塞外壳分开,减小阻力,使柱塞下落速度增加,从而缩短关井时间。如果发现柱塞下落的速度快,可在本体的开口位置上堵头,减少柱塞的内通径,增加柱塞截面积。由于该型柱塞外径固定,相对于弹块式柱塞运行时液体的滑脱更大,周期排液效率较弹块柱塞低。但针对高气液比气井为缩短关井时间,提高单井产量可采用该类柱塞。

(5)复合式柱塞[图4-21(e)]:将上述常规柱塞进行组合,图4-21(e)所示的组合柱塞兼弹块柱塞和刷式柱塞两种功能。

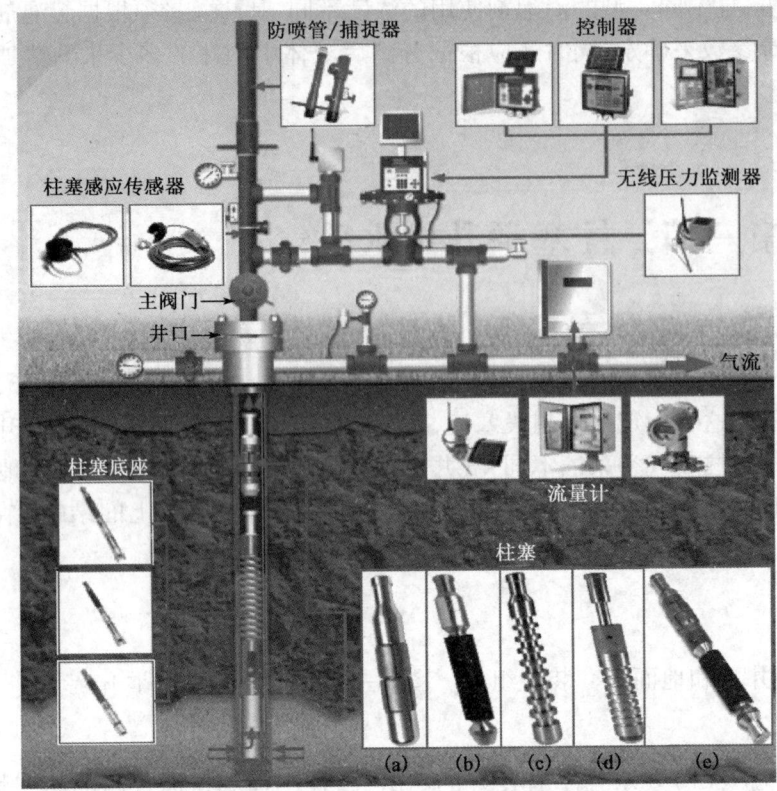

图 4-21 典型的柱塞举升装置

柱塞类型不同,适应的井况不同。使用时应当根据油管情况、地层特征、举升要求等诸因素选择恰当的柱塞。当井的压力恢复较快,应选择下落速度较快的柱塞,当井的压力恢复较慢,应选择下落速度较慢的柱塞。

2. 井下配套装置

井下配套装置主要包括卡定器、缓冲弹簧,采用钢丝作业车,投放到油管内设定的某一准确深度。

卡定器是靠卡瓦卡定在油管预定的深度,起限位作用,作为柱塞行程的下死点。卡定器的位置需考虑地层压力、油压、套压等因素。对于产能较低的井,卡定器应接近油管底部。对于产能高的井,油管中的液位较高,卡定器应较浅。当井内有砂、淤泥和其他落鱼时,卡定器应下浅些,防止缓冲弹簧和柱塞损坏以及柱塞运动时受到砂卡。因此在油管和卡定器下井之前,应先对井进行清洗作业。

缓冲弹簧安放在卡定器上面,其作用是当柱塞下落到井底卡定器时起减震作用以及关闭柱塞的旁通阀。缓冲弹簧上端有打捞颈,下端有能抓住卡定器的套爪。

3. 地面配套设备

柱塞举升井的地面设备包括柱塞到位传感器、防喷管总成、地面控制器和计量仪表等。井口所有阀门的内径应与油管内径相同,便于柱塞通过并防止液体回落。

(1)柱塞到达传感器。柱塞到达传感器安装在井口捕捉器位置,用来探测柱塞是否到达,并将柱塞到达信号传递到控制器。开井后柱塞在油管内卡定器至防喷管之间运动,将积液举升至地面,当柱塞经过到达传感器时,传感器将向控制器发送脉冲信号,控制器会允许气井持续开井生产一段时间,直到下一个循环开始关井。当关井后,柱塞将落回至卡定器位置,薄膜阀会在适宜时再开启,循环往复。

(2)防喷管总成。防喷管总成由防喷管腔室和柱塞捕捉器两部分组成。防喷管内的弹簧起缓冲作用,防止柱塞的冲击。捕捉器通过开关进行柱塞的捕捉。

(3)地面控制器。地面控制器是柱塞举升工艺的核心部件,起着控制柱塞运行、接收和处理柱塞运行期间各种信号的作用。控制器通过给气动薄膜阀传递信号来控制井的开关,给气动薄膜阀供气,气动薄膜阀就打开;反之中断供气,气动薄膜阀就关闭。地层流体含砂、结垢、腐蚀、阀的开关频率以及瞬时排量大,容易使气动薄膜阀的阀孔损坏。地面控制器主要有3种类型:①时间控制器,通过调节定时轮来控制对气动薄膜阀供气或中断供气的时间;②压力控制器,由压力的变化来控制打开和关闭;③电子控制器,利用时间、压力、压差、柱塞到达井口和液面等信号来控制柱塞举升井的生产。

(4)计量仪表。为了分析和选择最佳柱塞举升装置,必须对井口油压、套压、产液量、产气量进行连续计量,一般通过安装相应的传感器来实现。

二、柱塞举升过程模拟

柱塞举升过程(视频4-2)包括关井恢复压力和开井生产两个阶段,其压力变化如图4-22所示。

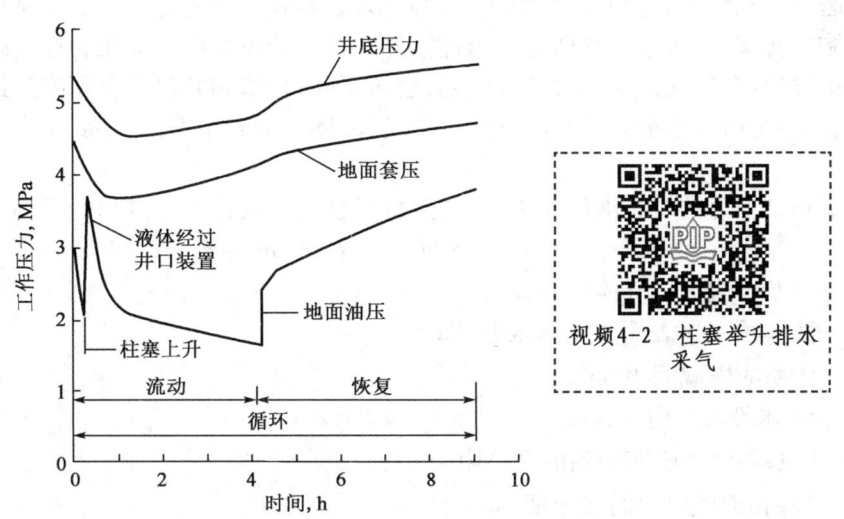

图4-22 柱塞举升一个循环的压力变化

1.关井恢复压力阶段

关井后,柱塞从井口在油管内的气柱和液柱中下落,直至到达卡定器处的井底缓冲弹簧上。若地层的供液和供气能力较低,柱塞应在卡定器处的缓冲弹簧上停留一段时间,使压力恢复到足以把柱塞从井下推到井口的程度,对应的套压称为最大套压。

在关井瞬时,套压可能下降也可能不变,套压下降是由于套管中气体继续向油管膨胀,使油压、套压达到平衡,这时油压会相应升高,之后套压由地层供气能力控制。关井初期,由于油管内气液两相分离,流速减小使摩阻减小,动能转化为势能,所以油压恢复较快,之后油压由地层供气能力控制。

关井阶段，柱塞在气体和液体中向下运动，主要受其自重、浮力和柱塞与管壁间的摩擦力作用，应满足牛顿第二定律。因此，描述柱塞在气柱中下落的模型为

$$m_p g - \bar{\rho}_g g V_p - K_g \rho_g v_p^2 = m_p a \tag{4-2}$$

式中　m_p——柱塞质量，kg；

　　　$\bar{\rho}_g$——柱塞下行时油管上部气体的平均密度，kg/m³；

　　　V_p——柱塞体积，m³；

　　　K_g——气体阻力系数；

　　　v_p——柱塞的下落速度，m/s；

　　　a——柱塞的下落加速度，m/s²。

柱塞在液柱中下落模型与式（4-2）相同，只需把气相换成液相即可。

2. 开井生产阶段

当开井生产时，油套环空液体在其上部气体膨胀的作用下开始向油管内运移，液面逐渐下降并最终降至油管鞋位置。套管气和进入井筒的地层气体向油管膨胀，到达柱塞下面，推动柱塞及上部液段离开卡定器上升，直到柱塞到达井口。若地层气量充足，甚至需要敞喷放气一段时间。该阶段又可分为油套环空液体向油管转移、柱塞及上部液段在油管内向上运动、柱塞上液段通过控制阀排出井口、柱塞停在井口放喷生产四个过程。

油压的变化过程较为复杂。开井后，气体从井口产出，油压迅速降低，柱塞做加速度逐渐减小的上升运动；当液面到达井口后，由于控制阀节流，油压又开始增加；柱塞到井口后，由于推动柱塞的能量转移，油压会继续增加。当柱塞停在井口放喷生产时油压会逐渐降低。

套压变化过程：套管气进入油管举升柱塞，套压下降；柱塞到井口后套压降到最小值，此套压称为最小套压；之后由于举升油管内气流量不足，液体在油管中滞留，井底压力开始升高，套压也回升。

现将柱塞和其上部的举升液柱作为一整体，可得柱塞—液柱上升过程的运动方程：

$$(p_{td} - p_{tu})A_p - (m_L + m_p)g - F_f = (m_L + m_p)a \tag{4-3}$$

式中　p_{td}——柱塞下端面的气体压力，Pa；

　　　p_{tu}——液体段塞上表面的气体压力，Pa；

　　　A_p——柱塞的横截面积，m²；

　　　m_L——液体段塞的质量，kg；

　　　F_f——柱塞和液体段塞受到的摩擦阻力，N；

　　　a——柱塞和液体段塞的加速度，m/s²。

（1）液体段塞上表面压力。柱塞和液体段塞向上运动可分为开井到液体段塞到达井口阶段和液体段塞产出阶段。液体段塞未到井口时，该力为井口油压按流动气柱计算至液面位置处压力；而当液体段塞到达井口开始产出时，其上表面压力为井口油压。

（2）柱塞下端面压力。柱塞上行程过程中，其下端面的压力为油套环空内气体的膨胀以及地层产气对柱塞的作用。

（3）液体段塞和柱塞摩阻。由于柱塞受到的摩阻与液体段塞相比很小，因此柱塞摩阻可按相同长度液体段塞来计算。

（4）液体段塞的质量。当液体段塞运行到井口时，液体段塞不断从井口排出，液体段塞长度不断减小，直至柱塞上的液体段塞全部排出，柱塞到达井口捕捉器位置。此过程中液体段塞为一变质量。

三、柱塞举升参数设计

1. 柱塞举升可行性分析

1)气井生产气液比

它是决定井筒的气量和水量相对比例的关键因素。随着气液比逐渐降低,续流生产时间和柱塞举升周期同时缩短,气井周期产气量降低;当气液比下降到一定值,续流生产时间缩短到零以后,只有增加液柱高度才能保证柱塞举升前后的油压和套压相等;如果再继续降低气液比,柱塞就不能进行正常举升,这是液柱高度太高所引起的。因此,只有当气液比高于一定值时才能实施柱塞举升排水采气,并根据气液比的高低决定续流生产时间,以保证气井较高产量。

确定柱塞举升最小气液比的方法包括:(1)经验法。在没有安装封隔器的气井中,生产气液比应大于 $71.25 m^3/m^3$;(2)图版法。Beeson 提出了适于 $2\frac{3}{8}$ in 和 $2\frac{7}{8}$ in 油管的柱塞举升可行性图版。

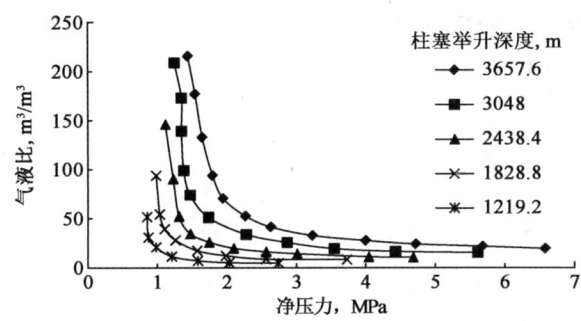

图 4-23 $2\frac{7}{8}$ in 油管柱塞举升适应性图版

图 4-23 是 $2\frac{7}{8}$ in 油管的柱塞举升可行性图版,图中横坐标为净压力,指关井后套压恢复的最大值与开井生产后油压之差。根据净压力和柱塞举升深度即可确定柱塞举升需要的最小生产气液比。

2)柱塞周期排水量

柱塞举升液体的重量决定柱塞周期排水量。由于柱塞与油管存在一定的间隙,柱塞上行过程中其上部的部分液体漏失。若液量过小,举升至地面的液体少,甚至全部漏失,柱塞上行速度过快,将对地面配套设备产生极大的撞击力;反之,若液量过大,柱塞运行慢,将液体举升不到地面。因此柱塞举升的液量必须与生产气液比、净压力等参数匹配,在确保柱塞顺利到达井口的同时需要增加周期排液量,并使柱塞每次到达井口的时间满足设定到达时间。

图 4-24 给出了不同柱塞举升深度和油管尺寸下的柱塞举升最大产液量预测值。根据柱塞举升深度和油管尺寸,预测实施柱塞举升后的产液量。注意该图为油套管连通时的产液量预测图版,若井下安装有封隔器,举升相同液量时其所需的气量要大得多,需另外计算。

2. 柱塞举升参数设计

柱塞举升参数包括柱塞运行周期、开井时间和对应开井套压、关井时间和对应关井套压,所需的气液比和日产量。

1)最小套压

柱塞和液体段塞刚好到井口位置时,油套管中的压力处于平衡状态,也就是说从套管折算到井底的压力等于从油管折算到井底

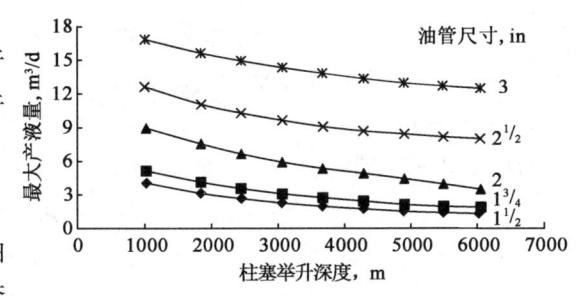

图 4-24 柱塞举升最大产液量预测

的压力,即

最小套压 + 油套环空气柱压力 + 油套环空气体流动摩阻
= 最小油压 + 柱塞以上液段的液柱压力和流动摩阻 + 柱塞运动摩阻
+ 克服柱塞重量所需的压力 + 柱塞以下气液两相流的流体柱压力和流动摩阻 (4-4)

由于油套环空中气体的流动速度很低,摩阻可以忽略;柱塞摩阻很小,可忽略;假设柱塞下油管中仅存在单相气体流动;忽略油套管中气柱压力梯度的差别。式(4-4)变为

最小套压 = 最小油压 + 柱塞以上液体段塞液柱压力 + 柱塞以上液体段塞摩阻
+ 克服柱塞重量所需的压力 + 油管长度上的气体摩阻

即
$$p_{cmin} = p_{tmin} + (p_{Lh} + p_{Lf})w + p_p + p_f \tag{4-5}$$

式中 p_{cmin}——最小套压,MPa;

p_{tmin}——最小油压,MPa;

p_{Lh}——举升液体段塞的静液柱压力,MPa/m³;

p_{Lf}——举升液体段塞的摩阻压力,MPa/m³;

w——每周期液体段塞体积,或称周期排水量,m³;

p_p——克服柱塞重量所需的压力(一般取0.04MPa),MPa;

p_f——柱塞以下油管长度上的气体摩阻,MPa。

(1)举升1m³液体段塞的静液柱压力 p_{Lh}。

$$p_{Lh} = 10^{-6}\rho_L g / A_t \tag{4-6}$$

式中 ρ_L——液体段塞密度,kg/m³;

A_t——油管面积,m²。

(2)举升1m³液体段塞的摩阻压力 p_{Lf}。

可根据油管内径、柱塞上升速度和液体段塞密度计算。

$$p_{Lf} = 10^{-6}\frac{f_L \rho_L v_{pu}^2}{2 d_t A_t} \tag{4-7}$$

式中 f_L——液体段塞摩阻系数;

v_{pu}——柱塞平均上行速度(一般取5.08m/s),m/s;

d_t——油管内径,m。

(3)油管长度上的气体摩阻 p_f。

可根据油管内径、柱塞上升速度、气体密度和黏度计算。

$$p_f = 10^{-6}\frac{f_g \bar{\rho}_g v_{pu}^2}{2 d_t} H_t \tag{4-8}$$

式中 f_g——油管中气体平均摩阻系数;

$\bar{\rho}_g$——油管中气体平均密度,kg/m³;

H_t——油管长度,m。

用式(4-5)预测的压力比实测值低,引入一修正系数 K 后最小套压表示为

$$p_{cmin} = 1.05(p_L + p_f) = 1.05 p_L (1 + H_t / K) \tag{4-9}$$

$$p_L = p_{tmin} + (p_{Lh} + p_{Lf})w + p_p \tag{4-10}$$

$$\frac{1}{K} = 10^{-6}\frac{f_g \bar{\rho}_g v_{pu}^2}{2 d_t p_L} \tag{4-11}$$

式中 p_L——柱塞和液体段塞刚好到井口时柱塞底部的压力,MPa;
K——修正系数,m。

2) 最大套压

由于最小套压是油套环空中气体在最大套压下膨胀的结果,那么由气体定律可计算最大套压。忽略气体膨胀时其偏差系数的差异,最大套压 p_{cmax} 为

$$p_{cmax} = p_{cmin}(1 + A_t/A_c) \tag{4-12}$$

3) 平均套压

最大套压和最小套压的平均值称为平均套压 $\bar{p}_c$,即

$$\bar{p}_c = (p_{cmax} + p_{cmin})/2 = p_{cmin}\left(1 + \frac{A_t}{2A_c}\right) \tag{4-13}$$

根据平均套压,用单相气体流动压力计算方法可以计算平均井底压力。

4) 工作周期数

一个工作周期由开井时间和关井时间两部分组成。开井时间包括柱塞从卡定器处上升到地面的时间和柱塞停在井口时敞喷放气生产的时间。关井时间包括柱塞在气柱、液柱中下落的时间和柱塞在卡定器上的停留时间。

工作周期数为

$$n_p = \frac{86400}{t_{pr} + t_{pdg} + t_{pdL} + t_{ps} + t_{pc}} \tag{4-14}$$

式中 n_p——工作周期数,次/d;
t_{pr}——柱塞上行时间,s;
t_{pdg}——柱塞在气体中的下行时间,s;
t_{pdL}——柱塞在液体中的下行时间,s;
t_{ps}——柱塞在井口的停留时间,s;
t_{pc}——柱塞在卡定器上的停留时间,s。

柱塞在井口和卡定器上的停留时间,应根据地层气液比的高低来决定,并根据实际生产情况进行调整。对高气液比的气井,延长柱塞在井口的停留时间,有利于排水采气,柱塞可不在卡定器上停留,总停留时间可根据周期放气量的大小进行估计。对低气液比的气井,只有延长柱塞在卡定器上的停留时间,才能使套压恢复到足够高,柱塞可不在井口停留。柱塞不在井口停留而在卡定器上停留时,工作周期数最大。

柱塞上行时间 $\quad t_{pr} = L_c/v_{pu} \tag{4-15}$
柱塞在气体中的下行时间 $\quad t_{pdg} = (L_c - h_L)/v_{pdg} \tag{4-16}$
柱塞在液体中的下行时间 $\quad t_{pdg} = h_L/v_{pdL} \tag{4-17}$
其中 $\quad h_L = w/A_t \tag{4-18}$

式中 L_c——卡定器深度,m;
h_L——液体段塞高度,m;
v_{pdg}——柱塞在气体中的下行速度,m/s;
v_{pdL}——柱塞在液体中的下行速度,m/s。

柱塞上行速度、柱塞在气体和液体中下落速度与油管尺寸、柱塞类型等有关。设计时一般

根据现场实测数据确定。表 4-2 是 Foss-Gaul、Tim Barry 和威远气田柱塞举升井的现场实测数据。

表 4-2 柱塞运动的现场实测数据

运动阶段	Foss-Gaul	Tim Barry	威远气田
柱塞上行速度,m/s	5.08	5.08	约5.0(实测)
柱塞在气柱中下落速度,m/s	10.18	2.02	0.85(实测)
柱塞在液柱中下落速度,m/s	0.874	0.34	0.20(估计)

5) 周期需气量

每个周期内的需气量包括开井前油管中的气量、柱塞上升过程中从柱塞和液体段塞滑脱的气量,以及柱塞停留于井口时的敞喷气量。柱塞举升最低周期需气量由前两项决定：

$$V_g = 10^{-4}F_{gs}V_t/B_g = 0.2892F_{gs}A_t(L_c - h_L)\frac{p_{cmax}}{ZT} \quad (4-19)$$

式中　V_g——最低周期需气量,$10^4 m^3$；

　　　F_{gs}——气体通过柱塞和液体段塞的滑脱系数,一般取 1.15；

　　　V_t——开井前液体段塞上的油管体积,m^3；

　　　Z——气体偏差系数；

　　　T——井筒平均温度,K。

当地层的周期产气量小于最低周期需气量时,可降低周期数,延长柱塞在卡定器上的停留时间,使套压恢复更高;反之,当地层的周期产气量大于最低周期需气量时,延长柱塞在井口的停留时间,敞喷放气生产。停留时间的长短以套压降到设计的最小套压为止。

6) 柱塞举升的产量

　　日排水量　　　　　　　　$q_w = n_p w$ 　　　　　　　　(4-20)

　　日产气量　　　　　　　　$q_{sc} = q_w GWR$ 　　　　　　(4-21)

式中　q_w——日排水量,m^3/d；

　　　GWR——地层气液比,m^3/m^3。

【例 4-1】 已知某产水气井产层中部深度 2950m,气层顶部为 2870m,套管内径为 145mm,油管尺寸为 2⅞in(内径 62mm,外径 73mm),井筒平均温度 334K,水相对密度 1.053,天然气相对密度 0.6,地层压力 14MPa,最小井口压力 1.4MPa,产水指数为 $3m^3/(d·MPa)$,地层气液比 $1500m^3/m^3$。试计算柱塞举升周期排水量 $0.2 m^3$ 时的相关参数及产液量。

解：(1) 最小套压。

举升 $1m^3$ 液体段塞的静液柱压力为

$$p_{Lh} = 10^{-6}\frac{\rho_L}{A_t} = 10^{-6} \times \frac{1053 \times 9.8}{0.00302} = 3.42 \text{ (MPa/m}^3\text{)}$$

柱塞平均上行速度取 5m/s,液体段塞摩阻系数 f_L 取 0.017,则举升 $1m^3$ 液体段塞的摩阻压力为

$$p_{Lf} = 10^{-6}\frac{f_L\rho_L v_{pu}^2}{2d_t A_t} = 10^{-6} \times \frac{0.017 \times 1053 \times 5.0^2}{2 \times 0.062 \times 0.00302} = 1.20 \text{ (MPa/m}^3\text{)}$$

油管中气体平均密度 $\bar{\rho}_g = 16.6 kg/m^3$,摩阻系数 $f_g = 0.0168$,考虑油管下在气层顶部($L_c =$

2870m),则柱塞底部的压力为

$$p_L = p_{tmin} + (p_{Lh} + p_{Lf})w + p_p = 1.4 + (3.42 + 1.20) \times 0.2 + 0.04 = 2.36(\text{MPa})$$

$$\frac{1}{K} = 10^{-6} \frac{f_g \bar{\rho}_g v_{pu}^2}{2d_t p_L} = 10^{-6} \times \frac{0.0168 \times 16.6 \times 5.0^2}{2 \times 0.062 \times 2.36} = 2.382 \times 10^{-5}(\text{m}^{-1})$$

最小套压为

$$p_{cmin} = 1.05 p_L \left(1 + \frac{H_t}{K}\right) = 1.05 \times 2.36 \times (1 + 2870 \times 2.382 \times 10^{-5}) = 2.65(\text{MPa})$$

(2)最大套压。

$$p_{cmax} = p_{cmin}\left(1 + \frac{A_t}{A_c}\right) = 2.65 \times \left(1 + \frac{0.00302}{0.01232}\right) = 3.30(\text{MPa})$$

(3)平均套压。

$$\bar{p}_c = \frac{p_{cmax} + p_{cmin}}{2} = \frac{3.30 + 2.65}{2} = 2.98(\text{MPa})$$

计算的井底压力 $p_{wf} = 4.37 \text{MPa}$。

(4)最大工作周期数。

柱塞上行时间

$$t_{pr} = \frac{L_c}{\mu_{pu}} = \frac{2870}{5.0} = 574(\text{s}) = 9.6(\text{min})$$

柱塞在气体中的下行速度取 0.8m/s。则液体段塞高度为

$$h_L = \frac{w}{A_t} = \frac{0.2}{0.00302} = 66.2(\text{m})$$

柱塞在气体中的下行时间为

$$t_{pdg} = \frac{L_c - h_L}{u_{pgd}} = \frac{2870 - 66.2}{0.8} = 3504.75(\text{s}) = 58.4(\text{min})$$

柱塞在液体中的下行速度取 0.2m/s,则柱塞在液体中的下行时间为

$$t_{pdL} = \frac{h_L}{u_{pdL}} = \frac{66.2}{0.2} = 331(\text{s}) = 5.5(\text{min})$$

假设柱塞在井口和卡定器上的停留时间为零,计算出最大工作周期数

$$n_p = \frac{1440}{t_{pr} + t_{pdg} + t_{pdL} + t_{ps} + t_{pc}} = \frac{1440}{9.5 + 58.0 + 5.5 + 0 + 0} = 19.7(\text{次/天})$$

(5)周期需气量。

气体偏差系数 $Z = 0.953$,则柱塞举升最低周期需气量

$$V_g = 0.2892 F_{gs} A_t (L_c - h_L) \frac{p_{cmax}}{ZT}$$

$$= 0.2892 \times 1.15 \times 0.00302 \times (2870 - 66.2) \times \frac{3.30}{0.953 \times 334} = 0.029 \times 10^4(\text{m}^3)$$

周期产气量

$$V_{gc} = 10^{-4} w \times GWR = 10^{-4} \times 0.2 \times 1500 = 0.3 \times 10^4(\text{m}^3)$$

(6)柱塞举升的产量。

日排水量　　$q_w = n_p w = 19.7 \times 0.2 = 3.9(\text{m}^3/\text{d})$

日产气量　　$q_{sc} = 10^{-4} q_w GWR = 10^{-4} \times 3.9 \times 1500 = 0.585 \times 10^4(\text{m}^3/\text{d})$

四、柱塞运行故障分析及解决办法

表4-3列出了Phillips和Listiak总结的柱塞运行故障及解决办法。

表4-3 柱塞运行故障及解决办法

故障＼对策	检查/更换柱塞	优化柱塞运行参数	关井时间长	续流长	关井时间短	续流短	检查油管	检查井口参数	清洁传感器/检查传输电缆	优化传感器灵敏度	评价流动限制	检测捕捉器	检测相关设备	检测柱塞
柱塞未到达	6	3	2		1				5	4	7			
柱塞运行慢	4	3	2		1		7	6		5				
柱塞运行快		3		1		2		6				4		5
柱塞一直运行过快或柱塞不能下落		1					4			2		3		
柱塞一直运行过慢或柱塞不能到井口	4	3	2				1	6	5					
防喷器内缓冲弹簧寿命短		4		2			5						1	
柱塞寿命短				5		1	5	4					2	
传感器出错									3	2	1			
柱塞出错	6	3	2				8	7	5	4				
无续流		2										3	1	

注：表中数值代表第一行标题对应解决办法的优先顺序。

小　　结

本章首先介绍了气井积液形成过程及特征、诊断方法以及常用排水采气工艺技术，之后重点介绍了泡沫排水采气机理，起泡剂性能、类型、评价及选择方法，泡沫排水采气工艺设计。详细阐述了柱塞举升装置、举升过程和设计方法，以及柱塞运行过程中的故障及其解决办法。其中气井积液诊断、泡沫排水采气机理、柱塞举升过程是本章的重点，柱塞举升参数设计是本章的难点。

参 考 文 献

[1] 布朗 K E. 升举法采油工艺. 卷二（下）[M]. 孙学龙，等，译. 北京：石油工业出版社，1987.
[2] 布雷得利 H B. 石油工程手册（上册）[M]. 张柏年，等，译. 北京：石油工业出版社，1992.
[3] 万仁溥，罗英俊. 采油技术手册[M]. 北京：石油工业出版社，1993.
[4] 四川石油局钻采所. 气举手册（上，下）[M]. 成都：四川科学技术出版社，1986.
[5] 杨继盛. 采气工艺基础[M]. 北京：石油工业出版社，1992.
[6] 杨继盛，刘建仪. 采气实用计算[M]. 北京：石油工业出版社，1994.
[7] 杨川东. 采气工程[M]. 北京：石油工业出版社，1997.

[8] 刘永辉,关志全,杨建英,等.零液量气井积液诊断及理论液气比计算[J].石油天然气学报,2011,33(2):114-117.
[9] 詹姆斯利.气井排水采气[M].何顺利,顾岱鸿,田树宝,译.北京:石油工业出版社,2009.
[10] 胡世强,刘建仪,等.一种新型高效泡排剂LH的泡沫性能研究[J].天然气工业,2007(1)27(1),102-104,15.
[11] Foss D L, Gaul R B. Plunger-Lift Performance Criteria with Operating Experience-Ventura Avenue Field[M]. API Drilling and Prod. Prac,1965.
[12] Lea J F. Dynamic Analysis of Plunger Lift Operation[J]. Journal of Petroleum Technology,1982,34(11):2617-2629.
[13] Clegg J D, et al. New Recommendations and Comparisons for Artificial Lift Method Selection[J]. SPE24834,1992.

习　题

4-1　简述气井积液的主要特征及其诊断方法。

4-2　简述泡沫排水采气的机理。

4-3　简述起泡剂的性能及其评价方法。

4-4　简述液体起泡剂的加注方式及其优缺点。

4-5　已知某产水气井的参数:井中部深度2500m,气层顶部为2460m,套管内径为145mm,油管尺寸为$2\frac{7}{8}$in(外径76.2mm,内径62mm),井筒平均温度330K,水相对密度1.053,天然气相对密度0.64,地层压力15MPa,最小井口压力1.5MPa,产水指数$3m^3/(d \cdot MPa)$,地层气液比$3000m^3/m^3$。试判断依靠地层气能否进行柱塞举升?如果能进行柱塞举升,设计其工作参数。

第五章 气井增产工艺技术

气藏地质特征复杂多样,可以是深层或浅层、高压或低压、高温或低温,可以是块状或透镜状,可以是孔隙型或裂缝型,也可以单一储层或多个储层。相对于油藏而言,气藏储层更致密,渗透性更差,表现出较强的非线性渗流特征。对于低渗致密气藏而言,很多单井无自然产能或产能低于工业气流下限,必须通过储层增产改造才能获得商业可开发的天然气产量。本章主要阐述了储层改造增产机理、酸化及酸压增产工艺技术、水力压裂增产工艺技术。

第一节 储层改造增产机理

一、储层改造的基本原理

低渗致密砂岩和碳酸盐岩气藏以及非常规页岩气藏的开发主要依靠储层改造技术,目前比较成熟的储层改造技术包括水力压裂、酸化及酸压。

1. 水力压裂

水力压裂(hydraulic fracturing)是利用地面高压泵组,以超过地层吸液能力的排量将高黏压裂液泵入井内,压裂液在井底形成高压,当井底压力和原始地层压力之间的压差在井底地层产生的应力超过岩石破裂所需的应力时,就会在地层产生裂缝。继续注入带有支撑剂的混砂液,使裂缝继续延伸并在其中充填支撑剂。停泵后,由于支撑剂对裂缝的支撑作用,在地层中形成足够长的、有一定导流能力的填砂裂缝,从而实现气井增产。

水力压裂的增产机理主要体现在:(1)沟通非均质油气储集区,扩大供油面积;(2)将原来的径向流改变为线性流和拟径向流,从而改善近井地带的渗流条件;(3)消除钻井及完井伤害对气井产能的影响。

2. 酸化

酸化又称为基质酸化或孔隙酸化,它是在低于储层岩石破裂压力下,将酸液注入地层孔隙和天然裂隙中,通过酸与地层岩石、胶结物以及外来污染物发生化学反应,溶蚀外来污染物和储层矿物来改善储层渗透率或者在裂缝壁面上形成沟槽以实现改造储层、提高气井生产能力的工艺技术(视频5-1、视频5-2)。

酸化的增产作用主要表现在:(1)酸液挤入孔隙或天然裂缝与其发生反应,溶蚀孔壁或裂缝壁面,增大孔径或扩大裂缝,提高储层的渗流能力;(2)溶蚀孔道或天然裂缝中的堵塞物质,破坏钻井液、水泥及岩石碎屑等堵塞物的结构,疏通流动通道,解除堵塞物的影响,恢复储层原有的渗流能力。

3. 酸压

酸压(视频5-3)是酸化压裂的简称,是在压开储层形成裂缝或撑开地层原有裂缝条件下,将酸液挤入储层,依靠酸液对岩石的化学溶蚀作用,沿压开、撑开的裂缝面溶蚀碳酸盐岩,由于储层非均质性和可溶蚀岩矿的非均匀分布,在裂缝面将形成凹凸不平的酸蚀沟槽,施工结束后裂缝面不能全部闭合,从而成为具有良好导流能力的酸蚀裂缝,减少天然气流向井筒的流动阻力,大幅提高气井产能。

视频5-1 酸洗

视频5-2 基质酸化

视频5-3 酸压

酸压和水力加砂压裂增产的基本目标是相同的,即在地层产生有足够长度和导流能力的裂缝,从井筒延伸到储层深部,减少油气水渗流阻力;裂缝延伸的基本原理和几何形态也类似,两者的主要差别在于产生和保持导流能力裂缝的方式不同。对于水力压裂,在裂缝内充填支撑剂以阻止停泵后裂缝闭合;而酸压一般不使用支撑剂,而是依靠酸液对裂缝壁面的溶蚀来提供需要的导流能力,裂缝闭合后导流能力的保持,源于非均匀性溶蚀形成的通道支撑,如图5-1所示。这是因为酸沿裂缝壁面流动反应,有些地方矿物极易溶解(如方解石),有些地方则难以被酸溶解,甚至不溶解(如石膏、砂等)。易溶解的地方刻蚀厉害,形成较深的凹孔或沟槽,难以溶解的地方凹坑较浅,不溶解的地方保持原状,此外渗透率好的地方易形成较深的凹坑,甚至是酸蚀孔道,从而进一步加剧非均匀刻蚀。酸化施工结束后,由于裂缝壁面凹凸不平,裂缝在低点、高点以及孔洞等多点支撑作用下,不能完全闭合,最终形成具有一定几何尺寸和导流能力的酸蚀人工裂缝。

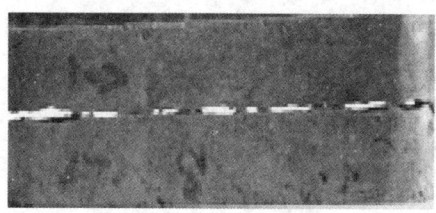

彩图5-1

图5-1 岩板刻蚀后表面及叠置裂缝形态

和水力裂缝相似,虽然酸压裂缝在本质上追求的目标同样是足够的裂缝长度和导流能力,但由于工艺技术基本原理的区别,酸压裂缝内部没有依靠支撑剂而是由酸液刻蚀后形成的凹凸裂缝表面在裂缝闭合时获得一定的导流能力。因此,酸蚀裂缝的有效长度仅仅取决于酸液能够到达并对岩石进行有效溶蚀的距离,通常称之为酸液有效作用距离。而在酸压工艺结束后裂缝会在地层压力的作用下闭合,酸蚀支撑点必须承受地层最小主应力以对酸蚀裂缝进行有效支撑,这种支撑的有效性会直接影响酸蚀裂缝的导流能力。

二、不同储层的改造理念

1. 常规砂岩

天然气储存在岩石基质孔隙空间和(或)自然形成的裂缝网络以及次生孔隙中,通过孔隙空间和现有天然裂缝网络的有效连接而产出。根据储层特征和气井生产特征,增产措施通常采用水力压裂及基质酸化。由于土酸酸岩反应复杂,特别是 pH 值升高后可能产生或诱发大量二次沉淀物,堵塞流动通道,盐酸体系又不能够对砂岩储层进行有效溶蚀,因此砂岩储层一般不进行酸压,解堵时采用基质酸化。而近年来国内外许多学者通过室内试验和现场实践证实了砂岩储层酸压的可行性。国外学者 A. R. Jennings、Kalfayan 等证实砂岩土酸酸压能够实现非均匀刻蚀,并形成具有一定导流能力的酸蚀裂缝;国内学者通过室内试验和理论分析也证实:在一定条件下,砂岩储层也可进行酸压,尤其是注水井、浅储层、高应力裂缝发育储层及碳酸盐岩含量高、非均质强的砂岩储层。

2. 致密砂岩

致密砂岩气藏储层不同于常规气藏储层,其具有低孔、低渗、水敏、水锁等特征,压裂改造通常要求以长裂缝为主,从而提供更大的渗流面积。致密砂岩气藏的开采方式以衰竭式开采为主,地层能量得不到补充,在目前的技术条件下通常认为砂岩气藏讲究一次性压裂到位。综合而言致密砂岩气藏的储层特性决定了低伤害、低砂比、造长缝,沟通更大面积的储气区域是储层改造的目标。

3. 碳酸盐岩

碳酸盐岩储层通常层段厚,天然裂缝发育,储层介质中天然裂缝分布随机性大,一般应用酸化解堵和酸压进行储层改造。碳酸盐岩储层地质情况复杂,尚未有明确的分类方式。依照碳酸盐岩改造的地质认识将碳酸盐岩储层分为三类:孔隙型、裂缝孔隙型、缝洞型。根据碳酸盐岩的储层特点,针对其不同的储层类型有着不同的改造理念。

孔隙型储层以基质孔隙作为主要的储集空间和渗流通道,天然裂缝欠发育。借鉴低渗、特低渗储层改造思路,通过造复杂裂缝或多条裂缝达到储层充分动用的目的。

裂缝孔隙型储层如以基质孔隙作为主要储集空间,裂缝作为主要流动通道,则通过改造形成带分支裂缝的高导流能力主缝来尽可能的动用远井储层;如裂缝十分发育,作为主要的储集空间和流动通道时,应当充分利用天然裂缝,解除钻井产生的深度污染,通过在纵向及横向上均匀疏通天然裂缝以达到对储层的整体动用。

缝洞型储层基质基本没有储渗能力,储层中发育的溶洞及裂缝系统为储层的主要渗流及储集空间,可以通过营造一条或多条具有高导流能力的"高速公路"(即人工裂缝)来将储层中零散分布的缝洞体进行沟通,从而实现高效动用。

第二节 酸化及酸压增产工艺技术

一、增产倍比计算

增产倍比(stimulation ratio)是酸化井施工后的采气指数 J 与施工前的采气指数 J_0 之比,

用 J/J_0 表示,它是增产效果好坏的直接体现,是酸化设计中的重要指标,也是进行酸化技术经济评价必不可少的参数。

1. 基质酸化增产倍比

天然气从储层径向流入井内时,压力损耗在井底附近呈漏斗状。在气井生产中,50%的压力损耗发生在井筒周围3m范围内。因此,只要能较大地提高井底附近的渗流能力,降低压力损耗,在生产压差不变时,可显著提高气井产量。图5-2给出了无污染气井进行基质酸化后可以获得的增产倍比。

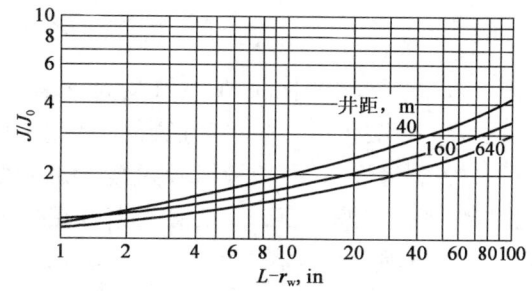

图5-2 无污染气井基质酸化后的增产倍比

图中横坐标 $L-r_w$ 为酸处理范围(作用距离),从图中可知井距为40m时,如果酸的作用距离距井壁为10in(即25.4cm),增产倍比为2。

当实际气井受到污染伤害后,产量将随伤害程度和伤害深度的增大而下降。如图5-3所示,介于井半径 r_w 与污染半径 r_s 之间的污染带渗透率为 K_s,介于 r_s 与泄流半径 r_e 之间的储层渗透率 K_0,假设气井流动满足达西渗流规律,这类井的产能与均值渗透率为 K_0 的同类井的产能之比为

$$J_0/J_{\text{ideal}} = \frac{X_s \ln(r_e/r_w)}{\ln(r_s/r_w) + X_s \ln(r_e/r_s)} = \frac{\ln(r_e/r_w)}{\ln(r_e/r_w) + S_t} \tag{5-1a}$$

其中
$$X_s = K_s/K_0$$

式中 J_0、J_{ideal}——实际有污染井采气指数、无污染井采气指数,$m^3/(d \cdot MPa^2)$;

X_s——伤害程度,表示污染带渗透率与原始渗透率比值。

式(5-1a)可用图5-4表示。当 $r_e = 300m$,$r_w = 0.01m$ 时,从图5-4可知,$K_s/K_0 = 0.1$ 时,污染深度 $r_s - r_w = 0.1m$ 时,$J_0/J_{\text{ideal}} = 0.58$,这就说明,当渗透率伤害达到90%,即使伤害深度只有0.1m,在相同生产压差条件下,气井产能也将下降46%。而 $K_s/K_0 = 0.02$ 时,污染深度 $r_s - r_w = 0.1m$ 时,$J_0/J_{\text{ideal}} = 0.2$,这就说明,当渗透率伤害达到98%时,即使伤害深度只有0.1m,在相同生产压差条件下,气井产能将下降80%。酸化处理施工只要能使伤害半径内的渗透率恢复到伤害之前的水平,就可以获得增产。

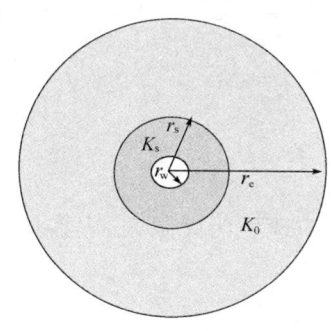

图5-3 封闭气藏污染井示意图
r_e—泄流半径;r_s—污染半径;r_w—井半径;
K_0—原始渗透率;K_s—污染带渗透率

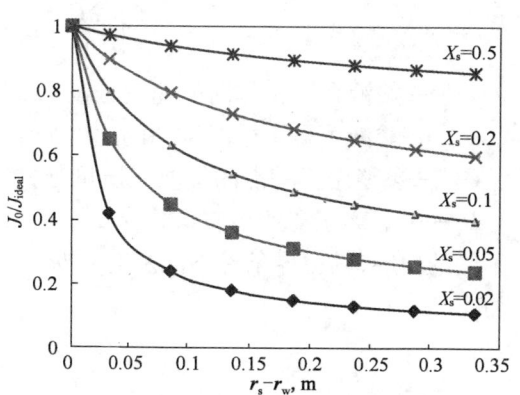

图5-4 受伤害气井采气指数下降率与伤害因素关系图

如果能使近井地带的渗透率进一步提高,使 $K_s > K_0$ 得到的增产效果将会是与图 5-2 的增产倍比的叠加,表示为

$$J/J_0 = \frac{\ln(r_e/r_w) + S_t}{\ln(r_e/r_w) + S_{ma}} \tag{5-1b}$$

式中 S_t、S_{ma}——酸化前、后气井的表皮系数;

J——酸化后气井采气指数,$m^3/(d \cdot MPa^2)$。

对于裂缝性气藏,酸液沿着天然裂缝穿透并不断刻蚀裂缝壁面形成酸蚀蚓孔,使得裂缝不能闭合,则常规酸化施工也能有支撑裂缝的效果。

2. 酸压增产效果

酸压后,气井的增产倍数有时可以高达几十倍,这是由于:(1)酸压后形成的酸蚀裂缝突破了近井地带的严重堵塞带,在堵塞带开辟出了一条或几条与深部储层缝洞体或天然裂缝相通的、具有高导流能力的通道;(2)对于裂缝性碳酸盐岩储层,由于缝洞发育、分布不均一,酸压形成的酸蚀裂缝穿过近井地带的低渗透区而与裂缝发育的高渗透区相通。

由于既具有压开地层又具有酸岩反应的特殊形式,酸压设计除包括压裂设计所必需的全部计算内容外(不包括支撑剂计算),还必须计算出酸液的有效作用距离及其导流能力,才能预测其增产效果。

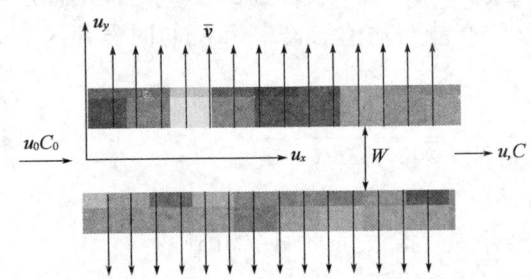

图 5-5　酸液在裂缝中流动状态示意图
u_x—酸液在缝长方向的速度分量;u_y—酸液垂直于壁面流动的速度分量;u、C—裂缝出口断面处的酸液平均流速、酸浓度;u_0、C_0—裂缝入口断面处的酸液平均流速、酸浓度;$\bar{v}$—平均流失速度;W—裂缝宽度

1)酸液流动反应时的对流扩散偏微分方程

作为一种反应性流体,酸液进入储层裂缝后,会和岩石发生化学反应,而且反应只在裂缝壁处发生。假设缝任意位置的酸浓度 $C = C(x,y)$,平均滤失速度为 V,缝中酸液的流动状态可简化为如图 5-5 所示。

在恒温、恒压、稳定层流条件下,可以确定酸液中氢离子的变化规律,即对流扩散偏微分方程:

$$u_x \frac{\partial C}{\partial x} + u_y \frac{\partial C}{\partial y} = D_e \frac{\partial^2 C}{\partial y^2} \tag{5-2}$$

式中 u_x——酸液在缝长方向的速度分量,cm/s;

u_y——酸液垂直于壁面流动的速度分量,cm/s;

C——裂缝中任一点的氢离子质量分数;

D_e——氢离子有效传质系数,cm^2/s。

不同的地层,其边界条件不同。对石灰岩,假定壁面的反应速度为无限大,边界条件可以表示为

$$\begin{cases} x = 0 & C = C_0 \\ y = 0 & \dfrac{\partial C}{\partial y} = 0 \\ y = \pm \dfrac{W}{2} & C = 0 \end{cases} \tag{5-3}$$

对于白云岩,假设裂缝壁面 H⁺ 传质速度等于表面反应速度,则边界条件为

$$\begin{cases} x=0 & C=C_0 \\ y=0 & \dfrac{\partial C}{\partial y}=0 \\ y=\pm\dfrac{W}{2} & \dfrac{\mathrm{d}C}{\mathrm{d}t}=k(1-\phi)C_s^{m_s} \end{cases} \tag{5-4}$$

式中 m_s——表面反应的反应级数。

通过对式(5-2)与式(5-3)或式(5-4)构成的偏微分方程进行求解,可得到沿裂缝方向酸浓度的分布规律,从而确定出有效作用距离。应用时可把计算结果绘成图版,直接查图版确定酸液有效作用距离。图5-6是考虑了酸液的滤失时,盐酸与石灰岩流动反应的有效作用距离计算图版。图中的两个无因次参数为皮克列特数 N_p 和无因次距离 L_D,定义为

$$N_p=\dfrac{\overline{W}\,\overline{v}}{2D_e} \qquad L_D=\dfrac{2\overline{v}L}{u_0\overline{W}} \tag{5-5}$$

式中 $\overline{W}$——平均动态裂缝宽度,cm;

$\overline{v}$——裂缝壁面平均滤失速度,可根据施工参数、储层物性及液体参数,由压裂有关公式确定,cm/s;

u_0——裂缝入口端的酸液流速,根据施工排量和动态裂缝几何尺寸确定,cm/s;

D_e——H⁺ 有效传质系数,利用实际储层岩心,由实验确定,cm²/s;

L——任意断面位置,cm。

上述物理参数确定后,即可计算出 N_p,根据任意断面位置 L_p,计算出无因次距离 L_D。然后利用图版两坐标位置的垂线相交,得到 L 位置的无因次浓度 C/C_0 值,即得到任意断面 L 处的酸液浓度值。

同样根据 N_p 和给定的 C/C_0,便可查出无因次距离 L_D,从而计算出酸液浓度降至预定的 C/C_0(如 $C/C_0=0.1$)值时,有效缝长 L_e 值。

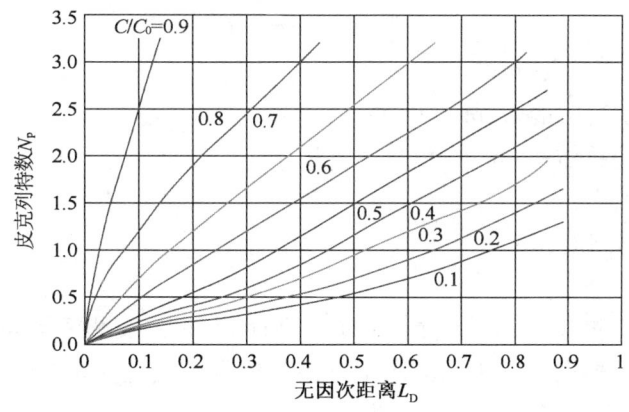

图 5-6 考虑酸液滤失时酸液无因次距离计算图版

2) 酸液有效作用距离数值计算方法

酸压施工有效作用距离的计算是一个复杂问题,一般应用计算机软件完成。应用分段计算,步骤如下:

(1)计算动态裂缝几何尺寸,包括长度、高度和宽度。

(2)确定酸液滤失系数。

(3)分段计算反应程度。从预定反应浓度开始,将酸反应全过程以一定的耗酸比例计算出若干个反应段。一般而言,反应段划分得越细,计算结果越准确。

(4)计算无因次酸质量分数。各末端质量分数被初期质量分数除,即得到各段无因次质量分数。

(5)计算各段的酸液黏度。

(6)计算各段的无因次流动雷诺数。

(7)用所得的无因次酸质量分数和无因次流动雷诺数确定出各个反应段的无因次有效酸液传质系数。

(8)计算各段的皮克列特数,并在图版上根据不同的 N_p 查出对应的无因次作用距离,计算出各段的作用距离。

(9)累积各段作用距离,即为整个酸液有效作用距离。

3)酸蚀裂缝导流能力计算

酸蚀裂缝导流能力很难预测,通常用来预测酸蚀裂缝导流能力的方法只是一些经验方法。

(1)无限导流能力理论。在很长时间内,工程师都认为酸压形成的有效裂缝导流能力与水力压裂相比大出 1~2 个数量级,因此对地层渗透率而言将是无限大的,就使用无限导流进行施工设计。

(2)有限导流能力试验。考虑储层条件、酸液特征等多方面的因素,现场多使用试验的方法来确定裂缝导流能力。通过现场压力不稳定试井测量酸蚀裂缝的有效导流能力,可对这些试验方法进行"校正"。

在酸蚀裂缝中岩石的溶解量可用理想宽度 W_{ai} 来表示,W_{ai} 定义为裂缝闭合前被酸溶解所产生的裂缝宽度。如果所有注入裂缝中的酸都溶解裂缝表面的岩石,那么平均理想酸蚀裂缝宽度就简单的表示为被溶解的岩石体积除以裂缝面积,即

$$W_{ai} = \frac{XQ}{2(1-\phi)hL_e} \tag{5-6}$$

式中 W_{ai}——理想酸蚀缝宽,m;

X——酸的体积溶解能力,m^3/m^3;

Q——注入酸的总体积,m^3;

ϕ——储层孔隙度;

h——酸蚀裂缝高度,m;

L_e——有效缝长,m。

考虑裂缝在闭合应力下的导流能力时应将闭合应力及岩石的嵌入强度考虑在内。Nierode 和 Kruk(1973)根据试验研究给出了理想裂缝导流能力 WK_f、闭合应力 σ 及岩石嵌入强度 S_{Re} 与真实裂缝导流能力之间的关系为

$$WK_f = C_1 e^{(-142C_2 S_{Re})}$$

其中 $\qquad C_1 = 3.902931 \times 10^7 W_{ai}^{2.47}$ (5-7)

$\qquad C_2 = [13.457 - 1.3\ln(S_{Re})]/1000, 0 < S_{Re} \leq 140$

$\qquad C_2 = [2.41 - 0.28\ln(S_{Re})]/1000, 140 < S_{Re} < 3520$

式中 σ——闭合应力,MPa;

S_{Re}——岩石嵌入强度,MPa;

C_1、C_2——计算中间参数,没有物理含义。

4)酸压增产倍比计算

酸压增产倍比预测方法有图版法和数值计算法。图版法就是运用 McGuire 和 Sikora(1960)通过电模拟得到的图版来预测增产倍比。由于电模拟没有考虑裂缝导流能力随缝长的变化、井底污染以及压裂液或酸液对裂缝壁面的污染等因素的影响,只能对酸化施工效果作粗略估计。

基于 Raymond 和 Binder(1967)最先提出计算增产倍比的理论公式,对于无污染均质储层,裂缝导流能力为常值的情况,气井酸压后的增产倍比计算公式为

$$\frac{J}{J_0} = \ln\frac{r_e}{r_w} \bigg/ \left[\ln\frac{r_e}{L_e} + \ln\left(\pi L_e + \overline{W}K_f/\overline{W}K_f\right)\right] \quad (5-8)$$

对于考虑储层受污染、裂缝导流能力为常值的情况,增产倍比为

$$\frac{J}{J_0} = \ln\frac{r_e}{r_w} \bigg/ \left(\ln\frac{r_e}{L_e} + \frac{K_0}{K_d}\frac{\pi r_d + \overline{W}K_f/K_0}{\overline{W}K_f/K_0} + \ln\frac{\pi L_e + \overline{W}K_f/K_d}{\pi r_w + \overline{W}K_f/K_d}\right) \quad (5-9)$$

式中 L_e——有效缝长,m;

K_d、K_0、K_f——储层污染带、原始地层及酸蚀裂缝渗透率,$10^{-3}\mu m^2$;

J/J_0——气层酸压增产倍比。

在实际施工中由于裂缝中酸浓度在变化,酸蚀裂缝宽度及裂缝导流能力沿缝长是变化的,更精确的计算可将裂缝在径向上分段进行。

二、改造工作液体系

1. 基本酸液体系

1)常规土酸体系

砂岩酸化常用的土酸处理液体系由适当比例的盐酸和氢氟酸配置而成。土酸一般组成是盐酸浓度8%~12%,氢氟酸浓度3%~5%,再加上配伍的添加剂。典型泵注程序为:前置酸→土酸处理液→后置酸→顶替液。通过盐酸与碳酸盐岩反应,先把大部分碳酸盐溶解掉,防止 CaF_2 等生成物沉淀;同时盐酸把地层水顶走,避免氢氟酸与地层水接触,防止地层水中的 Na^+、K^+ 与 H_2SiF_6 作用生成沉淀物,从而充分发挥土酸对黏土、石英和长石及有机堵塞物的溶蚀作用。典型的土酸配方见表5-1。

表5-1 典型土酸的配方

液体	预冲洗液	土酸	后冲洗液
组成	15%盐酸	3%氢氟酸+12%盐酸	15%盐酸+互溶剂

2)常规盐酸体系

常规盐酸一般指普通盐酸。盐酸系无机强酸,它是氯化氢水溶液,是一种强腐蚀性的强酸

还原剂。绝大多数碳酸盐岩储层酸处理都采用盐酸,某些碳酸盐岩含量较高的砂岩也采用盐酸进行酸化。酸化常用工业盐酸,质量分数为 30% ~ 32%。盐酸一直被沿用是因为成本低,对储层溶蚀能力强,反应生成物(氯化钙、氯化镁及二氧化碳)可溶,不产生沉淀,酸压时对裂缝壁面非均匀刻蚀程度高。盐酸主要缺点是与石灰岩反应速度太快,特别是高温深井,由于储层温度高酸岩反应速度更快,酸液滤失控制差,酸蚀裂缝长度短,对施工管柱具有强的腐蚀性,温度高时腐蚀性更强,防腐难度大。为此碳酸盐岩储层酸化也使用其他种类的酸液体系。

2. 酸液添加剂

1) 缓蚀剂

早期使用的无机缓蚀剂,如亚砷酸钠、三氯化砷等,虽有较好的缓蚀效果,但因对人体和环境会造成损害已几乎停止使用,现国内外应用最广泛的是以下几种有机缓蚀剂。

(1) 氯化合物,国内用过的有吡啶、喹啉、异喹啉及其衍生物,具有较好的高温缓蚀效果。

(2) 醛类,包括甲醛和肉桂醛,甲醛使用温度低于 80℃,且不抗硫化氢,故在气井中已很少使用。

(3) 炔醛类,如丙炔醛、丁炔二醛等,使用效果较好。

(4) 复合缓蚀剂,如我国研制的 7461—102、7701、7801、CT1—2、CT1—3 等。

2) 防腐剂

盐酸和氢氟酸对油管套管和施工设备有强烈的腐蚀作用,使管线和设备寿命降低,甚至造成事故。因此,酸液中要加入缓蚀剂以抑制腐蚀。常用的缓蚀剂有甲醛(福尔马林)、乌洛托品、烷基酚聚乙烯醚(OP)、丁炔二醇和碘化钠等。

3) 表面活性剂

酸液的表面张力较高,进入气层后,容易积存在地层孔隙和喉道中难于排出,使天然气流动困难。表面活性剂的作用是降低酸液表面张力,以利于反应完后残酸的返排。表面活性剂有三大类:阳离子型、阴离子型和非离子型,可供选择的品种也很多,对具体气层应从使用性能、与酸液中其他化学剂的配伍性以及与气层岩石和流体的相容性等方面综合评价。

4) 铁离子稳定剂

在气层酸化处理过程中,由于酸液与施工设备、井下管柱等金属,以及铁锈(Fe_2O_3)相接触,因而在酸液中不可避免会引入铁离子(Fe^{2+} 和 Fe^{3+})。随着酸反应的进行,酸的浓度降低,当 pH 值升高到大于 1.86 时,三价铁离子(Fe^{3+})会以氢氧化铁形式开始沉淀,且沉淀随 pH 值的继续升高而增加。这种沉淀物会堵塞地层孔隙和喉道,使渗透率降低。铁离子稳定剂就是防止三价铁沉淀的一种添加剂。二价铁离子(Fe^{2+})形成氢氧化亚铁沉淀的条件是 pH 值大于 6.84,由于一般残酸的 pH 值都不会超过 6.84,因此可不必过于担心二价铁离子的沉淀问题。

目前使用的铁离子稳定剂有两类:一类是还原剂,另一类是螯合剂。最常选用的除只适用于低温井的冰醋酸外,还有乙二胺四乙酸、氮川三乙酸、柠檬酸等。

5) 助排剂

助排剂为帮助残酸排出地层的一种添加剂,常用的助排剂有二氧化碳和氮气。施工中把助排剂混入酸液一起注入地层,排残酸时,由于井底压力降低以及助排剂在地层温度下汽化,可携带残酸排出地层。

3. 改进的酸液体系

基本酸液体系的主要缺点是与岩石反应速度太快以及对施工管柱的强腐蚀性,特别是高温深井这些缺点更加明显。

1)特殊土酸体系

(1)自生土酸缓速酸体系。自生土酸缓速酸体系(self-generating mud acid,SGMA)原理是使有机酯水解成为相应的羧酸,然后这种羧酸与氟化铝反应生成氢氟酸。由于水解反应的活化能与温度有关,且生成酸的酸度又不如土酸强。因此,可预料它对管材的腐蚀速度低,逐渐生成的氢氟酸的反应延迟,后者无疑会使活性氢氟酸穿透深度更大。

(2)含醇土酸体系。含醇土酸体系(mud acid with alcohol)是土酸与醇类(醇类浓度大于50%)混合而成的酸液体系,主要用于低渗透干气层。用乙醇稀释可降低酸与矿物的反应速度,起一种缓速效应。该混合物蒸气压增加时,返排也容易,因酸表面张力被乙醇减小,这样,气体渗透率因水饱和度下降而得以增加。

(3)有机土酸体系。有机土酸体系(organic mud acid)改用有机酸(如甲酸)代替土酸中的盐酸,由于有机酸为部分离解的弱酸体系,可降低酸岩反应速度,同时可减轻对管柱的腐蚀速度并减小形成酸渣的风险。其优点在于腐蚀性小,缺点是成本高,故一般用于高温井。

2)降阻酸体系

在常规酸中加入一定比例的降阻剂,可以大大降低酸液在油管中流动时的摩擦阻力损失,增加地面泵注水功率的利用效率,这对深井的施工表现出很大的优越性。

3)氟硼酸缓速体系

Thomas 和 Crowe 建议采用氟硼酸(fluoboric acid)(HBF_4水溶液)代替常规土酸进行酸化作业,主要是由于氟硼酸水解可以产生氢氟酸,从而维持较低的氢氟酸浓度,可实现深部穿透,同时氟硼酸酸化还具有抑制黏土膨胀及颗粒运移的作用。根据 Thomas 和 Crowe 的研究成果,在150°F(65.6℃)条件下,氟硼酸与酸液的反应速度仅为含等量氟化氢的土酸的1/9,同时非晶硅的反应比石英快,因此,氟硼酸酸化限制了岩石的破坏。实验结果表明,氟硼酸酸化后岩心抗压强度比土酸酸化后高30%~50%。

4)磷酸缓速酸体系

磷酸缓速酸体系(PPAS)主要是利用磷酸(H_3PO_4)进行酸化,特别适用于处理钙质含量高的砂岩或石灰岩储层。磷酸酸液体系是由磷酸和一些可相溶的专用添加剂配制而成,高温下具有防腐、稳定黏土、改善多价铁螯合反应等作用。磷酸缓速酸不但能够接触深部地层,同时也能长时间维持较低 pH 值,从而有效减少氢氧化铁等不利沉淀的生成,提高酸化效果。

5)胶束酸体系

胶束酸体系(micella acid)是在酸中加入胶束溶液配制而成的,同时具有酸的特性和胶束液的特性。根据胶束理论,胶束有一个很重要的特性,即增溶作用:水外相胶束可以增溶油相,使之进入胶团内;油外相的胶束也可把不溶于油的水相增溶到胶团内。与常规酸液相比,胶束酸具有反应速度低、有效作用时间长、有效作用距离长、表界面张力低、返排效果好等优点,而且胶束酸悬浮固相微粒的能力强,它通过静电作用能将酸化作业过程中所释放出的酸不溶微粒悬浮于残酸液中,防止微粒运移、沉积造成地层损害。

6) 多氢酸体系

多氢酸体系(multi-hydrogen acid)的实质是复杂有机酸复合物与氟化物反应,生产氢氟酸及多种可以控制二次沉淀的复合物体系。多氢酸为中强酸,本身存在离解平衡,该酸液体系可以在不同化学计量条件下通过多级离解分解释放出多个氢离子。

多氢酸具有很好的缓速性、极强的吸附能力、较好的分散性及防垢性能,并能保持或恢复储层的水湿性。由于多氢酸体系具有上述优点,因此,它是一种理想的低伤害缓速酸体系。

7) 泡沫酸体系

泡沫酸体系是氮气或二氧化碳气为内相、酸液为外相的泡沫体系,通常干度为65%~85%,酸液体积为15%~35%,表面活性剂为0.5%~1%,能形成稳定泡沫。具有黏度高,滤失速度低,管内流动摩阻低,酸液用量小,残酸容易返排,对储层特别是含水敏矿物的储层损害小,缓速效果好,排液速度快等优点。但对酸压施工设备要求高,施工压力大,成本高。泡沫酸的主要成分是气体,液体含量很少,一般仅占总体积的10%~40%,不易引起黏土膨胀而降低气层的渗透率,对含水敏性黏土储层的增产作业有很好的效果。主要适用于低渗低压、多层非均质、水敏性储层的深度酸压,特别适用于气层压力已低于静水柱压力的低压老气井增产作业,是一种性能优良的工作液体系。目前国外在碳酸盐岩储层的基质转向酸化中使用泡沫酸较多,同时在水平井酸化中也多有使用。

8) 胶凝酸体系

胶凝酸是一种缓速酸液,它是将一定质量的胶凝剂加入与其配伍的常规酸液中,使酸的黏度提高到$30\sim60$ mPa·s。其作用机理是降滤失和缓速,属于后期滤失控制,一方面抑制氢离子的传递;另一方面又可以降低滤失速度,降低滤失造成的对流传质,从而延缓酸液与岩石的反应速度,增加活性酸的有效穿透距离。胶凝酸摩阻较小,一般为清水的60%;若加入降阻剂,摩阻可降到清水的30%~40%。酸蚀缝长一般为20~50m。胶凝酸一般适用于中高渗储层,由于其残渣较多,在低渗及返排困难的储层使用胶凝酸要慎重。

9) 变黏酸体系

变黏酸体系是目前碳酸盐岩储层酸压中使用的一种新型酸液体系,其主要原理是在酸压过程中实现酸液黏度的提升,对控制酸液滤失极为有效,又称控滤失酸;施工结束后,酸液黏度降低,又便于快速返排。其特点是在储层酸岩反应过程中能根据储层条件变化而自动改变酸液黏度,以达到深度酸压的目的。根据变黏机理不同,变黏酸可分为温控变黏酸和pH值调节变黏酸两种。

10) 黏弹性表面活性剂(VES)转向酸体系

VES转向酸又称清洁自转向酸,是一种无聚合物类新型酸液。它是将表面活性剂加入酸液中,最初形成球状胶束,外观与普通活性剂溶液相似,如肥皂、洗粉溶液一样黏度很低,当酸液遇到盐类(如$CaCl_2$)或温度上升时,球状胶束将转变为蠕虫状胶束,相互缠绕,形成具有空间网状结构的黏弹性液体,黏度骤然升高,实现酸液的暂堵转向作用。随酸岩反应完成,在pH值上升、钙离子浓度增加的共同作用下,蠕虫状胶束向球状胶束转化而自动破胶,如遇到储层中的烃类物质(如原油、天然气),将加速破胶。为进一步提高体系的转向效果以及返排速率,可以使用VES泡沫转向酸体系或在酸压过程中注入醇醚酸段塞辅助破胶。

11) 固体酸体系

固体酸体系是近年发展起来的一种用于缝洞发育储层和高温深井酸化的粉末状酸液体

系。固体酸泛指所有以固体形态存在的酸,目前应用效率较高的固体酸为固体硝酸。利用固体酸酸压,固体酸在裂缝中逐渐溶解,在较长的时间内保持低的 pH 值以及较高的活性,可对裂缝壁面进行非均匀刻蚀,因而裂缝闭合后仍具有较高的导流能力,其酸蚀裂缝长度与水力压裂支撑裂缝长度相当,因此,固体酸特别适合高温、缝洞型储层深度酸压。

三、酸化及酸压工艺设计

1. 基质酸化设计

一个完整的基质酸化设计应该包括以下步骤:

(1)分析拟施工井及储层进行基质酸化的合理性。也就是利用井的动态资料和静态资料进行综合分析,确定储层物性参数,并根据物性参数及气井的历史情况综合分析,确定出气井产量下降或低产的原因以及该井可改造的程度,为酸化作业提供依据。

(2)确定伤害原因、伤害程度及伤害深度。

(3)根据岩心化学分析和室内实验结果,选择适合该施工井及储层特征的酸液配方。

(4)确定泵注压力和排量。

(5)确定施工井段每米的用酸强度、酸用量和总液量。

(6)依据储层特征(如施工层段较厚,或多层改造)确定对应的工艺方法,如笼统酸化、化学转向或机械分流等。

(7)预测施工增产效果。

(8)制订施工注意事项及应急预案。

1)最高泵压和最大施工排量确定

基质酸化要求酸液能通过岩石的孔隙进入地层而不压破储层。因此,施工时的最大井底压力必须低于地层破裂压力,即

$$p_w < p_f \tag{5-10a}$$

式中 p_w——井底压力,MPa;

p_f——储层破裂压力,MPa。

考虑井底压力达到破裂压力 p_F 储层即被压开。因此,最大排量 q_{max} 据 p_f 由式(5-10b)确定。

$$q_{max} = 3.77 \times 10^{-4} \frac{K_{av} h(p_f - p_s)}{\mu(\ln r_e/r_w + S)} \tag{5-10b}$$

式中 K_{av}——储层平均渗透率,对于多层油藏可按小层厚度加权平均得到,$10^{-3} \mu m^2$;

p_f、p_s——地层破裂压力和地层压力,MPa;

S——地层表皮系数,无因次。

施工时控制排量低于最大排量,当施工排量 $q < q_{max}$,按经验常取 $q = 0.9 q_{max}$。

施工排量确定后,即可确定地面施工泵压,比较地面设备的承压能力,确定最终施工排量。

应当知道的是,只有当气层邻近水层(或者邻近大漏层)或者开发上提出不压裂要求时,才按照上述方法确定最高泵压和排量。大量基质处理的要求都是解除近井地带的表皮伤害,这时一般都根据井口和装备能力来设计泵压和排量,而不考虑是否会压开气层。

2)酸液用量的确定

酸液用量取决于酸液的有效作用距离,而酸液在岩石基质孔隙中的穿透深度又取决于岩

石及酸液性质、反应条件和局部的反应速度。岩石的基本特性之一就是孔隙的微观结构,因此,欲准确计算酸岩反应速度,就必须准确地表述储层岩石孔隙结构特征,并确定在与酸反应过程中这些结构的变化关系。

(1)碳酸盐岩气层基质酸化的有效作用距离。

利用酸液溶蚀孔径增长模型,若已知注酸速度,依据改造范围假定溶蚀孔的数目,确定出酸液通过溶蚀孔壁向地层的滤失量,就可以计算得到有效作用距离。威廉斯和尼洛德利用这种方法得到了酸在孔道中的流动计算图版,如图5-7所示。

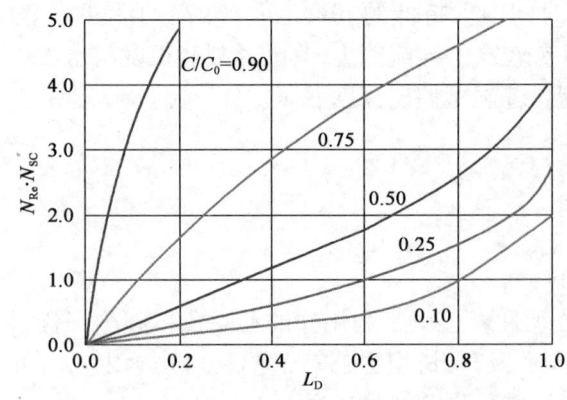

图5-7 酸在孔道中的流动计算图版

图中定义的三个无因次参数为滤失雷诺数N_{Re}、施密特数N_{SC}和无因次穿透距离L_D。其中,施密特数N_{SC}的定义为

$$N_{SC} = \frac{\nu}{D_e} \tag{5-11a}$$

式中 ν——酸液运动黏度,cm^2/s;
  D_e——氢离子的有效传质系数。

酸液滤失雷诺数N_{Re}为定义为

$$N_{Re} = \frac{2a\bar{v}}{\nu} \tag{5-11b}$$

式中 a——溶蚀孔平均半径,cm;
  $\bar{v}$——酸液平均滤失速度,cm/s。

(2)砂岩基质酸化的有效反应半径。

土酸与砂岩的反应必须考虑表面反应动力学,这就比碳酸盐岩的计算复杂得多。要联立温度场模型、酸浓度和矿物浓度分布模型、孔隙度和渗透率模型、酸化效果预测模型进行计算。也可以利用威廉斯和怀特利做的设计曲线确定有效反应半径。

(3)注酸强度。

注酸强度就是指每米施工的用酸量。注酸强度一般根据气井受损害的程度和前期该区的改造资料进行经验性的估算。一般地,砂岩气层注酸强度为$0.4 \sim 1.2 m^3/m$,碳酸盐岩气层注酸强度为$0.6 \sim 2.5 m^3/m$。

3)气井基质酸化工艺技术的确定

(1)笼统酸化工艺。

直接对整个井筒进行酸化,施工简单。但该方法不能调整天然流动剖面,也不能有效分配处理液并解除所有伤害。该工艺要求整个改造层段不厚且改造层段内均质,或者说层段内非均质性差异越小,处理效果越佳。

(2)转向酸化工艺。

①机械转向酸化工艺。

机械转向是最常用的酸化转向方法,包括封隔器转向、暂堵球转向及桥塞和封隔器联合系统转向等,主要功能是把长处理层段封隔成短的井段。

②化学转向酸化工艺。

a. 化学微粒暂堵分流酸化。利用酸液优先进入阻力最小的高渗层原理,在酸液中加入适当的化学微粒,在层段表面或层内形成滤饼。随着注酸过程的进行,高渗井段吸酸多,化学微粒进入量也多,对高渗井段的堵塞也较大,从而逐步改变进入井段各部位的酸量分布,最后达到井段各部位均匀进酸的目的。这样让酸液充分进入渗透率较低或伤害严重的井段,可获得较好的酸化解堵效果。

b. 泡沫酸酸化。在常规酸液体系中加入起泡剂和稳泡剂,通过泡沫发生器与气体(一般多为氮气或二氧化碳)混合,形成以酸为连续相、气泡为分散相的泡沫体系,利用泡沫与酸液在化学反应、微观结构和尺度、黏度及滤失等特性方面存在的巨大差异,对原注酸层段换注泡沫酸进行迅速充填和快速暂堵,从而使流体进入该层段的流动阻力不断上升。当其流动阻力高于酸液进入其他未进酸层段的流动阻力时,后段酸液便很快转而流入其他未进酸层段,由此迫使酸液实现快速有效地转向分流。同时,由于气体在高压下呈压缩状态,可起到助排的作用。

c. 变黏酸转向酸化。利用前期酸液在高渗透层反应后酸液黏度的增加来增大酸液在高渗透层的流动阻力,从而使鲜酸继续向深部穿透或转向其他低渗、污染严重的储层,达到均匀改造的目的。依据改变酸液黏度的原理不同,可以分为聚合物转向流体和黏弹性表面活性剂变黏转向流体。

(3)连续油管酸化工艺。

连续油管酸化时常用注酸变速拖动分流技术。施工方法是将连续油管下到改造段的趾部,在注入酸液的同时,按照一定的速度回拉连续油管,通过控制连续油管的拖动速度和酸液的注入速度来控制储层的吸酸量。

连续油管对均匀布酸十分有效,尤其是在小规模的处理以及解除近井地带伤害时更有效。连续油管也是长水平井段酸化处理施工优先选择的技术。

2. 酸压设计

酸压施工方法有两种:一种是直接挤入酸液(称常规酸压);另一种是先挤前置液造缝,使裂缝向长、宽发展,然后挤入酸液(称前置液酸压,包括多级交替注入酸压等)。两者比较起来,由于前置液酸压有效作用距离长、增产效果好而被广泛采用。

1)酸压设计步骤

酸压设计是酸化系统工程的具体体现。完善的酸压设计参数应包括下列数据项:井的数据、储层参数、岩石力学数据、压裂液及酸液数据、岩心分析数据及泵注数据、施工准备、施工步骤、施工质量要求及安全注意事项、施工后井的管理、施工劳动组织及环境保护、施工所需设备及材料、费用预算等。酸压设计步骤如下:

(1)根据井的动态资料和静态资料进行综合分析,确定储层物性参数,并根据物性参数及气井的历史情况综合分析,准确确定出气井产量下降或低产的原因以及该井可改造的程度,初步确定酸压改造合理性,选择合适的酸压工艺。

(2)根据岩心化学分析和室内实验结果选择与该井层特征相适应的酸液配方。

(3)进行酸压优化设计计算,确定泵注压力、排量、用酸量、总液量等参数,制订出泵注程序。酸压中,井筒换热、裂缝尺寸增长、缝中换热、流体滤失、酸岩反应等都是非稳定过程,各过程相互联系、相互影响。设计时,必须用迭代的方法求解。计算过程如下:

①给定时间段、井口注入液的温度、排量和酸浓度等参数;
②计算井筒温度分布,得到缝口注入温度;
③估算缝中各处的流变参数、滤失参数、动态裂缝几何尺寸等;
④计算酸液指进系数(有酸液指进时)、缝中各段流体的位置(两种以上注入流体时);
⑤联立求解缝中温度、酸液浓度及流速;
⑥重复第③步;
⑦检查两次计算的裂缝几何尺寸是否满足收敛精度,如满足收敛精度则进行第⑧步,否则返回第④步;
⑧计算缝中各处的酸消耗量,如达到施工结束,进行第⑨步,否则返回第①步;
⑨计算缝中各处酸的总消耗量、岩石溶蚀量、裂缝导流能力;
⑩预测酸压增产效果,并进行优化,优选出最终参数。
(4)制订施工注意事项及应预案等。

2)酸压施工参数确定

酸压施工参数包括储层最大吸入能力、破裂压力、液柱压力、摩阻、井口极限施工排量、井口施工泵压和入井液量等。这些施工参数的确定应结合室内试验研究和模拟计算结果,并参照水力压裂中有关公式进行计算。

3)酸压工艺技术分类

(1)常规酸压工艺技术。

常规酸压是在井底施工压力大于地层岩石破裂压力或天然裂缝闭合压力的条件下,在裂缝张开的状态下将酸液注入裂缝,酸液溶蚀裂缝壁面,形成一条或多条不规则的酸蚀裂缝,使流体的流动状态由径向流改为双线性流,从而减小流体流动阻力,以提高储层渗流能力。常规酸压的特点是酸液滤失严重,酸岩反应速度快,有效酸蚀作用距离较短,只能解决近井地带的污染,形成缝长小于30m的小规模裂缝。

(2)前置液酸压工艺技术。

基于水力压裂形成动态缝的思想,发展了前置液酸压工艺技术,是指首先采用高黏非反应性前置压裂液压开气层,形成人工裂缝,然后注入各种酸液溶蚀裂缝,以形成不均匀刻蚀的较高导流能力酸蚀裂缝的工艺技术。其作用机理是,注酸前使用黏性前置液诱发裂缝,前置液进入裂缝,降低裂缝壁面的温度,并在裂缝壁面形成滤饼,降低后续酸液的滤失量,后续酸液的黏度远小于前置液的黏度,流动过程形成黏性指进,进入裂缝的酸液大约只与裂缝30%~60%的表面接触,从而延缓与裂缝壁面的反应速度和滤失速度,达到酸液深穿透的目的。通常使用的是惰性前置液(多为植物胶水基压裂液)和普通酸液(浓度15%~28%的盐酸体系)。

(3)多级注入深度酸压工艺技术。

多级注入深度酸压作为对前置液酸压的补充,是指将数段前置液和酸液交替注入地层进行酸压施工。在酸穿透前一级前置液形成的滤饼,并形成酸蚀孔洞的这段短时间内,再次注入一级黏性前置液,封堵前一级酸液溶蚀形成的孔洞,同时形成新的降滤失滤饼,使后一级酸液在穿透这层滤饼之前的滤失得到控制。多级注入深度酸压实现对地层的多次降温和多次形成滤饼,使后一级酸液的滤失速度比前一级明显降低;同时酸液在前置液中多次形成黏性指进,形成更大规模和更高导流能力的裂缝。该项技术可以将非反应性高黏液体与各种不同特性的酸液组合,构成不同类型、不同规模的多级注入深度酸压技术。

(4)闭合酸压工艺技术。

闭合酸压是将酸在低于裂缝闭合压力的条件下注入储层内"闭合"裂缝,低排量下被注入的酸液将沿着阻力最小的路径流动,产生不均匀刻蚀,加深之前形成的沟槽,在施工压力消除及裂缝闭合后,酸蚀裂缝具有更好的导流能力。

(5)水力喷射分段酸压工艺技术。

水力喷射分段酸压是将水力喷射和酸压技术相结合的一种酸压工艺,水力喷射能形成深穿透大直径孔眼,喷射在近井地带的酸液通过酸岩反应在一定程度上降低破裂压力。其优点是利用水动力封隔机理和高速酸液射流延长酸蚀距离机理,能有效提高深部水平井多段酸压能力和效率。

(6)固体酸酸压工艺技术。

首先将酸固化成颗粒,然后用非反应性流体携带固体酸颗粒压开地层后进入裂缝中,随着裂缝的延伸,固体酸颗粒沉降或悬浮于裂缝中;待固体酸颗粒泵注完毕后,再注入释放液,固体酸与释放液接触后,溶解并电离出大量的 H^+ 与裂缝壁面反应,造成裂缝壁面的非均匀刻蚀。当裂缝闭合后,具有很高的导流能力,而且其长度可与水力压裂相当,这在常规酸压中几乎是不可能的。通过固体酸酸压扩大了气井的渗流面积,从而达到增产的目的。由于固体酸酸压工艺的酸蚀裂缝具有较高的导流能力,特别是大大地增加了酸蚀裂缝长度,因此固体酸酸压在现场应用中有着非常广阔的前景。

(7)组合酸压工艺技术

对于主要表现为埋藏深、储层非均质性严重和基质含气性差的深层碳酸盐岩储层,靠单一的酸压工艺或酸液体系难以获得理想的效果,所以逐步把多种单一酸压技术集成为复合酸压工艺技术,并且在现场应用中取得了很好的效果。

第三节 水力压裂增产工艺技术

一、气藏压裂改造目标

砂岩气藏水力压裂改造的主要对象是低渗致密砂岩气藏,由于致密砂岩气藏成岩作用强度大、渗透性低,压实(压溶)和胶结作用使得孔隙度减小,孔隙结构复杂,储层物性差,不通过增产技术手段就无法获得可商业开发的天然气产量。

水力压裂后产层由形成一条高导流能力的支撑裂缝通道,这些通道在气井生产时使得气体流向井筒的渗流方式发生了变化,如图 5-8 所示。当裂缝穿透比不大的时候,储层内的渗流为平面径向流加单向流[图 5-8(a)];当裂缝穿透深度接近气井的泄流半径时,储层内的渗流会变成双线性流[图 5-8(b)]。这两种渗流模式能够极大地降低近井渗流阻力,使气井产量得以显著提高。

McGuire—Sikora 图版如图 5-9 所示,图中无因次缝长定义为裂缝半长与泄油半径之比。从图中可以知道,对于气藏,尤其是低渗致密气藏要求人工裂缝要长,增产效果才显著,因此就改造理念而言就要追求改造的规模大,通过沟通足够有效的储集体来实现增产,即造长缝是低渗致密气藏增产改造的重要目标之一。

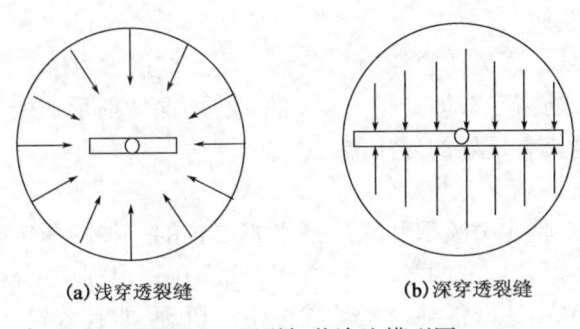

(a) 浅穿透裂缝　　　　　　(b) 深穿透裂缝

图 5-8　压裂气井渗流模型图

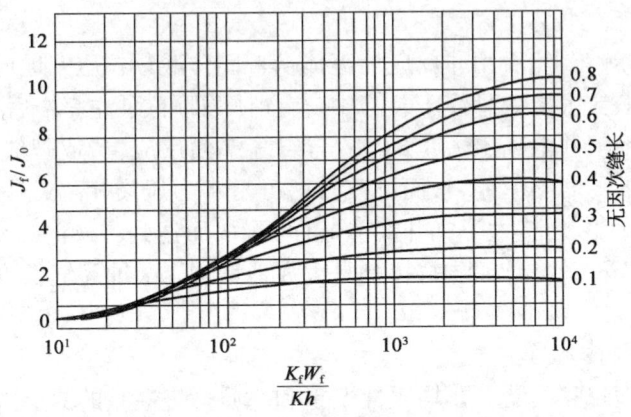

图 5-9　McGuire—Sikora 图版

J_f—压裂之后的采气指数；J_0—压裂前的采气指数；K_f—裂缝渗透率；w_f—裂缝密度；K—储层渗透率；h—储层厚度

另一方面由于砂岩气藏尤其是低渗致密砂岩气藏具有低孔、低渗、非均质、高毛管压力、高含水饱和度等储层特征，压裂施工过程中容易受到伤害，因此就改造致密砂岩气藏而言，强调压裂全过程的低伤害是气藏增产改造的另一重要目标。

再者，由于低渗透不追求高导流能力，所以采用低砂比就能满足增产的需求，同时低砂比也能降低对压裂液的性能要求，实现低伤害。所以在致密气藏改造过程中第三目标是要求合理的低砂比。

压裂改造后增产效果的评价通常采用 McGuire—Sikora 曲线法，但是这套曲线模拟的基础是有稳定供给边界的水驱油田，以此作为气井压裂增产倍数的估算时，将会产生较大误差。这是因为：

(1) 气井一般是衰竭式开采，其开采动力为储层压力降落后气体的弹性膨胀。从井底到边界的每一点压力都是时间的函数，所谓气层压力，只能是某一时期储层内各点压力的平均值。因此，产量也是一个随采出程度下降的函数。当生产压差相同时，若压后两次测量时间间隔较近，则可以用来近似估计增产效果；如测量时间间隔较远，则这一比较数据可能没有意义。

(2) 压裂施工的对象大多为低渗致密储层，存在排液和压降传递困难的问题，所以残液排尽、压力波及到边界、气井生产达到拟稳定状态需很长时间，因时间引起产量下降问题不可忽略。

(3) 天然气在裂缝中的流动大多呈湍流状态，增加了天然气在裂缝中的流动阻力，从而降低了裂缝的导流能力，再加上一些不可避免的缝壁损害等原因，实际增产倍数将会低于计算值。

因此，在对气藏水力压裂增产改造进行效果评价时，应针不同区块地质情况，基于其相应的渗流特征,采用数值模拟的方法进行评价。

二、气藏裂缝参数优化

砂岩气藏的储层特性决定了低伤害、低砂比、造长缝是储层改造的目标。但低渗致密储层按照产状又可以分为透镜状砂体(如苏里格气藏)、层状砂体(如榆林气藏)和块状砂体(如中石化八角场气藏)等类型(图5-10),因此根据砂体的展布优化匹配裂缝尺寸是压裂优化设计的第一步。

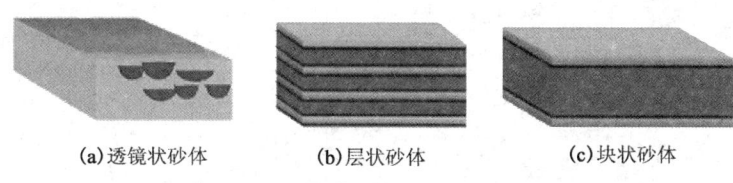

(a)透镜状砂体　　(b)层状砂体　　(c)块状砂体

图5-10　储层产状类型示意图

由于McGuire—Sikora曲线在气井优化设计中具有一些不适应性,下面主要介绍用支撑剂指数法进行支撑裂缝长度和导流能力等参数的优化设计。支撑剂指数法的基本原理是:在特定储层大小、渗透率、支撑剂规模及性质条件下,支撑裂缝长度和宽度会争夺进入到裂缝中的支撑剂体积,需要在两者之间需找平衡,寻求最优的裂缝长度和宽度的组合,使裂缝参数与储层达到最佳的匹配,以求获得最大的气井产能。

1. 支撑剂指数法的优化设计图版

该图版由Valkó和Economides于2002年给出:在特定储层纵横比y_{eD}条件下,给定某一支撑剂指数N_p,改变无因次裂缝导流能力C_{fD},得到无因次裂缝导流能力与无因次采气指数J_D关系曲线,如图5-11所示。其中,无因次裂缝导流能力C_{fD}、支撑剂指数N_p、无因次采气指数J_D和裂缝穿透比I_x定义如下:

$$\begin{cases} C_{fD} = \dfrac{K_f W_f}{K x_f} \\ N_p = \dfrac{2 K_f V_p}{K V_r} \\ J_D = 1.291 \times 10^{-3} \dfrac{\mu Z T}{K h} \cdot \dfrac{q_f}{\bar{p}^2 - p_f^2} \\ I_x = \dfrac{2 x_f}{x_e} \end{cases} \quad (5-12)$$

式中　K、K_f——气层渗透率、裂缝渗透率,$10^{-3} \mu m^2$;

　　　W_f、X_f——裂缝宽度、单翼裂缝长度,m;

　　　V_p、V_r——储层内部支撑裂缝体积、单条裂缝控制气藏体积,m^3;

　　　μ——气体黏度,mPa·s;

　　　Z——气体偏差因子;

　　　T——气藏温度,K;

　　　q_f——气井产能,m^3/d;

　　　$\bar{p}$、p_f——储层平均压力、井底压力,MPa;

　　　h、x_e——储层厚度,气藏供给半径,m。

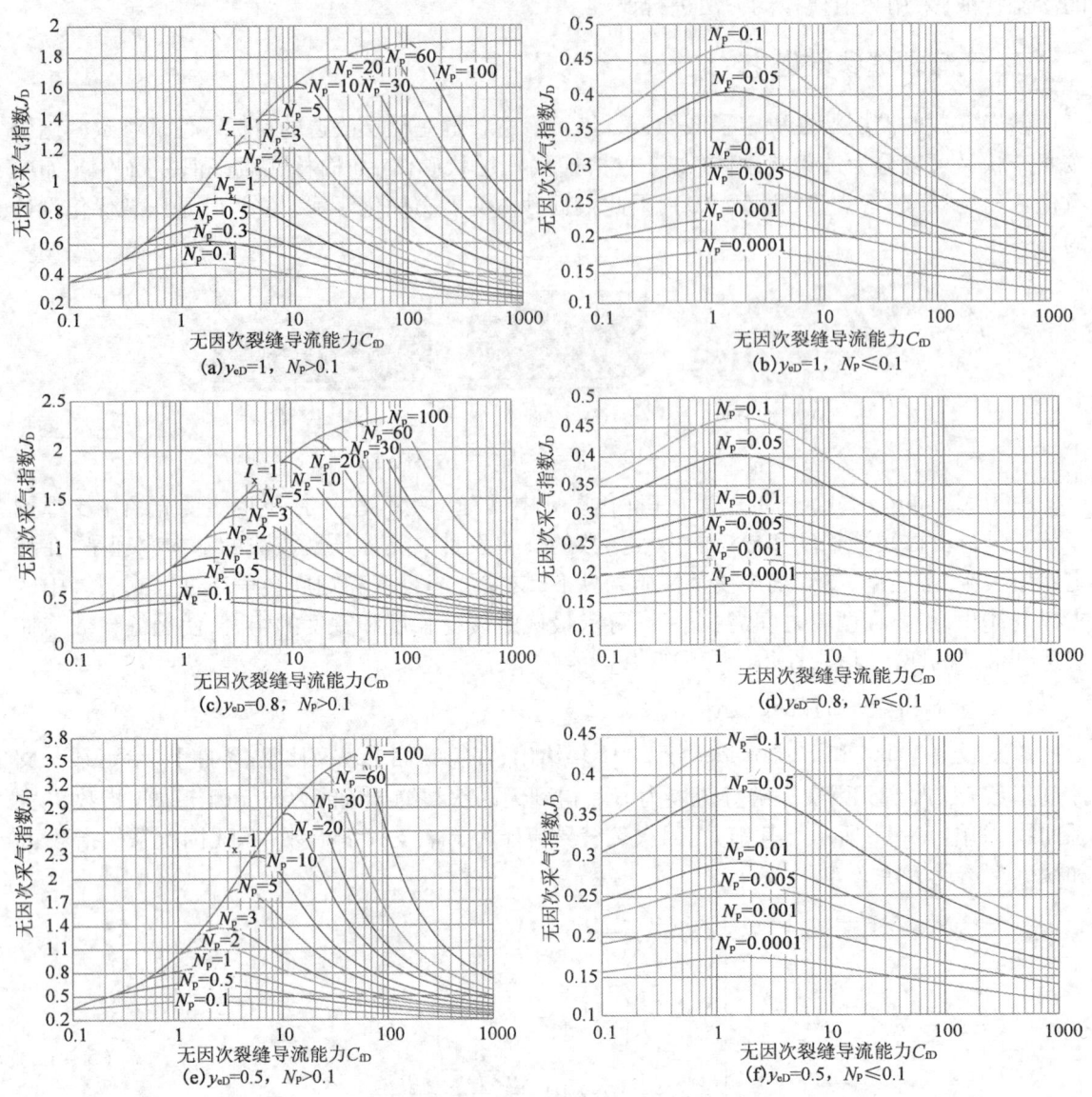

图 5-11 无因次采气指数随无因次裂缝导流能力变化关系图版

由图 5-11 可知:当支撑剂指数小于 0.1 时,在最优无因次裂缝导流能力等于 1.6 情况下,无因次采气指数最大;当支撑剂指数大于 0.1 时,随着支撑剂指数增加,最优无因次裂缝导流能力增大,对应无因次采气指数增加。因此可利用图版进行裂缝参数优化设计,使得设计容易进行,结果可靠。

2. 优化设计步骤

气藏储层压裂裂缝参数优化设计步骤为:

(1)基础参数收集。通过测、录井资料,获得气藏储层长度 y_e、宽度 x_e、厚度 h 及渗透率 K 等储层参数;通过室内测试实验和计算,得到气体黏度 μ、偏差因子 Z、相对密度 γ;通过压裂施工资料,获得支撑剂支撑裂缝渗透率 K_f、支撑剂质量 M_p、支撑剂真密度 ρ_p 及支撑剂铺置孔隙度 ϕ_p;通过现场试井资料,获得储层平均压力 $\bar{p}$、井底压力 p_f、储层温度 T。

(2)无因次特征参数计算(储层纵横比y_{eD}、支撑剂指数N_p)。无因次产能指数随无因次裂缝导流能力变化关系图版主要受储层纵横比y_{eD}和支撑剂指数N_p限制,因此在选取图版时,必须首先计算该两个无因次特征参数。其中可根据纵横比定义式(5-13)计算得到储层纵横比,而对于支撑剂指数,需利用式(5-14)将支撑剂质量规模转换为体积规模。将式(5-14)代入支撑剂指数表达式(5-12),可得支撑剂指数的进一步表达式(5-15)。

$$y_{eD} = \frac{y_e}{x_e} \qquad (5-13)$$

$$V_p = \frac{M_p}{\rho_p(1-\phi_p)} \qquad (5-14)$$

$$N_p = \frac{2K_f M_p}{Khx_e y_e \rho_p(1-\phi_p)} \qquad (5-15)$$

式中 y_e、x_e——矩形气藏长度、宽度,m;

V_p——支撑裂缝体积,m³;

M_p——支撑剂质量,kg;

ρ_p——支撑剂真密度,kg/m³。

(3)裂缝参数优化设计图版选取。根据步骤(2)计算的无因次特征参数,选取对应裂缝参数优化设计的图版及图版中对应支撑剂指数下无因次采气指数随无因次裂缝导流能力变化的关系曲线,关系曲线中最大采气指数J_{Dmax}对应的导流能力为裂缝参数设计的最优无因次裂缝导流能力C_{fDopt}。

(4)最优裂缝参数及压裂直井产量计算。在得到最优无因次裂缝导流能力后,利用基础参数根据式(5-16)和式(5-17)计算得到最优裂缝半长x_{fopt}和最优裂缝宽度W_{fopt}。

$$x_{fopt} = \sqrt{\frac{K_f V_p}{2C_{fDopt}Kh}} \qquad (5-16)$$

$$W_{fopt} = \sqrt{\frac{C_{fDopt}KV_p}{2K_f h}} \qquad (5-17)$$

式中 x_{fopt}——最优裂缝半长,m;

C_{fDopt}——最优无因次裂缝导流能力;

W_{fopt}——最优裂缝宽度,m。

利用最大采气指数J_{Dmax}及基础参数,根据式(5-18),得到最大压裂井产量。

$$q_{gmax} = \frac{(\bar{p}^2 - p_f^2)Kh}{1.291 \times 10^{-3} \mu ZT} J_{Dmax} \qquad (5-18)$$

式中 q_{gmax}——最大压裂井产量,m³/d;

J_{Dmax}——最大采气指数。

【例5-1】 某长方体气藏储层中一口压裂直井,其基础参数见表5-2。试计算最优裂缝参数和最大压裂井产量。

表5-2 某长方体气藏储层参数表

储层参数		支撑剂参数	
储层长度y_e,m	300	支撑剂质量M_p,kg	75000
储层宽度x_e,m	300	支撑剂密度ρ_p,kg/m³	3540

续表

储层参数		支撑剂参数	
储层厚度 h,m	22.5	支撑裂缝孔隙度 ϕ_p	0.47
储层渗透率 K,mD	0.63	支撑裂缝渗透率 K_f,$10^{-3}\mu m^2$	160000
试井参数		流体参数	
储层平均压力,MPa	12.37	气体黏度 μ,mPa·s	0.27
井底压力 p_f,MPa	11	气体偏差因子 Z	0.91
储层温度 T,K	351.15	气体相对密度 γ	0.665

解：支撑剂质量为75000kg，根据式(5-14)可以得到对应支撑裂缝体积为

$$V_p = \frac{M_p}{\rho_p(1-\phi_p)} = \frac{75000}{3540 \times (1-0.47)} = 40(m^3)$$

进一步根据支撑剂指数表达式(5-15)，得到支撑剂指数为

$$N_p = \frac{2K_f V_p}{K y_e x_e h} = \frac{2 \times 160000 \times 40}{0.63 \times 300 \times 300 \times 22.5} = 10$$

根据纵横比定义式(5-13)，得到储层纵横比为

$$y_{eD} = \frac{y_e}{x_e} = \frac{300}{300} = 1$$

选取裂缝参数优化设计图版(图5-11)中支撑剂指数为10的图版曲线，读出最优无因次裂缝导流能力为$12(C_{fDopt}=12)$，最大采气指数为$1.62(J_{Dmax}=1.62)$。根据最优缝长表达式(5-16)、最优缝宽表达式(5-17)及最大压裂井产量表达式(5-18)，计算得到最优裂缝参数和最大压裂井产量。

$$x_{fopt} = \sqrt{\frac{K_f V_p}{2C_{fDopt}Kh}} = \sqrt{\frac{160000 \times 40}{2 \times 12 \times 0.63 \times 22.5}} = 137.1(m)$$

$$W_{fopt} = \sqrt{\frac{C_{fDopt}KV_p}{2K_f h}} = \sqrt{\frac{12 \times 0.63 \times 40}{2 \times 160000 \times 22.5}} = 0.0065(m) = 6.5(mm)$$

$$q_{gmax} = \frac{(\bar{p}^2 - p_f^2)Kh}{1.291 \times 10^{-3} \mu ZT} J_{Dmax} = \frac{(12.37^2 - 11^2) \times 0.63 \times 22.5}{1.291 \times 10^{-3} \times 0.27 \times 0.91 \times 351.15} \times 1.62 = 11000(m^3/d)$$

三、低伤害压裂液体系

水力压裂是高效开发低渗致密砂岩气藏的关键技术，压裂液在压裂施工过程中具有传递压力、携带支撑剂、储层降温等作用，其性能的好坏直接关系到压裂施工的成败。压裂施工过程中，高导流人工裂缝的形成能极大地改善油气渗流通道，但是部分压裂液侵入储层后与岩石流体发生物理化学作用，势必造成储层基质渗透性的下降，诱发储层伤害问题，且储层伤害的程度与压裂液性能、储层物性等密切相关。由于低渗致密砂岩气藏储层物性差、孔喉小、渗透率低，液相圈闭、流体敏感性、固相入侵会严重的损害储层导致压后产能增幅有限，因此选择低伤害压裂液体系对于提高低渗致密储层的改造效果具有重要意义。

1. 低渗致密气藏压裂液伤害机理

低渗致密砂岩气藏具有孔喉半径小、岩石亲水性强、微裂缝发育等特点，在水力压裂施工作业过程中容易受到伤害。只有在认识压裂液对低渗致密气藏的伤害机理的基础之上，才能

针对性地提出行之有效的低伤害压裂液技术。

1) 液相圈闭

液相圈闭是低渗致密储层最基本的损害因素,严重制约致密砂岩气藏的高效开发。国内外低渗气藏勘探开发实践表明,低渗气藏一般处于初始含水饱和度低于束缚水饱和度的亚束缚水状态,水基压裂液将储层压开后,在毛管压力和正压差的作用下储层强烈吸水,含水饱和度增加,气相渗透率显著降低。

值得注意的是,液相圈闭与传统意义的水锁存在差异,应当将两者的概念区别开来。水锁效应指的是气藏开发过程中,气体流动不能有效排除外来水,使得气相渗透率下降的现象。通常情况下对于水锁伤害,都假定产气层的初始含水饱和度就是束缚水饱和度,所以水锁伤害是含水饱和度超过束缚水饱和度以后的伤害。

2) 固相堵塞

(1) 不配伍导致的沉淀。是一种表面沉淀,会引起渐变式孔隙缩小(孔隙变窄、孔壁衬填)。若地层水属于 $CaCl_2$ 水型,则易与压裂液中 Na_2CO_3 反应生成 $CaCO_3$、$CaSO_4$ 等沉淀。压裂液滤液进入储层,滤液前端与地层水生成沉淀,随着滤液进一步侵入地层,生成沉淀量逐渐减少,形成了渐变式缩小的孔隙结构。针对低渗砂岩气藏中的细孔喉道,由于沉淀的生成,气体渗流通道明显减小,大大降低了气体的渗流能力。

(2) 破胶后的残渣。羟丙基瓜尔胶压裂液破胶后还存在一些短链分子和支状分子,由于压裂液残渣粒径远大于孔隙喉道,不易进入孔喉,主要集中在裂缝与孔隙表面,阻止了压裂液滤液进一步侵入。当压裂液返排时,由于裂缝和孔隙表面存在未完全破胶的压裂液,残渣黏附在孔隙和裂缝表面,阻碍了滤液的返排;同时,残渣也会吸附在支撑剂表面,降低支撑剂的导流能力;残渣含量越大,损害就越严重。

(3) 储层脱落的微粒与黏土矿物的膨胀。黏土矿物与水基压裂液接触,立即膨胀,使得储集空间减小,松散黏附于孔喉壁面的黏土微粒与压裂液接触时分散、剥落。压裂施工过程中,压力波动和滤液的侵入易导致地层微粒、黏土矿物的脱落,从而堵塞喉道导致返排困难,并进一步随压裂液滤液进入油气层或沿裂缝运移,在喉道处被卡住,形成桥堵,引起损害。

2. 压裂液伤害室内评价指标

低孔低渗透难采储量具有孔喉结构差、敏感性复杂、泥质质量分数高等特点,常规(瓜尔胶)压裂液残渣及破胶残液会对天然裂缝、支撑裂缝及基质造成不可逆伤害,制约产能有效发挥。因此需要在认识储层地质特征基础上,对低伤害压裂液体系进行室内研究,尽可能降低由压裂液侵入储层而造成的伤害。压裂液室内评价主要包括以下几个指标:

(1) 流变性能。在流变仪上测试压裂液的流变性能,设定温度和剪切速率,压裂液的黏度会随着剪切时间的增加而逐渐降低,然后趋于稳定,剪切 2 小时后黏度若仍然在 $50mPa·s$ 以上,则压裂液具有良好的抗剪切性能,满足携砂要求。但是从低渗储层降低伤害的角度出发,压裂液黏度越高在多孔介质中流动越困难,孔喉堵塞也会越严重。

(2) 破胶性能。破胶剂的破胶性能直接影响到压裂施工的效果,可以通过测试不同破胶剂浓度下压裂液的破胶液黏度来评价压裂液的破胶性能。随着破胶剂开始发挥作用,溶液的表观黏度随时间增加而迅速降低,最终破胶后溶液黏度若小于 $5mPa·s$,此时直接观察不到残渣,压裂液体系破胶效果较好;如果可以直接观察到压裂液残渣说明破胶效果不好。低渗气藏由于孔喉小,所以对于破胶剂破胶性能的要求会更高。

(3)固相残渣率。从低渗气藏伤害机理和类型可以看出,固相残渣对于地层伤害具有较大的影响,所以室内测试需要对压裂液进行固相残渣率测试。用空管盛入10mL破胶液放在离心机,在3000 r/min的转速下离心30min,用去离子水清洗两次后,放入105℃的烘箱中加热烘干后称重。将烘干后的残渣质量除以总质量即为固相残渣率,一般低于10%较好。

(4)助排剂性能。针对低渗气藏压裂过后返排率较低这一问题,压裂施工过程中会加入助排剂,以降低压裂液、破胶液的表面张力或气水界面张力,增大与岩石的接触角,增加能量,降低压裂液返排时的毛管阻力,促进压裂液彻底返排,减少对地层的污染。助排剂的性能可以用表面张力或者接触角大小来表征。在低伤害压裂液体系中,助排剂的加量为0.5%,可以将破胶液的表面张力降至36mN·m以下,因此能降低溶液的表面张力,使压裂液体系具有优良的返排效果。

(5)压裂液滤失性。由于在低渗气藏中,水敏伤害和水锁伤害是引起储层伤害的重要因素,伤害的原因是压裂液在裂缝壁面发生滤失的水进入基质岩心。为了正确评价压裂液的滤失性以及对基质的伤害程度,通常用综合滤失系数来表征压裂液的性能好坏,具体的滤失系数针对不同储层地质情况和压裂液类型所取评价值不同。

目前国内外在评价压裂液对储层伤害时,主要以岩心流动实验为主。用压裂液滤液、破胶液、压裂液残渣等不同的流体进行岩心伤害模拟实验。评价标准如表5-3所示。

表5-3 岩心伤害程度评价标准

伤害率	≤30%	30%~70%	≥70%
伤害程度	弱	中等	强

近年来开始提出从微观层面对压裂液伤害进行评价,使得压裂液伤害评价方法更加完善。如基于X衍射、扫描电镜SEM及岩心流动实验结果的基础上,将核磁共振技术应用于分析储层水敏性伤害机理,观察不同孔隙类型岩心在地层水返排后,水相在孔隙介质中的分布情况,从微观角度解释了不同孔隙类型岩心的伤害程度差异原因。

3.常用低伤害压裂液体系

根据压裂液对储层及裂缝导流能力伤害原因的分析,发现低伤害压裂液体系的研究重点是降低残渣含量及滤失量,改善破胶性能,提高压裂液与储层及地层流体的配伍性。目前,国内外的压裂工作液体系正朝着低伤害、适应强、低成本、耐高温、环保的方向发展,并且对适用于各种地层条件的压裂工作液体系进行过针对性研究。目前常用低伤害压裂液体系有以下几种。

1)清洁压裂液

清洁压裂液也称黏弹性表面活性剂复合压裂液,主要由表面活性剂和反离子组成。清洁压裂液具有流动摩阻小(摩阻只有清水的25%~40%),施工安全简单,配液时无水不溶物,破胶后无残渣,返排率高等特点。因此,清洁压裂液可以降低地层伤害并保持裂缝导流能力,能够取得良好的压裂效果。黏弹性表面活性剂分子中含有亲水基团和疏水基团且分布着正、负电荷,当少量黏弹性表面活性剂溶解到水溶液中时以单个分子的形式存在;随着表面活性剂浓度增大并达到临界胶束浓度时,由于疏水基排斥水相,亲水基伸入水相,表面活性剂分子便自发形成了具有低黏度的球形胶束;随着浓度进一步增加,依靠反离子的静电吸引减小表面活性剂阳离子基团之间的排斥力,或者依靠助剂和表面活性剂极性基团之间的静电引力,都会使表面活性剂的聚集形态发生从球状胶束到蠕虫状胶束的转变,这种蠕虫状胶束具有高黏弹性的三维网状结构,能实现携带支撑剂和压裂造缝的目的。清洁压裂液目前已经在国外获得了广泛的应用,是表面活性剂压裂液研究发展的方向。

2)低浓度聚合物压裂液

低浓度聚合物压裂液性能介于传统的瓜尔胶压裂液与清洁压裂液之间,既有聚合物压裂液的高黏弹性又有清洁压裂液的低伤害性。低浓度聚合物压裂液的稠化剂主要为人工合成聚合物PAM(聚丙烯酰胺,分子量400万~600万)、PEO(聚氧化乙烯)以及HPAM(水解聚丙烯酰胺)合成的聚合物(分子量600万)。聚合物压裂液冻胶体系在压裂施工过程中会在裂缝中和裂缝壁留下残渣造成储层伤害,降低聚合物浓度可以减轻这种伤害。对低孔、低渗、高含水饱和度等难动用储层,压裂液在储层中易引起黏土矿物水化膨胀和运移,导致储层水锁、水敏、压裂液返排率低等难题,采用合成聚合物作为稠化剂的压裂液具有更好的黏温特性和高温稳定性,且使用浓度低、增稠能力强、对细菌不敏感、悬砂能力强、残渣少、对地层伤害小。

3)泡沫压裂液体系

泡沫压裂液是在盐水或高分子聚合物溶液中加入一定比例的氮气或者二氧化碳气体,表面活性剂能降低气液表面张力从而产生大量泡沫。由于形成了气液两相,增大了体系的黏度,提升了液体悬砂造缝能力;泡沫有利于降低液体的滤失,能减小液体对储层的伤害。此外还具有破胶速度快、残液返排率高等优点,适用低温、低压、水敏或水锁等敏感性强的气层压裂改造。

4)纤维压裂液

压裂液中加入纤维,形成纤维压裂液。纤维在油田开发中的应用是近十几年发展起来的新技术,最早是美国使用纤维防止支撑剂回流其原理是将纤维与支撑剂混合使得纤维在支撑剂中分散形成三维空间网状结构,将支撑剂束缚于其中,阻止支撑剂的运移。在携砂液中添加纤维,能改善携砂液的携砂能力,提高支撑剂的输送能力,将支撑剂输送到更远的位置,形成较长的水力裂缝,并且有助于控制支撑剂沉降高度,从而增强了压裂过程中对裂缝缝高的控制。

5)疏水缔合聚合物压裂液

疏水缔合压裂液体系主要以丙烯酰胺、丙烯酸钠等为单体,按照溶液聚合法制备新型疏水缔合聚合物稠化剂,进而合成一种不含金属元素的低分子化合物交联剂,并以稠化剂和交联剂为主剂配制而成。疏水缔合聚合物压裂液具有耐温、耐盐、抗剪切性能好、水不溶物含量少、破胶后几乎无残渣等优点。

6)低分子量压裂液

为减少瓜尔胶压裂液对低渗透、碱敏储层的二次伤害,近年来提出了用一种低分子量AM/AANa/NaAMPS(丙烯酰胺/丙烯酸/叔丁基丙烯酰胺磺酸)的共聚物作稠化剂配制压裂液,其分子量为20万~30万,在压裂液中的浓度是0.2%~0.6%,并用有机锆与醛的复合物作交联剂;解决了压裂液交联时间不易控制、低温破胶困难的技术难题。这种压裂液的优点是水溶速度快,现场配液容易,且增稠能力强,在满足压裂施工要求的前提下,能有效地减小对低渗储层的伤害。

四、气井水力压裂设计

在气井的水力压裂设计中,需要确定地层破裂压力和延伸压力、泵注速率(排量)、水力裂缝的几何尺寸、支撑剂在裂缝中的分布状况及其支撑裂缝的导流能力、增产效果等。基本的计算方法和计算公式与油井的一样,这里就不再赘述。

但不同于油藏的是,致密气藏的储层特性决定了低伤害、造长缝是储层改造的目标,如何在实现长缝过程中尽可能地降低伤害是提高气藏压后增产效果的关键,因此气藏压裂优化设计非常强调低伤害压裂。

1. 低伤害压裂优化设计

1) 基本理念

低伤害压裂基本理念不只是以往单纯地采用低伤害压裂液体进行压裂施工,而是指材料选择、优化设计、现场施工质量控制、后期返排管理等整个压裂过程的低伤害。具体内容包括以下几个方面:

(1) 选择低伤害的压裂材料。针对地层特性及压裂工艺要求选取低伤害、易返排的压裂液体系,减少压裂液对地层的伤害,尤其是压裂液残渣对人工裂缝的伤害,同时要选择与储层流体渗流能力相匹配的支撑剂材料,防止支撑剂选择不当造成的导流能力过剩或者导流能力不足。

(2) 压裂优化设计中做到低伤害。压裂优化设计主要是从施工排量、施工规模、泵注程序以及配套提高返排效率的液氮优化、防砂等方面进行低伤害设计。

(3) 现场实施确保低伤害。要求施工过程中严格按照设计参数执行,通过严格的现场施工质量控制,降低由于现场压裂液、支撑剂材料性能变化造成的附加伤害,尽可能保证现场实施与优化设计结果一致。

(4) 压后排液及采输过程的低伤害。通过优化设计破胶技术、高效返排技术,尽可能使入井液体在最短的时间内返排出地层,以充分降低因液体在地层中停留时间过长而导致的水锁伤害。另外在压后返排过程以及气井长期生产过程中,支撑剂的回流均会导致裂缝导流能力的下降,使裂缝不能满足储层流体的渗流关系。因此压后排液以及后期采输过程的低伤害设计同样重要。

2) 设计原则

(1) 低伤害压裂设计应立足于先进的工艺技术,施工参数应经济合理,指标先进,且能够实现。

(2) 压裂液和支撑剂等压裂材料的选择应满足目的层地质条件,并与工艺要求相适应,以降低对地层和裂缝的伤害。

(3) 低伤害压裂设计应以压后产量和经济效益为目标,借助区域优化经验、水力裂缝模拟和气藏模拟,进行压裂施工规模的优化,并以控制伤害、确保有效支撑缝长、扩大渗滤面积、形成与储层渗流匹配的导流能力的人工裂缝为目标进行单井压裂设计。

(4) 低伤害压裂设计还应以提高液体返排、防止支撑剂回流等高效返排为目标。

3) 技术关键

(1) 储层参数的准确认识。压裂目的层的厚度、渗透率、孔隙度、含气性等是压裂增产的物质基础,地层压力的大小及后期可能建立的生产压差是压裂增产的能量基础。排除压裂施工因素的影响,压裂目的层物质基础、能量基础是压裂取得增产效果的关键。在特定的压裂技术水平下,对压裂的物质基础和能量基础有其经济下限要求。

(2) 满足储层条件及工艺要求的低伤害材料。要求压裂液体系、支撑剂对裂缝导流能力的伤害小。压裂液的低伤害主要体现在一要破胶液对基质岩心伤害小,二要液体残渣对裂缝导流能力伤害小,对压裂液而言主要是强调压裂过程中液体的快进快出,即高效快速破胶返排。而支撑剂的低伤害主要体现在能够提供裂缝的长期导流能力。

(3)需要实现足够的有效支撑缝长和匹配的导流能力。对于低渗储层,由于供给裂缝的储层有限,以近井筒的改善为目的的压裂难以取得较好效果。研究表明,储层物性越差,压裂增产需要的缝就越长。因此,对于致密砂岩气藏的压裂需要足够的有效支撑缝长,以扩大渗滤面积,从而达到增产的目的。

(4)现场实施质量监控能否造出足够的有效支撑缝长。对于给定的地层条件,能否在压裂目的层造出期望长度的有效裂缝,不仅受地层条件的限制,而且受压裂工艺、材料、设备等技术条件的限制。故能否造出足够的有效支撑缝长在一定程度上取决于现场的施工质量。

(5)高效返排技术及压后管理。高效返排技术不仅仅是指返排过程本身,为了实现高效返排的目的,还应该考虑压裂液材料的快速破胶、低伤害,压裂施工完成后立即开井返排,同时配合防止支撑剂回流控制技术和返排时的合理油嘴优化控制,尤其现场实施开井返排时更多的是要从现场返排的管理入手,以在最短的时间内返排最多的液体。

2. 气井水力压裂技术

1)造长缝大型压裂技术

对于致密气藏而言,考虑到储层基质的低渗特性,支撑裂缝对整个气藏内部的渗流机理起着决定性的改变作用。足够的裂缝长度可形成较大的泄油面积,渗流由径向流变为线性流,且压裂规模越大,裂缝越长,稳产期越长。所以大型压裂可延长气井的稳产年限,从而显著地提高气藏单井产能和采收率,同时可以减少钻井数,提高经济效益。因此,对于块状储层气藏,大型压裂是致密气藏投入工业化开采及提高最终采收率的关键措施之一。大型压裂的关键技术包括大型压裂选井选层技术、压裂液技术、压裂液快速破胶技术,以及现场实施的施工组织和质量控制等。

(1)大型压裂的基本条件。

储层能实施大型压裂的基本条件是低渗致密,厚度大,砂体展布好,盖层较厚,盖层与产层应力差值明显,井间距离大。由于储层致密,不压裂时,单井控制范围有限。

(2)大型压裂关键技术。

大型压裂是一项系统工程,涉及的技术细节较多,不是简单地增大加砂规模、增加压裂液用量就行,其关键技术有以下几项:

①低伤害压裂液技术。

大型压裂过程中进入地层液量大,施工时间长,需要压裂液具有较低的残渣率以及几乎不与岩石作用的能力,所以大型压裂对压裂液提出了更高的要求。

②强化破胶技术。

压裂液在满足携砂性能条件下在地层中滞留时间越长,引起对储层的伤害越严重。因此,大型压裂要取得预期增产效果的关键技术就是保证压裂液完成携砂功能后能快速破胶和及时返排。

压裂液在压裂过程中所经历的温度是变化的,同时压裂液发生滤失后,其中未能降解的高分子物质(如瓜尔胶)会留在基岩表面形成致密滤饼,从而导致压裂液在支撑裂缝内浓缩,加之井筒附近人工裂缝温度相对较低,破胶效果很难保证,一旦井底附近压裂液破胶不彻底,返排效果将大大降低,影响压裂增产效果。因此,在大型加砂压裂后期,破胶剂浓度应适度增大,以保证缝口附近液体的快速及时破胶。

③优化设计关键技术。

压裂施工优化设计的目标是为水力压裂施工提供指导性文件,压裂施工前进行科学的压裂设计,已成为必不可少的重要环节,主要内容包括人工裂缝目标缝长优化,人工裂缝导流能力优化,施工关键参数优化等几个方面。

a. 目标缝长优化。大型压裂目标缝长应与储量类型、井网密度等诸多因素匹配,以实现气藏最优化的人工裂缝配置关系。在大型压裂目标缝长优化时,以储量类别为基础,采用软件分别选择井距、穿透比、导流能力作为主要的设计变量,分别对不同储量按不同穿透比和不同导流能力条件进行压裂压后初期日产量以及 5 年期累积产量模拟计算,以累积产量最优者作为大型压裂目标缝长优选依据。

b. 裂缝导流能力优化。通过室内实验确定在闭合压力下,不同铺砂浓度下的裂缝导流能力,结合数值模拟得到的不同裂缝导流能力对产能大小的影响分析,综合考虑压后影响长期导流能力的各种因素如压裂液滤饼,支撑剂破碎、嵌入、变形以及流体流态、气液两相流等,来优化气藏大型压裂后人工裂缝长期导流能力。

c. 施工关键参数优化。大型压裂要求较大的排量,不仅是为了控制施工时间,也是为了提高液体效率,将携砂液更进一步推向地层深处,实现造长缝的要求;同时,施工排量的大小主要控制着裂缝的几何形体。在具有良好的盖底层,并且压裂施工确定为大规模加砂条件下,采用大排量施工造一条缝宽相对较宽的人工裂缝,不但可以减少施工中出现砂堵的概率,而且可以有效地降低裂缝弯曲摩阻,有利于形成一条具有较高导流能力的裂缝。砂比的设计应主要根据压裂区块先前的压裂经验和设计规模条件下所需达到的裂缝缝长,同时结合储层小型压裂测试所确定的综合滤失系数来进行。大型加砂压裂时,为减少入地液量,降低压裂液对地层的伤害,同时缩短施工时间,一方面要减少携砂液量,以减轻压后储层返排负担;另一方面在保证裂缝具有足够导流能力的条件下,可通过适当降低裂缝的填砂浓度来增加人工裂缝的半长。最优前置比的设计原则是:当最后一批砂子进入时,前置液正滤失完。前置液量过多,会导致液体浪费、返排困难及污染地层;前置液用量过低又会使所造缝不够,导致施工失败。一般为确定前置液量须获得液体效率,能得到准确液体效率的手段是小型压裂测试。

④施工现场控制技术。

大型压裂由于动用设备多,液罐多,占用空间比较大,因此要求井场必须有足够的空间。由于排量大,施工时间长,对泵注设备要求也比较高。更为重要的是供液系统与供砂系统,必须能够及时供液、及时供砂,尤其是后期罐群液面下降时大排量的供液问题需要合理解决。

2) 水平井压裂技术

致密砂岩储层的物性条件差,导致水平井也很难获得理想的自然产能,必须进行压裂增产改造。水平井压裂增产的作用主要表现在以下三个方面:①解除伤害;②进一步增大泄流面积,提高气井产量;③克服气层渗透率的各向异性。

(1) 水平井压裂裂缝形态。

水平井压裂后的裂缝形态取决于地应力的大小和方向。对于埋藏深度较浅的井,压后获得水平缝的可能较大,埋藏较深时形成的一般为垂直缝,大多数气藏埋藏较深,因此这里重点讨论垂直缝的情形。由于井筒附近的应力集中,使裂缝在地层中的延伸方向很少与其在井筒上的起裂方向相同,但最终会垂直于最小主应力方向,或者沿着主天然裂缝方向。因此,很多情况下,水力裂缝可能不是在一个简单的平面上。水平井压裂后的裂缝形态主要可以分为横向裂缝、纵向裂缝、转向裂缝、扭曲裂缝四种(图 5 – 12)。

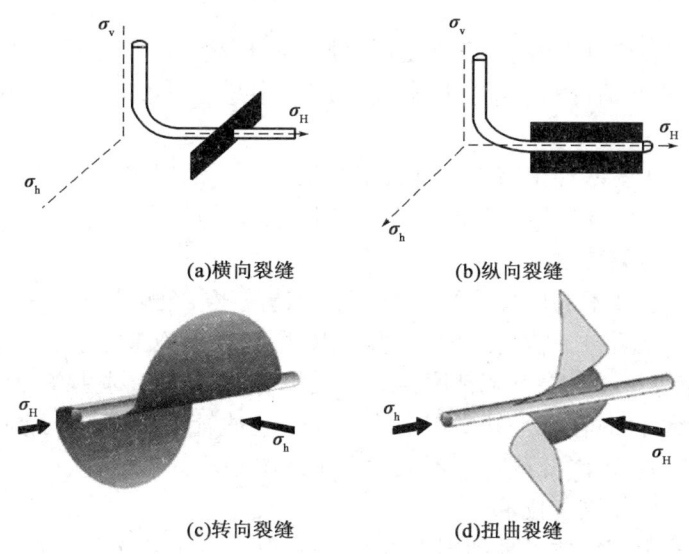

图 5 – 12 水平井裂缝形态示意图
σ_H—最大水平主应力;σ_h—最小水平主应力;σ_v—垂向主应力

理论研究和实际应用表明,对于致密砂岩气藏,通常横向缝的生产效果好于纵向缝。与纵向裂缝系统相比,横向裂缝与储层的接触面积更大,从而获得最大的泄流面积。因此,一般要求水平井井筒方向与最小主应力方向一致(即垂直于最大主应力),那么无论在水平井段上哪个部位射孔,都会在沿着最小主应力的轴线上出现相间的垂直裂缝(即横向裂缝)。

(2)水平井分段压裂技术。

为提高水平井压裂效果,除了笼统压裂外,一般都将水平井分段压裂以形成多条裂缝,随着井下工具、施工设备及工艺的发展,国内外形成了多种分段压裂技术。

①限流分段压裂技术。

限流分段压裂技术原理是通过严格限制炮眼的数量和直径,并以尽可能大的注入排量施工,利用压裂液流经孔眼时产生的炮眼摩阻,大幅度提高井底压力,并迫使压裂液分流,使破裂压力接近的地层相继被压开,达到一次加砂能够同时处理几个层段的目的。技术核心是制订合理的射孔方案,同时,为提高施工成功率,不能一次压开全部目的层段时,采用炮眼球封堵转向压裂措施,即投球分段压裂。

限流分段压裂技术是一种简单快捷的水平井分段压裂方法,主要适用于套管完井的水平井,对于衬管完井、裸眼完井或老井水平井则不适用。对于水平井限流法分段压裂,由于施工井段长,使得孔眼限流摩阻值的计算不能仅考虑压裂层段间的破裂压力差值。同时,由携砂液引起的炮眼侵蚀直接影响压裂过程中流体的分布形态,对流量分配及裂缝形态影响很大。另外,水平井限流压裂过程中由于存在水平段的径向流区,增加了近井裂缝的复杂程度,并产生一定的附加摩阻,使高砂比压裂液在其中的流动风险很大。

②填砂 + 液体胶塞分段压裂技术。

填砂 + 液体胶塞分段压裂技术原理是当下部低产气层改造施工,经测试完毕后,可进行填砂,用砂子充填下部气层,并在填砂后期拌加胶片,使之在地下与砂子混合形成液体胶塞。上部地层压裂施工时,由于下部被砂子填实,胶片与砂子混合形成的胶塞具有足够的黏度和韧性,胶塞在高压下会更加致密坚实,从而可有效的分割上下两层,保证上部气层施工不受下部气层干扰。

该技术具有隔离封堵针对性好,胶塞定时破胶、易于清除的优点,但作业周期长,同时所有层段作业完后需要洗井清除砂子,冲胶塞施工过程中易造成伤害,因此低渗致密气藏不太适用。

该技术主要在长庆安塞油田三叠系延长组特低渗长6油层水平井中进行了应用,至2005年年底,共进行了7口井16层段的压裂施工,取得了显著的效果。

③机械桥塞分段压裂技术。

机械桥塞分段压裂技术的原理是当下部气层改造施工,经测试完毕后,下桥塞封堵下部产层;接着施工第二层,之后再下桥塞封堵,依次上返;所有层段施工完毕后下专用工具逐次打捞桥塞,也可在施工完每一层后将桥塞钻磨掉。该技术分段隔离针对性好,但作业周期较长,存在砂埋或砂卡的风险,同时在水平井中需用连续油管或油管下桥塞,对于高压井,下桥塞过程中需要压井,易造成伤害。因此该技术不太适合于高压井。

④封隔器+滑套分段压裂技术。

封隔器+滑套分段压裂技术是利用投球方式打开(关闭)多级注入工具,可以实现一次作业不动管柱情况下,进行多级压裂施工。该技术具有分段隔离针对性好,可根据需要开关滑套实现选层开采的优点;但没有验证封隔器封隔有效性的方法,也存在滑套打不开或投球不能有效封隔下部层段等风险。

⑤水力喷射分段压裂技术。

水力喷射压裂技术利用水力动态封隔的原理在不采用封隔器的情况下实现分段压裂。该技术结合了四大关键技术,即水力喷射、水力压裂、喷射泵注、双通道流体注入,可以用于水平井分段压裂,也可用于垂直井分层压裂,既满足连续油管作业的需求,也满足普通油管作业需求。该技术运用高压水射流技术,先完成水力喷砂射孔,之后通过两套泵注系统分别向油管和油套环空中泵入流体共同完成压裂;若需要进行分段压裂,则依次对其他目的层重复进行水力喷砂射孔和压裂,整个工艺过程不需要机械封隔装置。该技术的优点是:精确布缝、作业快速、效果好,不须采用常规封隔器,且适用于多种完井方式。

3)分层压裂工艺技术

大部分气藏纵向上均具有多层系、多砂体叠置的特点,如四川盆地新场、马井侏罗系气藏从上至下发育蓬莱镇组、遂宁组、沙溪庙组三套含气砂组;大牛地气田自上而下发育上古生界石盒子组、山西组和太原组三套含气砂组。每个组通常又包含多个气藏或砂体,如新场气田沙溪庙仅上沙溪庙气藏自上而下就包括JS_2^1、JS_2^2、JS_2^3、JS_2^4四套砂体。如果用常规的压裂方法通过逐层压裂改造测试的工艺,需用分多次进行压裂作业,这样既对储层造成多次伤害,又增加了作业成本。为了减小储层伤害,降本增效,压裂改造必须朝少投入、提高压裂效率的一次管柱多层分层压裂和多层合压的方向发展,提高气藏的开发效益。

多层分层压裂技术较多,但可大致分为三类:第一类是非机械分隔,如限流分流分层压裂工艺、封堵球法分层压裂工艺;第二类是机械分隔,如封隔器分层压裂工艺;第三类是混合分隔,它是两种以上分层压裂技术结合使用,达到一次施工压裂尽可能多的气层的目的,如将封堵球法或限流法分层压裂与封隔器机械分压技术相结合。但各种分层压裂方法均有其适用的范围和条件,分层压裂技术的选择,必须根据气井条件及装备条件来确定。

3. 压裂液返排技术

致密砂岩气藏气井压后返排管理关系到入地的压裂液能否实现高效、快速返出,能否避免支撑剂回流对人工裂缝导流能力的影响,从而能否实现低伤害、有效压裂的目的。现场通过实践已经形成了纤维网络加砂技术、泡沫压裂加砂技术以及压后油嘴控制快速返排的一系列快速返排技术。

1)压后返排控制技术

致密砂岩气藏的储层地质特征要求压后尽可能的快速返排以减小伤害,提高增产效果。但是如果不控制的快速返排,就可能导致裂缝未闭合之前大量的支撑剂被携带进入井筒,不仅严重降低支撑裂缝的导流能力,而且侵蚀了地面油嘴和阀门,有时候液体未能将支撑剂携带到地面,支撑剂沉降在井筒中,可能掩埋了大部分射孔井眼,这就限制了产量,需要进行洗井作业。因此,必须有控制地进行压后返排以实现低伤害同时防止支撑剂回流。

(1)支撑剂临界回流流速模型。

压裂液返排的过程中,有些支撑剂悬浮于压裂液中而随压裂液一起运动,有些支撑剂是胶结在一起随着压裂液而以滑动、滚动及跳跃的形式运动。Sung – UK Choi 等[11]研究认为,在3种运动模式的起动中,滚动属临界条件最低的模式,故采用滚动模式,对单颗粒进行力矩平衡力学分析(图5 – 13)。

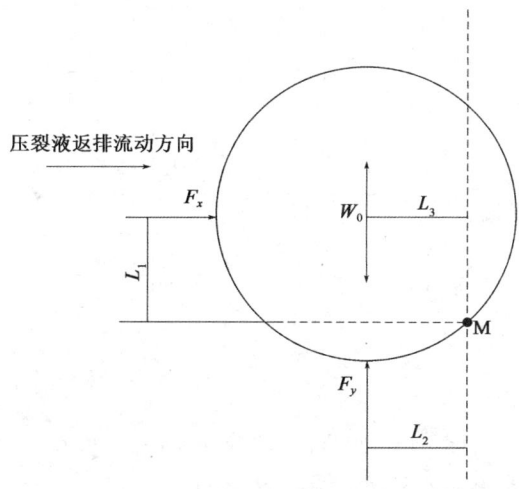

图5 – 13 单颗粒支撑剂滚动模式受力模型

M—滚动点;F_x—流体对颗粒的拖曳力;F_y—液体对颗粒的上举力;W_0—颗粒在液体中的净重;
L_1—F_x 与滚动点之间的力臂;L_2—F_y 与滚动点之间的力臂;L_3—W_0 与滚动点之间的力臂

在压裂液的返排初期,由于支撑剂各自独立,并没有胶结,所以黏结力和液体的下压力都不存在。假设以 M 为滚动支点,得到裂缝闭合前力矩平衡方程为

$$F_x L_1 + F_y L_2 = W_0 L_3 \qquad (5-19)$$

流体对颗粒的拖曳力 F_x 为

$$F_x = C_d \frac{\pi \rho d_s^2 v^2}{4 \quad 2} \qquad (5-20)$$

式中　C_d——颗粒流动阻力系数;
　　　ρ——流体密度,g/cm³;

d_s——颗粒直径,cm;

v——流体流动速度,cm/s。

流体对颗粒的上举力 F_y。根据 Paintal 引入 Merce 的隐暴度概念[12],对于投影面积为 A 的颗粒上举力为

$$F_y = C_d \frac{A\rho v^2}{2} \tag{5-21}$$

颗粒在液体中的净重 W_0 为

$$W_0 = \frac{\pi}{6} d_s^3 g(\rho_s - \rho) \tag{5-22}$$

式中 ρ_s——颗粒密度,g/cm³。

随着压裂液的不断返排,裂缝也在随之闭合。支撑剂的受力情况当然也发生变化,支撑剂之间开始胶结,也就增加颗粒间的黏结力和液体的下压力,具体受力情况如图 5-14 所示。

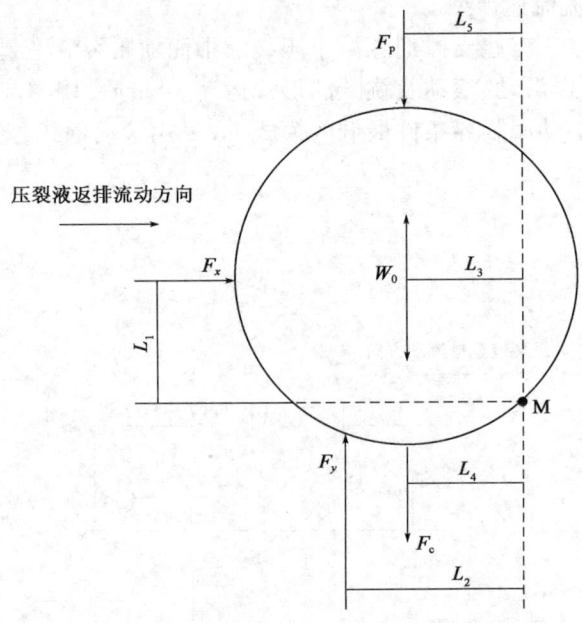

图 5-14 胶结后单颗粒支撑剂受力模型

根据实验得颗粒间的黏结力为

$$F_c = \frac{\pi}{32} d_s \varepsilon \tag{5-23}$$

式中 ε——黏结力系数,$\varepsilon = 2.56 \text{dyne/cm}$。

颗粒间的薄膜与普通的自由水不同,它不能传递静水压强,这是薄膜所具有的一个显著特性。由于这一特性,要增加一项液体的下压力 F_p,根据实验得

$$F_p = \frac{\pi}{32} \gamma h d_s \delta \tag{5-24}$$

式中 r——颗粒的相对密度;

δ——薄膜参数,$\delta = 0.213 \times 10^{-4}$ cm。

考虑滚动方式起动,如图 5-14 所示。取 M 点为瞬时转动中心,于是得到力矩平衡方程为

$$F_x l_1 + F_y l_2 = W_0 l_3 + F_c l_4 + F_p l_5 \tag{5-25}$$

根据液体雷诺数的不同,可以得到不同压裂液返排过程中的支撑剂临界流速。

①当 $N_{Re} \leqslant 2$ 时。

裂缝闭合前

$$v = \frac{1}{36} \frac{d_s^2 g(\rho_s - \rho)}{\mu} \tag{5-26}$$

裂缝闭合后

$$v = \frac{1}{36} \frac{d_s^2 g(\rho_s - \rho)}{\mu} + \frac{1}{192} \frac{\varepsilon}{\mu} + \frac{1}{192} \frac{\rho g h \delta}{\mu} \tag{5-27}$$

②当 $2 \leqslant N_{Re} \leqslant 500$ 时。

裂缝闭合前

$$v = \left(\frac{2}{55.5} d_s^{1.6} g \frac{\rho_s - \rho}{\rho^{0.4} \mu^{0.6}} \right)^{\frac{5}{7}} \tag{5-28}$$

裂缝闭合后

$$v = \left(\frac{2}{55.5} d_s^{1.6} g \frac{\rho_s - \rho}{\rho^{0.4} \mu^{0.6}} + \frac{1}{148} \frac{\varepsilon}{d_s^{0.4} \rho^{0.4} \mu^{0.6}} + \frac{1}{148} \frac{g h \delta \rho^{0.6}}{d_s^{0.4} \mu^{0.6}} \right)^{\frac{5}{7}} \tag{5-29}$$

③当 $N_{Re} \geqslant 500$ 时。

裂缝闭合前

$$v = \frac{1}{6} \sqrt{d_s g \frac{\rho_s - \rho}{\rho}} \tag{5-30}$$

裂缝闭合后

$$v = \left(1.515 d_s g \frac{\rho_s - \rho}{\rho} + 0.284 \frac{\varepsilon}{d_s \rho} + 0.284 \frac{g h \delta}{d_s} \right)^{0.5} \tag{5-31}$$

当单位时间从井筒返排出的压裂液流量大于支撑剂回流的临界流速的时候,支撑剂将会被返排的压裂液携带出裂缝。返排过程中,裂缝未闭合前,按照理论方法进行临界流速的计算,确定支撑剂剖面支撑剂不回流的井口最大油嘴尺寸;当裂缝闭合后,存在地层对支撑剂的夹持作用,则可根据具体情况,将理论计算与实验室分析结果结合分析,确定井口不发生支撑剂回流的最大油嘴尺寸。

(2)放喷油嘴尺寸的选择。

在裂缝的闭合过程中,特别是对于低渗储层,如果油嘴尺寸太小,裂缝闭合时间太长,支撑剂沉降缝底的比例较高,最终影响的压裂效果;如果油嘴尺寸过大,则容易导致支撑剂回流,影响压裂效果及井串设备的安全性。因此,还要研究支撑剂的沉降与流量的关系,在支撑剂回流和沉降与流量之间选取一个最优组合。

结合裂缝强制闭合的裂缝扩展数学模型、井筒压力模型,就可以预测出不同油嘴尺寸所对应的裂缝闭合时间,可以利用裂缝闭合时间和压裂液返排的临界流速来选取防止支撑剂回流的最大放喷油嘴尺寸。这样就能在保证支撑剂不回流的情况下,尽快地把压裂液返排出地层,减少对地层的伤害。通常情况下,如果油嘴尺寸较小,对应的裂缝闭合时间太长,储层伤害严重。因此,压裂液返排时如果得到的临界流速较大,则可以排除小油嘴,直接选取较大尺寸的油嘴。

2)纤维压裂防止支撑回流技术

纤维压裂技术即是在加砂压裂过程中采用一定的纤维伴注方式,通过纤维物理固砂,抑制压后支撑剂返排回流,避免对返排管汇及生产过程中的采气管汇造成冲蚀破坏。

国内外普遍采用小油嘴排液的方法来控制返排时出砂,但使用小油嘴排液会减缓排液速度,达不到降低地层伤害的应用效果;同时,如果拌注了液氮也不能充分发挥液氮拌注提高返排速度的作用。而纤维压裂技术,就能有效解决压裂井加快排液速度和控制支撑剂回流返吐这一对矛盾。

裂缝中的纤维通过多种机理来稳固砂拱达到防砂目的。每根纤维与若干支撑剂颗粒相互接触,通过接触压力和摩擦力相互作用,这种纤维稳定支撑剂技术是通过纤维与支撑剂间的相互作用形成空间网状结构而提供支撑剂与裂缝之间额外的粘结力,从而将支撑剂稳定在原始位置,而流体可以自由通过。压裂施工结束时,裂缝中的支撑剂因承受侧限压力,颗粒间以接触的形式相互作用而达到力学平衡。压裂液开始返排后,由于流体流动的冲刷,这种平衡受到破坏,支撑剂颗粒就发生塑性剪切形变,形成一系列的拱形结构即砂拱,纤维增强支撑剂稳定性的作用原理如图5-15和图5-16所示。

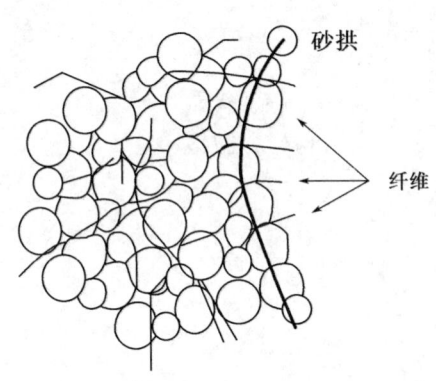

图5-15 防止支撑剂回流示意图

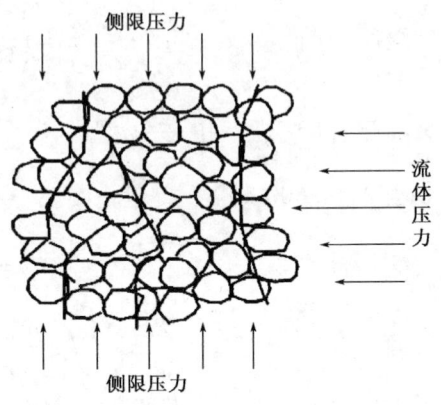

图5-16 砂拱示意图

纤维压裂工艺的优点是没有复杂的化学反应,是通过物理作用来稳定裂缝中的支撑剂,受地层流体、地层温度、闭合压力和关井时间的影响较小,与压裂液的配伍性良好,可在压后直接开井返排,有利于提高返排效率和降低地层伤害。

3) 液氮伴注返排工艺

液氮伴注返排工艺具有增能助排和降低压裂液滤失的作用,可以显著提高压裂液返排速度和返排率,降低压裂液的滞留伤害。该工艺伴注的高压氮气进入地层后,随压裂液沿裂缝被推入到地层中较远的地方。当压后放喷时,由于井底压力释放,受压缩的高压氮气迅速膨胀,推动压裂液进入井筒,在井筒中还具有类似气举的效果,迅速降低井筒的液柱压力,达到快速高效助排的目的。在压裂过程中注入液氮不仅可以为压后返排提供一定的高压氮气能量,有效弥补地层返排能量的不足,还可以通过发泡作用产生大量的气泡,降低压裂液与裂缝面接触,达到降低压裂液滤失、减轻压裂液滤失对地层造成伤害的目的。

小　结

气井增产改造的基本原理和基本方法与油藏相类似,且都要求根据储层特征、具体的井况、井史等进行综合考虑后选择合适的改造工艺。致密砂岩储层由于储层具有低渗致密的特征,决定了低伤害、低砂比、造长缝是储层改造的目标,改造的过程中强调裂缝对储集体的充分沟通,以实现好的增产效果。受页岩气藏开发模式的启发,越来越多的储层打破常规改造理念,对储层实行缝网改造追求改造体积来实现增产。本章的学习建议在学习了"采油工程"课程后(特别是酸化和水力压裂章节后)进行,或者在学习本章之前自学油气藏增产改造的基础知识,以利于理解和深化认识。

参 考 文 献

[1] 王鸿勋,张琪. 采油工艺原理[M]. 北京:石油工业出版社,1989.
[2] 李颖川. 采油工程[M]. 2版. 北京:石油工业出版社,2009.
[3] 陈春德. 天然气开采工程基础[M]. 东营:中国石油大学出版社,2007.
[4] 埃克诺米德斯 M J. 油藏增产措施[M]. 3版. 张保平,译. 北京:石油工业出版社,2003.
[5] Economides M J,Oligney R E,Valkó P P. Unified Fracture Design[M]. Alvin Texas:Orsa Press,2002.
[6] Cinco-Ley H,Samaniego F V. Transient pressure analysis for fracture wells[J]. SPEJ,1981,33(06):1749-1766.
[7] Daal J A,Economides M J. Optimization of hydraulically fractured wells in irregularly shaped drainage areas[R]. Lafayette Louisiana:SPE International Symposium and Exhibition on Formation Damage Control,2006.
[8] Ozkan E. Performance of Horizontal Wells[D]. Oklahoma:University of Houston,1988.
[9] Gidley G L. 水力压裂技术新进展[M]. 北京:石油工业出版社,1995.
[10] 杨克明,王世泽,郭新江,等. 川西致密砂岩气藏增产技术[M]. 北京:科学出版社,2012.
[11] Sung-UK Choi,Seungjoo Kwak. Theoretical and probabilistic analyses of incipient motion of sediment particles[J],Journal of Civil Engineering. 2001,5(1):59-65.
[12] Paintal A S. A stochastic model of bed load transport[J]. Journal of Hydraulic Research,1971,9(4):527-554.

习 题

5-1 请阐述气藏不同改造方式各自的增产原理。
5-2 请阐述孔隙型、裂缝—孔隙型、缝洞型碳酸盐岩储层各自的增产改造理念。
5-3 气井常用的基质酸化工艺有哪些?常用的酸压工艺呢?
5-4 支撑剂指数法优化设计的原理是什么?
5-5 请阐述低渗致密气藏改造过程中储层伤害的机理。
5-6 压裂液体系室内评价的常用指标体系有哪些?
5-7 低渗致密气藏的改造为什么要强调返排的优化设计?纤维压裂防止支撑剂回流的原理是什么?

第六章
污水回注工艺技术

在天然气开采过程中,随着气藏压力降低,储层水(包括边水、底水)会逐渐侵入气层并伴随天然气被一道采出;同时为了提高气井采收率,气田上大力推行排水采气工艺,使得气田污水产出量剧增。由于气田污水矿化度较高,并且可能含有大量 Cl^-、H_2S、CO_2、悬浮物和有机物等,必须对其进行有效的处理,才能满足气田正常生产、系统防腐和环境保护的需求;气田污水处置常常采用回注、综合利用和达标排放的方式,具体方式必须结合环保评价和技术经济指标综合确定。本章主要介绍气田污水回注过程中水质指标设计、水处理和注水工艺等问题。

第一节 水质指标设计

气田污水通常是指在采气工程中随天然气开采带出地面的储层水,气田污水大部分来源于气井井口经分离器分离出的水,少部分来源于天然气集输管线中凝结后分离出的水。此外,天然气脱硫厂也产生大量污水,其中部分污水不能重复利用,需要与凝结分离出的污水一起处理,这部分废水与采气污水统称为气田污水。本章讨论的气田污水回注包含气层回注和地层回灌。以提高采收率、保持地层压力为目的,将气田污水注入目的气层称为气层回注;以处置气田废水为目的,向储层(非目的气层)注入气田污水称为地层回灌。

不论气层回注还是地层回灌,将气田污水注入储层,储层的原始平衡都会被打破,不可避免地出现因储层伤害而堵塞的问题。注水水质就是指污水回注过程中,为了避免或减轻系统腐蚀和储层堵塞,满足气田污水回注正常进行而提出的注入水质量指标要求。

水质指标(water quality specifications)设计必须根据储层配伍性要求,从储层防堵、注水系统防腐的机理出发,根据大量实验评价结果提出具有针对性的注入水水质指标方案。

一、污水回注过程中储层堵塞机理

污水回注引起储层堵塞主要是由于注入水与储层岩石及流体不配伍或配伍性程度差所致。主要体现在以下几个方面:

(1)注入水与储层水不配伍。

主要指注水过程中,注入水由于压力及温度变化或注入水与储层水直接接触后,由于富含成垢离子而生成无机沉淀物,如 $CaCO_3$、$CaSO_4$、$BaSO_4$ 及 $SrSO_4$ 等。

(2)注入水与储层岩石矿物不配伍。

由于注入水矿化度或 pH 值与储层水不同,容易造成水敏(盐敏)伤害,引起储层中敏感性黏土矿物(如蒙脱石、伊/蒙混层)膨胀(收缩),分散(剥脱)与运移而堵塞储层,从而导致储层渗透率下降。

(3)注入水中悬浮物造成的储层堵塞。

注入水中所含悬浮物主要包括悬浮固相颗粒、凝析油及其乳化物、系统腐蚀产物、细菌及其衍生物和有机物。注水系统中的腐蚀性介质主要来源于注入水中的 Cl^-、溶解气(如溶解氧、H_2S 和 CO_2)以及细菌对金属的腐蚀产物,通过对系统腐蚀的控制和杀菌处理,由腐蚀产物和细菌引起的堵塞可以得到很好的控制。

(4)注入条件变化。

①流速的影响。低注入速度有利于细菌的生长和垢的形成;高注入速度将加剧腐蚀反应;高渗流速度加剧微粒的脱落和运移,引起速敏伤害。

②温度变化的影响。在注水过程中,随着储层温度逐渐下降,流体黏度上升、渗流阻力增加,岩石水润湿性减小,吸水能力下降;温度变化导致沉淀生成,温度上升有利于吸热沉淀生成,温度下降有利于放热沉淀生成;温度变化导致储层孔喉变温应力敏感,且温度降低将导致蜡的析出。

③压力变化的影响。压力变化会导致应力敏感(特别是双重介质气藏)和储层结构伤害及沉淀的析出。

二、污水回注过程中系统的腐蚀机理

注水的腐蚀危害是众所周知的,影响腐蚀的因素很多,首先是各种溶解气体如 O_2、H_2S、CO_2,另外还有温度、pH 值、Cl^- 和矿化度等。

1. Cl^- 腐蚀

一般来讲,Cl^- 对缝隙腐蚀具有催化作用。腐蚀开始时,铁在阳极失去电子。随着反应的不断进行,铁不断地失去电子,缝隙内 Fe^{2+} 大量的聚积,缝隙外的氧不易进入,迁移性强的 Cl^- 即进入缝隙内与 Fe^{2+} 形成高浓度、高导电的 $FeCl_2$,$FeCl_2$ 水解产生 H^+,使缝隙内的 pH 值下降到 3~4,从而加剧腐蚀。

2. 溶解氧腐蚀

由于氧具有较强的氧化势和阴极去极化能力。在注水系统中溶解氧与金属设备组成以金属为阳极、氧为阴极的腐蚀电池,阳极的铁溶解并生成 $Fe(OH)_2$ 和氢气。阴极是氧和氢气反应生成水,同时将 $Fe(OH)_2$ 氧化成 $Fe(OH)_3$,pH 值大于 4 时,$Fe(OH)_3$ 开始沉淀,在储层中发生堵塞。

氧腐蚀一般是点蚀,如果存在 Cl^-,还会破坏 $Fe(OH)_3$ 沉淀的保护膜,使腐蚀加剧。由于注入水中 pH 值在 7 左右,因此氧的危害性很大。同时,当水中有铁菌时,其代谢作用也会产生 $Fe(OH)_3$ 沉淀。

当矿化度很高时,即使少量的溶解氧也会造成腐蚀。图 6-1 是注入海水时的腐蚀曲线,由图可见,在海水的高矿化度下,当溶解氧含量为 0.05mg/L 时,腐蚀速度已达 0.15mm/a,其腐蚀程度十分严重。

3. H_2S 和 CO_2 腐蚀

注入水中含 H_2S 会给系统造成严重腐蚀,其腐蚀产物硫化铁还会造成严重的储层堵塞。H_2S 的来源一是本身天然气产出的附属产物,二是由于水中存在的硫酸还原菌的产物。研究

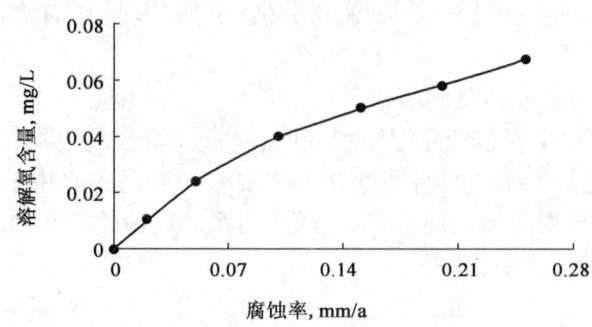

图 6-1 海水中腐蚀率与溶解氧含量的关系曲线

表明,一般 H_2S 低含量时形成保护膜式的 FeS 沉淀,高含量时将向钢铁内部渗透形成氢脆,引起钢铁晶格变异性破坏。由于注入水处于流动状态,腐蚀产物 FeS 不容易沉积下来形成保护膜,而是被流水带走,此时 H_2S 腐蚀将进一步加剧。

CO_2 的腐蚀机理主要是由于重碳酸分解使水中的氢离子增加而产生氢的去极化作用。另外游离的 CO_2 也能溶解设备和管道的保护膜,从而引起金属的腐蚀。CO_2 在分压较低的情况下所造成的腐蚀并不强,但通常造成点腐蚀。

4. 细菌腐蚀

任何水系统(不论淡水或盐水)不同程度都含有细菌,细菌的数量、种类、活性决定了他们的危害程度,也决定了有效控制这些细菌的方法。硫酸盐还原菌、腐生菌和铁细菌是我国油气田注水中危害最严重的菌种。

(1)硫酸盐还原菌(SRB)。这是一种厌氧条件下使硫酸根还原成硫化物(如 H_2S),以有机物质为营养的细菌。最佳生成环境的 pH 值为 7.0~7.5,温度为 20~35℃。SRB 的危害是产生 H_2S 并与铁作用形成不溶性胶态 FeS 沉淀和产生黏液物,极易造成堵塞,加剧垢的形成。注水过程中的典型表象为:①注入水逐渐变为酸性并可能变成黑水;②多次酸化无效,注水量下降;③注水系统中金属管线腐蚀严重,出现瘤状结点和蚀坑;④反洗井返出大量黑色水和黑色黏液。SRB 是成群或成菌落的形式附着在管壁上,在流动的液体中不易找到。水样中的 SRB 只是粗略地表示了注入水中的情况,有可能其含量很低,但在管线某处却有大量的细菌生长繁殖。因此,一旦发现有 SRB 细菌就应严格控制。

(2)铁细菌。铁细菌是多种细菌的总称,属于好氧性细菌或兼性细菌,在含氧量小于 0.5mg/L 的系统中也能生长。在铁细菌生长过程中,它们能分泌出大量黏性物质形成菌膜,成为鼻涕状堵塞物,并能形成氧浓差电池引起腐蚀,同时可给 SRB 的繁殖提供局部的厌氧区和促成 Fe^{2+} 氧化成 Fe^{3+}。铁细菌的生长条件:水中含有亚铁,总铁量在 1~6mg/L 的水中,铁细菌旺盛繁殖;水中含有氧和有机物及适宜的温度(适应温度为 22~25℃);pH 值呈酸性对其繁殖有利。

(3)腐生菌(TGB)。TGB 属于好氧异养型的细菌。TGB 腐蚀会形成氧浓差电池而引起阳极区腐蚀,氢氧化铁层下的 SRB 的活动也会加剧腐蚀,沉淀的大量氢氧化铁会造成注水井的堵塞。腐生菌可以在盐水、淡水、有氧、无氧环境中生存,但常见于低盐度的有氧系统中。在一定条件下它们从有机物中得到能量,生长过程中形成菌膜,产生黏性物质。一般的酸处理及活性水对解堵均不起作用,因此导致注水量降低,注水压力升高。

综上所述,注水过程引起的储层堵塞和系统腐蚀与储层岩石及流体特性和注入水水质密切相关。同时,注入水引起储层堵塞和系统腐蚀的因素是多方面的,各因素之间也不是孤立存在的,往往是相互影响,甚至加剧了储层伤害或系统腐蚀。因此,针对性地制定合理的注入水水质标准,有效的控制系统腐蚀和储层堵塞是保障气田污水回注顺利进行的关键。

三、气田污水回注水质指标设计

气田污水回注水质指标具有较强的针对性,不同的储层有不同的要求,它必须是在对具体的水源,具体的储层全面分析以后,提出的不伤害储层、经济上可行、易于操作的注入水水质规范。石油工业行业水质标准不具有普遍适应性,只是总体的、全局概念上的约束与规范。

1. 水质指标体系的构成

完善的水质控制指标体系必须能有效控制注水系统的腐蚀问题和注水井的堵塞问题,因而水质指标体系可大致分为三类,即腐蚀类控制指标、堵塞类控制指标以及检验腐蚀和堵塞控制效果的综合评价指标。引起系统腐蚀和储层堵塞的因素很多,有些因素既可引起腐蚀,还可能带来堵塞问题,只要将主要的诱发因素加以控制,其他问题就会迎刃而解。表6-1概括了水质指标体系及分类。

表6-1 水质指标体系构成及分类

类 别	控制指标	要 点
堵塞因素	悬浮固相	粒径,含量
	含油量	含量
	化学需氧量(COD)	含量
	相容性	与储层岩石相容,与储层流体相容
腐蚀因素	溶解气	H_2S, O_2, CO_2
	细菌	SRB,TGB
	pH值	6~8
综合指标	总铁含量	Fe^{3+}
	膜滤系数	根据储层渗透率
	年腐蚀率	小于0.076mm/a

2. 污水回注水质行业标准

气田污水回注水质推荐行业标准是适用于砂岩和碳酸盐岩天然气田水排污回注的气田水注入技术要求(SY/T 6596—2016),该标准规定了气田污水回注井和回注层的评选要求、推荐水质指标、达标回注水质检测分析方法与推荐水质处理工艺方法。行业标准推荐的水质指标十分简单,主要考虑了储层渗透率的影响,规范了对气田污水中悬浮物和含油的要求(表6-2)。同时对回注水质量要求如下:

(1)水质稳定,与储层水相混合后不产生沉淀。
(2)注入储层后不使黏土矿物产生水化膨胀或悬浮。
(3)应控制悬浮物、有机淤泥、油和乳化液含量。
(4)对注水设施腐蚀性小。
(5)不同水源的水混合回注时,应首先进行室内试验。证实其相互间及其与回注层岩石和储层水之间配伍性良好,对回注层无伤害方可注入。

表6-2 气田水回注推荐水质指标

控制指标	注入层平均空气渗透率,μm^2	≤0.2	>0.2
	悬浮固体含量,mg/L	≤15	<25
	悬浮物颗粒直径中值,μm	≤8	<10
	含油量,mg/L	<30	
	pH值	6~9	

注:对于裂缝型灰岩回注层,悬浮固体含量、悬浮物颗粒直径中值两项指标可扩大4~5倍。

由于气田类型和地面天然气处理流程不同,气田污水组成十分复杂,污水性质也差异极大,回注储层的储层特点也各异。行业标准推荐的水质控制指标,具有全局意义的约束作用,对于改善气田污水回注现状具有重要意义。在编制气田污水回注工艺方案时,仅参照行业标准,机械地根据储层条件套用其相应水质标准的做法是不可取的。大量现场实践表明,注水水质标准具有较强的针对性,合理的水质指标方案设计应根据储层孔隙结构、渗透性分级、流体性质和污水水源特征,通过大量的实验评价来综合考虑。

各气田应借鉴而不是照搬行业标准,应根据储层的具体特性和生产实际情况,科学制定切合实际的水质指标。如国内气田结合各自气田污水特点和回注储层特征,推荐的气田污水水质标准见表6-3。

表6-3 部分气田污水回注水质指标

气田名称	悬浮颗粒 浓度 mg/L	悬浮颗粒 粒径 μm	含油量 mg/L	溶解氧量 mg/L	硫化物 含量 mg/L	SRB含量 个/mL	TGB含量 个/mL	总铁含量 mg/L	pH值	膜滤因素	腐蚀率 mm/a
大牛地气田	≤10	≤3	≤30	/	/	<10^3	<10^3	≤0.5	7~8	>14	<0.076
普光气田	≤2.0	≤1.5	<6	/	<300				7±0.5	/	<0.076
元坝气田	≤2.0	≤2.0	≤10	≤0.1	≤10			≤10	7±0.5		<0.076
西南油气田	≤100	/	≤15	<0.5	<20				6~8		<0.125
龙岗气田	≤20	≤3	≤15	<0.5	<20				6~8		<0.125

3. 水质指标的设计方法

水质指标的设计就是如何量化水质控制参数。它应根据储层特征和气田污水特征,通过注入水对储层的伤害机理分析,从有效控制系统堵塞和腐蚀的观点出发,在对污水、储层充分认识的基础上,提出合理的水质指标方案,为水质达标处理系统设计奠定基础。基本步骤如下。

1)静态资料录取

静态数据资料主要包括:

(1)污水分析数据。应对气田污水进行水质全面分析。通常包括总矿化度、阴离子含量、阳离子含量、硬度、碱度、COD、pH值、水型、溶解气(CO_2、O_2、H_2S)含量、细菌(SRB、TGB及铁细菌)含量、含油量、悬浮固相总量与粒径分布、温度和相对密度。

(2)储层岩石特征参数。主要包括敏感性矿物的含量和产状、岩石孔隙结构特征与孔喉分布数据以及储层的孔渗特征。

(3)储层水分析数据。通常包括总矿化度、阴离子含量、阳离子含量、pH值、水型、相对密度等。

(4)温度及压力系统。

2)注水系统调查分析

对现有注水系统,在确定水质标准的适应性时,必须对现有注水系统进行全面的调查分析。需要调查的数据包括:

(1)注水系统水质。明确现有注水系统采用的水质标准及其确定依据、水质处理流程及化学处理剂是否按要求执行、目前水质是否达标、水质监测是否正常、出现问题的原因等。

(2)注水井吸水能力。分析注水井吸水能力变化情况、注水井解堵增注情况以及目前注水方式(注水压力是否大于储层破裂压力)。

根据调查结果,确定现有水质标准及其水处理措施是否合理,注水能否正常进行,如水质合理并能满足注入要求则合格。反之,应该初步判定水质标准是否适合,如果不合理就应该进行调整和修正。如果现有水质标准适合于储层则应弄清造成注水困难的原因,是水质入井前达标进入井筒后恶化,还是水质处理本身的问题使处理后的水不达标,都应该通过分析确定真实原因。

3)控制指标的量化及其评价实验

如何量化水质控制指标一直是人们比较关心的问题,目前的方法主要是通过室内实验进行评价。原则上讲,实验要求在模拟实际储层条件下进行。

(1)储层敏感性评价实验。主要包括速敏、水敏和盐敏评价,具体做法参见相关标准。

(2)悬浮固相指标评价实验。该实验是确定适合于具体储层注水水质指标中固相含量和粒径的主要依据。应根据储层孔喉大小配制系列不同粒径和含量的悬浮液体,最好采用正交实验原理获得悬浮物含量和粒径与储层伤害的规律。

(3)含油量指标评价实验。用于确定适合于具体储层注水水质指标中的油含量。

(4)腐蚀控制指标评价实验。腐蚀控制的评价已很标准化,主要采用静态挂片和动态挂片实验评价方法,结合气田污水具体性质和腐蚀性气体的含量,评价 H_2S、CO_2 和 O_2 对系统腐蚀的危害性。

(5)细菌控制指标评价实验。细菌的控制应使细菌杀灭或不致繁殖为最终目标。实验评价主要应根据注入水中监测到的细菌类型和数量,通过培养繁殖后进行腐蚀和堵塞评价。

(6)污水及其与储层水的配伍性评价。评价的方法有两种,一是室内实验评价,二是模型预测。室内实验评价方法包括静态法和动态法。静态法是将两种水(如储层水和回注水)在一定的温度和压力条件下,在容器内混合,观察混合后垢粒沉淀情况,并进行离子分析,通过实验判别水垢类型及结垢量。动态法也称驱替法,在模拟靶场条件(如温度、压力等)的情况下,将两种水连续注入岩心模型中,其目的是了解两种不相容水在岩心中混合后产生的垢对储层渗透率的伤害程度。

(7)其他评价实验。主要指确定化学处理剂配方(药剂类型、含量及其相容性)的相关实验。

在上述分析和实验的基础上对污水水质指标进行概念设计,并尽可能向行业标准靠近,概念设计方案可提供 2~3 个方案。结合储层伤害程度的定量关系、吸水能力随时间的变化规律等预测注水井的吸水能力,讨论不同方案的配注指标实现程度和水质处理可行性。最后结合注水工艺技术现状、水处理费用等优选出一套水质指标的试注方案。

4) 水质指标的合理性检验

通过配伍性水质指标设计可以获得适合于储层的注入水水质指标,具体效果如何还必须通过室内和现场评价对设计的水质指标进行合理性检验。室内实验一般是采用流动实验法,对水质控制指标进行复合因素评价,以检验配伍性水质指标在各主要因素同时存在的情况下,水质对储层的伤害程度有多大,以及时调整这些主要控制指标。现场试验一般是采用试注方法,通过注水系统腐蚀和注水井压力监测,检验水质指标的可行性。

第二节 气田污水处理

气田污水处理方式有三种——回注、达标外排和综合利用。由于气田污水成分复杂,其中氯化物、硫化物、石油类有机物、甲醇、泡排剂和金属元素(砷、镉、铅等)对环境和生物有极大危害,回注地下是解决气田污水对环境造成污染的一条有效途径。如果对环境质量要求严格又无回注条件的气田污水,通常处理达标后外排。气田采出水中钠盐、溴、碘、硼、钾、锂等有价值的元素含量高,条件和技术满足的情况下可以采用先化工后制盐或者先制盐后化工的综合利用方式。下面主要介绍气田污水处理措施、处理流程以及注入系统。

一、气田污水处理措施

当制定出与回注储层特征相适应的水质标准后,必须提出相应的污水处理措施、处理流程和注入系统,满足气田污水设计总注水量的要求。气田污水性质不同,与具体储层相适应的水质指标也不同,对应的水处理工艺也就不同。气田常用的污水处理措施有以下几类。

1. 脱气(gas removal)

气田污水处理宜先进行脱气处理,包括脱出 CO_2、H_2S 和 O_2,脱气处理方法主要有闪蒸和气提。如高含硫气田生产污水进入生产污水处理系统应首先脱出 H_2S,使其含量低于 10mg/L。

1) 闪蒸(flash separation)

根据亨利定律,不同温度与分压下气相溶质在液相溶剂中的溶解度不同,当溶剂压力降低时,溶解在溶剂中的溶质就会迅速解吸自动放出形成闪蒸。因此,闪蒸分离一般是通过减压,在低压或常压状态下使溶解在液体中的 H_2S、CO_2 或天然气等气体从液体中分离的过程。

对于高含 H_2S 的气田污水,高压状态下 H_2S 在水中的溶解度远高于原料气中其他组分在水中的溶解度,因此低压闪蒸分离出来的气体主要是 H_2S。由于 H_2S 属于高毒性、强腐蚀性的气体,只有将它尽可能地与气田污水分离,才能保证后续气田污水的输送及处理安全。

闪蒸罐宜采用卧式形式,其设计压力和温度应根据气田污水水质、水量以及排放气所采取的处置方式综合确定,闪蒸罐进水压力等级应与前端原料气气液分离装置匹配,而出水压力应与后端的气田污水罐操作压力匹配,这样闪蒸处理后的气田污水靠两罐之间的压力差就可以进入后端水罐,避免了二次提升过程中 H_2S 的泄漏,脱出的气体与闪蒸分离的酸气一并进入酸气压缩机或被燃烧排放。

2) 气提(gas stripping)

将载气(天然气、烟道气或惰性气体)以逆流的形式通入水中,让水与载气充分接触,使水中溶解气体和挥发性物质穿过气液界面,向气相转移,从而达到从水中脱除溶解气的目的。对于高含 H_2S 的气田污水,气提宜采用净化天然气在弱酸性环境下进行(弱酸性环境下 H_2S 主要以气体形式存在),气提塔排放的天然气宜进行回收利用,不能回收利用的应进行无害化处理。

另外,真空脱气法也一种选择,由于真空脱气效果受温度和真空度影响,单级脱气可能无法满足要求。气提和真空脱气示意图如图6-2所示。

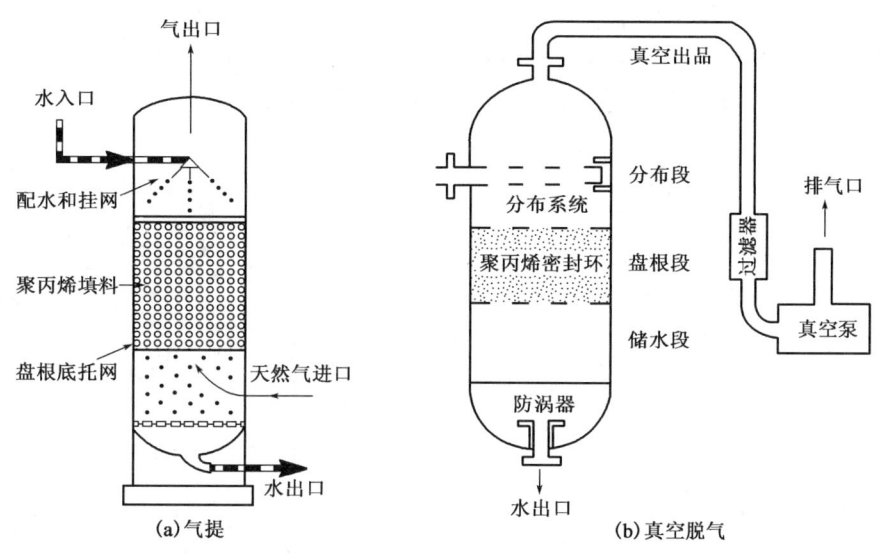

图6-2 气提和真空脱气示意图

由于气田污水中的悬浮物及油类物质会阻碍水中挥发性物质向气相扩散,而且会堵塞填料,影响气提,应在预处理中除去。因此,气田污水在进入气提塔前,宜根据水质情况,通过设置除油和除悬浮物设备(如沉降、过滤等)对污水进行预处理。

2. 沉降(sedimentation)

沉降是让水在沉降池(罐)内停留一定时间,使其中所悬浮的固体颗粒借助自身的重量沉降下来。足够的沉降时间和快速的下沉速度是水处理质量的保证。经沉降后的水质,其悬浮物含量应小于50mg/L。加快沉降速度的方法是在沉降过程中加入絮凝剂、助凝剂等,它与水中的悬浮物和非溶性化合物发生物理化学作用,将细的微粒凝聚,形成絮状沉淀物,增大颗粒直径。一般在池或罐内装有迂回挡板,以增大流程和沉降时间,改变流向以利于颗粒凝聚与沉降。此外,在沉降过程中,pH值影响聚凝效果,调整或改善水质具有事半功倍的效果。

3. 过滤(filtration)

来自沉降罐的水往往还含有悬浮颗粒和细菌,为了清除这类物质必须进行过滤处理。即使来自无需沉降的气田污水也需过滤。过滤是水质处理的重要环节,水质指标决定了过滤等级。过滤的目的是除悬浮固体或除铁。

(1)除铁。气田污水中铁质的主要成分是二价铁,通常以 $Fe(HCO_3)_2$ 的形态存在。二价铁极易水解而生成 $Fe(OH)_2$,氧化后形成 $Fe(OH)_3$ 沉淀,常用的气田污水除铁方法见表6-4。

表 6–4　污水除铁方法

除铁方法	特　点
自然氧化法(石英砂过滤)	适用于 pH<6.8 的含重碳酸亚铁的污水，但效率较低
接触催化法(天然锰砂过滤)	适用于 pH≥6.0 且水中含铁不超过 30mg/L 的污水，应用较普遍
人工石英砂法	利用在石英砂表面人工制成的活性滤膜，可加快二价铁氧化，效果与天然锰砂相似，近年来开始使用

(2)除悬浮物。气田污水中的悬浮固体主要采用过滤器过滤去除，过滤还可清除某些细菌。不同的过滤器其过滤标准和处理能力也不尽相同。常规分层过滤罐(压力过滤罐)能除去大部分 25~30μm 的颗粒；而硅藻土过滤器，能除去小于 5μm 的颗粒；高速深度过滤器，在没有用絮凝剂时，也能除去 5~10μm 的颗粒，若加 0.5~2.0mg/L 的絮凝剂，可清除 1~2μm 的颗粒。过滤精度根据水质指标中悬浮物含量和粒径要求确定。图 6–3 和图 6–4 是两种不同类型的过滤器。

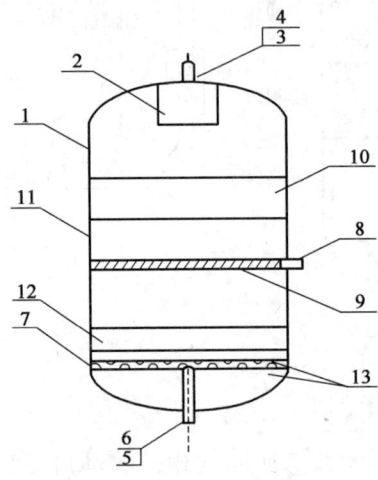

图 6–3　双向过滤器

1—罐体；2—防砂器；3—进水管；4—反冲洗排水管；
5—出水管；6—反冲洗进水管；7—配水管；8—出水管；
9—集水筛管；10—无烟煤滤料层；11—石英砂滤料层；
12—磁石矿砂层；13—卵石垫料层

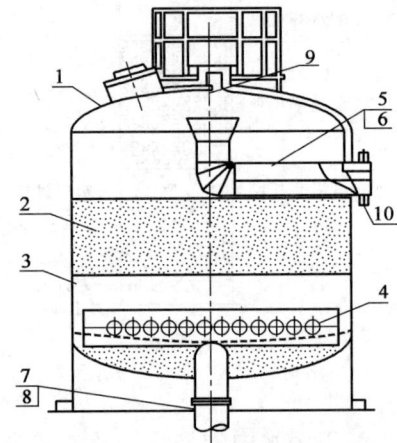

图 6–4　压力式锰砂除铁滤罐

1—罐体；2—滤料层；3—垫料层；4—集配水管；5—进水管；6—反冲洗排水管；7—出水管；8—反冲洗进水管；9—自动排气阀；10—排气管

4. 杀菌(bacteria control)

控制气田污水中细菌的处理方法很多，遗憾的是没有一种方法普遍有效。而且细菌适应性强，具有抗药性，应交替使用。常用的杀菌剂有氯及其他化合物，如次氯酸、次氯酸盐及氟酸钙。甲醛既有杀菌作用又有防腐作用。氯气杀菌时，由于和水作用而生成次氯酸。

$$Cl_2 + H_2O \longrightarrow HCl + HClO$$

而次氯酸是一种不稳定的化合物，分解后产生新生态的氧[O]，[O]是强氧化剂，可以杀菌。

$$HClO \longrightarrow HCl + [O]$$

除化学方法外，物理法杀菌具有很好效果，如紫外光照射杀灭 SRB。

5. 除油(oil removal)

不少气田污水都存在一定凝析油，不论是回注还是达标排放都对污水中含油量有严格要求,气田污水除油处理也十分重要。气田污水中含油量范围很宽(100~2000mg/L),按分散情况可分三类:浮油(粒径大于100μm)、分散油(粒径为10~100μm)和乳化油(粒径小于10μm)。浮油稍加静置即浮到水面,分散油如有足够的静置时间,也能浮至水面,乳化油具有一定的稳定性,单纯用静置的方法很难使油水分离。由于气田水中常常含有泡排剂和表面活性剂,污水中乳化状态的凝析油含量很高。

大部分浮油和分散油在沉降过程中就可以去除,难点在于乳化油的去除。常用的去除乳化油的方法有两种,一是筛选出适用的高效破乳剂;二是采用粗粒化,让极细的油粒互相聚合成大油滴而从水中分离出来。粗粒化原料有聚丙烯球、蛇纹石等,比较而言用蛇纹石较好,它密度大,耐热性和抗压性比较好,价格便宜,亲油疏水性好,可使微小粒径的油球在其表面上润湿附着以便脱落而上浮。

目前除油方法很多,最常采用的是重力、斜板、气浮和水力旋流等分离方法(表6-5)。

表6-5 污水除油处理方法分类

处理方法	设备类型	说明
重力分离法 (gravity separation)	撇油罐(skimmer tanks) 撇油槽(skimmer vessels) API 分离器(API separator)	用于处理污水中含有大量的游离状态的浮油
板式聚结法 (plate coalescence)	平行板扰流器(parallel plate interceptor)	能去除 30μm 以上油滴
	波纹板扰流器(corrugated plate interceptor)	可处理 25×10^4 mg/L 来油,出口含油小于10mg/L
	横向流分离器(cross-flow separator)	
	混合流分离器(mixed-flow separator)	能处理 3×10^4 mg/L 来油,出口含油小于15mg/L
气悬浮分离法 (gas floatation separation)	溶解气(dissolved gas)	除油效率高,费用高,很少采用
	水力分散气(hydraulic dispersed gas)	除油效率大于95%
	机械分散气(mechanical dispersed gas)	
改善重力分离法 (enhanced gravity separation)	水力旋流器(filter/coalescers) 离心机(centrifuges)	处理量可达 23000m³/d,排出含油量小于5mg/L

二、气田污水处理流程

气田污水处理系统一般分为闭式系统和开式系统两种。闭式系统(closed water treating system)是一种完全隔绝氧气的系统。对于高含硫酸性气田,由于污水中溶解有大量有毒有害的 H_2S 气体,在处理、输送和回注过程中宜采用闭式处理系统,并对储水罐和缓冲罐在高于大气压条件下进行天然气密封,一方面避免 H_2S 逸出对人体健康带来危害,另一方面可避免含硫污水暴氧带来的对处理设备的严重腐蚀和负压吸入空气形成爆炸性组分。在开式系统中,气田污水可能暴露在空气中,处理后的污水应采用相应的隔氧技术(如天然气隔氧技术)。

气田污水处理工艺流程的选择与气田污水特征、天然气净化工艺和污水回注或排放水质要求有关。不同的气田由于气质不同、天然气净化处理工艺不同,选择的污水处理措施和流程也有一定差异。应按照水质指标的要求,选择污水处理设备、等级和工艺措施,科学、经济、安全地安排流程。下面介绍气田污水常用的处理流程。

1. 常规气田污水处理流程

常规气田污水一般按回注或回灌水质要求进行处理,由于天然气不含腐蚀性 H_2S 或 CO_2,

因此,污水处理流程的主要作用是通过混凝、沉降和过滤去除悬浮固相,通过斜板和气浮去除凝析油,杀菌、阻垢、缓蚀等化学处理剂根据实际情况加入。图6-5是常规气田污水处理流程示意图,如果气田污水不含油则将除油单元取消即可。

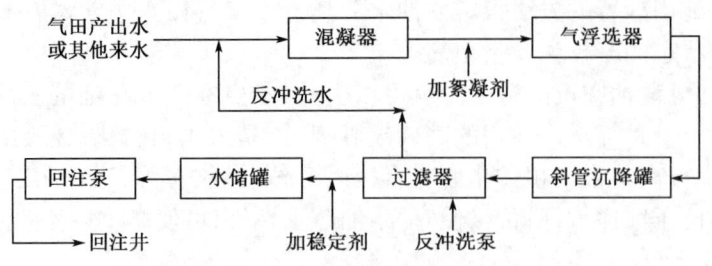

图6-5 常规气田污水处理工艺流程

有些气田在天然气开采过程中为了辅助举升、减缓腐蚀及防止水合物的生成,人们在井筒和地面管线中定期注入一定量的泡排剂、缓蚀剂和甲醇,同时气田污水中还含有少量H_2S和CO_2,使得采出污水成为一个含醇、含盐、含油、含大量机械杂质、呈弱酸性的具有较强腐蚀性和较易结垢的复杂体系(如靖边气田、大牛地气田等)。在甲醇常压精馏回收处理过程中,极易造成回收装置中换热器管程和精馏塔陶瓷波纹板填料的结垢堵塞,同时水中大量悬浮物和乳化油的存在进一步加剧了管程和精馏塔波纹板填料的堵塞,影响含醇污水处理过程中甲醇回收效率、装置处理效率和污水处理能力。因此,针对含醇气田污水的处理既要考虑回注水质要求,又要考虑甲醇回收效果和系统的防腐防垢。图6-6是典型的含醇气田污水处理流程示意图。

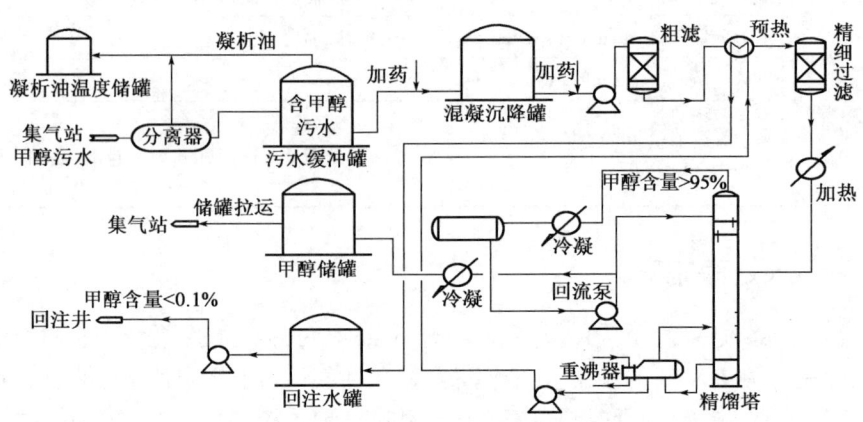

图6-6 含醇气田污水处理工艺流程

2. 含硫气田污水处理流程

含硫气田是指产出的天然气中含有H_2S以及硫醇、硫醚等有机物的气田。H_2S含量在2%~50%为高含硫气田。世界上已发现了400多个具有商业价值的含硫气田,我国含硫气田(H_2S含量2%~4%)气产量占全国气产量的60%。其中,四川普光气田(H_2S含量14%)、罗家寨气田(H_2S含量9%)、元坝气田(H_2S含量5%)、中坝气田(H_2S含量10%)、卧龙河气田(H_2S含量10%)、龙岗气田(H_2S含量6%)等属于高含硫气田,龙王庙气田属于中含硫气田。此类气田污水由于含有硫化物使得污水处理流程比常规气田污水处理流程更加复杂,不论是污水回注还是达标排放,含硫气田污水处理对含硫化物含量都有严格要求。

研究表明,随着含硫气田污水 pH 值的变化,其中硫化物的形态也将发生变化(表 6-6)。污水除硫是含硫气田污水处理流程的主要特点,含硫污水处理方法应根据硫化物含量、状态和相关工艺条件进行选择。因此,在选择处理方法时需要对硫化物含量、处理水量和处理设备能力和经济效益进行综合考虑。

表 6-6 不同 pH 值下 H_2S 在水中的状态

指　标	pH≤5.5	5.5 < pH < 8	pH = 8	8 < pH≤9.8	pH > 9.8
存在形态	H_2S	H_2S、HS^-	HS^-	HS^-、S^{2-}	S^{2-}

一般来讲,当硫化物含量大于 200mg/L 时宜采用气提和化学沉淀的方法除硫;当硫化物含量为 50~200mg/L 时可以选择真空抽提、氧化或电化学方法除硫;当硫化物含量低于 50mg/L 时则宜采用中和法或生化方法处理。不同处理方法的特点如表 6-7 所示。

表 6-7 含硫污水处理方法比较

处理方法	原理及特点
气提	主要使用天然气、烟道气、空气等降低 H_2S 气分压实现气提,宜在弱酸性环境下进行,当 pH < 5.5 时效率最高,对设备要求高
真空抽提	在一定温度和负压条件下使污水在弱酸性环境下从水中分离 H_2S,对设备要求高,需要抽气设备和负压设备,适合大型处理
氧化	利用空气中氧气(成熟但成本高)、强氧化剂(易造成二次污染)或光催化氧化(无二次污染)方法将硫化物氧化为单质硫而从污水中脱出
化学沉淀	利用金属离子与 S^{2-} 反应生成沉淀,沉淀药剂主要是三价铁盐或铜盐。沉淀剂用量大、产生的污泥多,污泥需就地分离和处置,易造成二次污染
电化学	利用电极放电使 S^{2-} 转化为高价硫或利用电解高含盐水产生的 Cl_2、O_2、ClO^- 等氧化水中的硫离子使之转化为单质硫及硫化物,其处理设备小、方法简单、耗电高
生化法	利用好氧生物接触氧化或光合细菌厌氧氧化,将硫化物氧化为单质硫除去。氧化速度快、微量效果好,其中厌氧生化需要大量辐射能,对设备材料要求特殊
中和法	利用加入碱或弱酸来中和酸性或碱性的含硫污水,使 pH 值维持在 7 左右。该方法易产生二次污染

由于不同含硫气田污水性质不同,工程中常将不同的处理工艺联合使用,因而水处理流程也不同。如元坝气田污水矿化度 59000mg/L 左右,H_2S 含量 500mg/L,悬浮物含量 1200mg/L,采用了气提、碱液中和与氧化相结合的方法除硫,处理后硫化物含量小于 10mg/L。污水处理流程如图 6-7 所示。

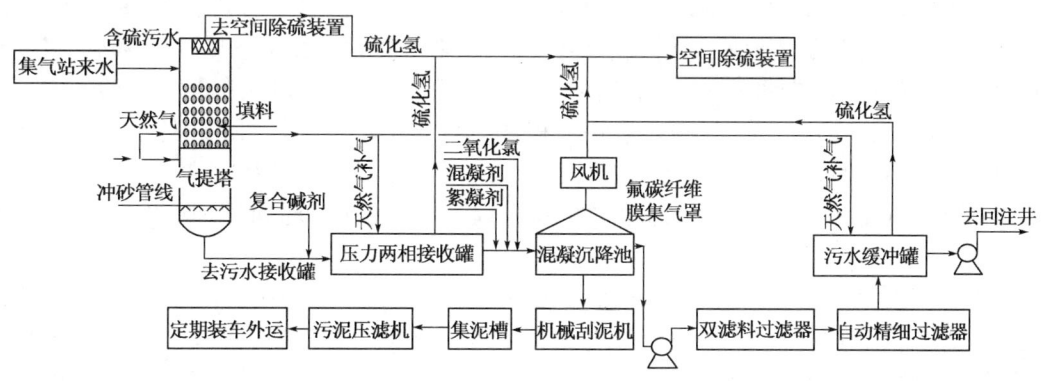

图 6-7 元坝气田含硫污水处理流程示意图

流程中污水气提塔的主要工作介质为从集气站分离器中分出的气田污水,污水输送至污水气提塔,在气提塔内进行气提。污水从塔上部进入,气体从塔下部进入,在塔内进行气液交换后,污水中的H_2S、CO_2被气提后从塔顶出来,去空间除硫装置,污水则从塔底流出,去污水接收罐,在污水接收罐内加入碱液,碱与H_2S发生反应,降低污水中H_2S含量,反应原理为:

(1)当强碱过量,生成硫化物和水,反应方程式为
$$2NaOH + H_2S = Na_2S + 2H_2O$$

(2)而当H_2S过量的时候,生成硫氢化物和水,反应方程式为
$$NaOH + H_2S = NaHS + H_2O$$

(3)二氧化氯氧化除硫。二氧化氯能与污水中H_2S迅速地发生氧化反应,达到去除污水中H_2S的目的,反应方程式为
$$8ClO_2 + 5H_2S + 4H_2O = 5H_2SO_4 + 8HCl$$

由于元坝气田高含硫气井产出水中悬浮物含量较高,在混凝沉降池内加入混凝剂、絮凝剂,药剂在混凝沉降池第一小池内与污水中悬浮物等杂质进行充分接触沉淀,上部清水依靠自身重力自流入混凝沉降池下一小池内,通过污水提升泵输送至全自动双滤料过滤器、全自动精细过滤器进行两级过滤,使污水中悬浮物等杂质含量达到回注水指标。混凝沉降产生的污泥通过机械刮泥机集中到集泥槽内,再经过污泥压滤机干化处理后外运。

从污水中气提出来的H_2S气体,与进入压力两相罐、污水缓冲罐中逸出的H_2S气体一起,经过气密闭系统的回收,集中输送至空间除硫装置进行净化处理。

3. 达标排放污水处理流程

在气田开采中,对环境质量要求严格又无回注条件的气田污水,通常处理达标后外排。对于濒临海洋或靠近沙漠的气田,如果无环境质量要求,气田污水也可直接外排,例如美国路易斯安那州的巴斯湾气田,从1963年投产至今,产出水全部排入沙漠。随着对环境问题的日益重视,气田采出水外排处理要求十分苛严,污水处理时要充分考虑氯根、硫化物、COD、含油、重金素等各项指标。例如对新投产的(包括扩建和改造)的气田,硫化物(S^{2-})允许排放的质量浓度低于1 mg/L;对已投产的油气田,硫化物允许排放的质量浓度低于5mg/L。

在油气田含硫污水排放的处理方面,美国Sohio石油公司在得克萨斯西部Spraborry油田试验成功的浸没燃气气提法,可处理S^{2-}含量400~500mg/L的污水,处理后S^{2-}含量为0.5~1mg/L。我国四川气田用漂白粉氧化处理低含硫气田污水(S^{2-}含量不大于20mg/L)、用空气催化氧化处理高含硫气田污水(S^{2-}含量小于200mg/L)、用吹脱处理含硫极高的气田污水(S^{2-}含量为1700~2800mg/L),以及用NaClO氧化脱除气田污水中有机物等方法处理后,气田污水可达标排放,该流程已在四川气田推广应用。对于氯根含量极高的气田卤水,四川气田川西南矿区用多级闪蒸方法处理,处理后浓盐水可制盐、冷凝水(Cl^-含量小于50mg/L)可达标外排。南海涠洲11-4油田已成功利用气提法处理含硫产出污水,使处理后水含硫量大大降低,可直接排入海中。

总体来讲,气田污水达标排放处理主要有物理处理、生物处理和物理—生物结合的处理方法。

由于气田污水常含有表面活性剂、油、氨氮及各种重金属离子,COD和BOD(生化需氧量)指标含量较高,可生化性较差,在进行处理尤其是用生物方法处理时,很有必要用物化的方法对其进行预处理,降低COD、BOD,除去大部分氨氮、重金属和硫化物等污染物,改善其可生化性,尽量减少重金属离子和氨氮等对微生物的抑制作用。如果污水中表面活性剂含量高,常用

吸附法、混凝分离法、膜分离法、微电解、氧化法等进行预处理;如果污水含油较高,常用膜分离法、气浮法、吸附法、化学破乳法、电化学等方法除油。

生物处理方法是利用微生物使部分有机物(包括油类)作为营养物质被吸收、转化、合成微生物体内的有机成分或增殖为新的微生物,其余部分分解为简单的无机物或有机物,主要有活性污泥法、生物膜法和氧化塘法。

由于气田污水中表面活性剂(泡排剂)、凝析油含量、硫化物和重金属元素含量随生产运行变化大,采用单一的物理化学处理造价太高,而采用单一的生物处理又达不到理想的效果,因此常需要通过不同的方法优化组合与灵活运用来实现有效的处理,而且适用于某一地区的处理工艺往往也不是普遍适用的,需要因地制宜研究不同的工艺。

例如,迪那2气田是我国最大的凝析气田,气田产出污水主要含有凝析油、醇、悬浮物和金属汞,采用达标排放方式处理气田产出污水。达标排放处理的关键是金素汞的含量必须低于0.05mg/L。图6-8是迪那2气田达标排放水处理流程。

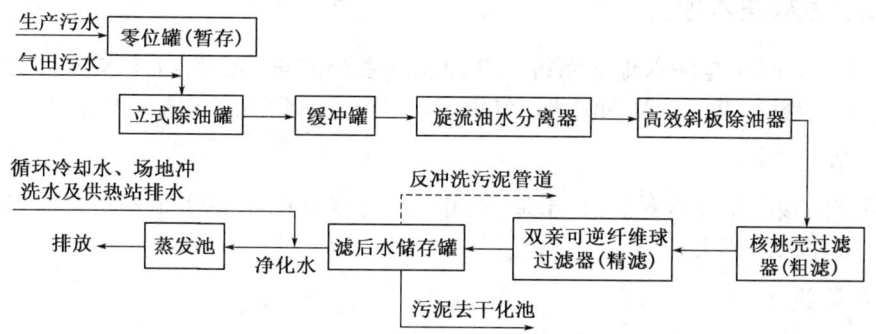

图6-8 迪那2含汞气田污水处理流程示意图

4. 气田污水综合利用与处理

对于天然气生产企业,气田污水是一种必须进行处理的废水,但从所含的有用矿物质来看,气田污水又是一种可开发的、综合性的液矿资源,具有潜在的经济效益和社会效益。

参照我国地质矿产行业标准《盐湖和盐类矿产地质勘查规范》(DZ/T 0212—2002)中对盐湖和盐类矿产一般工业指标和综合评价指标,如果气田污水矿化度较高($\geq$150mg/L),且水中富含可以综合利用的矿物质达到表6-8的指标要求,应先开展气田污水综合利用可行性研究,再回注或达标排放气田污水。

表6-8 气田水中常见组分一般工业指标和综合评价指标表

卤水组分		NaCl %	KCl %	$MgCl_2$ %	B_2O_3 mg/L	LiCl mg/L	Br^- mg/L	Rb_2O mg/L	Cs_2O mg/L	I^- mg/L	Sr^{2+} mg/L
单独开采	边界品位	$\geq$5	0.3~0.5	$\geq$2	400	80	150	11	—	20	22
	最低工业品位	$\geq$10	0.5~1	$\geq$5	1000	150	300	33	—	30	44
综合利用		5	0.2	1	400	80	150	11	20~30	15~20	22

卤水是污水的一种特例,当污水矿化度较高且含有大量化工原料如食盐、碘、硼、溴等时,此时污水可称为卤水。对油气田卤水的综合利用,国外开发较早。早在1924年苏联从巴库油田卤水中提碘成功后,日本、美国和意大利等国家也纷纷从油气田卤水中提碘、溴、硼和锂元素。其中,日本从1934年开始利用千叶和新潟两县的气田卤水(碘含量为60~70mg/L)用吹出法提碘,且至今保持世界碘产量第一。

我国四川盆地卤水资源丰富,盆地各含卤层系卤水资源总量为$20206 \times 10^8 m^3$,为全国之冠。其中三叠系含卤层系卤水资源总量达 $19600\times10^8m^3$，是毗邻江汉盆地地下卤水资源总量的 144 倍。在盆地卤水资源总量中，上三叠统须家河组气藏含卤层系卤水资源量为 $17400\times10^8m^3$，占总量的 86%，中、下三叠统含卤层系卤水资源量为 $2200\times10^8m^3$，占 11%，其余含卤层系卤水资源量为 $606\times10^8m^3$，占 3%；而上三叠统须家河组的黄卤则主要分布在川中和自贡地区，卤水多以气藏的边水或底水形式存在，常随天然气一同采出，具有气卤同产特点。

自贡通过卤水综合利用，生产出氯化钾、硼酸、硼砂、溴素、碘素、氯化钡、碳酸锂、碳酸锶等十几种化工产品，成为我国重要的有一定规模的卤化工基地。四川遂宁在用蓬基井所产的须家河卤水制盐的同时对其进行了综合利用，生产了溴、碘、氯化钙、硫酸钡等产品，取得了较好的经济效益。

在气田开采过程中，综合含水率越来越高，气田污水量越来越大，开采成本逐渐增加，产气量却不断下降，开展气田污水综合利用对于提高气田开采效益具有重要意义。

三、气田污水注入系统

气田污水注入系统是注水地面系统和井筒流动系统的总称。它由注水站、配水间、注水井（井口、井下注水管柱）及注水管网组成。气田污水经处理达到注水水质标准后，被送到注水站。

1. 注水站

注水系统的核心是注水站（waterflood station），注水站的主要作用是将来水升压，以满足注水井对注入压力的要求。

1）注水站设施

注水站的主要设施有储水罐、高压泵组以及流量计和分水器等。

储水罐作用之一为储备作用，即为注水泵储备一定量的水，防止因停水而造成缺水停泵现象；作用之二为缓冲作用，即避免因供水管网压力不稳定而影响注水泵正常工作及其他系统的供水量及水质；作用之三为分离作用，它可使水中较大的固体颗粒物质、砂石等沉降于灌底，含油污水中较大颗粒的油滴可浮于水面，便于集中回收处理。

高压泵组常见为多级离心泵或柱塞泵，主要用于给注入水增压。流量计主要用于计量水量；而分水器主要用于将高压水向各配水间分配。

2）注水站规模

注水站的规模大小主要以该站管辖范围的注水量及用水量为依据，注水站用水量为注水站注水总量、日洗井水量和附加用水量之和。

洗井周期按 60 天计算，若注水站管辖井不足 60 口，可按每天洗一口井的水量计算；洗井强度通常为 $20\sim30m^3/h$。

注水站压力是由井底注水压力决定的。井底注水压力可根据压力系统分析和试注资料获得。确定注水站设计压力时要注意两点：一是多井同注时，以各井均能完成配注水量的最高压力为依据；二是应考虑注水站与注水井因地形起伏而带来的液位高差影响，并应用注水井节点分析方法逐级推算。

3）站内工艺流程

站内流程要求能满足注入水水质、计量、操作管理及分层注水等方面的要求。其基本流程为：来水进站→计量→水质处理→储水罐→泵出。驱动注水泵的大中型异步电动机需设润滑系统和冷却系统。此外，当清水和含油污水混注时，在水罐出口处设投放阻垢剂、杀菌剂等装置,即应有加药系统(溶药池和加药泵)。注水站可以对单井配注,也可对配水间配水。

2. 配水间

配水间主要用来调节、控制和计量一口注水井的注水量,其主要设施为分水器、正常注水和旁通备用管汇、压力表和流量计。配水间一般分为单井配水间和多井配水间。

3. 注水井

注水井是注入水从地面进入储层的通道,井口装置与自喷井相似,不同点是无清蜡阀门,不装油嘴,可承高压。井口有注水用采气树(图6-9),注水采气树多用 CYB-250 型,其主要作用是:悬挂井内管柱;密封油套环空;控制注水和洗井方式(如正注、反注、合注、正洗、反洗)和进行井下作业。除井口装置外,注水井内还根据注水要求下有相应的注水管柱。

注水井的井下管柱结构、井下工具遵循简单原则。气田大多数情况下采用笼统注水,注水井仅需配置一套管柱和一个封隔器,封隔器下到射孔段顶界以上50m处,对特定防腐要求的注水井,其管材应满足特殊要求,且必要时,油套环空采用充满防腐封隔液的方法加以保护,如图6-10所示。这种防腐封隔液可以是油也可以是水,一般用防腐剂或杀菌剂进行处理或另加除氧剂等。分层注水的井下管柱可按需设计。

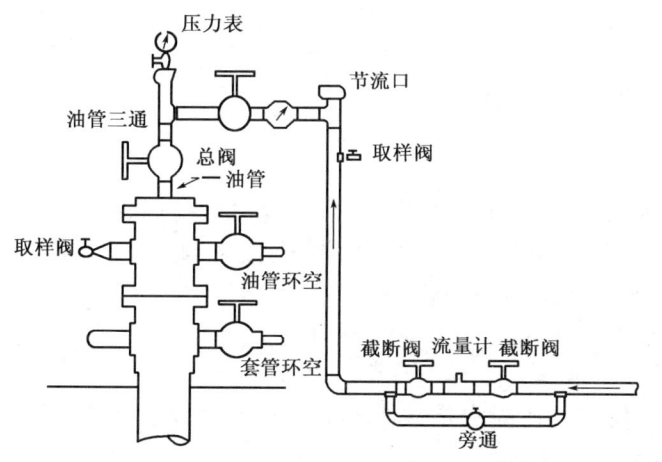

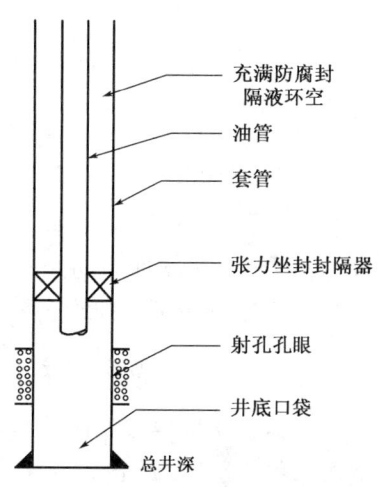

图6-9 典型注水井井口和注水管线连接方式　　图6-10 简单的注水井井下系统

多个注水井构成注水井组,注水井组的注入由配水间来完成。在配水间可添加增压泵,在井口或配水间可另加过滤装置。一般情况下,在配水间或增压站可对每口注水井进行计量。

4. 注水管网

如果气田回注水量大,注水井多,注水管道一般都连网成片,由几座注水站同时供水,涉及的因素多,问题相对复杂。合理地确定注水站的位置及数目是管网设计的重要内容。

第三节　注水井吸水能力

注水井吸水能力是评价注水井动态的重要指标,也是注水压力设计和地面设备选择的主要依据。初期注水时,注入井吸水能力将随着注入水的推进而发生变化,长期注水后注水井吸水能力则主要受水质和储层堵塞的影响。下面主要阐述吸水能力基本概念、评价方法、影响因素及其在注水设计中的应用。

一、吸水能力评价指标

1. 注水井指示曲线

注水井指示曲线是表示在稳定流动的条件下,注入压力与注水量的关系曲线,如图 6 – 11(a)所示。当吸水层为多层时,分层指示曲线则表示各小层注入压力与小层注水量之间的关系曲线,如图 6 – 11(b)所示。

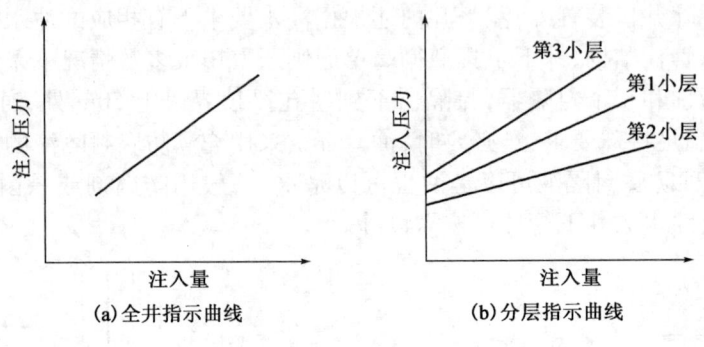

图 6 – 11　注水井指示曲线

2. 吸水指数

吸水指数(injectivity index)表示注水井在单位井底压差下的日注水量,单位为 $m^3/(d \cdot MPa)$,表征储层吸水能力的大小。由于注水井不可能经常关井测静压(既影响生产,又增加成本),所以常常利用指示曲线上两点的斜率来求取吸水指数

$$吸水指数 = \frac{日注水量}{注水压差} = \frac{日注水量}{流压 - 静压} = \frac{两点流量之差}{两点压力之差} \quad (6-1)$$

为了对比不同厚度储层的吸水能力,常采用比吸水指数或米吸水指数来表示单位储层厚度的吸水能力,单位为 $m^3/(m \cdot d \cdot MPa)$。

3. 视吸水指数

用吸水指数进行分析时,需要对注水井进行测试,以取得流压资料。为了及时掌握注水井吸水能力的变化,现场常常采用视吸水指数进行分析

$$视吸水指数 = \frac{日注水量}{井口压力} \quad (6-2)$$

对于没有采用分层注水的井,若采用油管注水则井口压力取套压,若采用油套环空注水,则井口压力取油压。

4. 相对吸水量

当注水井吸水层为多层时,各小层的吸水能力用各小层的吸水指示曲线求取。为了研究某一单层的吸水量,则引入相对吸水量的概念,表示在同一注水压力下,某一层吸水量占全井吸水量的份额

$$相对吸水量 = \frac{小层吸水量}{全井吸水量} \quad (6-3)$$

二、吸水能力确定方法

注水井吸水能力的确定现场普遍采用直接测试方法。由于影响注水井吸水能力的因素是多方面、复杂的、随时间而变化的,因而直接测试法简单、方便、直观。另一类预测注水井吸水能力的方法是理论计算法。下面将从理论和测试两方面,阐述吸水能力的确定方法。

1. 吸水能力理论预测

气田污水回注时,注水井并不按标准井网布井,注水井是根据需要而随机在某些点上选择注水,这种情况可称为点状注水。

由于注水井的流动类似于油井流动,遵循达西定律,因此注水井的吸水能力取决于储层的有效渗透率、水的黏度、砂层厚度、井的有效半径和注水井的完井效率等因素。在单井径向流条件下,长期注水后吸水能力用吸水指数 J_w 表示,计算公式为

$$J_w = \frac{0.543 h K_w}{B_w \mu_w \left(\ln \frac{r_c}{r_w} + S - \frac{3}{4} \right)} \qquad (6-4)$$

式中　J_w——注水井吸水指数,$m^3/(d \cdot MPa)$;
　　　h——吸水层段有效厚度,m;
　　　K_w——水的有效渗透率,$10^{-3} \mu m^2$;
　　　B_w——水的体积系数;
　　　μ_w——水的黏度,$mPa \cdot s$;
　　　r_c、r_w——注水井控制半径、井筒半径,m;
　　　S——注水井综合表皮系数。

2. 吸水能力测试方法

储层纵向上一般具有较强的非均质性,注水层常常包含多个吸水能力不同的小层。获取储层吸水能力的测试方法主要有三类。一是通过试注的方法获取注水层的吸水指数曲线,从而计算出注水层的吸水能力,其缺点是只能获得全井总的吸水能力,无法得知各小层的吸水能力;二是测注水井吸水剖面,它是采用同位素载体法,获得全井的吸水剖面,用各层的相对吸水量来表示分层吸水能力的大小;三是直接进行分层测试,用分层测试方法整理分层指示曲线,并求得分层指数来表示分层吸水能力的好坏,如投球测试法和浮子式流量计法。

由于气田污水回注很少采用分层配注的方法,基本上都是笼统注水,不关心各层具体吸水能力,只关心单井总体吸水能力,因此吸水能力一般通过试注的方法获取。

试注时选取不同的注水量,测取注水井井口或井底压力,绘制注水量与注水压力的关系曲线,如果测试的注水量取值范围较宽,可以获得如图 6-12 所示的注水井试注指示曲线。曲线斜率的倒数即为注水井吸水能力。

图 6-12 中两条斜率不同的直线表示不同注水方式下的注水井吸水指示曲线。当注水井井底压力小于储层破裂压力时,注水井处于正常的吸水状态,吸水指示曲线斜率较大;当注水井井底压力大于储层破裂压力后,注水井吸水能力大幅上升,指示曲线斜率变小。图中斜率较大的指示曲

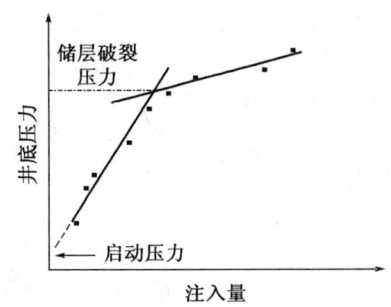

图 6-12　注水井试注指示曲线

线外推虚线与压力轴的交点即表示注水井的启动压力,储层渗透率越高,注水井的启动压力越小。如果注水井近井地层发育有天然裂缝,那么试注指示曲线上没有明显的破裂压力拐点。

三、影响注水井吸水能力的因素

影响注水井吸水能力的因素很多,主要因素包括注水储层和流体特征参数、注水水质及操作管理水平等。

1. 储层和流体特征参数

(1)有效渗透率。注水井的吸水能力首先取决于吸水层岩石渗透率及相关性质(如润湿性等),其次是储层的含水饱和度。一般来说,随着含水饱和度的上升,水的有效渗透率(水的相对渗透率 K_{rw})也将随之逐渐上升。例如,含水饱和度从70%升高到85%,水的有效渗透率从30%增加到60%左右。

(2)流体黏度。注入水的黏度是由特定水的性质与温度决定的,注入水中含油将增大渗流阻力。

(3)表皮系数 S。表皮系数是注水储层完善程度的综合体现。减少钻井、固井过程中的储层伤害,优化射孔,可增加注水井完善程度,有利于吸水能力的增加。

(4)注水压差。一般来讲,注水压差并不影响注水井的吸水能力。但当注水压差过大,实际井底流动压力大于储层破裂压力后,储层将被压开,储层吸水能力显著增加。随着注水层内压力逐渐回升将导致实际注水压差变小,注水量下降。

2. 注水水质及操作管理

现场资料表明,注水水质和注水井操作管理水平对注水井吸水能力影响极大。

(1)与注水井井下作业及注水井管理操作等有关的因素。主要包括进行作业时,压井液浸入注水层造成堵塞;由于酸化等措施不当或注水操作不平稳而破坏储层岩石结构,造成砂堵;未按规定洗井,井筒不清洁,井内的污物随注入水带入储层造成堵塞等。

(2)与水质有关的因素。主要包括注入水与设备和管线的腐蚀产物[如 $Fe(OH)_3$、FeS]堵塞;注入水中所含的某些微生物(如硫酸盐还原菌、铁菌等)及其代谢产物堵塞,固相微粒堵塞;乳化油堵塞;注入水与储层流体不配伍造成的结垢沉淀;储层中黏土矿物遇水后发生膨胀;等等。

实际注水过程中,上述影响吸水能力的因素都可能同时出现,只是各自的影响程度不同。必须根据具体情况具体分析,抓住影响注水井吸水能力的主要因素,深入了解注水井堵塞机理,这样才能制订出行之有效的增注措施。

四、注水井指示曲线分析与应用

按照前述方法测得的注水井指示曲线,可以反映出储层吸水能力的变化情况。因此,通过对指示曲线形状特征和曲线斜率变化,就可以分析储层吸水能力变化,判断注水井的工作状况。

1. 指示曲线的形状

在实测中可能有两种类型的指示曲线,即直线型和折线型。图6-13中曲线1、2、3为直线形,4、5、6为折线形。曲线1为直线递增式,反映储层正常地吸水规律;曲线2为

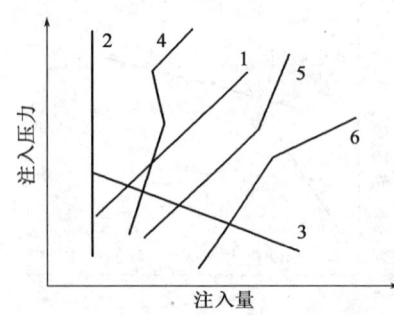

图6-13 几种指示曲线的形状

垂直式指示曲线,出现于储层渗透性极差的情况。曲线3为递减式指示曲线,属不正常曲线,不能应用;曲线4为曲折式,反映测试仪器设备有问题,也不能应用;曲线5为上翘式,除与仪表、操作、设备有关外,还与储层性质有关。如由于储层条件差,孔隙连通性不好或存在不连通的死孔隙,在这种情况下注入的水不易扩散,导致近井地带形成高压包,表现为储层压力升高,注入水受到的阻力越来越大,使注入量增值减少,造成指示曲线上翘;曲线6为折线式,表示有新储层在注水压力较高时开始吸水,或因注入压力增加到一定程度后,储层产生微小裂缝,使储层吸水量增大,属正常指示曲线。因此,利用指示曲线可以分析储层吸水能力变化。

2. 用指示曲线分析储层吸水能力变化

正确的指示曲线反映了储层吸水规律和吸水能力的大小,因而对比不同时间内所测得的指示曲线就可了解储层吸水能力的变化。

(1)指示曲线右移,斜率变小,说明吸水指数变大,储层吸水能力变好(图6-14中曲线Ⅰ为原先所测指示曲线,曲线Ⅱ为过一段时间后所测曲线)。

(2)指示曲线左移,斜率变大,说明吸水指数变小,储层吸水能力变差(图6-15)。

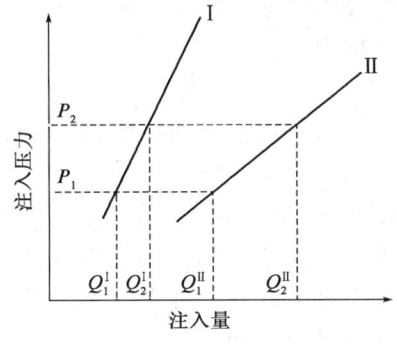

图6-14 指示曲线右移

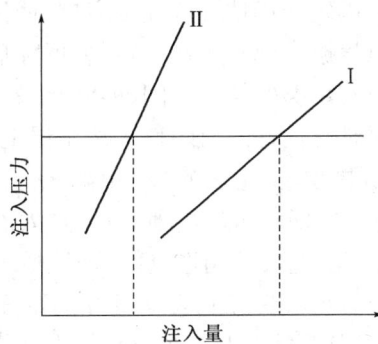

图6-15 指示曲线左移

(3)指示曲线平行上移,斜率不变,说明吸水能力未变,而是储层压力升高(图6-16)。

(4)指示曲线平行下移,说明吸水能力未变,而是储层压力下降所致(图6-17)。

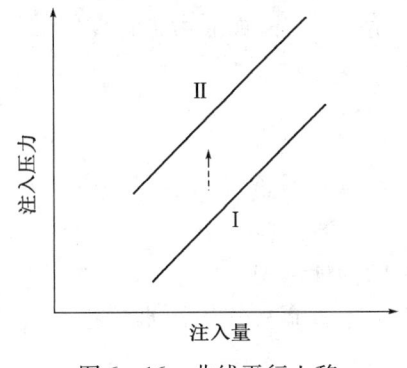

图6-16 曲线平行上移

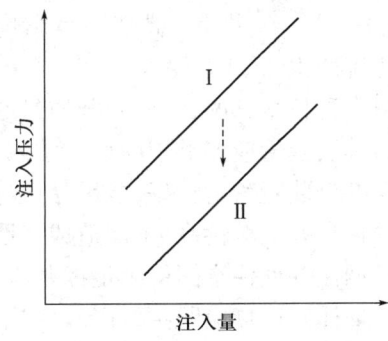

图6-17 曲线平行下移

应注意,应用指示曲线分析吸水能力时,必须用有效压力及对应的注水量绘制真实指示曲线且排除井下影响。若用井口实测注水压力绘制的指示曲线,则必须是在同一管柱结构的情况下所测得的指示曲线,而且只能对比其吸水能力的相对变化。不同管柱结构下所测得的指示曲线,由于井内压力损失不同,不能用它们来进行对比和研究储层吸水能力的变化。只有把它们加以校正后用有效压力绘制出指示曲线时,才能用于对比和研究储层吸水能力的真实变化。

第四节 注水工艺设计

将处理合格的气田污水经注水井按需要量注入具体储层(单层或多层)是注水工艺设计的基本要求。根据实际所需的工艺参数设计注水系统、确定合适注水工艺、为克服吸水能力下降而选择合理增注工艺都是注水工艺设计的主要内容。

一、选层选井原则

1. 选层原则

选择回注气田污水的储层必须满足的条件有以下几个方面：

(1) 优先选择枯竭层或废弃层，回注层不能是区域产层或勘探开发潜力层。
(2) 根据当地水文地质资料，回注后不对淡水层造成影响。
(3) 有足够的储集空间，能满足较长期的回注要求。
(4) 具有良好的封闭性。注水层上下隔离层不窜漏，注入层横向连通性好，总注入量波及范围内无断层、无地表露头或出露点。注水层段埋藏深度适中，若埋藏太浅，保存条件一般较差，容易造成回注水渗出地面；埋藏太深，对泵压要求高，回注工艺较复杂，设备性能高，注水成本高。因此，选择封闭性良好、埋藏适中储层回注气田污水，既安全、环保，又能降低成本。
(5) 有足够良好的吸渗能力，不应造成较高的泵注回压，不应引起回注水反注和外泄，能满足气田产水量越来越高的实际注入需求，彻底解决气田污水出路问题。
(6) 回注水与回注层岩性及储层水配伍性好，不应形成二次沉淀堵塞储层。

2. 选井原则

回注井应尽量选择在构造(生产井区)边部或外部，同时考虑安全井距，以保证回注气田污水不会对主产气井生产造成不良影响。优先选择废弃的生产井，而后考虑钻专门的注水井。注水井应满足以下基本要求：

(1) 套管技术状况良好，固井质量好、无窜槽。
(2) 油层套管应能够承受设计注入压力。
(3) 井口装置密封良好，能承受设计或额定压力，满足泵注要求。
(4) 回注井安全性高，不能造成产层、环境污染。
(5) 回注井回注空间能满足或基本满足区块产出水的回注需要。
(6) 回注井区域应距主要产水区或产水井相对较近，合理缩减气田污水输送系统建设费用和管输费用。

二、注水井投注

注水井从完钻到正常注水，一般要经过排液、洗井、试注之后才能转入正常的注水。

1. 排液和洗井

试注前需做好排液、洗井作业。排液的目的在于清除储层内的堵塞物，在井底附近造成适当的低压带。排液时间可根据储层性质和开发方案来决定,排液强度以不伤害储层结构为原则。排液后必须进行洗井,洗井的目的是把井筒内的污物冲洗出来,避免储层被污物堵塞,影响注水。洗井有正洗和反洗两种方式,正洗表示水从油管进入,从油套环空返回地面;反洗则是水从油套环形空间进入,从油管返回地面。洗井的排量应由小到大,最大排量不应超过 $30m^3/h$,连续平稳地一次将井洗净。洗井时要控制好进出口水量,达到储层微吐的效果,严防漏失。在储层压力低于静水柱压力时,可采用混气水洗井。此外要彻底清洗油管、油套环空、射孔井段及井底口袋内杂物,使进出口水质完全一致(一般要求化验两次)。

2. 试注

排液、洗井合格后开始试注。试注时首先应关井,拆除洗井管线,上紧丝堵并装好压力表;然后装好计量水表,将洗井流程改为注水流程,投入试注。

试注的目的在于确定储层的吸水能力,通常用吸水指数表示。测试注水指示曲线要求在注水量基本稳定后进行,测试点不能少于4点。为防止黏土颗粒的膨胀和运移,在注水井投注或气井转注前需进行防膨处理。有些井由于储层伤害严重或渗透性差,虽经强烈排液和反复洗井,试注效果仍不好,通常需要进行酸化和压裂等增注措施后再试注。由于钻井或排液生产过程中储层受到伤害,因此在投(转)注前需要进行解堵预处理。

3. 转注

对于特高含水或停产的生产井,根据需要改为注水井即转注,转注也是一种试注工序。在转注或试注过程中,一般初期吸水能力较差,这是相对渗透率影响造成的,在转注几天或较长时间后,吸水能力会得到进一步改善。

三、注水工艺参数

注水工艺参数设计主要根据气田开发方案的要求,设计注水量和注水压力等参数。由于不同时期的气田产水量有较大差异,因此,单井注水量设计要满足气田长期生产的要求。

1. 注水量预测与设计

注水量主要包括气井产水量、气井天然气净化过程中脱出的水量和水处理站的其他水量。其中气井产水量和净化脱出水量随气田不同开发时期将发生变化,在气藏不同含水阶段的总注水量可由式(6-5)预测,由此可求得每口注水井的平均日注水量 Q_{iw} 为

$$Q_w = Q_1 + Q_2 + Q_3 \tag{6-5}$$

式中 Q_w——注水总量,m^3/d;

Q_1——天然气脱水工程排出的气田水量,按气田开发方案确定,m^3/d;

Q_2——送往气田水处理站的生产井生产过程排放出来的污水量,m^3/d;

Q_3——其他水量(如生活污水),m^3/d。

2. 注水压力设计

设计注水压力采用临界压力原则。对于中、高渗透储层,最大井底注水压力不得超过储层破裂压力的90%;对低渗透储层可进行微破裂压力注水,但井底压力不应超过储层破裂压力的10%。设注水压差为 Δp,则井底注水压力为

$$p_{iwf} = \Delta p + \bar{p}_r + \Delta p_s \tag{6-6}$$

式中 p_{iwf}——井底注水压力,MPa;

Δp——注水压差，MPa；

$\bar{p}_r$——地层压力，MPa；

Δp_s——注水启动压差，MPa。

注水量的关键因素是井底砂面注水压差 Δp，增大注水压差可增加单井的注水量。因此，注水压力设计还必须满足单井注入量 Q_{iw} 的要求：

$$\Delta p = Q_{iw}/J_w \qquad (6-7)$$

注水井的井口压力为

$$p_{wh} = p_{iwf} + p_{fr} - p_h \qquad (6-8)$$

式中 p_{wh}——注水井井口压力，MPa，国内井口注水装置通常为 25MPa；

p_{fr}——注水井管路摩阻损失，MPa；

p_h——注水井井筒静水压头，MPa。

回注泵额定排出压力应满足工程适应期所管辖回注井的井口压力需求，因此回注泵的压力要求为

$$p_p = \max(p_{wh} + \Delta p_z + \Delta p_L) \qquad (6-9)$$

式中 max——最大值，取计算的各井管线起点压力需求的最大值；

p_p——回注泵额定排出压力，MPa；

p_{wh}——工程适应期所辖回注井的最高井口配注压力，MPa；

Δp_z——回注井场与回注站地形高差造成的静水柱压力差，MPa；

Δp_L——泵出口至井口装置入口间管线的压力损失，MPa。

因此，高压回注管线的设计压力为

$$p_d = k \cdot p_p \qquad (6-10)$$

式中 p_d——回注管线设计压力，MPa；

k——系数，取 1.1～1.15，泵压大于 25MPa 时取下限。

合理的注水压力设计还应考虑地面设备和流程的合理压力等级，因为地面管网高压比中压、中压比低压价格约高一倍。所以，设计注水系统压力水平时，应该采用前述方法，预测出不同类型注水井在不同开发阶段的注水压力和储层破裂压力，参照注水系统管网的压力等级系列，推荐合理的注水压力等级。

3. 注水井节点系统分析

注水井节点系统分析的步骤为：

（1）按注水井吸水能力方程绘制注水井 IPR 曲线；

（2）绘制油管流动曲线（TPR 曲线）或不同管径注水压力梯度曲线；

（3）将 IPR 曲线和 TPR 曲线联合，即获得合适的注水压力或注水量或油管直径；

（4）按节点系统分析方法获得其他相关的工艺参数影响规律。如分析表皮系数、管径、储层压力、井口压力及地面注水管线等因素对系统的影响，从而实现对注水系统的综合优化设计。

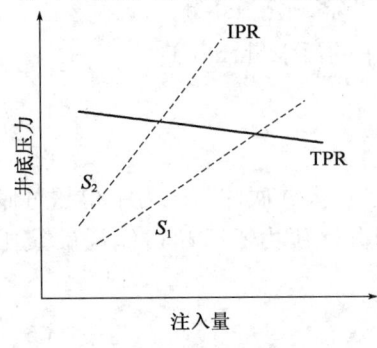

图 6-18 注水 IPR 曲线与 TPR 曲线

图 6-18 是常规注水井以井底为节点的协调分析曲

线,可以明确表皮系数对储层吸水能力的综合影响:图中虚线 S_2 对应的表皮系数大于虚线 S_1 的表皮系数,说明表皮系数越大注水井的注入量越小,储层吸水能力越差。

四、注水工艺分类

注水工艺按注入通道可分为三种:油管注水(正注)、套管注水(反注)与油套管同时注水(合注)。按是否分层又可分为笼统注水和分层注水。

1. 笼统注水工艺

笼统注水主要用于不需要分层、不能分层的注水井,是注入管柱中最简单的一种。基本结构为油管+工作筒+喇叭口($\phi 100mm$),气田污水回注主要采用笼统注水工艺。

2. 分层注水工艺

国内分层注水的工艺方法比较多,如油管、套管分层注水,单管分层注水,多管分层注水等。其中当前油田最常用的是单管配水器多层段配水的方式。该方式是井中只下一根管柱,利用封隔器将整个注水井段封隔成几个互不相通的层段,每个层段都装有配水器。注入水从油管入井,由每个层段配水器上的水嘴控制水量,注入各层段的储层中。气田污水回注很少采用分注工艺。

小　　结

气田污水处置常常采用回注、综合利用和达标排放的方式,其中污水回注是主要方式。

气田污水回注必须合理设计回注水质指标、污水处理流程和相应注水工艺。水质指标设计应首先弄清污水引起储层堵塞的机理、回注系统的腐蚀机理,然后结合实验评价和行业标准要求合理确定。污水处理必须在弄清污水成分的基础上进行,如氯化物、硫化物、烃类有机物、甲醇、泡排剂和金属元素。主要处理措施包括脱气、沉降、过滤、杀菌、除油等。由于不同气田气质不同、净化工艺不同、污水成分不同,因而水处理流程差异较大。典型的处理流程包括常规气田污水处理流程、气田含醇污水处理流程、含硫污水处理流程、含汞污水处理流程等。如果污水矿化度较高,且水中富含可用综合利用的矿物质,应先开展气田水综合利用研究,再回注或达标排放。

本章主要介绍了气田污水回注水质指标及其设计方法,阐述了污水处理的主要措施,分析了不同处置方式下气田污水处理流程及特点。分析和讨论了注水井吸水能力评价指标、确定方法、影响因素及指示曲线在气田污水回注中的应用。阐述了回注层的选层原则、工艺参数设计及注水工艺技术。其中水质指标设计、污水处理措施、污水处理流程和注水工艺是本章重点学习内容。

参考文献

[1] 李颖川.采油工程[M].2版.北京:石油工业出版社,2009.
[2] 布雷德利 H B.石油工程手册[M].北京:石油工业出版社,1996.
[3] 罗斯 S C,等.注水工程设计[M].北京:石油工业出版社,1994.
[4] 郭呈柱,刘翔鹗,王浦谭,等.采油工程方案编制方法[M].北京:石油工业出版社,1995.

[5] 查理斯 C 帕托.油田水处理工艺[M].北京:石油工业出版社,1979.
[6] 惠晓霞.油田化学基础[M].北京:石油工业出版社,1988.
[7] 张绍槐,罗平亚.保护储集层技术[M].北京:石油工业出版社,1993.
[8] 李海涛,李洪建,赵敏.砂岩储层配伍性注水水质方案研究[J].西南石油大学学报(自然科学版),1997,19(3):35-42.
[9] 李海涛,王永清,谭灿.砂岩储层清水和污水混注对储层损害的实验评价[J].石油学报,2007 28(2):137-139.
[10] 李海涛,王永清,蒋建勋.悬浮颗粒对砂岩储层吸水能力影响评价[J].西南石油大学学报(自然科学版),2006,28(5):47-49.
[11] 屈撑囤,沈哲,杨帆,等.油气田含硫污水处理技术研究进展[J].油田化学,2009,26(4):453-457.
[12] 青尚湘,周厚安.国内外气田水处理技术现状[J].天然气工业,1995(4):63-66.
[13] 叶燕,高立新.对四川气田水处理的几点看法[J].石油与天然气化工,2001,30(5):263-265.
[14] 肖芳,周波,刘静,等.高含 H_2S 气田水及闪蒸处理新技术探讨[J].天然气与石油,2013,31(5):94-96.
[15] 王新强,吕乃欣,高燕,等.陕北气田采气污水处理方法及工艺研究[J].石油与天然气化工,2011,40(4):406-409.
[16] 高含硫气田水处理及回注工程设计规范:SY/T 6881—2012[S].
[17] 气田水注入技术要求:SY/T 6596—2016[S].

习　题

6-1　注水引起储层伤害的主要原因是什么?

6-2　气田生产对注水水质的基本要求是什么?

6-3　气田注水水质有哪些主要控制指标?

6-4　现行水质标准的执行原则是什么?

6-5　如何制定某一气田的水质标准?

6-6　水处理的基本措施有哪些?

6-7　注水井指示曲线在实际生产中有何用途?

第七章 气井腐蚀与防护技术

随着全球油气资源需求量的不断增长,天然气开采面临的形势日趋复杂,面临高温、高压、高矿化度地层水以及酸性等问题。在强腐蚀环境中,井筒油套管(指油管、套管)材料腐蚀问题日趋严重,穿孔、漏失、断裂等失效问题时有发生,增大开采作业难度。如何科学地评价高产酸性气井油套管材料的性能、采用经济高效的防护措施是困扰石油界的难题。本章的气井指天然气井,同时也泛指含伴生气的油井。金属的腐蚀是自然现象,气井的腐蚀与产出流体和注入流体中的腐蚀介质、腐蚀环境及所使用金属材料的性质和结构等因素有关。各因素间存在交互作用,使井与井之间、同一口井的不同部位、同一口井的不同开采时间的腐蚀严重程度会有差异。气井的腐蚀普遍存在,在某些地区腐蚀已影响气田的开发效益。严重的腐蚀还会造成有毒气体泄漏、井喷或地下井喷,造成重大公众安全和环境问题。学习和掌握天然气井的腐蚀现象、腐蚀机理和防腐蚀技术,如何在设计阶段和开发生产阶段去有效预防和控制腐蚀就显得十分重要。

本章主要涉及气井的基本腐蚀机理、腐蚀相关的基本计算、材料的性能评价方法及腐蚀环境材料选择方法、气井防护方法及安全等相关内容。

第一节 气井腐蚀概述

金属和它所处的环境介质之间发生化学或电化学作用而引起金属的变质或损坏称为金属的腐蚀。金属的化学腐蚀是指金属表面与非电解质直接发生的纯化学反应,电子的传递是在金属与氧化剂之间快速完成的,没有产生腐蚀电流。化学腐蚀的一个例子是金属表面腐蚀保护膜,所谓不锈钢的本质是可生产、致密、附着牢固的保护膜屏蔽层,但是大部分碳钢和低合金钢化学腐蚀保护膜疏松、附着力低,不能起到保护作用。自然界和工程技术中很少会有纯粹的化学腐蚀,腐蚀几乎都是电化学性质的。气井生产过程中的腐蚀按照机理可以归纳为以下类型:化学腐蚀、电化学腐蚀、环境敏感断裂、应力腐蚀和流动诱导腐蚀。

一、气井的腐蚀介质

(1)气井产出物的腐蚀组分。主要包括:硫化氢、元素硫及有机硫等含硫组分;二氧化碳;溶解氧气;含氯离子浓度较高的地层水,或注水开采过程中回注的注入水;硫酸盐及硫酸盐还原菌、碳酸盐类。在同一口井中,上述腐蚀组分常常会同时存在。

(2)气井注入物的腐蚀组分。包括注入水中的溶解氧、细菌;酸化作业时的残酸液;为提高采收率时注入的聚合物、二氧化碳等;干气回注气体中的二氧化碳;稠油热采注入的高温水蒸气等。

（3）非产层中的腐蚀介质。非产层地层同样也会含有上述腐蚀组分，例如因固井质量差，或井下作业欠妥造成的产层间、产层与非产层间流体的窜流引入的腐蚀介质。

二、气井的腐蚀环境

气井的腐蚀环境包括不同部位的压力、温度、流态及流场。这些因素又引起系统相态变化，变化过程伴有气体溶解、逸出、气泡破裂等，在流道壁面产生剪切及气蚀、机械力与电化学腐蚀协同作用，从而加剧了腐蚀。

流道直径变化、流向改变都会引起压力、温度、流态及流场变化，加剧腐蚀。

在气井开采过程中，腐蚀性组分含量常常是变化的。特别是随开采期的延长，地层水含量往往呈增加趋势，有时也会出现硫化氢含量随开采期延长而增加的现象。

不同材料相接触或连接会产生电位差，有的地层或井段会与套管形成电位差，电位差是气井腐蚀环境的重要组成部分。

油管、套管、采气树等所处的应力状态和应力水平也是重要的腐蚀环境。

三、电化学腐蚀

1.腐蚀特征

1）电化学腐蚀机理

钢材与水、二氧化碳、硫化氢等介质接触时，在空气中已生成的保护性氧化膜会溶解在电解质溶液中。钢材是良导电体，当白金属露出后，金属作为电的良导体与作为离子良导体的溶液组成了一个回路。带正电荷的铁离子趋向于溶解在电解质溶液中，生成铁盐，电子趋向于聚集在金属端，形成一定的电位差，使电子流向溶液。这是一个氧化反应过程，称为阳极反应，金属端称为阳极区。另一方面，进入溶液中的电子与氢离子结合，生成氢分子，这是一个还原反应过程，称为阴极反应，溶液端称为阴极区。在有氧环境中，生成氢氧根。腐蚀产物可能在金属表面沉积，形成保护膜。保护膜的稳定性决定了腐蚀是继续还是受抑制。图7-1表示上述电化学腐蚀的过程。

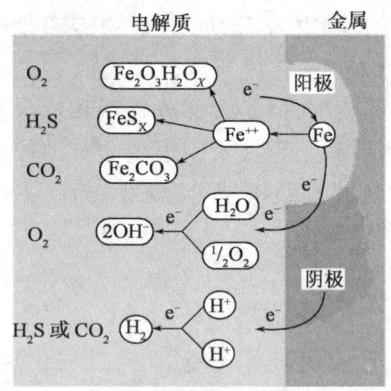 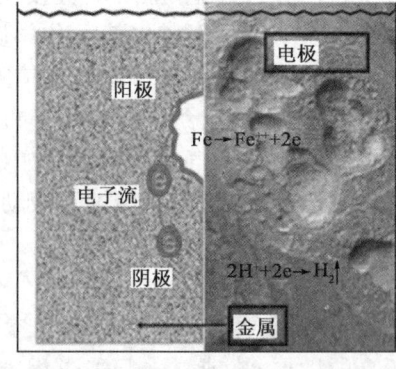 

彩图7-1

图7-1 电化学腐蚀示意图

电化学腐蚀可以表现为均匀腐蚀和局部腐蚀两种形式。电化学腐蚀发生在整个金属表面，就称为均匀腐蚀。目前的腐蚀预测软件也主要是针对均匀电化学腐蚀开发的，均匀腐蚀较容易预防,例如增加壁厚、留有腐蚀裕量、外加电场的阴极防护都主要是针对均匀腐蚀的。可以看出,均匀腐蚀不属于严重的腐蚀工况,因此以下将重点讨论局部腐蚀。

电化学腐蚀发生在局部的点或区域,称为局部腐蚀。有两类边界接触条件会引起或加速局部电化学腐蚀:

(1)电位能级差较大的两种金属间有电解质溶液,或直接接触并浸没在电解质溶液中,会产生电位差腐蚀,或称电偶腐蚀。

(2)金属内部缺陷或缝隙暴露在电解质溶液中会引起局部电化学腐蚀。

上述边界条件衍生的电化学腐蚀会引起局部腐蚀穿孔或断裂,是造成油套管、抽油杆及设备腐蚀失效的主要形式。

此外,金属表面状况(例如光洁度和润湿性差异)影响吸附水膜的稳定性,从而影响局部腐蚀。

2)环境因素对电化学腐蚀的影响

由于外部环境的多样性,实际的电化学反应十分复杂。上述电化学反应是持续进行、停止、减缓或加剧,主要取决于腐蚀介质和外部环境。在此仅讨论一些与气井腐蚀相关的重要概念。

腐蚀产物在金属表面形成覆盖膜,由于覆盖膜可阻止电化学腐蚀持续发生,因此又称钝化膜。钝化膜的稳定性与下列因素有关:

(1)钝化膜导电性。

电化学反应伴生电子流和离子流,能阻止二者流动的一定是不良导体,具有较好的保护作用。但是在常用工业产品中,仅有金属铝和钛氧化物同时是电子流和离子流的不良导体,离子流的不良导体可阻止金属阳极溶解,而钢材中铁的氧化物是电子流的良导体。

(2)外加电场。

上述离子和电子的导电性质与覆盖膜两侧电位差有关,例如大地电位、电位能级差大的两种金属间的电位差,较强的电位差仍会驱动电子或离子穿过膜流动。施加反向电场,可以阻止电子和离子流,这也是阴极保护的原理。

天然气输送管道或气井套管外部可能存在杂散电流腐蚀,它可以是大地电流,也可以是阴极保护的杂散直流电源。值得注意的是在电流强度相同时,直流电所造成的腐蚀可能比交流电大数十倍。

区域大地杂散电流腐蚀产生的原因是由于套管在地下所穿越过的地层层系不同,各地层的干湿程度不同,各含水层位的含盐量不同,使套管的各段的电极电位不同,可把套管看成是阳极。

(3)膜的稳定性。

在温度高于70℃时,碳酸铁膜具有高稳定性和对金属的附着力,可阻止电化学腐蚀进程。但是当有硫化氢存在时,在不利的条件下,生成的硫化铁膜与碳酸铁膜协同作用会破坏碳酸铁膜的稳定性,而在某一低浓度下,膜的稳定性不会破坏。流体扰动会促使金属表面处离子浓度降低,促使电化学反应加速。局部涡流或流速过快也会破坏膜的稳定性,加剧腐蚀。

2. 腐蚀类型

1)地层水腐蚀

大部分气井产出物中都不同程度的含地层水,其腐蚀的普遍性远大于硫化氢、二氧化碳等的腐蚀。地层水是一个统称,人们常常把井内产出的水统称为地层水。在腐蚀的分析研究中,地层水应是专指可自由流动的水,或呈连续相的水。另一种水是在一定温度和压力及不同气、油和水比例下,水呈分散相存在于气流或油包水乳状液中,在合适温度压力条件下,溶解的水逸出,称为凝析水。凝析水不含无机盐离子,水量虽小,但腐蚀十分严重。

与地层水腐蚀类似的还有:海水腐蚀,注水腐蚀,高浓度完井液腐蚀,注热蒸汽稠油开采的水腐蚀,地热井开采的腐蚀,盐化工井的腐蚀。

(1)含水量对腐蚀的影响。

气井出水是最普遍的腐蚀因素,构成腐蚀的必要条件是金属表面分离出液相水膜,即自由水。是否有自由水形成决定于出水量、流型和流动参数。

在高产量时,水束缚在气流中。只要气流速度高于1m/s,20%的水均可以以分散水滴状存在于大多数气流中,使水的腐蚀性降低。但是在流道直径突变、弯头、焊缝等处的紊流,水可分离出来。

在低产量,或低流速时,或关井状态,即使低的含水量,由于密度差异水也会分离或沉淀出来,腐蚀性增强,水常聚集在低处,如井底或管线底侧。对凝析气井,含水量低于5%也可发生水润湿和腐蚀。

含水量与腐蚀的关系比较复杂,还受许多其他因素的影响。如果金属表面为油润湿,那么金属被保护,可能不腐蚀;如果金属被水润湿,腐蚀就决定于水中的组分。在低压油井中,含水量25%~35%,只要没有流态变化,往往会形成油保护膜,腐蚀就会比较轻,在高压井中,微量的水都足以造成腐蚀,而且可能存在一个含水量上限值,高于此值腐蚀就会发生。在气井中,水可以以气态或液态存在,含水量要高于某一上限值才会发生凝析水附着在金属表面。

水以气态溶于理想气体的饱和度决定于压力和温度,见图7-2。当气相中的水含量低于某一值,沿虚线的压力—温度线以上,不会有凝析水析出。含水量高于某一值后,就会有凝析水生成。应注意,如果产出流体含气相和液相,气液比决定于温度和压力,油管内温度又是从下到上逐渐降低的,因此油管内气液比也必然是变化的,天然气中的含水汽饱和度也是变化的。

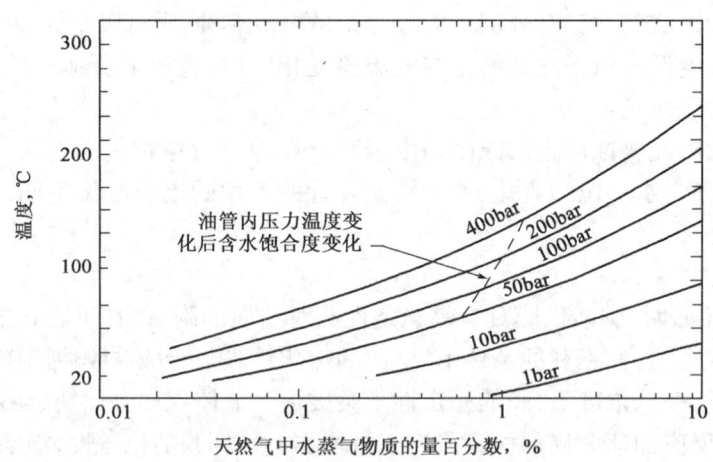

图7-2 天然气中水蒸气物质的量百分数与压力、温度关系(1bar=0.1MPa)

即使天然气中溶解的水蒸气未饱和,局部位置上也可能有水析出。例如,若金属表面温度低于流体温度,未达到水蒸气饱和的天然气流,其中的水蒸气也会凝析出来;金属表面温度低于水蒸气的露点,气相中的水就会凝析出来。气相中的水蒸气达到饱和或接近饱和是产生腐蚀的条件。生成凝析水的条件决定于气液比、温度和压力,按产出流体的含水量考虑,即使远低于1%的含水量也可能造成严重腐蚀。在"死角"或低凹积水处,即使少量的水也会产生最严重的腐蚀。

(2)地层水化学组分对腐蚀的影响。

地层水中溶解有多种无机盐离子,会影响系统的pH值,对腐蚀的影响既可能是加剧腐蚀,也可能是减缓腐蚀。地层水中常见的无机盐离子组分见表7-1。

表7-1 地层水中常见的无机盐离子组分

组分类型	名称	组分类型	名称	组分类型	名称
CO_2	二氧化碳	Cl^-	氯根	$CHCOOH$ (HAc)	醋酸根
H_2CO_3	碳酸	Na^+	钠离子	CH_3COO^- (Ac^-)	醋酸盐离子
HCO_3^-	碳酸氢根	K^+	钾离子	H_2S	溶解的硫化氢
CO_3^-	碳酸根	Ca^{2+}	钙离子	HS^-	硫化氢根
H^+	氢离子	Mg^{2+}	镁离子	S^-	硫离子
OH^-	氢氧根	Ba^{2+}	钡离子	HSO_4^-	硫酸氢根
Fe^{2+}	亚铁离子	Sr^{2+}	锶离子	SO_4^{2-}	硫酸根

地层水中不同程度地溶解有氯化物、硫酸盐、碳酸盐等可溶性盐类,导致对某些钢材的应力腐蚀及应力腐蚀开裂,在与硫化氢、二氧化碳共存时相互作用,会加剧腐蚀和应力腐蚀开裂。

氯离子和某些不锈钢和耐蚀合金的组合,在适合的温度、氯离子浓度、pH值范围内,会产生氯化物应力开裂。点蚀是不锈钢的主要腐蚀形式,在氧和氯离子协同作用下,点蚀坑底部常会出现裂纹,或最终导致断裂。如果说地下氯离子是客观存在的,那么控制吸入氧是防止或减缓应力开裂的重要环节。

在注入水或者注入的其他工作液中,不可避免地混入氧。此外,某些地下水因与地面水连通,也可能混入氧。在含氧气溶液中,在电极表面将发生氧去极化反应,其反应机理十分复杂,通常有中间态粒子或氧化物形成,在不同的溶液中其反应机理也不一样。以氧气的还原反应为阴极过程的腐蚀,叫作吸氧腐蚀。与氢原子还原反应相比,氧还原反应可以在正得多的电位下进行。大多数金属在中性或碱性溶液中,以及少数电位较正的金属在含氧气的弱酸中的腐蚀都属于吸氧腐蚀或氧去极化腐蚀。

由细菌的生命活动引起或促进材料的腐蚀破坏称为细菌腐蚀。地层水中可能含有硫酸盐还原菌、铁细菌、硫细菌等菌种,这些细菌潜伏在地层水和岩石中。油田最常见的微生物腐蚀是硫酸盐还原菌的腐蚀。

2)硫化氢腐蚀

硫化氢是可燃性无色气体,具有臭鸡蛋味。硫化氢对空气的相对密度为1.19,由于比空气重,趋向于在低凹处聚集。因此在气井发生硫化氢泄漏时,人们应往高处逃生。硫化氢易溶于水,并生成氢硫酸,显弱酸性;与空气混合可燃烧或爆炸;硫化氢是强烈的神经毒气,对黏膜有强刺激作用。

含硫化氢的井又称为酸性气井,其相应的腐蚀称为酸性腐蚀(sour corrosion)。硫化氢的主要来源是含硫天然气井、原油及其伴生气中可能含有的元素硫、硫化氢、硫醇、硫醚、二硫化物、噻吩类化合物及更复杂的硫化物,地层中硫酸盐及硫酸盐还原菌分解生成硫化氢,或含磺酸盐类油气井工作液在高温下也可以分解生成硫化氢。

(1)主要腐蚀类型及破坏特征。

游离水和硫化氢同时存在的情况称为湿硫化氢,只有湿硫化氢才产生腐蚀。在设计或评估含硫化氢气井的腐蚀时应注意硫化氢含量和分压是动态变化的。一般情况下,随着开采期地层压力的降低,硫化氢体积浓度会增加。

硫化氢环境中主要的腐蚀类型及破坏特征见表7-2。

表7-2 硫化氢环境中主要的腐蚀类型及破坏特征

类　　型	破　坏　特　征
硫化物应力开裂 (SSC)	(1)材料受外载拉伸应力作用,或存在制造残余应力。环境中硫化氢分压高于0.0003MPa; (2)破坏形式是材料脆性断裂; (3)低应力下破裂、无先兆、周期短、裂纹扩展速度快; (4)主裂纹垂直于受力方向,呈沿晶和穿晶形式,有分支; (5)裂纹发生在应力集中部位或者马氏体组织部位; (6)一般断裂处材料硬度高; (7)对低碳低合金钢,发生在低于80℃的工作温度
氢致开裂(HIC)、 应力定向氢致裂纹 (SOHIC)	(1)环境中硫化氢分压高于0.002MPa; (2)材料未受外应力(HIC)或者受拉伸应力(SOHIC); (3)裂纹发生在金属内部带状珠光体内,为台阶状、平行于金属轧制方向,裂纹连通后造成失效; (4)裂纹扩展速率慢,在外力作用下促使扩展(SOHIC); (5)常发生在低强钢、硫、磷含量高,夹杂物多的钢中; (6)表面常伴有氢鼓泡; (7)常温下发生
电化学腐蚀	(1)表面有黑色腐蚀膜,多为FeS、FeS_2、Fe_9S_8等; (2)金属表面均匀减薄及局部坑点腐蚀,严重的呈溃疡状; (3)腐蚀速度受硫化氢浓度、溶液pH值、温度、腐蚀膜的形态、结构等影响; (4)腐蚀体系中二氧化碳、氯离子的存在会加速腐蚀; (5)管内积液、管道低洼、弯头段、气体流速低、气带液冲蚀段加速腐蚀

(2)腐蚀机理。

硫化氢易溶于水,其溶解度与分压和温度有关。溶解的硫化氢很快电离,其离解反应为

$$H_2S \longrightarrow HS^- + H^+$$
$$HS^- \longrightarrow S^{2-} + H^+$$

氢离子是强去极化剂,它在钢铁表面夺取电子后还原成氢原子,这一过程称为阴极反应。失去电子的铁与硫离子反应生成硫化铁,这一过程称为阳极反应,铁作为阳极加速溶解反应而导致腐蚀。上述电化学反应常表示为:

阳极反应 $\quad\quad\quad\quad\quad\quad Fe \longrightarrow Fe^{2+} + 2e$

阴极反应 $\quad\quad\quad\quad\quad\quad 2H^+ + 2e \longrightarrow 2H$

阳极产物 $\quad\quad\quad\quad\quad\quad Fe^{2+} + S^{2-} \longrightarrow FeS$

总反应 $\quad\quad\quad\quad\quad\quad Fe + H_2S \xrightarrow{H_2O} FeS + 2H$

上述反应造成的严重后果是:

①生成氢原子,导致钢铁氢脆。固体表面吸附的H_2S和(或)HS^-的存在阻止氢原子生成氢分子。过量氢原子形成氢压,向金属缺陷处渗透和富集。

②硫化氢分压越高,H^+浓度也越高,溶液pH值越低,由此加剧金属的腐蚀。

阳极产物 FeS 或 FeS$_2$ 是比较致密保护膜,它将阻止腐蚀的持续进行。遗憾的是由于腐蚀环境的差异,阳极产物还有其他结构形式的硫化铁,如 Fe$_3$S$_4$、Fe$_9$S$_8$ 等。它们的结构有缺陷、对金属附着力差,甚至作为阴极端而与钢表面形成电位差,产生电偶腐蚀。在二氧化碳、氯离子、氧共存环境中,硫化铁膜可能被破坏,从而加快电化学腐蚀。

少量硫化氢可促使生成稳定的硫化铁保护膜,降低腐蚀速率,其保护作用决定于所生成的硫化铁类型、氯根含量、温度、流速、H$_2$S 与 CO$_2$ 含量的比值。另一方面,硫化铁膜相对于碳钢的电化学电位高,如果保护膜损伤,电位腐蚀会引起严重点蚀或坑蚀。二氧化碳会阻碍生成致密硫化铁膜,加剧腐蚀。

(3) 元素硫的影响。

高含硫化氢天然气藏常常伴有元素硫存在。元素硫可能在近井地带析出和堵塞,造成储层损害,使产量降低;在油管内或地面管汇中析出和堵塞,给气井生产造成极大麻烦。此外元素硫的沉积造成管道系统的腐蚀。对元素硫析出及堵塞的腐蚀机理、规律研究尚不充分,目前还没有可靠的预测模型可供应用。

对于碳钢和低合金钢与元素硫体系中,未见元素硫导致应力开裂的报道。可能的原因是氢被还原反应消耗掉,因此不会增加氢压而造成硫化物应力开裂和氢致开裂。另一方面,含凝析油的气井,凝析油促使元素硫呈溶解态,阻止其析出,由此减缓与元素硫有关的腐蚀。但是,元素硫在金属表面沉积,在接触处元素硫可能加速阳极反应过程。主要的腐蚀机理可能是金属表面保护性硫化物钝化膜的稳定性降低,增加了腐蚀速度。如果气井产干气,同时产地层水,水中氯根含量大于 5000mg/L 时,氯离子的存在将大大增强元素硫的腐蚀性,元素硫点蚀穿孔可能会很严重。壳牌加拿大公司曾报道元素硫点蚀穿孔速度达 30mm/a。

此外,元素硫可使某些种类耐蚀合金产生环境断裂,因此在 ISO 15156—3 中特别注明了具体的合金是否抗元素硫腐蚀开裂。

3) 二氧化碳腐蚀

(1) 腐蚀机理及分类。

二氧化碳腐蚀在油气工业中叫甜腐蚀(sweet corrosion),是相对于硫化氢腐蚀(sour corrosion)而言的。二氧化碳溶于水形成碳酸,金属在碳酸水溶液中发生电化学腐蚀。在没有电解质(水)存在的条件下,干燥的二氧化碳本身并不腐蚀金属。但是随着气田开发的进行,含水率逐渐上升,二氧化碳溶解于水,变成碳酸,具有较强的腐蚀性。

二氧化碳的腐蚀现象主要包括均匀腐蚀、点蚀(坑蚀)。其中点蚀是最严重的腐蚀现象,预测和控制均十分困难。点蚀呈轮癣状腐蚀和台面状坑蚀,台面状坑蚀是腐蚀最严重的一种情况,这种腐蚀的穿透率很高。

(2) 腐蚀影响因素。

① 二氧化碳分压的影响。

二氧化碳溶解在水相中生成碳酸,与管壁发生化学反应,产生二氧化碳腐蚀。水相中二氧化碳的含量与气液平衡中二氧化碳的分压紧密相关(如果没有自由气体存在,水中二氧化碳含量将由与水相保持接触的气相二氧化碳压力来决定)。因而,预测二氧化碳腐蚀速度应以气相中的二氧化碳分压为基础。判断标准为:

$p_{CO_2} > 0.2$MPa,严重腐蚀;

0.02MPa $\leq p_{CO_2} \leq 0.2$MPa,有腐蚀;

p_{CO_2} < 0.02MPa，没有腐蚀。

当二氧化碳分压 p_{CO_2} = 0.05～0.1MPa 且有地层水存在时，将地层水中 Ca^{2+}、HCO_3^- 的摩尔浓度乘以其电价数后相比，其比值大小可以判断腐蚀的强弱，判断标准为：

该比值不小于 0.5 时，腐蚀速率较低；

该比值不小于 1000 时，腐蚀速率中等；

该比值为 0.5～1000 时，腐蚀速率较高。

②温度的影响。

温度对二氧化碳腐蚀的影响比较复杂，在目前气井的井深温度范围内，不能判定是低温还是高温腐蚀严重。一般来说，在低 pH 值时，不利生成碳酸铁膜或其他保护膜，那么随温度增加腐蚀严重；在较高 pH 值时，高温促使生成稳定的碳酸铁膜或其他保护膜，随温度增加腐蚀显著降低。最严重的腐蚀区间是 60～80℃，具体腐蚀峰值温度与水中溶解物、流动状况有关。

③pH 值的影响。

二氧化碳对金属的腐蚀在很大程度上取决于 pH 值。地层水的 pH 值约为 5～7。但是当二氧化碳溶于水时，pH 会降低。计算二氧化碳腐蚀速率时，其精度与 pH 值有关。实验室容易测到准确 pH 值，但是现场测量十分困难，常常要根据水质分析和温度来计算。当水相是地层盐水时，油管内水的矿物组分浓度变化不大。但是对"湿天然气"，即水溶解于气中，随温度压力降低会形成凝析水，凝析水中不含盐类溶解物，当有二氧化碳或硫化氢溶于凝析水中时，pH 值显著降低。因此钢表面吸附凝析水时，腐蚀比较严重。

④流动状态的影响。

流动状态对腐蚀的影响可分为下述两种情况。

a. 无腐蚀产物膜。在低 pH 值和凝析水情况，没有腐蚀产物膜生成，或本质上生成的腐蚀产物膜易被冲刷掉。在这种情况下，流动对腐蚀有显著影响，紊流使金属表面传质交换加快，加速腐蚀。

b. 有腐蚀产物膜。在高 pH 值和地层盐水情况，有腐蚀产物膜生成，或本质上生成的腐蚀产物膜稳定，不易被冲刷掉。在这种情况下，流动对腐蚀没有显著影响。

在油、气和水多相流的情况下，流动对腐蚀的影响取决于流态。

(3) 多种腐蚀性组分共存的影响。

气井产出物中可能存在硫化氢、二氧化碳、地层水、溶解氧气、无机盐离子、细菌等多组分共存的现象。某些组分共存时的相互作用可能会加速腐蚀或减缓腐蚀。

①硫化氢和二氧化碳共存对腐蚀的影响。

由于腐蚀性组分的相互作用，电化学腐蚀并不是完全取决于硫化氢、二氧化碳的含量或它们的分压，而与每口井、每个气藏的具体动态腐蚀环境有关，腐蚀机理较为复杂。常用二氧化碳与硫化氢含量的比值预测腐蚀类型，是一种经验法则，其判断标准为：

C_{CO_2}/C_{H_2S} > 500，以 CO_2 腐蚀为主；

500 ≤ C_{CO_2}/C_{H_2S} ≤ 20，两种腐蚀都有，即混合腐蚀；

C_{CO_2}/C_{H_2S} < 20，以 H_2S 腐蚀为主。

一种简单的腐蚀率预测模型为：

$$CR_{H_2S} = CR_{basic} \times F_{Cl} \times F_{temp} \times F_{flow}$$

式中　CR_{H_2S}——硫化氢腐蚀率；

CR_{basic}——腐蚀速率；

F_{Cl}——氯化物因子；
F_{temp}——温度因子；
F_{flow}——流动因子。

②氧气和二氧化碳共存对腐蚀的影响。

氧气和二氧化碳的共存会使腐蚀程度加剧。氧气在二氧化碳腐蚀的催化机制中起很大的作用，当钢铁表面未生成保护膜时，氧气的含量越高腐蚀速率越大；当钢铁表面已生成保护膜时，氧气的含量对其腐蚀的影响较小，几乎不起什么作用。而在饱和氧气的溶液中，二氧化碳的存在会大大提高腐蚀速率，此时二氧化碳在腐蚀过程中起催化作用。

图3-7表示氧气、二氧化碳和硫化氢单独存在时，腐蚀速率与水中溶解气含量的关系，从图中可以看出，相同溶解量的情况下，氧气腐蚀性比二氧化碳强80倍，比硫化氢强400倍；随着水相中气体含量的增大，腐蚀速率也急剧增大。对于注水井来说，如果注入水处理不好，氧气含量太多，则管壁腐蚀速率较大。

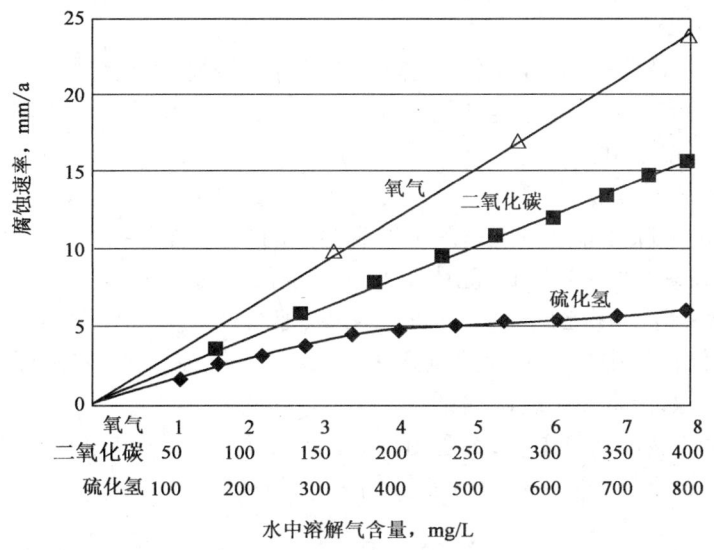

图7-3 不同气体水溶液腐蚀速率曲线（引自Schlumberger）

对于高温高压气井，当进行井口开关阀门、井下作业时，必须考虑吸入氧气对腐蚀的影响。特别是采用Super13Cr、22Cr等不锈钢时，应避免井筒倒抽吸入或混入空气。

③硫化氢、二氧化碳与氯化物共存对腐蚀的影响。

氯离子对钢铁的影响随材质的不同而不同，可导致钢铁发生严重的孔蚀、缝隙腐蚀等局部腐蚀。成膜理论的观点认为，由于氯离子半径小，穿透能力强，故它最容易穿透保护膜内极小的孔隙，到达金属表面，并与金属相互作用形成可溶性化合物，使保护膜的结构发生变化，产生金属腐蚀。此外，高浓度氯化物可能引起耐蚀钢或高强钢的应力腐蚀开裂。

4）酸腐蚀

气井酸化一般采用浓度13%~16%（质量分数）的盐酸，有时酸浓度可高达28%。在高温高压下，铁与酸的化学反应剧烈，会造成严重的腐蚀损坏。酸的腐蚀也称氢去极化腐蚀，其腐蚀机理为

$$Fe + 2HCl \longrightarrow FeCl_2 + H_2 \uparrow$$
$$Fe + 2HF \longrightarrow FeF_2 + H_2 \uparrow$$

在酸化作业中,由于排液不彻底,挤入地层的酸没有被完全排出,并在井底形成积液,使下部 pH 值下降,氢离子浓度增加,增加油管腐蚀速度。如果井下同时有硫化氢存在,那么水溶液的 pH 值可能会降到 3.5~4.5。井底温度较高时,腐蚀加剧。

四、局部腐蚀

1. 电偶腐蚀

电偶腐蚀(galvanic corrosion),也叫异种金属的接触腐蚀(bimetallic contact corrosion),是指两种具有不同电位能级的材料在与周围环境介质构成回路的同时,也构成了电偶对。由于腐蚀电位不相等有电偶电流流动,使电位较低的金属溶解速度增加,而电位较高的金属溶解速度反而减少的现象称为电偶腐蚀。造成电偶腐蚀的原因是两种材料之间存在着较大的电位差,存在的电解质溶液构成电子和离子的传导体,由此形成了腐蚀原电池。目前尚未见到在硫化氢和二氧化碳环境中的腐蚀电位排序。

2. 缝隙腐蚀

缝隙腐蚀也是一种普遍的局部腐蚀。遭受缝隙腐蚀的金属,在缝隙内呈现深浅不一的蚀坑或深孔,其形态为沟缝状。缝隙类型包括:(1)金属构件之间联接处的缝隙;(2)金属裂纹缝隙;(3)金属与非金属间缝隙。

产生缝隙腐蚀必须具备两个条件:其一是要有危害性的阴离子(如氯离子等);其二是要有缝隙,引起腐蚀的缝隙并非是一般肉眼可以观察到的缝隙,而是指能使缝内介质停滞的特小缝隙,其宽度一般在 0.025~0.1mm 范围内,使侵蚀液能进入缝内。

气田井口装置由于金属之间衔接(铆接、焊接、螺纹连接等)、金属与非金属(衬里、衬垫等)相接触以及井筒流体中含有大量的氯离子,容易产生缝隙腐蚀,如钻杆接头、油管和套管螺纹连接处存在缝隙,经常发生缝隙腐蚀。

气井管柱由于结构的局部差异,在管道内壁的局部位置常常出现砂泥、积垢、杂屑等沉积物或附着物,无形中形成了缝隙,给缝隙腐蚀创造了条件。

3. 点蚀

点蚀又称点腐蚀、小孔腐蚀或孔蚀,其特征是表面几乎无腐蚀的情况下形成许多小孔,孔的深度往往大于孔的直径,严重时发生穿孔。腐蚀介质含氧和氯离子及金属金相组织缺陷协同作用是产生点蚀的主要根源。图 7-4 为典型的氧导致点蚀照片。

点蚀程度受氧气、温度及氯离子等因素影响。通过油管注入的水或其他工作液携带氧会加剧点蚀;当井下装有封隔器,在地面开关油套环空阀门时,油套环空可能吸入空气使点蚀加剧;在高温和氯离子环境下,氧的腐蚀会加剧。

4. 流动诱导腐蚀和冲刷腐蚀

流动诱导腐蚀和冲刷腐蚀是流动、电化学与机械力协同作用加速腐蚀的现象。

流动诱导腐蚀是指流体流过壁面时,在近壁处形成湍流边界层,在边界层内涡流的形成和演变造成对壁面的冲击和剪切,这一过程加速腐蚀介质向金属表面移动,而腐蚀产物加速离开原位置,从而加速腐蚀。

粗略地说,冲刷腐蚀可以包含在流动腐蚀类型中。但是在更严格的概念意义上,冲刷腐蚀主要指流动的机械力破坏金属的保护膜。金属的保护膜被腐蚀介质溶解,或保护膜与金属基体附着力差,再加上流动的机械力冲刷,二者协同作用就会加剧腐蚀。

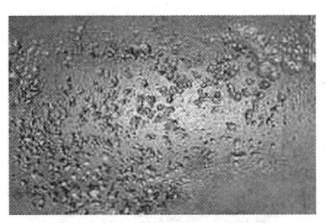
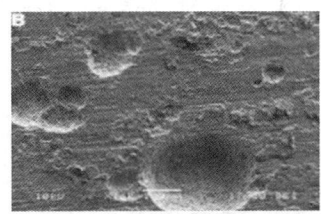
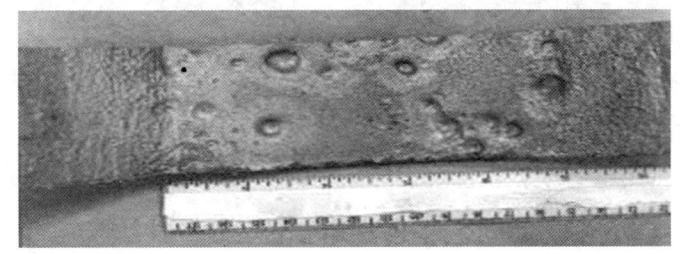

图 7-4 氧导致的点蚀形貌

油、水、气的多相体系及固体颗粒会形成若干类型的冲刷腐蚀。主要的冲刷腐蚀类型有空泡腐蚀,湍流腐蚀,液滴冲击、气泡冲击、固体颗粒冲击腐蚀。

气井出砂形成了固体颗粒冲蚀腐蚀,即高速流动的微小固体颗粒冲向金属壁面,通过微力学形变和微断裂,使金属材料被剥离。

考虑油管内流动和经控制管汇的流动引起腐蚀(冲蚀)是气井防腐设计的重要组成部分,如果说流体介质和电化学腐蚀是客观存在的,那么流动诱导腐蚀和冲刷腐蚀在很大程度上是可以通过合理设计而得到控制的。

五、环境开裂和应力腐蚀

1. 腐蚀特征

气田开发中的油管、套管及钻杆,油气输送中的管道和装备突发性开裂或断裂时有发生。有的突发性开裂或断裂曾造成过人员伤亡,重大环境问题或经济损失。大部分开裂或断裂在学术上都归结为环境开裂(environment assisted fracture),其本质是结构的应力、材料的选择性、腐蚀介质和环境参数(温度、压力和微区电位)激励,导致材料丧失其原有物理和力学性质,特别是使材料韧性降低,最终发生断裂。环境断裂往往事前无征兆,突发事故可能造成操作慌乱或伤人。总体来说,环境开裂包括应力腐蚀和氢脆,二者之间并没有严格的区分,可同时发生,也可以说氢脆是应力腐蚀的本质因素或机理之一。应力腐蚀是一般性腐蚀类型,它还包括疲劳腐蚀、冲击腐蚀、空泡腐蚀等。

金属材料在应力和化学介质的协同作用下,发生滞后开裂或断裂的现象称为应力腐蚀开裂。应力腐蚀开裂是一种脆性断裂,带有突发性,它是所有工业结构设计要优先考虑的问题。

H_2S 溶解在水中后发生电离,氢离子向钢材表面渗透并扩散。同时由于 HS^- 的存在,阴极放氢速度加快。H_2S 分子存在时,HS^-、S^{2-} 阻止了氢原子结合成氢分子,因此氢原子附着在钢铁表面,并不断向钢中扩散。随着氢原子的聚集(氢原子浓度增加),氢原子向金属的扩散速度加大。当氢原子向内表层扩散时,就会产生脆化层,这会导致钢材发生硫化物应力腐蚀开裂(sulfide stress corrosion crack,SSCC)和氢致开裂。被钢吸收的氢原子,在钢中夹杂物(特别是硫化物)及显微缺陷部位积聚而结合成氢分子。此时,氢分子体积急剧增大,在钢材内部的内应力剧增,使钢材内部产生裂纹,材料变脆,从而导致金属的硫化物应力腐蚀开裂或氢诱发裂纹、氢鼓泡。图7-5给出了硫化物应力腐蚀的示意图。

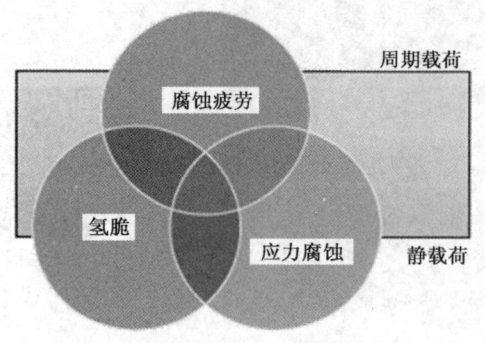

图7-5 硫化物应力腐蚀示意图

图7-6说明了应力腐蚀开裂、硫化物应力开裂的条件及形式。应力腐蚀开裂具有下述特征:

(1)必须有应力,可以是外加应力或残余应力,拉应力的危害最大。断裂时的拉应力值会低于材料屈服强度。断裂前不会有显著塑性变形,应力越大,发生断裂的时间越短。

(2)是否发生应力腐蚀断裂,主要取决于腐蚀介质、金属材质和温度、pH值之间的选择性组合。例如含氯离子腐蚀介质会导致13 Cr、super 13Cr、22Cr、25Cr油管和输送管突发应力腐蚀断裂,但一般不会造成低合金钢(如J55、N80、P110油管和套管)应力腐蚀断裂。常见材料的应力腐蚀和腐蚀环境为:高强度钢与氢环境,不锈钢与高氯离子含量和高温溶液环境,高强度钢和不锈钢与$CO_2 + CO + H_2O$或$CO_2 + HCO_3^- + H_2O$湿环境。

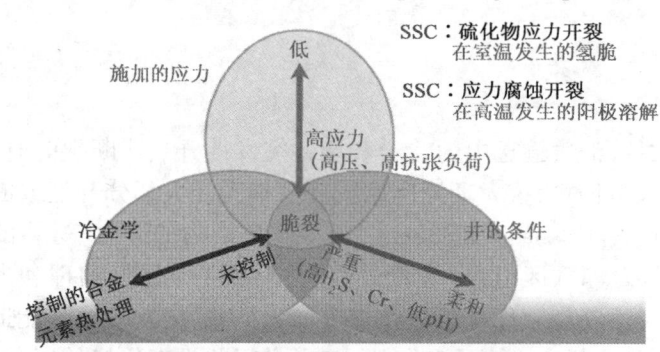

图7-6 冶金成分、应力水平和工作环境对氢脆的影响

2.常见腐蚀类型

以下的硫化氢导致的环境断裂现象及概念均与氢渗入和使材料变脆有关,因此又俗称氢脆。

(1)氢致开裂(hydrogen-induced cracking, HIC)。

当氢原子扩散进钢铁中并在缺陷处结合成氢分子(氢气)时,在碳钢和低合金钢中出现平面裂纹。裂纹是由于氢的聚集点压力增大而产生的,氢致开裂的产生不需要施加外部的应力。能够引起HIC的聚集点常常发生在钢中杂质水平较高的地方,通常称为陷阱,即由于杂质偏析,在钢中形成的具有较高密度的平面型夹渣和(或)具有异常微观组织(如带状组织)的区域。富集在陷阱中的氢原子一旦结合成氢分子,积累的氢气压力很高(有研究报道,该压力可能高达 300MPa），促使金属脆化，局部区域发生塑性变形，萌生裂纹导致局部开裂。

（2）氢应力开裂（hydrogen stress cracking，HSC）。

金属在有氢和拉应力[残余应力和（或）工作应力]存在情况下出现的一种开裂。HSC 描述对 SSC 不敏感的金属中的一种开裂现象，这种金属作为阴极和另一种易被腐蚀的金属作为阳极形成电偶，在有氢时，金属就可能变脆。电偶诱发的氢应力开裂（GHSC）就是这种机理的开裂。HSC 用于描述不锈钢或合金与碳钢或低合金钢连接时，受电偶激发，不锈钢或合金中的组织缺陷聚集氢和变脆的现象。

SSC 是 HSC 的一种形式，是在有水和 H_2S 存在的情况下，与腐蚀和拉应力[残余应力和（或）工作应力]有关的一种金属开裂，它与金属表面的因酸性腐蚀所产生的原子氢引起的金属脆性有关。在硫化物存在时，会加速氢的吸收。原子氢能扩散进金属，降低金属的韧性，增加裂纹的敏感性。高强度金属材料和较硬的焊缝区域易于发生 SSC。

（3）应力定向氢致裂纹（stress-oriented hydrogen-induced cracking，SOHIC）。

大约与主应力[残余应力和（或）工作应力]方向垂直的一些交错小裂纹，形态像梯子一样，将已有 HIC 连接起来的一种裂纹簇。这种开裂为由外应力和氢致开裂周围的局部应变引起的 SSC。在直焊缝钢管的母材和压力容器焊缝的热影响区都观察到 SOHIC。SOHIC 并不是一种常见的现象，其通常与低强度铁素体钢管和压力容器用钢有关。

应力定向氢致开裂易发生在材料的高应力部位（例如高残余应力和应力集中部位）。氢在应力梯度下通过应力诱导扩散，将向高应力区聚集。在缺口或裂纹尖端存在着应力集中现象，故氢将通过应力诱导扩散富集在裂纹前端。在实际应用中，由于阳极溶解型裂纹和氢致开裂型裂纹产生的机理不同，其产生和发展随钢材所处的环境也会互相转化，条件适合时可以同时产生。

（4）电偶诱发的氢应力开裂（galvanically-induced hydrogen stress-cracking，GHSC）。

不锈钢或合金与碳钢或低合金钢接触，浸没在腐蚀介质中形成电偶，受电偶激发，不锈钢或合金中的组织缺陷聚集氢和变脆的现象。镍基合金管与碳钢或低合金钢管接触可能产生 GHSC。

（5）软区裂纹（soft zone cracking，SZC）。

SZC 是 SSC 的一种形式，当钢中含有屈服强度较低的局部"软区"时，可能会产生 SZC。在操作的载荷作用下，软区会屈服，并且局部塑性应变扩展，这一过程加剧了非 SSC 材料对 SSC 的敏感性。这种软区与碳钢的焊接有密切关系。

（6）应力腐蚀开裂（stress corrosion cracking，SCC）。

在有水和 H_2S 存在的情况下，与局部腐蚀的阳极过程和拉应力[残余应力和（或）工作应力]相关的一种金属开裂。氯化物和（或）氧化剂和高温能增加金属产生应力腐蚀开裂的敏感性。

（7）氢致鼓泡（hydrogen-induced blister，HIB）。

当介质呈酸性时，由于阴离子的大量存在，FeS 保护膜被溶解，材料表面处于活性溶解状态，有利于反应过程中产生的氢原子向管材内部渗透。这些氢原子渗入金属管材内部后，在金属材料的薄弱部位（例如孔穴、非金属夹杂物处）聚集，结合成氢分子（氢气）。随着聚集过程的进行，在某些部位，氢气压力可达上百兆帕。此外，氢原子还能与材料中夹杂的 Fe_3C 反应生成 CH_4，同样产生气体并聚集。气体所产生的压力，在材料中形成很高的内应力，以致使材料较薄弱面发生塑性变形,造成钢夹层鼓起,即为鼓泡。鼓泡也是一种开裂,是应力腐蚀析氢所引起的断裂,可以在无外部载荷下发生。

第二节 气井腐蚀的重要参数及其获取方法

在气井腐蚀分析研究和防腐设计中,常常涉及某组分的浓度、某组分的分压、井内流体的pH值等参数的计算或测量。人们根据所用参数的目的及使用习惯,往往采用不同的表示方法及获取方法。

一、气液两相时气体分压的计算

在分析和研究腐蚀时,二氧化碳和硫化氢等腐蚀性气体对腐蚀严重程度的影响常用分压(partial pressure)这一术语来表示。其物理意义为:在气体混合物中,每个组分假定在同一温度下单独存在于混合物占据的总体积中所呈现的压力。某组分的分压等于体系绝对总压乘以该组分在混合物中的摩尔分数(或体积分数)。

研究 H_2S 或 CO_2 的腐蚀问题时,不仅重视 H_2S 或 CO_2 在气体总组成中的百分数,还需重视整个气体体系的总压力。研究表明:如果仅从体积百分比浓度看,二氧化碳和硫化氢等腐蚀性气体浓度虽然高,但总压不高的环境,总压对腐蚀的影响实际上不会比体积百分比浓度对蚀的影响小,而总压高的环境腐蚀严重。硫化氢(或二氧化碳)分压通常用 MPa 或 atm(大气压)表示。硫化氢(或二氧化碳)的分压高低已是目前国际上用来判断腐蚀严重程度的最重要的判据。

1. 气体含量的描述方法

气体含量常采用以下两种描述方法:

(1)气体的质量浓度 G:标准状态(20℃和101.3kPa)下每立方米容积所含的某种气体的质量,g/m^3。

(2)气体的体积分数 X,用% 表示。

上述两种浓度表示方法常常需要互换计算,式(7-1)为气体的体积分数与质量浓度的换算关系。

$$X = \frac{GV}{M \times 10} \tag{7-1}$$

式中 X——体积分数,%;
  G——某种气体的质量浓度,g/m^3;
  M——某种气体的摩尔质量,g/mol;
  V——该种气体在标准状态(20℃和101.3kPa)下的摩尔体积,L/mol。

【例7-1】 试推导硫化氢气体由质量浓度换算成体积分数公式,并计算质量浓度为 $75mg/m^3$ 的硫化氢体积分数是多少?

解:硫化氢气体在标准状态(20℃和101.3kPa)下的摩尔体积 $V = 23.76L/mol$;硫化氢气体摩尔质量 $M = 34.08g/mol$;根据公式(7-1)有

$$X_{H_2S} = \frac{G \times 23.76}{34.08 \times 10} = 0.0697G$$

对于质量浓度 75mg/m³ 硫化氢来说,其体积分数为

$$X_{H_2S} = 0.0697 \times 75 \times 10^{-3} = 52 \times 10^{-4}(\%)$$

2. 气体体积分数 X 与分压的换算

对于理想气体,或体系压力不高的气体体系,使用中常将气体的摩尔分数视为等于该气体的体积分数。因而气体的分压可用气体的或体积分数乘以系统总压得到。

【例 7-2】 试推导二氧化碳气体由质量浓度换算成摩尔分数的换算公式,试计算系统总压为 18MPa 下质量浓度为 34mg/m³ 的二氧化碳分压。

解:二氧化碳气体在标准状态(20℃和101.3kPa)下的摩尔体积 $V = 23.89$ L/mol;二氧化碳气体摩尔质量为 $M = 44.00$ g/mol;根据公式(7-1)有二氧化碳体积分数与质量浓度的换算关系

$$X_{CO_2} = \frac{G \times 23.89}{44.00 \times 10} = 0.054G$$

对于质量浓度 34mg/m³ 二氧化碳来说,其体积分数为

$$X_{CO_2} = 0.054 \times 34 \times 10^{-3} = 1.836 \times 10^{-3}(\%)$$

据前述,二氧化碳的摩尔分数近似等于二氧化碳的体积分数,因此系统中二氧化碳的分压为

$$p_{CO_2} = X_{CO_2} \times p_{总} = \frac{1.836 \times 10^{-3}}{100} \times 18 = 0.00033(\text{MPa})$$

二、无气相液体系统中硫化氢气体分压的计算

对于无气相液态系统,有效的硫化氢热力学活度可以通过硫化氢真实分压计算,其方法如下:

(1)用适当的方法测量某一温度下液体的泡点压力 p_b。在分离器下游的充满液体管线中,泡点压力可以近似取为最后一个分离器的总压。

(2)在泡点条件下,测定气相中硫化氢的体积分数。

(3)由以下公式计算泡点状态下天然气中硫化氢分压:

$$p_{H_2S} = p_b \frac{X_{H_2S}}{100} \tag{7-2}$$

式中　p_{H_2S}——硫化氢分压,MPa;

　　　p_b——泡点压力,MPa;

　　　X_{H_2S}——硫化氢在气体中的体积分数,%。

(4)式(7-2)计算的硫化氢分压即为无气相液态系统中的硫化氢分压。可用此值判断系统是否符合 ISO 15156—2 规定的酸性环境系统标准。

三、pH 值测定与计算

pH 值是影响腐蚀的关键因素,现场腐蚀状况的诊断分析或者防腐设计经常要涉及 pH 值。pH 值受组分的溶解和逸出、温度、压力、相变等因素的影响,因此,油管外油套环空及油管内不同井深的 pH 值均有差异。pH 值也是定量描述腐蚀严重程度和材料评选的基本依据之

一。因此,pH 值测定与计算非常重要。

通常从分离器后取出的无压水样中测量的 pH 值,不能代表井下某一点实际的 pH 值。因此把取样点的 pH 值用到其他环境时要作必要的转换。

pH 值测定与计算可以参考的 ISO 15156—2—2015《石油天然气工业—油气开采中用于含硫化氢环境的材料 第二部分:抗开裂碳钢和低合金钢及铸铁的使用》。

第三节 采气工程用材料的性能测试

一、化学成分分析

金属化学成分分析是查明金属材料化学成分的试验方法。鉴定金属由哪些元素所组成的试验方法称为定性分析;测定各组分间量的关系(通常以百分比表示)的试验方法称为定量分析。若基本上采用化学方法达到分析目的,称为化学分析;若主要采用化学和物理方法(特别是最后的测定阶段常应用物理方法),一般采用仪器来获得分析结果,称为仪器分析。

化学分析是根据各种元素及其化合物的独特化学性质,利用化学反应,对金属材料进行的定性或定量分析。定量化学分析按最后的测定方法可分为重量分析法、滴定分析法和气体容积法三种。重量分析法是使被测元素转化为一定的化合物或单质与试样中的其他组分分离,最后用天平称重测定该元素的含量。滴定分析法是将已知准确浓度的标准溶液与被测元素进行完全化学反应,根据所耗用标准溶液的体积(用滴定管测量)和浓度计算被测元素的含量。气体容积法是用量气管测量待测气体(或将待测元素转化成气体形式)被吸收(或发生)的体积,来计算待测元素的含量。由于化学分析具有适用范围广和易于推广的特点,所以至今仍为很多标准分析方法所采用。

表 7-3 是根据 ISO 15156 列出的油管和套管用耐蚀合金的主要成分。奥氏体不锈钢类型用于制造零部件,不用于制造油管,因此表中未列出。

表 7-3 油管和套管用耐蚀合金的主要成分

类 型		UNS	关键性合金含量,%			
			Cr	Ni	Mo	其他
马氏体不锈钢	ISO 11960 L80 13Cr		12~14	0.5		Si:1 Mn:0.25~1 Cu:0.25
	13CrS	S41426	11.5~13.5	4.5~6.5	1.5~3	Ti:0.01~0.5 V:0.5
	S/W 13Cr	S41425	12~15	4~7	1.5~2	Cu:0.3
双相不锈钢	22Cr	S31803	21.0~23.0	4.5~6.5	2.5~3.5	Mn、Si 等
	25Cr	S32550 S32750 S32760	24.0~27.0 24.0~26.0 24.0~26.0	4.5~6.5 6.0~8.0 6.0~8.0	2.0~4.0 3.0~4.0 3.0~4.0	Mn、Si 等

续表

类 型		UNS	关键性合金含量,%			
			Cr	Ni	Mo	其他
镍基合金	All0y C-276	N10276	14.5~16.5	rem	15~17	W:3.0~4.5 CO:2.5
	All0y 625	N06625	20.0~23.0	rem	8.0~10	Nb:3.15~4.15
	All0y 718	N07718	17.0~21.0	50.0~55.0	2.8~3.3	Nb:4.75~5.50
	All0y 825	N08825	19.5~23.5	38.0~46.0	2.5~3.5	Ti:0.6~1.2
	G-2	N06975	23.0~26.0	47.0~52.0	5.0~7.0	
	G-3	N06985	21.0~23.5	rem	6.0~8.0	W:5.0 CO:1.5
	G-30	N06030	28.0~31.5	rem	4.0~6.0	W:5.0 CO:1.5~4.0
	028	N08028	26.0~28.0	29.0~32.5	3.0~4.0	Cu:0.6~1.4
	2550	N006255	23.0~26.0	47.0~52.0	6.0~9.0	W:3.0 Cu:1.2 Ti:0.69
	G-50	N06950	19.0~21.0	50.0min	8.0~10.0	W:1.0 Cu:0.5 Ti:0 CO:2.5

注:UNS 为统一编号体系(依据 SAE-ASTM,美国金属和合金编号体系)。rem 为余量。

二、金相组织观察

开展金相组织(也称显微组织)观察,全面评价材料的组织形态、晶体结构和取向分布、成分的宏观微观分布、晶粒界面结构和偏析状态等方面,表征钢铁材料组织结构。

为进行显微镜检验,须对抛光好的金属试样进行浸蚀,以显示真实清晰的组织结构。常规显示组织的方法包括:(1)化学浸蚀:化学试剂与试样表面起化学溶解或电化学溶解的过程;(2)电解浸蚀:试样作为电路的阳极,浸入合适的电解蚀液中,通入较小电流进行侵蚀。浸蚀条件由电压、电流、温度、时间来确定。浸蚀后,在金属试样抛光面上形成一层薄膜,利用入射光的多重反射和干涉现象显示组织,鉴别各种合金相。

在炼钢过程中,少量炉渣、耐火材料以及冶炼过程中反应产物可能进入钢水,在冶炼和浇注凝固过程中形成非金属夹杂物。非金属夹杂物的存在破坏了金属连续性和完整性,降低钢的机械性能,特别是损害钢材的塑性、韧性以及疲劳性能,严重时,还会导致热轧和热处理过程中钢材内部夹杂物本身或者夹杂物与钢基体结合面产生裂纹。另外,非金属夹杂物也促使钢形成热加工纤维组织与带状组织,使得材料具有各向异性,严重时,钢材横向塑性和冲击韧性会大大低于纵向。因此,采气工程用钢要检查非金属夹杂物的数量、形状、大小与分布情况。

三、金属力学性能测试

1. 拉伸试验

拉伸试验是标准拉伸试样在静态轴向拉伸力不断作用下以规定的拉伸速度拉至断裂,并在拉伸过程中连续记录力与伸长量,从而求出其强度判据和塑性判据的力学性能试验。

通过拉伸性能测试可以揭示材料在静载作用下的应力—应变关系及常见三种失效形式(过量弹性变形、塑性变形和断裂)的特点和基本规律,还可以评定出产品的基本力学性能指标,如屈服强度、抗拉强度、伸长率等。这些指标是油套管、钻杆的工程应用、结构设计等方面的计算依据,也是油套管、钻杆材料评定、选用以及加工工艺选择的主要依据。

图 7-7 为 MTS 810 材料试验机,可用于拉伸试验。拉伸试验参照标准 GB/T 228.1—2010《金属材料 拉伸试验 第 1 部分:室温试验方法》进行。在拉伸过程中,随着载荷的不断增加,可由试验机上安装的应变仪记录并计算试样应力—应变变化,直至试样断裂,测试结果见图 7-8。

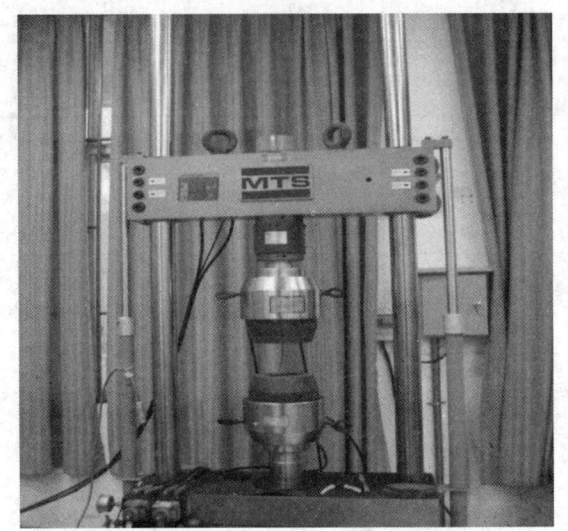

图 7-7 MTS 810 材料试验机

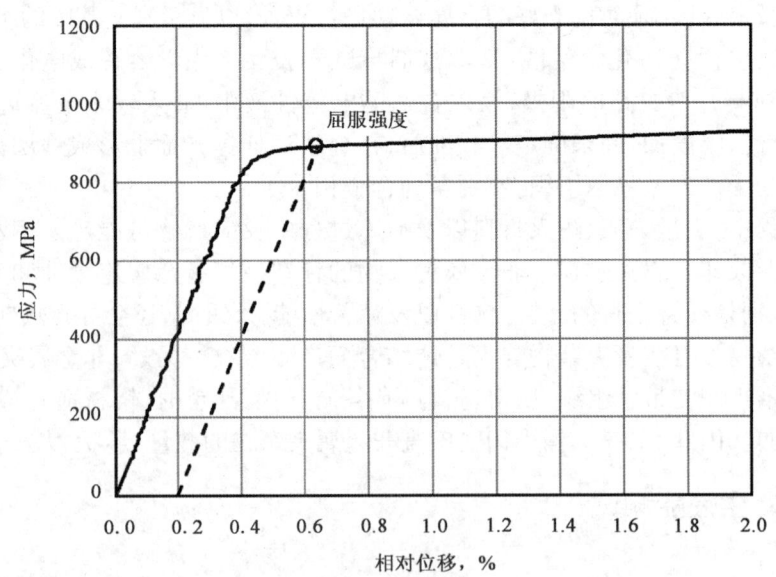

图 7-8 某材料的拉伸应力—应变曲线

API Spec 5D《钻杆规范》、API Spec 5CT《套管和油管规范》、ISO 11960—2014《石油和天然气工业—油气井套管或油管用钢管》对钻杆、套管、油管、接箍和附件的拉伸性能作了要求,见表7-4和表7-5。

表7-4 钻杆材料拉伸性能要求

钢 级	屈服强度,psi(MPa)		最小抗拉强度,psi(MPa)
	最小	最大	
E75	75000(517)	105000(724)	100000(689)
X95	95000(655)	125000(862)	105000(724)
G105	105000(724)	135000(931)	115000(793)
S135	135000(931)	165000(1138)	145000(1000)

表7-5 油管和套管材料的拉伸性能要求

组别	钢级	类型	加载下的总伸长率 %	屈服强度 MPa		最小拉伸强度 MPa	规定壁厚 mm
				最小	最大		
1	2	3	4	5	6	7	10
1	N80	1	0.5	552	758	689	—
	N80	Q	0.5	552	758	689	—
2	L80	1	0.5	552	655	655	—
	L80	9Cr	0.5	552	655	655	—
	L80	13Cr	0.5	552	655	655	—
	C90	1、2	0.5	621	724	689	≤12.70
	C90	1、2	0.5	621	724	689	12.71~19.04
	C90	1、2	0.5	621	724	689	19.05~25.39
	C90	1、2	0.5	621	724	689	≥25.40
	C95	—	0.5	655	758	724	—
	T95	1、2	0.5	655	758	724	≤12.70
	T95	1、2	0.5	655	758	724	12.71~19.04
	T95	1、2	0.5	655	758	724	19.05~25.39
	T95	1、2	0.5	655	758	724	≥25.40
3	P110	—	0.6	758	965	862	—
4	Q125	1~4	0.65	862	1034	931	≤12.70
	Q125	1~4	0.65	862	1034	931	12.71~19.04
	Q125	1~4	0.65	862	1034	931	≥19.05

2.冲击试验

工程上常用一次摆锤冲击弯曲试验来测定材料抵抗冲击载荷的能力,即测定冲击载荷试样被折断所消耗的冲击功。冲击功表示材料在冲击载荷下抵抗变形和断裂的能力,表示材料韧性的好坏。一般冲击功低的材料称为脆性材料,冲击功高的材料称为韧性材料。

3. 硬度试验

硬度指固体材料抗拒永久变形的特性,也指材料局部抵抗硬物压入其表面的能力。金属材料主要采用压入硬度,试验方法是用一定载荷将规定的压头压入被测材料,以材料表面局部塑性变形的大小比较被测材料的软硬。由于压头、载荷以及载荷持续时间的不同,压入硬度有多种,主要包括布氏硬度、洛氏硬度、维氏硬度和显微硬度等几种。硬度不是一个简单的物理概念,而是材料弹性、塑性、强度和韧性等力学性能的综合指标。由于硬度试验设备简单,操作方便快捷,故被广泛用来检验经热处理工件的质量。API 标准中,采用的是布氏硬度(HB)和洛氏硬度(HRC)。

相关标准(API Spec 5CT 和 ISO 11960—2014)中对套管、油管、接箍和附件的硬度作了要求,见表 7-6。对 P110 钢级和 Q125 钢级则未有专门规定。

表 7-6 硬度要求

钢　　级	最大硬度	
	HRC	HBW
M65	22	235
L80	23	241
C90	25.4	255
T95	25.4	255

4. 金属压缩试验

金属压缩试验是测定金属在应力作用下抗变形和抗破坏能力的试验。试验在普通万能材料试验机进行,大多用于测定脆性或冷脆性材料如生铁、铸造铝合金、轴承合金的力学性能,对于塑性材料一般不做压缩试验。

5. 蠕变试验

蠕变试验是蠕变金属在恒定温度和恒定载荷(或恒定应力)作用下,随时间延长产生缓慢塑性变形的现象。温度越高,应力越大,蠕变速度越快。它可以研究金属蠕变的物理本质、蠕变抗力及其影响因素,对于高温构建设计选材、强度计算及寿命评估十分重要。

6. 金属磨损试验

金属磨损试验是试样与对磨材料间加入中间物质在一定载荷下按规定速度作相对运动而测量一定时间后其磨损量的试验。

四、常见腐蚀试验方法

(1)重量法腐蚀试验。根据腐蚀前后试样重量的变化来测定金属的腐蚀速率,并以此判断材料的耐蚀性能的试验方法。在实验室进行腐蚀试验时,应尽量模拟有关的现场条件,如果条件允许的话,采用现场腐蚀介质做试验,当然也可采用模拟生产的介质、加速腐蚀试验介质以及实验室的介质等。

(2)电化学腐蚀速率测试。电化学腐蚀是最普遍、最常见的腐蚀形式,例如,硫化氢泄漏时套管与含硫环空保护液的反应;钻井过程中,钻杆在含氧钻井液中的氧化腐蚀。电化学测试制样简单,测试快速,因而被大量使用,其测试方法主要依据有极化曲线和电化学阻抗谱(EIS)。

五、NACE 环境敏感断裂实验标准

在工程上需要评价某种材料在一定硫化氢酸性水溶液环境中不会发生开裂的拉伸应力值,这个应力值称为环境断裂临界应力,它与材料屈服强度的百分比称为临界应力百分比。NACE TM 0177—2005《抗硫化氢应力腐蚀标准》提供了环境断裂临界应力试验方法和判别标准。碳钢和低合金钢在室温下对 SSC 敏感性高,因此通常只做常温常压的抗裂性能试验。对于不锈钢和耐蚀合金,情况比较复杂,不能套用上述标准。NACE TM 0177—2005 规定了试验使用的试剂、试样和设备、必须遵循的试验程序等,该标准包括四种试验方法:

方法 A:拉伸试验。应用最普遍,是材料抗硫化物应力开裂性能的基本评价方法,NACE 方法 A 又称为恒载荷试验,评价材料在单轴拉伸载荷下的抗环境断裂能力。由于该方法简单、应力状况明确、能给出断或未断的确切结论,因此使用较普遍。方法 A 通过对试件加载到某一指定的应力水平,将试件浸没在特定腐蚀介质中,控制试验温度为 24℃(75℉),记录断裂时间。经过大量试验积累的经验确定,如果经 720 小时不断裂,那么该材料在所施加应力水平下具有抗环境断裂能力。

方法 B:弯梁试验。较少应用。

方法 C:C 形环试验。主要用于评价直焊缝管。

方法 D:双悬臂梁(DCB)试验。目前应用不普遍。但该方法以断裂力学理论和方法为基础,能给出材料抗 SSC 性能的具体指标——临界断裂强度因子,可用于定量的设计计算,在适用性设计方法中普遍采用。

除了上述方法外,还有一种称为慢拉件应变(slow strain rate,SSR)试验法。试件在极缓慢的拉伸(应变速率低到 $10^{-4} \sim 10^{-7}\ s^{-1}$)状态下,在数小时至几天将发生断裂。这是一种快速评价材料抗环境断裂性能的方法,特别适用于耐蚀合金类材料评选。

第四节 气井腐蚀性环境的材料选用

一、材料选择依据

碳钢和低合金钢是硫化氢酸性环境中使用最普遍的钢种,研究比较充分,同时也已积累了较丰富的现场经验。在含硫化氢酸性环境防腐设计中,环境断裂是材料选择最重要和优先考虑的因素,其中酸性环境抗断裂的材料选择已有国际公认的标准 ISO 15156—2。

ISO 15156—2 只规范碳钢和低合金钢在硫化氢酸性环境中的开裂行为,它不涉及电化学腐蚀问题。选用了抗硫的碳钢和低合金钢后,电化学腐蚀将成为重点考虑的因素。此时设计或管理气井会面临电化学腐蚀的防护选择。一般情况下加缓蚀剂的技术可防止或减缓电化学腐蚀。

对于较恶劣的腐蚀环境,例如高含二氧化碳,或同时高含二氧化碳与硫化氢,应优先从材料选用上作防腐蚀设计,即优先考虑采用不锈钢或合金。由于不锈钢或合金价格昂贵,供货周

期长,它们对井下环境也有使用限制,因此应有充分时间进行试验评价和技术经济分析。ISO 15156—3 提供了不锈钢和合金的设计和选用规范。

ISO 15156 只涉及材料的选用和评价规范,不涉及尺寸及强度性能规范。因此作设计时读者同时还应参考 ISO 11960 技术性能规范和 ISO 10400 强度和设计方法规范。ISO 15156—4 还提供了硫化氢酸性环境橡胶和其他非金属材料密封件或零件的技术规范和评价方法。中国也在逐步更新和等同引用上述 ISO 标准。

对于某些腐蚀环境,按前述 ISO 15156 标准选不到合适的材料,NACE 方法 A 和 A 溶液是一种最苛刻的抗硫化物应力开裂评价方法。大量实践证明,按 NACE 方法 A 和 A 溶液不合格的材料,在现场长期工作并未开裂。因此在货源受限制,或技术经济评价不宜采用更高级的材料时,只要能确切模拟现场环境做评价选材应该是允许的。通常情况下腐蚀性组分、温度影响是客观存在的,但是优化结构设计使工作应力降低就可为选材提供方便,或提高可靠性。ISO 15156-1 提供了适用性设计的一个原则,即可以根据现场经验资料进行材料的判别。但需符合下述条件:

(1)提供的现场经验至少持续两年时间,并且包括现场使用之后全面的检查。

(2)拟使用环境苛刻程度不能超过提供的现场经验所处的环境。

在含硫的高压深井中,已采用了屈服强度 125ksi(862MPa)级别的准抗硫油管和套管,其设计方法均为"适用性设计"(fit for service,fit for purpose)。在"适用性设计"中几乎不可避免的要用到一门新兴的学科——"环境断裂力学"。前述 ISO 11960、ISO 15156 和 ISO 10400 已提出了碳钢和低合金钢的最小环境断裂韧性值及评价方法。

二、气井腐蚀性环境材料类型

1. 碳钢和低合金钢

碳钢(carbon steel)是一种铁碳合金,其中含碳(小于2%)、含锰(小于1.65%)和其他微量合金元素。石油工业中所用碳钢的含碳量通常低于0.8%。

低合金钢(low alloy steel)也是一种铁碳合金,其中合金元素总量少于5%(大约),但多于碳钢中规定的含量。

近年来在碳钢和低合金钢系列中,推出了一类称为微合金钢的新钢种,或称3Cr钢。在低碳钢中铬的含量增至3%和进行合适的合金设计后,材料表面生成稳定的富铬氧化膜,抗二氧化碳腐蚀性能显著提高。同时抗硫化氢和氯化物腐蚀性能也有显著改善,但是目前3Cr钢还未列入抗硫钢种。

选用碳钢和低合金钢时应执行 ISO 11960 和 ISO 15156—2 标准,或与其等同引用的中国标准。

2. 耐蚀合金

耐蚀合金(corrosion-resistant alloy,CRA)是指能够耐油田环境中(在这种环境中,碳钢和低合金钢会受到腐蚀)的一般和局部腐蚀的合金材料。ISO 15156—3 将不锈钢和合金统称为耐蚀合金,该标准提供了详尽的耐蚀合金油管、套管和耐蚀合金制造的零部件技术规范。耐蚀合金材料有不锈钢(包括高合金奥氏体不锈钢、马氏体不锈钢、双相不锈钢)和合金(如镍基合金)等类别。

3. 其他材料

在气井中还有多种类型橡胶密封件、塑料零件,此外还有固井水泥,这些非金属材料也存在耐腐蚀和合理选用设计问题。

三、碳钢和低合金钢环境断裂的评价方法和判据

1. 开裂严重度判据

环境断裂是材料选择最重要和优先考虑的因素,环境断裂的评价方法和判据已在相应的标准中有具体的规定和做法。

在酸性环境影响碳钢和低合金钢性能的诸多影响因素中,最关键的是硫化氢的分压和 pH 值,因此 ISO 15156 以这两个参数为开裂严重度判据。在材料选用实际设计中,最好能得到井下取样 pH 值,但是硫化氢井下取样比较困难。

图 7-9 为碳钢和低合金钢在硫化氢酸性环境中开裂严重度判据图。开裂严重度判据图分为四个区间,对其分区说明如下:

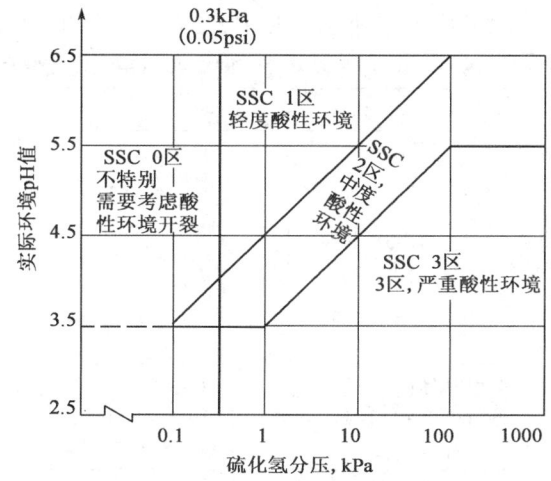

图 7-9 碳钢和低合金钢在硫化氢酸性环境中开裂严重度判据图

(1) SSC 0 区,代表硫化氢分压较小的环境($p_{H_2S}<0.3kPa$)。在 SSC 0 区,通常情况下对钢材的选用无特殊要求。但是毕竟含有硫化氢,因此应考虑导致开裂的可能性。左下角虚线表示硫化氢分压低于 0.3kPa 可能会存在测量不确定性或在这种低含硫情况下材料性能的不确定性。此外应特别注意降低应力集中和避免使用高强度钢。

(2) SSC 3 区,代表严重酸性环境。SSC 3 区的硫化氢分压值只到 1000kPa,大于 1000kPa 后材料性质具有不确定性,需要通过模拟具体的环境做评价,或采用实用性评价方法,即根据井下工况通过试验选用合适的材料。SSC 3 区间的环境特征是:pH/p_{H_2S} 从 3.5/0.01bar 到 5.5/≥1.0bar。只要 pH 值低于 3.5,任何可测到的微量硫化氢含量均属 SSC 3 区间。同时含有硫化氢和二氧化碳及水的环境中,pH 值有可能低到 3.5 以下,腐蚀工况十分严重。

(3) 上述 SSC 1、2 和 3 区间的材料选用没有对应的钢级。三个区间均可选用同样的钢级,但是同一钢级用在不同的区间制造水平和质量控制有差别。用在 SSC 3 区间环境的制造质量控制要求更高。例如根据强度设计需要用 C110 级别的油管或套管,屈服强度下限为 758MPa (110ksi),上限应为 862MPa(125ksi),即严格控制屈服强度偏差,实际最大屈服强度与最小名义屈服强度(SMYS)之差不能大于 103MPa(15ksi)。这在很大程度上决定于工厂的热处理水

平。但是对于 SSC 2 区，材料屈服强度偏差可增大到 206MPa(30ksi)。此外在硬度偏差、消除残余应力等质量控制方面稍有差别。

(4) 选用碳钢和低合金钢时，应根据拟服役的酸性工作环境或按 SSC 1 区、SSC 2 区、SSC 3 区的条件进行评价试验。酸化后 pH 值降低，特别要注意返排不及时和井底滞留残酸的可能性。在确定含有硫化氢环境的开裂严重程度时，应考虑非正常操作或停产形成凝析水，凝析水可能会有极低的 pH 值。

2. 碳钢和低合金钢选用

硫化氢对碳钢和低合金钢应力开裂的影响因素中，温度是一个关键的参数。一般来说，硫化物应力开裂的敏感温度是室温至 65℃，因此前述开裂试验标准都设置在 24℃。表 7-7 列出了按 ISO 11960 确定的不同钢级套管和油管适用的温度条件。在温度高于 65℃ 的井段可以采用较高强度的非抗硫油套管。利用高温下硫化物应力开裂的敏感降低，在深井段采用非抗硫管仍存在风险。高温井段硫化物应力开裂虽然不易发生，但是随着井温的增加，电化学腐蚀加剧。因此，在高含硫化氢、二氧化碳或地层水井中，油管和套管的设计应综合考虑。

表 7-7 酸性环境油管和套管不同钢级适用的温度条件

适用于所有温度	≥65℃(150℉)	≥80℃(175℉)	≥107℃(225℉)
H40 J55 K55 M65 L80 1 型 C90 1 型 T95 1 型	N80 Q 型 C95	N80 P110	Q125
符合图 7-9 中 SSC 3 区的使用条款	最大屈服强度小于等于 760MPa(110ksi) 专用 Q&T 级	最大屈服强度小于等于 965MPa(140ksi) 专用 Q&T 级	

注：1 型是基于最大屈服强度 1036MPa(150ksi)、化学成分为 Cr-Mo 的 Q&T 级的，不可采用碳锰钢。

3. 厂家推荐选用方法

为了便于在宏观上选材，并同时考虑环境断裂和电化学腐蚀的影响，Sumitomo Metals 公司推出了气井腐蚀环境与材料选用指导图（图 7-10）。图中各区域说明如下：

(1) 轻微腐蚀环境。气井产出物含地层水、凝析水和微量硫化氢、二氧化碳以及注水井等属于轻微腐蚀环境，可用符合 ISO 11960 规定的任何油套管，常用的有 J55、N80、P110、Q125 等。

(2) 硫化氢酸性环境和硫化物应力开裂是主要的控制因素。井下温度、二氧化碳及地层水含量低。可选用相关表中不同使用温度对应的抗硫化物应力开裂的钢级，例如 H40、J55、K55、M65、L80-1、C90（C90 1 型和 C90 2 型）、C95、T95（T95 1 型和 T95 2 型）。

(3) 湿二氧化碳环境。为不同含量二氧化碳及地层水，以电化学腐蚀为主的井下条件。常用 13Cr 或 SUPER13Cr、22Cr 等更高铬含量的马氏体不锈钢。

(4) 湿二氧化碳和微量硫化氢环境。双向不锈钢 22Cr 可用于含微量硫化氢的湿二氧化碳环境，硫化氢和氯根含量更高时可选 25Cr。

(5) 高含硫化氢和高含二氧化碳恶劣的腐蚀环境。在不利的气井腐蚀介质类型组合及含量、压力、温度等相互作用下，抗硫化物应力开裂的碳钢和低合金钢可能会出现严重失重腐蚀、点蚀或开裂。这是最恶劣的腐蚀环境，总体来说只可选用镍基合金类材料。

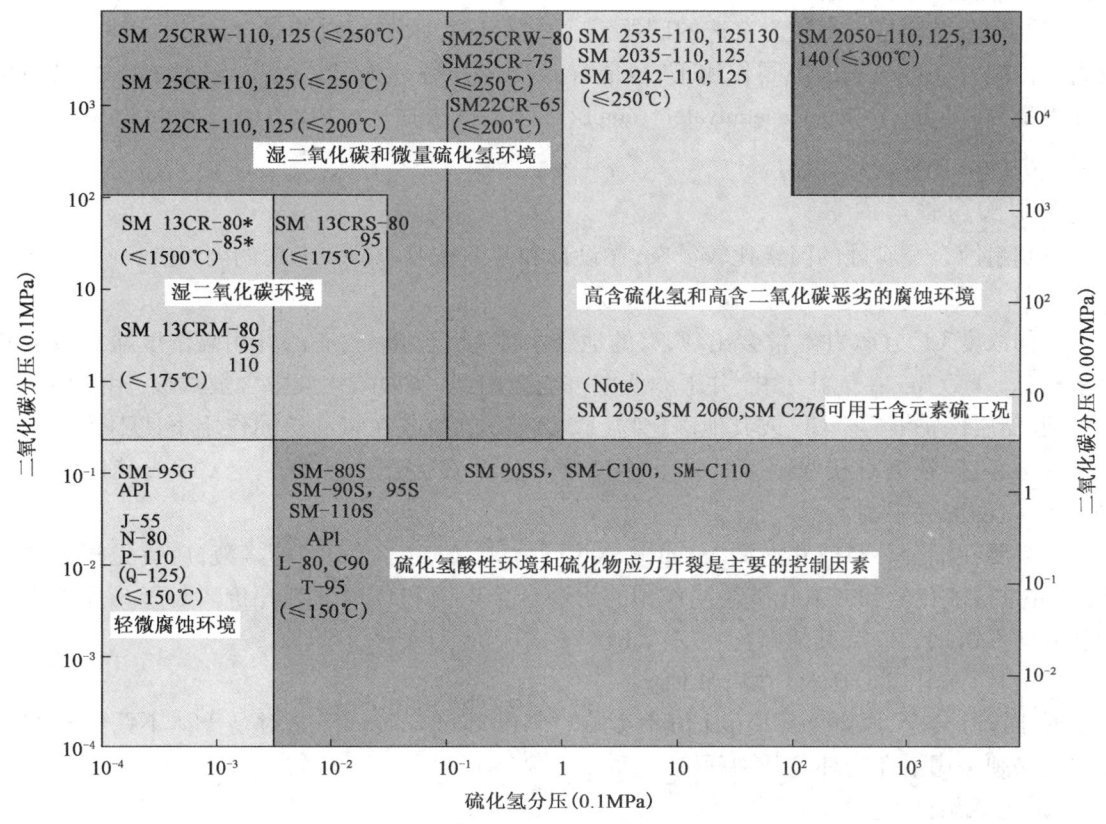

图 7-10 气井腐蚀环境与材料选用指导图

四、油管和套管用耐蚀合金材料

耐蚀合金包括不锈钢、合金两大类。在一般意义上,耐蚀合金具有更高的抗腐蚀性能。但实际上,某些耐蚀合金对腐蚀环境引起的点蚀和应力腐蚀开裂较为敏感。在石油工业使用耐蚀合金的历史中,曾经发生过由于耐蚀合金材料选材欠妥导致油管应力腐蚀开裂和点蚀穿孔的严重事故。

彩图 7-10

耐蚀合金腐蚀失效的主要形式是局部腐蚀和环境断裂。由于耐蚀合金品种多、价格贵、价格差异大,对使用环境的适应性差异大,在气井中尚缺乏使用经验,因此选用耐蚀合金的决策需要有充分依据,应尽可能模拟使用环境,进行实验室评价,吸取类似气田开发的经验教训十分重要。

1. 耐蚀合金基本成分

耐蚀合金中 Cr、Ni、Mo 是最重要的基本合金成分,它们的含量及制造方法构成了不同类型的耐蚀合金。上述元素对构件表面形成的保护性腐蚀产物膜的稳定性起关键作用,腐蚀都是从保护性腐蚀产物膜破坏开始的。

2. 耐蚀合金的腐蚀现象及影响因素

1) 腐蚀现象

耐蚀合金在实际使用过程中,腐蚀现象主要有点蚀和应力腐蚀开裂。应力腐蚀开裂包括硫化物应力腐蚀开裂、氯化物应力开裂等。

耐蚀合金点蚀是一个较为普遍的问题,点蚀坑处应力水平相对较高,可能形成裂纹源。在较高工作应力、Cl^-或氧的协同作用下,可能导致环境开裂。为了评价抗点蚀的能力,采用抗点蚀当量数(pitting resistance equivalent number,PREN)来描述。PREN(F_{PREN})可以采用相应的公式进行计算。

2)影响腐蚀的因素

影响耐蚀合金腐蚀的因素比较复杂,在设计和井下作业中应该考虑的因素有:

(1)Cl^-或其他卤化物(F^-、Br^-)的浓度。

不同浓度Cl^-在气井经常会出现,有的地层水中Cl^-含量高,有的井用高浓度盐水或天然卤水压井。F^-、Br^-在气井完井、井下作业中可能会用到,例如酸化液中含氢氟酸,用溴化物作压井液、储层保护液等。Cl^-或其他卤化物(F^-、Br^-)单独或在氧的协同作用下使不锈钢表面钝化膜破坏,导致钢直接吸附氢原子。不锈钢和合金在使用中都有一定Cl^-或其他卤化物(F^-、Br^-)的浓度限制。

如果要在油套环空或井内注入$CaCl_2$、$NaCl$、$ZnCl_2$、$CaCl_2 - CaBr_2$等溶液,应首先模拟井下条件,并进行硫化氢和二氧化碳协同作用的耐蚀合金点蚀和环境开裂评价。对于马氏体不锈钢和双向不锈钢,Cl^-或其他卤化物(F^-、Br^-)的影响应列入评价要求。

(2)井下硫化氢分压及环境pH值。

对于镍基合金,原则上环境pH值不影响材料的环境开裂。但是对马氏体不锈钢和双向不锈钢必须考虑潜在的环境开裂问题。

(3)元素硫。

元素硫是某些耐蚀合金点蚀和环境断裂的影响因素。元素硫对耐蚀合金影响机理和规律的研究尚不充分,只有针对具体环境加强评价。

(4)氧。

氧与硫化氢反应生成连多硫酸,对不锈钢点蚀和应力开裂有一定影响。曾经发现开关井口油套环空阀门导致油套环空吸入空气,氧与环空保护液氯化物反应,导致双相不锈钢环境断裂。如果用了不锈钢油管,向井内注入流体应考虑除氧或加入氧抑制剂。

3. 耐蚀合金的使用环境限制

耐蚀合金钢虽能耐腐蚀,但仍有一定的使用条件限制。设计者应咨询或委托相关技术领域单位进行评价和论证,以便针对井下环境选出合适的材料。

五、非金属材料的腐蚀与防护

在井下和井口装置中常用到一些非金属材料作密封件或零件,防腐设计也需要考虑非金属材料的抗腐蚀性能。当橡胶密封材料和介质相接触时,由于它们的氧化作用而引起橡胶密封材料和添加剂的分解,有些介质还能引起橡胶密封材料的溶胀,使橡胶密封材料分子产生断裂、溶解以及添加剂的分解、溶解、溶出等现象。需要时,可参考ISO 15156—4设计选用非金属材料。

目前的研究已经认识到了甲烷、硫化氢、二氧化碳和地层水共存或某几项组合对水泥环的腐蚀问题,但是缺乏在高温高压下甲烷、硫化氢、二氧化碳和地层水共存对水泥石长期寿命影响的研究及标准。高温高压下硫化氢、二氧化碳腐蚀水泥环,进而腐蚀套管,需要设计采用抗硫化氢、二氧化碳的水泥体系或处理剂。应特别注意高温高压下超临界态二氧化碳对水泥的侵蚀,国外一些过套管测井发现二氧化碳腐蚀水泥,产生微环隙。实验室评价发现普通油井水泥在28MPa、90℃超临界态二氧化碳环境中,不到一个月水泥石严重碳化和开裂。采用胶乳水泥体系可显著降低水泥石渗透性,从而有利于防止或减轻水泥的腐蚀。

第五节　气井的防腐设计

气井腐蚀与防护工作一直是石油工业的重要课题,也是一个复杂的系统工程,在气田生产设施及集输管道系统方面,总是把防腐工作纳入生产建设管理轨道,实行同步规划、同步设计、同步建设、同步运行。

一、防止油管的冲蚀腐蚀

1. 防止油管冲蚀腐蚀的冲蚀流速

1) 冲蚀流速计算

高产气井油管设计中,若对油管冲蚀考虑不够,或受井身结构限制不能下大直径油管,高速气体在管内流动时会发生冲蚀腐蚀。产生明显冲蚀腐蚀作用的流速称为冲蚀流速,有的称为临界流速或极限流速。在工程实际中,流速往往是唯一可以控制的力学指标。控制了流速就可以控制管壁的冲蚀腐蚀速度、进而控制由此引起的管壁减薄。

有利于防止油管失效的气流速度应该是在小于冲蚀流速情况下尽可能高的流速。在这个速度区间不产生机械性的冲蚀。美国石油学会建议的两相流(气、液)管道中冲蚀流速(API RP14E)为

$$V_e = \frac{C}{\sqrt{\rho_g}} \tag{7-3}$$

其中

$$\rho_g = 3484.4 \frac{\gamma_g p}{ZT}$$

式中　V_e——冲蚀流速,m/s;
　　　C——经验常数。
　　　ρ_g——气体的密度,kg/m³;
　　　γ_g——混合气体的相对密度;
　　　p——油(套)管流动压力,MPa;
　　　Z——气体偏差因子;
　　　T——气体绝对温度,K。

对于在有硫化氢的情况下钢表面形成的硫化铁膜,C确定为116;对于在有二氧化碳的情况下钢表面形成的碳酸铁腐蚀膜,C为110;若腐蚀膜是Fe_3O_4,C为183。若令$C=120$,整理公式(7-3)可得

$$V_e = 2.0329 \left(\frac{ZT}{\gamma_g p}\right)^{0.5} \tag{7-4}$$

若流速在冲蚀流速以内,则可控制冲蚀腐蚀的速度。气流从井底流向井口,由于重力及摩阻的影响,流动压力在减小,而流动速度却越来越大。因此只要井口处的气流速度能满足不产生明显冲蚀的条件,则井筒中管柱任何断面处的速度也一定能满足该条件。井口处油管的冲蚀流速与气井相应的冲蚀流量和油管内径的关系式可由式(7-5)表示

$$V_e = 1.4736 \times 10^5 \frac{q_e}{D^2} \tag{7-5}$$

式中　q_e——气井井口处的冲蚀流量,$10^4 m^3/d$;
　　　D——油管内径,mm。

将式(7-4)代入式(7-5)整理可得

$$q_e = 1.3794 \times 10^{-5} \left(\frac{ZT}{\gamma_g p}\right)^{0.5} D^2 \tag{7-6}$$

据井口处冲蚀流量与地面标准条件下体积流量的关系式

$$q_{max} = \frac{Z_{sc} T_{sc}}{p_{sc}} \frac{p}{ZT} q_e \tag{7-7}$$

则地面标准条件下($p_{sc}=0.101MPa$,$T_{sc}=293K$,$Z_{sc}=1.0$)容许的最大冲蚀流量计算公式为

$$q_{max} = 0.04 \left(\frac{p}{ZT\gamma_g}\right)^{0.5} D^2 \tag{7-8}$$

式中　q_{max}——地面标准条件下气井受冲蚀流速约束确定的产气量,$10^4 m^3/d$。

【例7-3】　假设井口油压和温度分别为5.5MPa和60℃,天然气的相对密度为0.65,压缩因子为0.91,计算壁厚5.51mm的2⅞in油管所容许的冲蚀流量。

解:将相关数据代入公式(7-8)可得

$$q_{max} = 0.04 \times \left[\frac{5.5}{0.91 \times (273+60) \times 0.65}\right]^{0.5} \times (73 - 5.51 \times 2)^2 = 25.7 \times 10^4 (m^3/d)$$

2)油管内流速对冲蚀腐蚀影响的复杂性

前面的计算仅是指导性的,实际的冲蚀情况十分复杂。当含二氧化碳、硫化氢和地层盐水时,初始腐蚀产物膜被不断冲掉,腐蚀膜起不到保护作用,二氧化碳腐蚀物疏松,更容易被冲掉。因此含二氧化碳气井的油管直径选用和产量控制要特别重视。当需加入缓蚀剂防止油管腐蚀时,若油管内流速太高,管壁缓蚀膜将不稳定。严重时不得不缩短注缓蚀剂周期,甚至改为连续注入。

疏松产层或测试生产压差过大,气流带砂时冲蚀更严重,将加剧冲蚀腐蚀。

2. 防止螺纹冲蚀腐蚀

油套管柱中,螺纹连接处是首先被腐蚀的部位。在很多情况下,油管管体可再下井使用,但因螺纹腐蚀,必须重车螺纹或整体报废。当流体通过油管柱接箍中部时,截面变化(突然放大和突然缩小),流体流速及流场将发生变化,并在该区产生冲蚀腐蚀、应力腐蚀、缝隙腐蚀、电偶腐蚀、流动腐蚀等。从图7-11中可见外螺纹端被冲蚀腐蚀呈"虫咬"状。

在前述电偶腐蚀讨论中已提到应力集中、局部冷作硬化部位将作为电偶对的阳极加速腐蚀。此外接箍与管体用不同材料和不同制造工艺,其间也存在电位差。

API圆螺纹接箍中部的涡流冲蚀和高的接触应力、应力集中等结构缺陷易导致先期失效。气密封螺纹流道变化小,有利于防止涡流冲蚀、电偶腐蚀,减缓缝隙腐蚀和电位腐蚀。腐蚀环境的气井宜采用气密封螺纹。

图 7-11　油管外螺纹端部腐蚀形貌

二、油套环空防腐

1. 开口环空

油管下部不带封隔器的完井结构称为开口环空。油套环空套管内壁和油管外壁的腐蚀决定于产出流体和油套环空油气水的相态变化。一些气田油管外壁比内壁腐蚀严重，可见从外壁向内延伸的局部腐蚀穿孔。二氧化碳溶于凝析水，可使凝析水 pH 值降到 4.0 以下，由于油套环空无流动，该凝析水可稳定地附着在油管外壁，造成失重腐蚀或点蚀穿孔。开口环空的防腐一般通过加缓蚀剂来实现。

2. 闭口环空

油管下部带封隔器的完井结构称为闭口环空。以下重点讨论闭口环空的环空保护液设计。环空保护液应具有的性能包括：(1) 良好的防腐蚀性能；(2) 高温及长期的稳定性（即在高温或长期井眼温度下应具有稳定性，包括加入的聚合物材料无分解、加重料无沉降）；(3) 具有一定的密度，能平衡压力（即要求环空保护液具有一定的密度，以平衡油管内的高压和对封隔器施加一定回压）。

三、套管外防腐

套管外腐蚀主要发生在未注水泥的自由套管段，因为水泥环可较好的保护套管免受腐蚀。在注水泥质量差的井段，或井下作业损伤了水泥环的井段，套管也可能受到腐蚀。套管外腐蚀的原因十分复杂，主要包括以下几类：(1) 最基本和最普遍的是未封固段地层水发育、地层水处于流动态，地层水含腐蚀性组分；(2) 可能有环空滞留钻井液的腐蚀，套管自身钢材的金属学缺陷、操作损伤及局部应力集中导致的腐蚀；(3) 制造残余应力过大或套管钳牙咬伤会加快局部腐蚀；(4) 套管接箍及外螺纹螺牙消失段存在应力腐蚀、缝隙腐蚀和电偶腐蚀，这个区域会过早穿孔或断裂。

防止套管外腐蚀的主要措施包括避免裸眼段过长；用水泥封固腐蚀性井段；采用套管外涂层或外缠绕保护膜；提高注水泥质量和采用合适的抗腐蚀水泥。

四、电偶腐蚀防护

1. 电偶腐蚀的普遍性

气井生产系统中有各式各样的连接或构件间的接触，不同材质的金属间不同程度的存在电位差，因此电偶腐蚀具有普遍性。构件间接触必然有缝隙，因此电偶腐蚀与缝隙腐蚀往往同时发生，加剧了腐蚀。

电位差大的金属连接会导致强电偶腐蚀，即阳极端加速腐蚀。不锈钢油管与碳钢或低合金钢油管连接时，碳钢或低合金钢油管作为腐蚀阳极，加速腐蚀。当碳钢或低合金钢管端为外螺纹与不锈钢管端内螺纹连接时，外螺纹截面积比内螺纹的小，即"小阳极大阴极"，外螺纹腐蚀形成最严重的腐蚀连接。

碳钢、低合金连接与镍、钛等高耐蚀合金，不像前述与不锈钢那样形成强电偶腐蚀，这是因为耐蚀合金腐蚀产物膜与碳钢、低合金钢的电位差小。

不同钢级管柱之间的连接，管体与接箍用不同的钢材制造，都可能发生弱电偶腐蚀。油管内壁结垢，钢作为阳极，产生垢下电偶腐蚀。

油管、套管或设备中的应力集中、局部冷作硬化（如钳牙咬伤的坑痕、钢印）部位与相邻金属间也有电位差，应力集中、局部冷作硬化处作为阳极加速腐蚀。这是外加厚油管加厚过渡带易腐蚀穿孔的主要原因之一。

2. 防止电偶腐蚀措施

（1）"大阳极小阴极"的连接设计。在有可能发生强电偶腐蚀的连接中，只要结构允许，应尽可能将易被腐蚀端（阳极）体积或质量做大，不易腐蚀端（阴极）做小，这种结构称为"大阳极小阴极"。此外，阳极端做大后，对应的装配应力、外载应力可降低，这也可以降低应力腐蚀，提高承载能力与使用寿命。在井下油管及附件的连接中可能会有不锈钢与低合金钢的连接，根据上述原理，应该尽可能将不锈钢端做成外螺纹，低合金钢端做成内螺纹，即接箍。只要结构允许，低合金钢端内螺纹连接件壁厚或直径应尽量增大。

（2）在异种金属连接或接触间加绝缘材料或密封填料。可防止或减缓电偶腐蚀和应力腐蚀。如果结构空间允许，应采用尽可能长或厚的绝缘垫、套。

（3）局部牺牲阳极保护。在具有腐蚀倾向的阳极端喷涂或镀锌、铝、镁可起到局部保护作用。锌、铝或镁电子流向钢，使原来的电偶极性逆转，这也是一种局部牺牲阳极保护技术，该技术应在实验评价有效后方可实施。

五、采气树系统防腐

采气树系统由阀门、法兰、油管挂、四通、变径管、弯管和节流阀等组成，它们都是压力控制的关键部件。对于高压气井，高压部件冲蚀腐蚀会造成严重后果。采气树系统防腐的关键是正确选型，针对不同腐蚀环境，确定相应的采气树材料等级。更为详细的设计选用条款应参考 API Spec 6A，API RP 14C 等标准。

表 7—8 为采气树材料防腐等级划分。表中 EE、FF 和 HH 的酸性环境指硫化氢分压值超过 0.0003MPa（0.05psi）的腐蚀环境。如果关井井口压力为 13.8MPa，硫化氢含量为 25mg/L，这就相当于分压 0.0003MPa，按标准就应视为酸性环境。表中酸性环境所用材质应符合 NACE 15156 规定的标准和评价方法。表中 HH 级用于高含硫化氢和二氧化碳气井，所有与流体接触的表面一般都堆焊一定厚度的 625 镍基合金。如果 HH 级仍不能满足防腐要求，API Spec 6A 标准允许厂家与用户协商，生产 ZZ 级采气树。

表 7—8　采气树材料防腐等级划分

材 料 类 别	工　　况	二氧化碳分压，MPa
AA	一般环境，无腐蚀	≤0.05

续表

材料类别	工 况	二氧化碳分压,MPa
BB	一般环境,轻度腐蚀	0.05~0.21
CC	一般环境,中度腐蚀到严重腐蚀	≥0.21
DD	酸性环境,无腐蚀	≤0.05
EE	酸性环境,轻度腐蚀	0.05~0.21
FF	酸性环境,中度腐蚀到严重腐蚀	≥0.21
HH	酸性环境,严重腐蚀	

二氧化碳分压可作腐蚀严重度细分级的依据,这是因为含二氧化碳时,流动诱导腐蚀和冲刷腐蚀加剧了电化学腐蚀。硫化氢的主要危害是应力断裂问题,选用了抗断裂的材料后,流动诱导腐蚀、冲刷腐蚀和电化学腐蚀就成了腐蚀和材料选用的控制因素。

如果井口温度刚好处在二氧化碳腐蚀严重温度段(60~80℃)或者氯离子浓度高,那么腐蚀会更严重。

六、注缓蚀剂防腐

注缓蚀剂对碳钢和低合金钢油管防腐已有很长的使用历史,它普遍用于新下油管的预防腐蚀,也用于发现腐蚀后的腐蚀控制,是酸性气田广泛采用的防腐方法。

根据缓蚀剂作用机理,缓蚀剂可分为薄膜型和钝化型两大类。薄膜型是在金属表面形成不渗透吸附膜,以阻止腐蚀介质接触金属,主要有胺类,如伯胺、聚胺、酰胺类、咪唑啉、磷化物等。钝化型主要是在金属表面形成保护性氧化层,主要有钒酸盐、铬酸盐等。

目前,加注缓蚀剂的技术有两类:

(1)油套环空注入法:根据腐蚀监测情况确定合理注入周期。油套环空加药既能保护油管(内、外壁)又能保护套管(内壁),甚至对地面集输管线还有保护作用。特别值得一提的是,如加入缓蚀阻垢剂,不仅能防腐,还可防止油管和集输管线内壁结垢。

(2)油管内投缓蚀棒:缓蚀棒中含有缓蚀剂,在一定条件下逐步释放缓蚀剂,从而起到保护管内壁的作用。

注缓蚀剂设计和现场应用中应该注意的问题有以下几项:

(1)有效性及经济性。由于井下腐蚀的复杂性和缓蚀剂的多样性,有效性评价显得十分重要。此外在很多情况下,注缓蚀剂仅是首次投入低,但长期运行成本较高。有的缓蚀剂只对控制均匀腐蚀有效,对点蚀可能不起作用,甚至加剧点蚀。评价缓蚀剂时,应特别注意有效性及技术经济效益。

(2)在硫化氢气井中,不应把注缓蚀剂作为防止环境开裂的措施。注缓蚀剂主要用于解决一般性的电化学腐蚀,这是因为影响注缓蚀剂效果的因素较多,具有不确定性。临时性的井下作业可考虑注缓蚀剂防止环境断裂,例如,下测井钢丝作业时保护钢丝,酸化作业时保护油管等。

(3)油管内高流速和局部涡流影响缓蚀剂效果。缓蚀剂能否在管壁上形成稳定的保护膜决定于吸附、脱附动力过程。高流速及局部的涡流会破坏膜的稳定性,并可能导致局部腐蚀。高产井采用注缓蚀剂防腐是否有效需要大量的模拟评价研究。

(4)当油管下部装有封隔器时,从环空注缓蚀剂的井下装置过于复杂,可靠性难以保证。

(5)缓蚀剂对环境的不良影响,已日益受到关注,并将成为缓蚀剂评价和选用重点考虑的因素之一。

七、内涂层及内衬双金属复合油管

1. 内涂层油管

在腐蚀环境不是十分恶劣的气井中,采用内涂层油管具有较高的技术经济效益和安全性。TUBOSCOPE 公司推出的 TK236 已在含二氧化碳和少量硫化氢的井中使用,并经现场应用认可。目前公认的内涂层材料是一种改性酚醛环氧树脂。内涂层油管具有下述优点:

(1)低摩阻系数。内涂层油管具有低摩阻系数,这对降低油管内沿程流动压力损失、降低井底回压十分有利。这相当于用较小尺寸的油管在相同的压差下能够得到与较大尺寸油管相同的产量。

(2)改变表面润湿状态。在内涂层材料中加入某些高分子材料,改变油管表面的润湿状态,使油管具有降低结蜡、结垢的功效。

(3)投资比较低。

内涂层油管的缺点包括以下三点:

(1)忍受机械碰、擦伤能力较低,因此抽油井、油管内频繁作业的井不宜采用。内涂层油管主要用于注水井、气井或自喷井、电潜泵抽油井。

(2)螺纹连接部位的防腐处理较难,需要同时考虑公扣端部的保护问题。

(3)涂料质量和喷涂工艺及过程控制要求高,否则会出现脱层或鼓泡等失效问题。

2. 不锈钢或合金内衬双金属复合油管

在普通油管内衬一层不锈钢或耐蚀合金薄壁管,使其成为双金属复合油管。复合油管两端采用常用的螺纹连接,但是制造技术特殊。内衬管的材料可根据油田腐蚀环境选择,以二氧化碳为主的腐蚀可用奥氏体不锈钢内衬,以硫化氢为主的腐蚀可用镍基合金内衬。

八、电法保护

电法保护是根据电化学和电学原理及方法,达到保护金属效果的措施,包括外加电流阴极保护、牺牲阳极保护、直流杂散电流排流保护、交流杂散电流排流保护等措施。

第六节 含硫化氢气井的安全与防护

酸性气井钻井、完井或井下作业中的井喷会导致大量有毒气体的逸散,这有可能造成不同程度的公众安全问题及环境伤害。天然气中主要的毒性气体是硫化物,此外可能还含有一氧化碳,点火燃烧含硫化氢天然气产生的二氧化硫也是毒性气体。已从石油中鉴定出的硫化物近数十种,有硫化氢、二氧化硫、硫醇、硫醚、二硫化物和噻吩类等,其中硫醇具有毒性和强烈臭味,对环境污染作用甚大。

一、含硫化氢气井的公众安全半径

法律规定作业场所附近的居民对紧急情况下可能释放有毒物质有知情权,业主或生产经营单位应按规定向地方政府有关部门报告。

选择井位时应考虑避开居民区或重要公众设施,如公路干道、电网、学校和医院等。如果不能避开,那么在安全半径范围内的居民应彻离。除了地面的因素外,还应考虑地下井喷时天然气窜入矿坑(如煤矿)对作业人员毒害或爆炸、含硫天然气窜出山谷居民区或污染地下淡水层等。为了保证公众安全,需要同时规定公众安全半径和执行应急预案。

含硫气井的公众安全半径是根据硫化氢或二氧化硫的扩散速率计算硫化氢或二氧化硫的浓度,并由此评估可能产生危害的严重程度和影响区域。确定含硫气井的公众安全半径是一个十分复杂的问题,它与地面开阔状况、局部天气现象、硫化氢释放量、井喷失控的风险等级、居民的教育和经济水平等有关。

加拿大"British Columbia Oil and Gas Handbook Section 11 – Emergency Planning and Requirements for Sour Wells"标准中推荐采用以下修正的高斯扩散模型计算公众安全半径:

$$\begin{cases} EPZ = 2.0 \times Q_{H_2S}^{0.58} & Q_{H_2S} < 0.3 m^3/s \\ EPZ = 2.3 \times Q_{H_2S}^{0.68} & 0.3 m^3/s \leq Q_{H_2S} < 8.6 m^3/s \\ EPZ = 1.9 \times Q_{H_2S}^{0.81} & Q_{H_2S} \geq 8.6 m^3/s \end{cases}$$

式中　EPZ——公众安全半径,km;

　　　Q_{H_2S}——硫化氢释放量,m^3/s。

在具体应用上述方程时,可采用下述风险分级:

(1)零级,无需应急预案。条件:

①井周100m内无常住居民、商业活动或公众设施;

②预计硫化氢释放速率小于0.01 m^3/s。

(2)第一级,需有应急预案。条件:

①井周100m内无常住居民、商业活动或公众设施;

②预计硫化氢释放速率小于0.3m^3/s(相当于日产气26×$10^4 m^3$,含10%硫化氢)。

(3)第二级,需有应急预案。条件:

①井周500m内无常住居民、商业活动或公众设施;

②预计硫化氢释放速率大于0.3m^3/s,但小于2m^3/s(相当于日产气173×$10^4 m^3$,含10%硫化氢)。

(4)第三级,需有应急预案。条件:

①井周1500m内无常住居民、商业活动或公众设施;

②预计硫化氢释放速率大于2m^3/s,但小于6m^3/s(相当于日产气173×$10^4 m^3$,含10%硫化氢)。

(5)第四级,需有应急预案。条件:

①井周1500m内无常住居民、商业活动或公众设施;

②预计硫化氢释放速率大于2m^3/s,但小于6m^3/s(相当于日产气173×$10^4 m^3$,含10%硫化氢)。

上述公众安全半径仅是逃生的基本要求,实际执行时还应有更具体的措施。当含硫气井发生井喷后(其硫化氢含量超过15mg/L或22.5mg/m^3),向当时下风方向派遣监测人员,携硫化氢监测仪和正压式空气呼吸器定点监测所在位置空气中的硫化氢浓度。监测点空气中的硫化氢浓度超过15mg/L或22.5 mg/m³范围的居民均应紧急撤离。若井喷处于失控状态,监测人员再继续往外延伸监测点的距离,并根据监测结果扩大应急撤离范围。

二、作业人员的安全防护

还应该评估环境的苛刻程度,如果工作场所的硫化氢浓度超过15mg/m³(10mg/L)或二氧化硫浓度超过5.4mg/m³(2mg/L),就需要提供人员的基本安全防护。

含硫气井现场从业人员有权了解和掌握所在环境危险性的基本情况,另一方面业主或施工单位有义务按规定告知从业人可能发生的危险情况及危险程度。同时钻井、完井、井下作业、生产管理人员必须接受安全培训,持证上岗,以保证从业人员既能保护好自己又有能力去保护公众脱险和对泄漏进行抢险。

含硫气井现场从业人员最低限度的的培训要求包括:

(1)硫化氢和二氧化硫的毒性、特点和性质;
(2) 硫化氢和二氧化硫的来源;
(3)在工作场所正确使用硫化氢和二氧化硫检测设备的方法;
(4)对现场硫化氢和二氧化硫检测系统发出的报警信号及时判明并做出正确响应;
(5)暴露于硫化氢或二氧化硫的症状;
(6)硫化氢和二氧化硫泄漏造成中毒的现场救援和紧急处理措施;
(7)正确使用和维护呼吸设备以便能在含硫化氢和二氧化硫的大气中工作(理论和熟练的实际操作);
(8)已建立的保护人员免受硫化氢和二氧化硫危害的工作场所的做法和相关维护程序;
(9)风向的辨别和疏散路线;
(10)受限空间和密闭设施进入程序;
(11)紧急响应程序;
(12)安全设备的位置和使用方法;
(13)紧急集合的地点。

小　　结

(1)防腐、安全、环保是高含硫气田开发的头等大事。
(2)气井产出物包含的腐蚀性组分及腐蚀特征如下:

①地层水:其腐蚀的普遍性远大于H_2S和CO_2;没有水和电解质溶液,H_2S和CO_2不腐蚀金属,三者加在一起会加剧腐蚀和发生应力腐蚀断裂。自由水是腐蚀的必要条件。高压气井中的微量水都足以造成腐蚀。水中Cl^-使金属腐蚀加快。注入水中混有氧气,也会加剧腐蚀,氧气腐蚀比二氧化碳腐蚀强80倍,比硫化氢腐蚀强400倍。

②H_2S导致金属腐蚀的类型有:硫化物应力开裂,H_2S分压高于0.0003MPa时开始腐蚀,发生脆性断裂,发生于应力集中部分和马氏体组织部位,低碳钢、低合金钢发生于80℃以下;氢致开裂和应力定向氢致开裂,在H_2S分压大于0.002MPa时发生,常伴有氢鼓泡,常发生于低强度钢,硫、磷、杂质多的钢中,在常温下发生;电化学腐蚀,金属表面有黑色腐蚀膜,CO_2和Cl^-存在时会加速腐蚀,表现为均匀腐蚀或局部点(坑)蚀,后者是严重腐蚀现象。

③元素硫析出也会造成管道系统腐蚀,未见它导致应力开裂的报道,机理尚待深入研究,它主要是促使保护性硫化物钝化膜的稳定性降低。

④CO_2溶于水变成碳酸,具有较强的腐蚀性,属于化学腐蚀,发生均匀腐蚀和点(坑)蚀,后者也是最严重的腐蚀现象。

⑤强调一下诱导腐蚀和冲蚀腐蚀,电化学和机械力协同作用加速腐蚀,对于CO_2有一个腐蚀最强的流速,腐蚀作用主要是破坏金属保护膜。

(3)防腐的主要办法有三种:①去除地层水;②选择适合具体腐蚀环境的经济实用钢材,还可探索其他办法,如采用非金属材料、内涂油管、不锈钢、合金、内衬双金属复合管以及阴极保护等;③注缓蚀剂腐蚀。这些措施在地面都相对好办。井下、气藏内水的防治涉及合理开发方式的问题,如通过保持合理的采气速度、合理的井网部署和气井生产制度等尽量延长无水采气期;开发方式上还要探索新路子,尽量让气藏内保持气相单相流动,拒水于气藏之外(封闭水驱气藏可在边部排水;敞开和封闭水驱气藏边部注氮气或聚合物水溶液等整体阻水方式也可采取)。

(4)本章详细介绍了气井腐蚀环境、腐蚀机理及分类、腐蚀重要参数的获取、腐蚀环境的钢材选用和防腐设计等,对于一个气藏工程师,都要熟悉了解这些内容。

(5)含酸性气体的气井井喷或泄漏会导致有毒气体逸散,会造成不同程度的公众安全问题和环境伤害。天然气中主要毒性气体是硫化物(H_2S、SO_2和硫醇)。可参照国外经验,确定含H_2S气井的公众安全半径,划分风险等级,制定应急方案,进行作业人员安全防护培训和实训。

参 考 文 献

[1] 万仁溥.现代完井工程[M].3版.北京:石油工业出版社,2008.

[2] M. B. Kermani,L. M Smith. CO_2 Corrosion Control in Oil and Gas Production – Design Considerations[J]. The Institute of Material,1997.

[3] 岑可法,樊建人.工程气固多相流动的理论及计算[M].杭州:浙江大学出版社,1990.

[4] 周力行.湍流两相流动与燃烧的数值模拟[M].北京:清华大学出版社,1991.

[5] 《油气田腐蚀与防护技术手册》编委会.油气田腐蚀与防护技术手册(上册)[M].北京:石油工业出版社,1999.

[6] 陈才金,宋炳华,向展.金属应力腐蚀开裂研究的进展[M].杭州:浙江科学技术出版社,1988.

[7] 刘宝俊.材料的腐蚀及其控制[M].北京:北京航空航天大学出版社,1988.

[8] 孙秋霞.材料腐蚀与防护[M].北京:冶金工业出版社,2001.

[9] 张学元,等.二氧化碳腐蚀与控制[M].北京:化学工业出版社,2000.

[10] ISO 15156—2003 [S]. Peroteum and natural gas industries—Materials for use in H_2S – containlng environments in oil and gas production.

[11] ISO 11960[S]. Petroleum and natural gas industries—Steel pipes for use as casing or tubing for Wells.

[12] NACE MR0175[S]. Sulfide stress cracking resistant metallic materials for oilfield equipment.

[13] 卢绮敏.石油工业中的腐蚀与防护[M].北京:化学工业出版社,2001.

[14] 硫化氢环境天然气采集与处理安全规范:SY/T 6137—2017[S].

[15] British Columbia Oil and Gas Handbook Section 11 – Emergency Planning and Requirements for Sour Wells.

[16] NACE 中国分会 2006 年技术年会论文集[R].成都:四川科学技术出版社,2006.

习 题

7-1 气井常见的腐蚀机理有哪些?

7-2 H_2S、CO_2、地层水和元素硫等腐蚀特点各是什么?它们同时存在时的特点又是什么?它们的腐蚀严重程度的影响因素又是什么?

7-3 什么是气体分压?气体分压对防腐材料选择有什么影响?

7-4 影响碳钢环境断裂的因素有哪些?如何进行材料选择?

7-5 气井的基本防腐设计方法和主要内容是什么?

第八章 采气工程方案设计

采气工程方案作为气田开发方案的一个重要组成部分,以气藏地质研究成果和气藏工程方案为基础,为实现气藏开发指标和天然气生产计划提供保证,对钻井工程提出完井要求,为地面工程建设提供设计依据,是气田生产建设中采气工程的技术指导性文件。本章主要介绍采气工程方案设计的特点、主要内容、设计程序及 HSE 体系。

第一节 采气工程方案设计的作用与特点

一、采气工程方案设计的作用

新气藏在投入正式开发之前,需编制气藏开发总体建设方案(overall development program, ODP)。总体建设方案的编制是在地质勘探成果和试气、试采工作的基础上进行的,包括气藏地质研究、气藏工程设计、钻井工程设计、采气工程设计、地面工程设计、总体经济评价和总体方案决策与制定七个方面(图 8-1)。

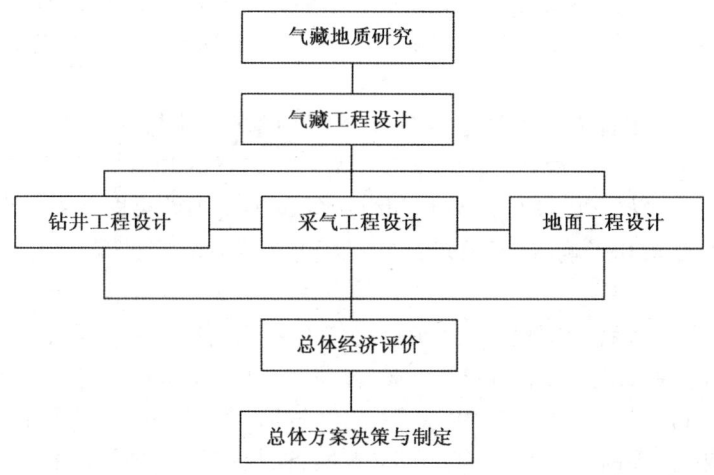

图 8-1 气田开发总体建设方案简图

图 8-1 展示了气田开发总体建设方案的构成及其相互之间的联系。可以看出,气田开发总体建设方案是一个大系统,每个子系统之间存在着密切的联系,且各系统有其特有的功能和属性。从这大系统来看,采气工程设计的依据是气藏地质研究和气藏工程设计方案,其主要任务是制订一系列工艺技术措施方案,并对气藏工程方案的工程技术可行性进行评价,以确保气

藏工程方案拟定开发指标的实现,它直接涉及气藏工程方案的适应性和可操作性。由于气田产能建成后,气田开发指标和生产计划必须通过采气工程措施加以实现,所以采气工程方案在总体方案的实施中处于十分重要的位置,其重要性主要表现在:

(1)是实现气藏开发指标和天然气生产计划的工程技术保证;

(2)具有评价气藏工程方案适应性和可操作性的特殊功能;

(3)是地面工程建设的依据和出发点,起到衔接气藏工程及地面工程的承上启下的重要作用;

(4)是气藏开发总体建设方案的重要组成部分和总体方案实施的核心。

二、采气工程方案设计的特点

采气工程方案研究的主要对象在地下,因此,其方案设计应从掌握气藏生产特征入手,在深入调查研究和总结气藏开发在应用采气工程技术方面已取得的成功经验基础上,通过一系列导向技术的深入研究和先导性试验,提出能确保气藏开发指标可完成的、经济上可行的采气工程配套技术设计方案。因此,采气工程方案设计具有以下显著特点:

(1)科学性。采气工程方案必须紧密结合气藏的实际,并兼顾地面工程的要求,符合本气田开发的总体部署和技术政策;应借鉴国内外同类气藏和地面条件相近气田开采的成功经验,分析国内外同类气田已编制和实施的采气工程方案的特点;充分利用气田在试气以及试采过程中取得的各项基本数据和前期研究所取得的各项成果;采用先进的数值模拟、物理模拟方法,对方案设计中所涉及的各项专题开展深入的研究,使方案设计有坚实的实验和理论基础,以保证方案决策的科学性。

(2)针对性。由于不同储层的地质成因、岩性、物性、流体性质以及驱动方式的显著差异,我国现已发现的气藏可划分气驱气藏、水驱气藏、凝析气藏、含硫气藏、低渗致密气藏、以及异常高压气藏等。每一类,甚至每一个气藏都有其自身的特殊性。因此,采气工程方案设计虽有规可循,也绝不可能是一成不变的模式。所以,在编制采气工程方案时,必须具有针对性,针对不同气藏的具体类型和特征,提出相应采气工程方案措施和配套技术决策,以求获得气藏的高效开发。

(3)系统性。采气工程方案设计是以气藏工程为基础、并与地面建设配套工程有着密切相关的联系。因此采气工程方案设计的研究与优化是多目标和多因素的,它既要研究各单项工艺技术的先进性、可操作性,又要研究其配套后的整体应用效果以及对气藏工程的适应性与对地面建设工程的要求和影响,进而寻求采气工程方案整体效果的最优化,以确保气藏开发指标的实现。

(4)超前性。采气工程方案设计,是在新气藏尚未正式投入开发之前进行的,带有明显的超前性。为了确保方案设计的结果准确、可靠、并满足开发指标的要求,这就要求必须尽可能地掌握各种信息资料,科学地预测影响气藏不同开发阶段稳产的主要矛盾。拟定近期和中远期科学技术研究课题,提前做好科研攻关的技术准备,提前储备必需的技术,才能使采气工程技术处于主动。

(5)可操作性。在气藏开发建设过程中,以采气工程方案为依据进行具体的单项工艺技术设计,无论一个多好的采气工程方案设计只有通过现场实施,才能取得良好的经济和社会效益。因此,为了便于采气工程方案能够顺利实施,编制的方案能对现场实施进行指导,必须具备良好的可操作性。

第二节　采气工程方案设计的主要内容

不同的气藏其方案设计的内容显然是不相同的,就是对同一气藏而言,其主体工艺的配套技术也会存在多个方案。只有经过充分的分析论证,才能科学地确定适应气藏特点的主体工艺技术。主体工艺分析论证的基本任务,在于把气藏开发的方针、政策和气藏工程设计方案部署,化为采气工程方案的各项工作指标,并根据气藏工程方案提供的开发方式,确定主体工艺及其配套工艺技术。根据 SY/T 6463—2012,采气工程方案设计的主要内容可归纳为如下方面:

(1)储层保护设计。在储层敏感性实验、试气与试井资料和试采动态分析的基础上,研究确定储层伤害的潜在因素,筛选与储层配伍的入井工作液,提出经济有效的储层保护措施。

(2)完井工程设计。包括完井方式、油管尺寸和材质、油管柱结构、生产套管尺寸、射孔工艺设计,提出对生产套管强度及材质、固井水泥返高及质量、井口装置、特殊工具和生产安全系统等技术要求,必要时结合地质剖面特征,从有利于储层保护的角度提出对套管程序的要求,为钻井工程设计提供依据。

(3)增产措施设计。根据储层物性、岩性和产层所受伤害的类型与程度,筛选与之相适应的压裂酸化增产作业工作液和支撑剂体系,优化增产作业规模、施工工艺方式、施工参数等,设计主体增产作业油管柱结构,提出有效的返排措施及防止施工中各种入井液对产层造成再次伤害的预防措施与技术要求。

(4)采气工艺设计。根据不同类型气藏的开发地质特征、流体性质、气藏工程方案以及开采的技术经济条件,确定与之相适应的采气工艺技术方案和配套的工艺技术,对于产液或未来可能产液气井,还需优选自喷管柱、停喷后的人工举升方式以及必要的配套工艺技术及装备。

(5)防腐、防砂、防垢及防水合物(简称"四防")工艺设计。根据储层岩性及流体性质,研究预测腐蚀、砂、垢、水合物等产生的可能性与程度,筛选主体配套工艺,优化相应的工艺参数,提出经济可行、技术可靠的相应解决方案和预防措施。

(6)气田污水回注设计。气田采出水矿化度较高,并可能含有大量氯根、H_2S、CO_2、悬浮物和有机物等,为保护环境及节约成本通常采取将采出水回注地下的方式。根据气藏及产出水特征,研究回注层位、回注方式、水处理方法及增注方法,提出回注井要求及优选回注井。

(7)动态监测设计。根据气藏和采气工程的要求,确定气藏开发过程中以试井、生产测井、工程测井为主要内容的生产动态和井下监测技术方案,并选择相应的设备和仪器、仪表。

(8)井下作业配套建设设计。根据气藏开发地质特征和储层流体性质,对于采气井生产过程中需进行修井和井下作业的主要工作量、所需队伍及装备进行预测,并提出相应的技术标准和质量要求。

(9)健康、安全和环境保护方案设计。按照国家健康、安全、环保的相关政策与法规,针对可能发生的生产事故与自然灾害,提出有关防火、防爆、防泄漏、防误操作等措施和应急预案;针对产能建设和生产对健康安全环境的影响,应明确预防和控制措施,提出健康安全环境监测和控制要求,编制应急预案。

(10)投资概算。结合气田开发生产实际,对气田(藏)投入开发生产中所发生的采气工程方案各项工艺技术措施、装备和科研费用加以概算,并对影响采气工程方案经济指标的重要技术措施进行敏感性分析,在确保完成气田(藏)开发指标的前提下,使整体方案的技术经济效益最优。

(11)推荐方案及实施建议。根据以上分析研究,对气田(藏)采气工程方案进行优化选择,推荐出最优方案,并提出在方案设计中的技术要点。

第三节　采气工程方案设计程序

采气工程方案设计程序是指从气藏总体开发目标出发,以气藏工程研究成果为依据,根据《采气工程方案设计编写规范》和相关行业标准、设计规范及技术要求,考虑各环节制约因素,采用先进、成熟、实用的工艺技术开采气井的基本流程,采气工程方案设计程序如图8-2所示。采气工程方案中各类工艺方案应是一个有机的整体,在设计流程中的先后顺序都是相对的,它们既互为依据又相互制约。

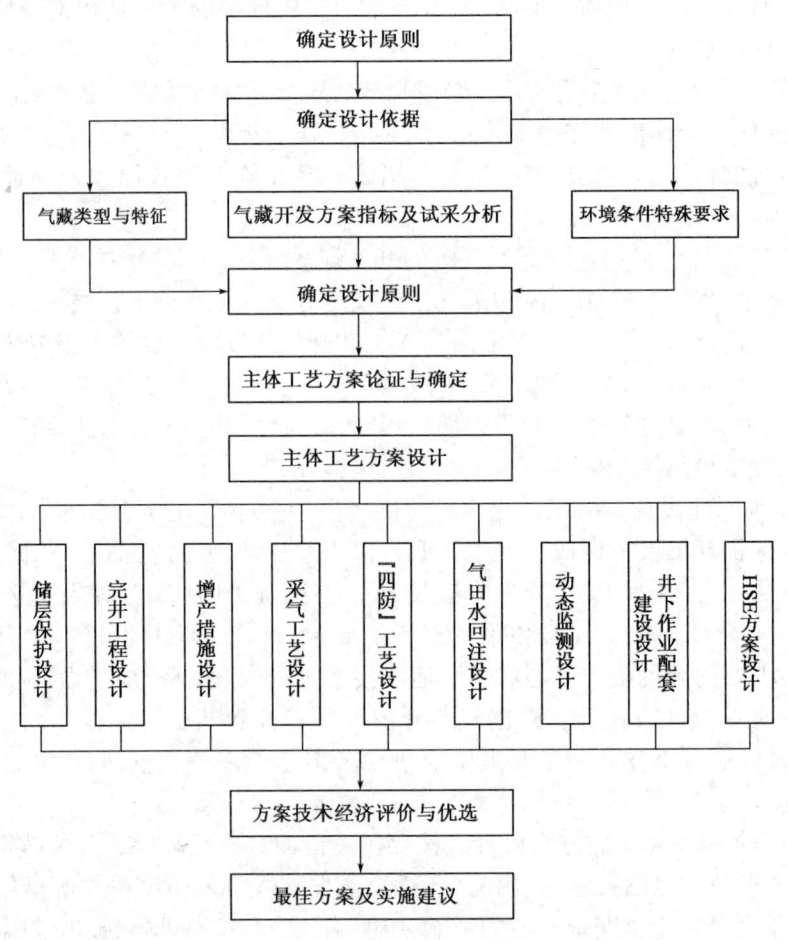

图8-2　采气工程方案设计程序

一、采气工程方案的设计原则

根据现行采气工程方案设计编写规范 SY/T 6463—2012,采气工程方案设计一般应遵循如下基本原则:

(1)采气工程方案设计应以地质和气藏工程方案研究成果为依据,以气田(藏)类型、储层岩性、物性、流体特征为基础,并符合气藏开发的总体部署和技术政策。

(2)应充分合理利用地层能量,应用先进适用、安全可靠、经济可行的成熟工艺技术以便有利于提高气田开发总体技术经济水平。

(3)采气工程方案应充分应用前期评价筛选的、技术成熟且经济可行的采气工艺技术,并提出采气工艺新技术的应用方案和攻关目标。

(4)应符合国家、行业相关标准规范,并提出健康、安全及环境风险及防护与应急措施。

(5)应为设备装置选型、地面工程方案设计和经济评价提供相关基础数据。

二、采气工程方案的设计依据

采气工程方案的设计依据是气藏地质研究成果和气藏工程方案,具体包括气藏类型及储层参数、气藏工程设计、特殊井开采方式及要求等。

1. 气藏类型及储层参数

(1)气藏类型及特征:包括储层类型、压力系统等;

(2)储层参数:包括孔隙度、渗透率、含水饱和度、流体组成性质、气水界面、储层敏感性等。

2. 气藏工程设计

(1)气藏开发方案要点。①开发方案要点与指标:开发单元、开发层系、产能规模、完井数、已获气井数、正钻井数、部署井数、总生产井数、采气速度、稳产年限及其指标;②试采结果分析:了解和掌握流体相态、气井产能、压力场与温度场特性,加深对气藏地质特征、开采工程主要矛盾及技术界限、经济政策的认识;③气井开发方式:根据气藏工程设计提供的开发方式,确定主体采气工艺的备选方案。

(2)环境条件特殊要求。

(3)地面工程条件。

(4)测试情况。如地层压力、酸化或压裂前后的油压、套压、井底流压、产气量、产水量及表皮系数。

3. 特殊井开采方式及要求

包括产水气井、含硫或含二氧化碳气井、分层开采气井、出砂气井、煤层气井、页岩气井的特殊工艺要求。

三、储层保护设计

在钻井、完井、储层改造、采气、修井作业等开发全过程中,实现系统有效保护气层的措施,是减轻储层伤害、充分发挥产层潜能的重要手段之一。储层伤害的发生常常是内因和外因共同作用的结果,内因主要是储层本身的岩性、物性、矿物成分,特别是黏土矿物成分。外因主要是打开储层后储层温度、压力的改变、储层流体分布状态的变化,以及入井流体的侵入等。

我国经过多年攻关研究,已形成了储层敏感性分析评价技术,气藏特征和潜在伤害分析与预测技术,以及从钻完井、投产到压裂酸化和井下作业过程中保护气层等配套实用技术。

1. 储层敏感性评价

储层敏感性是指储层环境发生变化时储层渗透率相应发生变化的敏感程度。储层环境的变化包括储层物理状况的变化、化学状况的变化、外来介质(固、液或气相)侵入储层,以及储层流体的流动方式变化。储层敏感性评价是对储层本身的一种认识,通常包括速敏、水敏、盐敏、碱敏、酸敏五敏试验。随着技术的不断发展,储层应力敏感性和温度敏感性也受到关注,因此,气层敏感性评价除五敏试验外,还包括应力敏感、温度敏感性评价,即七敏试验,其目的在于找出气层发生敏感性伤害的条件和自敏感引起的气层伤害程度,为各类工作液的设计、气层伤害机理分析和制定系统的气层保护技术方案提供科学依据。

2. 潜在伤害因素分析

通常所说的储层伤害,其实质就是储层孔隙结构变化导致的渗透率下降。渗透率下降包括绝对渗透率的下降(即渗流空间的改变,孔隙结构变差)和相对渗透率的下降。外来固相侵入、水敏性伤害、酸敏性伤害、碱敏性伤害、微粒运移、结垢、细菌堵塞和应力敏感伤害等都改变渗流空间引起绝对渗透率下降;引起相对渗透率下降的因素包括水锁(流体饱和度变化)、贾敏效应、润湿反转和乳化堵塞。

气层伤害主要发生在井筒附近区,因为该区是工作液与气层直接接触带,也是温度、压力、流体流速剧烈变化带。对于某一气藏和具体作业环节来讲,伤害因素可分成四大类:

(1)机械伤害:指钻完井、完井、压井、增产措施中设备和工作液直接与储层发生物理作用造成的渗透率下降;有时生产过程中储层流体本身性质的变化也可以发生机械作用伤害。

(2)化学伤害:主要指储层岩石或储层内流体与外来流体不配伍所产生的敏感性伤害或沉积物堵塞等。

(3)生物伤害:指气层原有的细菌或者随着外来流体一起进入的细菌,在适宜的环境下大量繁殖。由于它们的新陈代谢作用,可能产生的气层伤害形式包括:以体积较大的菌落存在堵塞孔道;腐生菌和铁细菌产生聚合物黏液,黏液吸附堵塞气层;细菌代谢产生 CO_2、H_2S、S^{2-}、OH^- 等,与井下和地面金属设备表面作用,生成 FeS_2、$CaCO_3$、$Fe(OH)_2$ 等无机沉淀堵塞孔道。细菌的生物伤害比较普遍,而且若发生在井间部位更难以处理,所以必须以预防为主。影响细菌生长的因素有环境条件(温度、压力、矿化度和 pH 值)和营养物,防止细菌伤害的常用作法是在工作液和注入流体中加入氧化剂和各种杀菌剂。

(4)热力伤害:指因储层温度变化所产生的储层伤害。一般来说气层的温度越高,表现出的各种敏感性的伤害程度就越强,因为伤害反应的速度随温度升高而迅速增加;另一方面,温度变化时,也可能引起无机垢和有机垢沉淀,从而造成气层伤害。

3. 钻井与完井过程中的伤害评价及保护措施

根据储层的孔隙结构、渗流特征和敏感性分析资料,评价储层可能存在的伤害,并找出引起伤害的主要因素,提出保护措施。储层保护主要是防止钻完井滤液进入储层,可用如下措施防止或尽量减少滤液进入储层:

(1)使用无水工作液,如空气、N_2、CO_2 等,或使用含水量低的泡沫也可以减轻水锁伤害;

(2)优选钻井液配方,严格控制固相颗粒含量;

(3)采用屏蔽暂堵技术;

(4)采用欠平衡作业;
(5)尽量减少正压差和工作井液对储层的浸泡时间。

4. 固井过程中的伤害评价及保护措施

固井对储层造成的伤害主要与采用的工艺技术方案有关,必须做好水泥顶替排量大小伤害评价、套管下放速度伤害评价及注水泥工艺方式伤害评价等三方面工作。根据这些伤害评价分析,在确定固井方案时,可采取以下措施来保护储层:

(1)采用平衡压力固井,控制固井液密度与钻井时相当,水泥顶替排量一般采用钻井液排量,避免憋漏地层;
(2)下放套管速度计算科学,避免过快产生激动压力,压漏地层;
(3)采用多级注水泥工艺,加入适量降失水剂和降阻剂,使水泥浆失水量和流动性控制在设计范围内。

5. 射孔过程中的伤害评价及保护措施

射孔完井对储层造成的伤害评价可归纳为:钻井污染评价、射孔参数(孔径、孔深、孔密的大小与伤害程度的关系)评价、射孔方式(正压、负压射孔)和射孔工艺评价、射孔液与地层的配伍性及固相颗粒引起的堵塞评价等。根据评价分析结果,在确定射孔方案时,可采取以下措施来保护储层。

(1)选用尽量能穿透钻井污染带的大孔径、深穿透射孔弹,优化射孔参数,使产能最大化,减少由于射孔参数不合理引起的附加表皮效应;
(2)基于储层实际推荐合理射孔方式及负压值;
(3)有条件应优先考虑射孔—投产的一次性完井管柱,减少投产作业二次伤害;
(4)使用干净、优质射孔液。

6. 增产措施伤害评价及保护措施

常规增产措施主要指酸化、酸压与水力压裂。酸处理作业中的储层伤害可归纳为两个主要方面:一方面是酸与储层岩石和流体不配伍造成的;另一方面是由于施工中管线、设备锈蚀物带入储层造成的堵塞。压裂作业中产生的储层伤害也可以归纳为两个主要方面:压裂液与储层岩石和流体不配伍产生的对储层的伤害;不良的压裂液添加剂、支撑剂对支撑裂缝导流能力的伤害。

根据上述评价分析,可采取以下措施来保护储层:

(1)采用与储层特征相适应的增产工艺技术;
(2)压裂液、酸液配方针对储层特点,经室内筛选优化确定;
(3)压裂酸化破胶水化要控制好,做好返排工艺措施;
(4)加入黏土稳定剂。

7. 修井作业过程中的伤害评价及保护措施

由于修井作业内容、方式繁多,因此造成的储层伤害原因相应较多。概括而言,修井作业中储层伤害评价主要包括修井液和修井工艺两方面。可采取以下措施来保护储层:

(1)根据储层特点选择优质修井液;
(2)选择适当的修井作业工艺和施工参数;
(3)有条件的气区应尽可能采用不压井作业技术;
(4)采用合理的解堵技术,根据堵塞原因、堵塞程度、堵塞类型,采取不同的解堵措施。

8. 生产过程中可能产生的伤害评价及保护措施

生产过程中可能产生的伤害，主要包括：高流速生产导致管柱及设备冲蚀加剧腐蚀、可能引起储层黏土及游泥的运移与堵塞；大压差生产可能引起地层压实导致孔隙度急剧降低、储层渗流能力下降以及储层出砂；气井含 H_2S、CO_2 较高引起井下管串腐蚀、脏物堵塞；储层环境变化产生堵塞物，使储层渗流能力下降等。

针对以上生产过程中可能产生的伤害，为保护储层，应确保合适的采气速度和合理的生产压差，注重生产过程中的防腐、防垢、防冲蚀等。

四、完井工程设计

完井工程设计研究的核心任务是应用现代完井工程的理论和方法，选择合理的完井方式，优化油管、套管尺寸和射孔工艺方案等，提出确保安全生产的技术措施。

1. 完井工程设计原则

完井工程设计涉及气藏地质特征、开采要求和钻完井工程能力等因素。从系统工程的角度出发，需将完井工程与钻井工程和采气工程有机地结合在一起。其设计原则如下：

（1）符合气藏特点，满足气藏开发的总体需要，保护储层、尽可能减少对储层的伤害；

（2）有效地封隔气层和水层，防止层间互窜干扰；

（3）能够有效地控制气层出砂，防止井壁坍塌及套管挤毁，保证气井采气通道完整性与长期安全生产；

（4）能够适应气田开发全过程的采气工艺要求，便于实施压裂酸化等增产措施及修井作业；

（5）尽量降低成本，使其具备良好的经济效益。

2. 完井工程设计主要任务

完井工程设计主要任务包括完井方式选择，生产管柱设计，井身结构和套管程序设计，固井设计，射孔工艺设计及井口装置选择等。其主要设计任务的理论和方法如下：

1）完井方式选择

气井的完井方式，主要是指在气层或探井目的层部位的井身结构，它反映气层与井筒的沟通方式。

气井完井方式除了主要的裸眼完井、衬管完井、套管射孔完井和尾管射孔完井 4 种基本方法外，还有适应于特殊产层的一次性永久完井、一井多层分采完井、大斜度井和水平井完井等完井工艺。完井方式应根据气藏类型、气层的岩性和物性、产层的伤害程度、增产措施工艺条件及生产井试采实践、可操作性和经济性等因素进行优化设计与决策。

2）生产管柱设计

生产管柱设计主要指气井油管及生产套管尺寸的选择，必须在完井之前完成，一般在完井后油管尺寸还可以更换，但生产套管不可以更换。生产套管尺寸的选择要考虑到气井开采全过程的气井类型、排液方式、增产措施、冲蚀特性及采气工程要求等工程因素的影响。设计时先根据采气工程要求确定合理油管尺寸，然后确定匹配的套管尺寸；生产套管的下深取决于目的层的位置和完井方法，通常从中间套管开始设计。

通常情况下,气井油管尺寸的选择至少应考虑三个因素,一是油管内的压力损失不能太大,要在较长期的生产过程中保证一定的井口压力,以满足地面工程的要求;二是具有较强的携液能力,在正常的生产过程中避免井筒积液;三是流速不能过高,以防止对井下油管柱产生冲蚀伤害。

生产套管尺寸的选择,是完井设计必须考虑的关键因素之一。生产套管的尺寸主要取决于气藏开采的要求。对于气井来说,最佳生产套管尺寸要满足以下三个要求:一要与合理的油管尺寸相匹配(表8—1);二要满足井下工具的要求;三要考虑必要的大型工艺措施的需要。

表8—1 天然气井油管、生产套管尺寸合理匹配关系

油管外径 mm(in)	60.3 (2⅜)	63.5 (2½)	73 (2⅞)	88.9 (3½)	101.6 (4)	114.3 (4½)
生产套管尺寸 mm(in)	127 (5)	139.7 (5½)	139.7 (5½)	168.3~177.8 (6⅝~7)	177.8 (7)	177.8 (7)

实践证明,采用上述方法确定的生产套管尺寸,充分考虑了气藏开采的要求,为气藏高效开采提供了井筒保障,是我国完井工程的一个重要发展。

3)井身结构设计

井身结构主要包括套管层次和每层套管的下入深度,以及套管和井眼尺寸的配合。井身结构设计是完井工程的重要设计内容,采气工程的井身结构需满足气井配产、排水采气、修井及增产作业等要求。在进行井身结构设计时,首先要建立设计井所在地区的地层压力和地层破裂压力剖面,在此基础上按相关设计步骤进行井身结构设计。

4)套管程序设计

(1)设计原则。

套管程序设计应遵循由里到外的原则,即先选生产套管,再选技术套管,最后确定表层套管。一般情况下,根据气藏区域、构造的地质特征,完井、修井、增产作业等采气工程和配套工艺的要求,充分考虑外挤、内压、拉力、双轴向压力及气藏开采过程中地层压力变化的影响以及经济、安全性等因素,选择合理的套管程序及尺寸。

对深井、超深井需下入多级套管柱,对高产气井多选用较大直径的套管和油管。对3000m以内的中深井套管程序,一般采用244.47mm×177.8mm×127mm或244.47mm×177.8mm结构;对3000m以上的深井推荐采用本章参考文献[3]提出的设计程序确定合理的套管尺寸及下入深度。

(2)完井套管柱的强度计算及校核。

从开发方面着重考虑对生产套管提出设计方案,引用SY/T 5724—2008《套管强度设计推荐方法》,进行套管柱强度计算与校核。

(3)确定套管程序的配套技术。

确定套管程序的配套技术主要包括地质研究确定构造、倾角、断层等地质特征技术,采用测井、地震资料预测剖面上的地层孔隙压力和破裂压力技术,以及探井的随钻测试、岩心分析技术等,同时形成以井身剖面地层孔隙压力、坍塌压力和破裂压力分布为基础的井身结构设计方法。

5)固井设计

固井设计必须确保固井质量能适应采气工艺、增产措施及修井等井下作业的需要。设计

的基本要素，包括以下几个方面：

(1) 固井方式；

(2) 采用前置液，包括清洗液和隔离液；

(3) 水泥返高要求，其中对生产套管应保证水泥返至地面，以利增加生产套管抗内外压能力；

(4) 水泥浆密度符合要求，分两级注水泥时，产层用快凝水泥，其他层段用缓凝水泥及低密度水泥浆；

(5) 扶正套管，井口一般2~3根套管加一只扶正器，气层上、下200m及产层每根套管加一只扶正器；

(6) 适当缩短稠化时间，设计稠化时间为施工时间加1~2h安全余量；

(7) 提高抗压强度，一般加30%~40%石英砂；

(8) 活动套管，施工中以旋转方式为主；

(9) 实行紊流顶替；

(10) 固井后用声波或变密度等方法检查固井质量，不合格者需采取补救措施。

6) 射孔工艺设计

射孔工艺的设计主要是根据气藏地质特征、流体特性、地层伤害状况、井类型（直井、斜井或水平井）、套管程序和气井试油投产或完井目标等影响因素，选出合理的射孔工艺方法并设计出最佳的射孔工艺参数。由于射孔孔眼是沟通产层和井筒的唯一通道，而这种沟通效果的好坏主要取决于射孔工艺设计，因此射孔工艺设计对气井产能有至关重要的影响。

(1) 射孔工艺选择。

射孔工艺种类很多，要根据气层和流体的特性、地层伤害状况、套管程序和气田生产条件，选择恰当的射孔工艺。按射孔时井筒液柱压力与地层压力的关系可分为正压和负压射孔工艺，用高密度射孔液使液柱压力高于地层压力的射孔为正压射孔；将井筒液面降低到一定深度，形成低于地层压力建立适当负压的射孔为负压射孔。按传输方式又分为电缆输送和油管输送射孔。

(2) 射孔完井参数的优化设计。

首先，根据取得的地层测试资料或本地区现场经验确定地层伤害深度和伤害程度，按试验数据一般取孔眼压实程度为0.2~0.25，压实带厚度为12~15mm，同时收集井眼半径、渗透率等资料，对需要分层水力压裂、酸压的气井还需收集隔层的资料。

然后，使用射孔优化设计软件，对影响气井产能的孔径、孔密、相位角和布孔格式等因素进行敏感性分析，优选出适合储层特征的弹型、孔密、相位角、布孔格式等参数。表8-2、表8-3列出了SYD系列射孔弹和射孔枪参数。由于不同厂家射孔枪弹性能不同，性能数据和新产品更新较快，具体设计时应尽量参考厂家发布的最新数据。

表8-2 SYD系列射孔弹性能

射孔弹型号	API、PR43混凝土靶		耐温条件 ℃/48h
	平均穿深,mm	平均孔径,mm	
SYD-73	≥350	≥10	150
SYD-89	≥400	≥10	150
SYD-102	≥500	≥10	150
SYD-127	≥700	≥10	150

表8-3 SYD系列射孔枪参数

枪型	最大外径 mm	相位 (°)	孔密 孔/mm	适用套管直径 mm
73	≥350	60/90	127~140	127~140
89	≥400	60/90	140~178	140~178
102	≥500	60/90	178	178
127	≥700	60/90	178	178

(3) 射孔压差设计。

完井设计要求在既安全又经济的条件下保证完井段压力损失最小、产量最高。射孔作业包括负压射孔、正压射孔和超正压射孔三种。由于常规正压射孔时射孔液的压持效应,伤害地层的风险极大,目前很少采用。负压射孔和超正压射孔都能改善气井的生产能力,目前已广泛使用,尤其是负压射孔几乎已成为一种工业标准。

采用负压射孔时,射孔负压值首先要考虑确保射孔孔眼清洁,同时又不引起地层大量出砂及套管挤毁。主要考虑地层渗透率、储层厚度、泥岩隔层的声波时差及套管的强度指标等确定射孔负压值。用射孔优化设计软件进行负压射孔效果对比计算,选择表皮系数小的射孔方式和合理射孔压差。也可采用室内射孔岩心靶负压实验法、经验统计确定法和公式计算法。

(4) 射孔液选用。

从保护气层角度出发选择射孔液,要求射孔液必须与地层配伍,多选用无固相或低固相射孔液,以尽量减小对储层的伤害,以便获得气井的最大产能。随着环境保护法规的日益严格以及环境控制技术的发展和应用,要求在射孔液的研究和使用中采用无毒、低毒、易生物降解的添加剂和体系,在施工中做到液体不落地。所以一种理想的射孔液体系应考虑包括密度、结晶温度、黏度和增黏能力、稳定性、腐蚀性、清洁度、回收重利用能力、降滤失剂的效能、与地层岩石和流体的配伍性以及成本、原材料来源等多个方面的因素。

7) 采气井口装置

采气井口装置与采油井井口装置结构相似,但由于天然气和原油的物理性质不同,所以也有一定的区别:采气井口装置的所有部件均采用法兰连接,套管闸阀、总闸阀均为成对配置,节流器采用针型阀而不是固定孔径的油嘴,全部部件均经抗H_2S处理。表8-4列出了几种常用采气井口装置的主要技术参数。

表8-4 常用采气井口装置主要技术参数

参　数	型　号			
	KQS35/65	KQS60/65	KQS70/65	KQS105/65
工作压力,MPa	35	60	70	105
密封压力,MPa	35	60	70	105
强度试压,MPa	70	90	105	157.5
大四通垂直通径,mm	160	160	160	230
闸阀型式	楔式闸阀	楔式闸阀	平板闸阀	平板闸阀
连接套管,mm(in)	146~168.3(5¾~6⅝)	146~168.3(5¾~6⅝)	177.8(7)	177.8(7)
连接油管,mm(in)	73(2⅞)	73(2⅞)	73(2⅞)	73(2⅞)

8)投产方式设计

低渗气藏气井或储层渗透性较好但在钻完井过程中受到伤害的气井,在完井射孔后若直接投产大都产能较低,需要采用排液或增产作业措施作为投产方式,以增加和恢复气井的产能。

(1)设计原则。

气井投产方式必须依据气藏地质和气藏工程特点,以及气藏储层岩性类型、特征、驱动类型进行投产方式的选择和设计。

(2)设计要求。

在投产方式中采用的工作液和配套施工技术必须适应于工作目标气层的岩性和流体性质,以避免储层的二次伤害。

(3)投产方式选择。

①排液:若井筒中液面较高,地层气难以流入井筒,或地层需要进行排水降压(如煤层气)地层气才能流出地层,那么可以采取抽吸排液、氮气排液、泡沫排液、连续油管气举排液等排液方式投产。

②解堵酸化:根据储层岩性类型和岩石矿物组分选择相应的解堵酸化投产方式。

③储层增产改造:对储层渗透率很低或储层伤害严重采取单一解堵酸化措施难以增加或恢复产能的气井,可根据储层类型采取相应的储层增产改造措施投产方式。

五、增产措施设计

增产措施设计主要针对低渗透、低产能、受污染比较严重的储层,是采气工程方案设计的重要内容。其技术目标在于研究确定气藏主体增产工艺方案,筛选增产作业工作液体系与配方以及支撑剂材料,优化增产作业规模,确定合理的施工参数,设计主体增产作业油管管柱结构,并提出有效的返排措施。

1. 增产改造的必要性和可行性

根据储层物理性质、岩性和产层所受伤害的类型和程度,以及预测的改造后可能达到的产能效果,研究储层是否具备储量和能量,前者是增产改造的物质基础,后者是较长增产有效期的保证。只有具备储量和能量,才有改造的必要。

为了确保压裂或酸化等增产措施的顺利执行,井筒技术条件必须满足相应的要求:

(1)套管强度符合压裂设计要求;

(2)固井质量合格;

(3)井底无落物。

2. 设计的依据及基础资料

增产措施的设计要以目标气层的孔隙度、渗透率、储层岩石特性及厚度等地质特征为依据,确认储层可改造程度,分析低产、减产的原因,提出对整个气藏有针对性的总体增产改造措施。设计过程中所需的基础数据主要有:地层温度、压力、闭合应力、破裂压力、射孔孔密、孔径、杨氏模量等。

3. 增产措施的主要任务

(1)解除地层伤害,恢复气井产能;

(2)对有效厚度大的区域气井,强化改造,增大产能;

(3)对某些有代表性的区域气井,针对不同的问题,选定相应的改造方式进行优化设计和施工,进行可改造试验,为该区域的开发提供依据。

4. 设计的主要内容

(1)储层主体改造工艺类型选择；
(2)工作液(压裂液、酸液)类型选择；
(3)压裂、酸化的模拟计算；
(4)压裂、酸化工艺参数选择；
(5)压裂、酸化增产工艺技术的推荐方案；
(6)压裂、酸化中保护气层的要求及措施,排液及后期管理；
(7)技术、装备配套要求及实施建议。

5. 施工材料

1)液体体系

(1)压裂液类型及性能要求。

压裂液是水力压裂过程中的工作液,起着传递压力、形成和延伸裂缝、携带支撑剂的作用。根据压裂不同阶段对液体性能的要求,一次压裂施工可以使用多种类型、性能不同的液体。按照在不同阶段注入井内的压裂液所起的作用,压裂液主要分为:前置液、携砂液和顶替液。为适应不同储层改造需要,还可能有预处理液、预前置液等。

压裂液性能的好坏直接影响到压裂作业的成败,尤其对于大型压裂,这种影响更为突出。压裂液必须满足以下功能要求:

①有效地悬浮和输送支撑剂到裂缝深部；
②与地层岩石和流体的配伍性好；
③滤失少,压裂液的滤失主要取决于黏度和造壁性,加入降滤剂可大大降低滤失量；
④低摩阻,降低施工泵压,有利于保证压裂施工安全、提高成功率；
⑤低残渣、易返排,降低对生产层和填砂裂缝的伤害；
⑥热稳定性和抗剪切稳定性,保证压裂液不因温度升高或流速增加引起粘度大幅度降低；
⑦经济有效性。

(2)酸液类型及性能要求。

酸化用酸液主要有盐酸、土酸、乙酸、甲酸、多组分酸、粉状有机酸以及各种缓速酸体系等。特殊酸化也使用硫酸、碳酸、磷酸等。

酸化时必须针对施工井层的具体情况选用适当的酸液,选用的酸液应符合以下几点要求:

①能与储层岩石反应并生成易溶的产物；
②加入化学添加剂后,配制成酸液的化学性质和物理性质能满足施工要求,特别是能够控制与地层的反应速度和有效地防止酸对施工设备的腐蚀；
③施工方便,安全,易于返排；
④价格便宜,来源广。

2)支撑剂

支撑剂种类繁多,如石英砂、金属铝球、核桃壳、玻璃珠、塑料球、陶粒、树脂包层砂等。按照支撑剂的强度和硬度可将其分为硬脆性支撑剂和韧性支撑剂,前者是指硬度较大,在闭合压力作用下不易变形的支撑剂,主要有石英砂和陶粒；而后者是指在较高闭合压力作用下相对容易变形而不破碎的支撑剂,如树脂包层砂(超级砂)、核桃壳等。

支撑剂性能要求:按 SY/T 5108—2014《水力压裂和砾石充填作业用支撑剂性能测试方法》确定。

6. 优化设计程序

增产改造措施的优化设计程序,因不同目的所选定的相应改造工艺而有所不同。总体上讲,一般包含以下几个方面:

(1)确定水力裂缝长度或酸蚀裂缝有效长度;
(2)计算不同泵注参数下的裂缝导流能力或酸蚀裂缝导流能力;
(3)优选泵注速度范围;
(4)确定最大施工压力;
(5)计算气层或单井施工费用;
(6)将优选结果作图,作为综合优化设计依据。

7. 优化设计结果与改造方案

储层按产能可分为三类,一、二类为易采储层,三类为难采储层。不同类型的储层改造,根据优化设计结果选用相应的工艺,设计出施工规模、增产倍比和费用等。

六、采气工艺设计

采气工艺设计是在掌握气井基本流动规律的情况下,应用生产系统分析(也称节点分析)方法对气井生产系统进行优化分析,使整个系统不仅在局部上合理,而且在整体上处于最优状态;同时针对产液气井开展携液及排液采气工艺设计等。

对于常规气藏,生产系统分析主要分析气井产能与地层压力、油管尺寸及井口压力等的关系。

1. 气井生产系统分析

1)气井生产系统分析的用途

运用气井生产系统分析方法,结合采气工艺生产方面的实际工作经验以及气田开发政策对生产提出的指标要求,可以对新老气田的生产进行系统优化分析。具体来说,气井生产系统分析方法具有如下几方面的用途:

(1)对于新井,通过预测流入动态曲线,选择完井方式及有关参数,确定合理油管尺寸、生产压差;
(2)对已投产的生产井,可分析限制气井产量的不合理因素,提出有针对性的改造及调整措施,使之更合理的利用自身能量,实现高产及长时间稳产;
(3)优选气井在一定生产状态下的最佳控制产量;
(4)确定气井停喷时的生产状态,从而分析气井的停喷原因;
(5)确定排水采气时机,优选排水采气方式;
(6)选用某一方法(如产量递减曲线分析方法),预测未来气井的产量随时间的变化。

综上所述,对于新井,使用生产系统分析方法可以优化完井参数和优选油管尺寸;对于已经投产的气井,使用生产系统分析有助于科学地管理好生产。

2)气井生产系统分析的步骤

(1)建立生产模型。针对要分析的问题,对实际气井生产系统加以抽象,表示为各个部分能描述的数学模型。

(2)根据确定的分析目标选定解节点。由节点类型确定节点分析方法,例如确定是函数节点分析还是普通节点分析。

(3)完成各个部分数学模型的静动态生产资料的拟合,绘制流入和流出动态曲线。系统可能提供的理论产能必然不会与实际试采的生产资料相吻合。通过对数学模型或参数的调整,并经过一段试采阶段的拟合,使建立的数学模型和计算程序能反映气井系统的实际。

(4)求解流入和流出动态曲线的协调点。

(5)完成确定目标的敏感参数分析。例如,可以分析油管直径、射孔密度、表皮系数、井口油压等参数,优选出系统参数,然后就可对气井生产系统进行调整或重新设计。

2. 冲蚀临界流量计算

产量特别高的气井,井中天然气气流速度过高会迅速冲去管壁氧化层,使得未被腐蚀的内壁裸露于天然气流中,天然气流的冲蚀作用将加剧油管的破损。因此,气井气流速度不宜过高,即不应超过临界冲蚀速度。

油管壁的临界冲蚀速度,可采用 API RP 14E 推荐的计算公式:

$$v_c = C/\rho_g^{0.5} \tag{8-1}$$

式中　v_c——临界冲蚀气流速,m/s;

ρ_g——气体密度,kg/m³;

C——常数,一般取值为 122~183。

如果气井出砂或产水较大,或含腐蚀性介质 H_2S、CO_2 等,C 值一般取 122 或更小;对于一般凝析气井,建议 C 值取 122;对于干气井,不出砂时,C 值可取 183。

气流从井底流向井口,由于重力和摩阻的影响,井口处流压最小,气流速最大。因此只要井口处的气流速能满足不发生冲蚀的条件,则油管任何位置均不会发生冲蚀(组合油管应计算比较组合管柱连接位置处流速)。根据井口压力条件确定的冲蚀临界流量为

$$q_c = 332.6 C \cdot D^2 \sqrt{\frac{p}{ZT\gamma_g}} \tag{8-2}$$

式中　q_c——油管冲蚀临界流量,10⁴m³/d;

D——油管直径,m;

p——油管压力,MPa;

T——气流温度,K;

Z——天然气偏差系数;

γ_g——天然气相对密度。

3. 排水采气

排水采气是大部分气田常见的采气工艺。当地层能量充足时,能依靠气井自身的能量将井筒中的液体携带出井口;当地层能量不足时,就必须采取排水采气工艺将井筒中液体排出,否则将造成积液停产。

1)气井携液临界流量

气井出水后,如果气体携液能力不足,将会造成气井积液。根据 Turner 模型、Limin 模型或其他经验模型预测气井携液所需最小气体流量,以便选择合适的油管尺寸或排液采气工艺。

2) 排水采气工艺适应性评价及优选

当发现气井积液时,可以采用排水采气工艺恢复气井生产能力。常用的排液采气工艺有:优选管柱、泡沫排水、气举、柱塞举升、游梁抽油机排水、电潜泵排水、射流泵排水等。由于各种工艺均具有一定的适应条件,因此需对工艺适应性进行评价。

对给定的一口产液气井,选择何种排水采气工艺,需对不同的排水采气工艺进行技术经济指标评价,并结合气井的地质特征、工艺适应的技术条件等诸多因素进行综合对比分析,最终确定最佳的排水采气工艺。产液气井的排水采气工艺基本选择流程如图8-3所示。

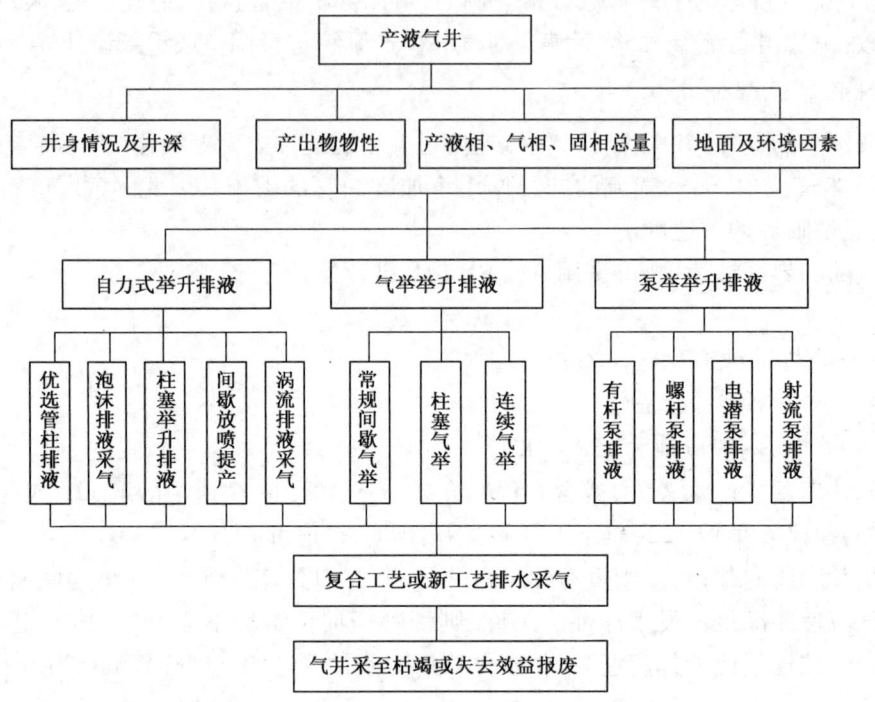

图8-3 产液气井排水采气工艺选择流程

3) 排水采气工艺措施

气藏层面的排水采气,在见水初期,需摸清气水关系,从气藏整体出发,通过数值模拟,制定出气藏的排水井位和排水量,进行综合治水,提高气藏开发规模效益。具体落实到单井上,需根据推荐的排液采气工艺,提出井下工具和配套装置、主要技术参数优化及新工艺试验方案。

七、"四防"工艺设计

采气工程方案设计中的"四防"工艺设计包括气井防腐、防垢、防砂以及防水合物工艺设计。

1. 气井防腐

采气工程中金属材料的腐蚀问题是关系到气井生产安全的重大问题。尤其是酸性气田,气井中的腐蚀危险性更高,一旦因腐蚀造成井喷或泄漏,会导致有毒气体的逸散,造成不同程度的公众安全问题与环境伤害。

(1) 气井腐蚀因素及评价。气井中的腐蚀是与气井产出物中包含的地层水、腐蚀性气体、气井腐蚀环境与油套管和采气装备所使用材料的化学成分和组织结构等因素相关的,且各因素间往往存在着相互关联和交互作用,必须进行腐蚀评价试验。腐蚀率及缓蚀率测定方法可按 SY/T 5273—2014 中的规定执行。

(2)气井防腐方法。根据国内外几十年研究和生产实践,对于酸性气田,特别是高含 H_2S、CO_2 的腐蚀严重的酸性气田,正确选择所需的材料并进行相关的腐蚀评价、监控,是防止气井腐蚀、保证安全生产的最有效的方法。

(3)腐蚀监测。腐蚀监测技术是由实验室腐蚀试验方法和设备的无损检测技术发展而来的。目前采用的主要方法有:挂片法、电阻探针法、电化学法、电位监测法、磁感法、电视成像法等。

2.气井防垢

气田在开发过程中,储层流体从气层中流出,经井筒、井口到地面集输系统,由于温度、压力和气水平衡状态的改变,地层水中富含的成垢离子浓度发生变化,在地层、井筒和设备等位置发生无机盐类结垢。结垢会给生产带来诸多危害,如井筒结垢造成筛管堵塞、阀座等堵死、活塞被卡、打捞井下工具失败、工具不能下井等,严重影响气井生产时效。

1)气井结垢因素分析

气井结垢的因素通常可概括为两方面:一是内因,即地层水中富含成垢离子,如钙、镁、钡、锶、碳酸根、碳酸氢根等离子。二是外因,主要指温度、压力、pH 值、矿化度等发生变化。外因是诱发结垢的直接因素,如常见的碳酸钙结垢主要表现为:

(1)当温度升高时,碳酸钙的溶解度降低,碳酸钙结垢倾向增大,反之减小;

(2)系统压力减小,碳酸钙的溶解度降低,结垢倾向增大,反之减小;

(3)pH 值升高,碳酸钙的溶解度降低,结垢倾向增大,反之减小;

(4)矿化度越低,碳酸钙的溶解度降低,结垢倾向增大,反之减小。

对于井筒结垢,压力下降是结垢的主要原因;而对于近井地层结垢,压力下降和矿化度降低都是结垢的主要原因。

2)防垢方法

目前防垢的方法主要可分为物理防垢和化学防垢。物理防垢主要有三种:一是维持地层压力防垢;二是憎水涂层防垢,即在管线和设备的表面涂敷憎水涂层,使管线和设备表面无法沉积盐垢;三是磁场和声场防垢,即对易结垢部位进行超声波、磁场、电场处理,以阻止无机盐垢晶体生成、生长发育,实现防垢。化学防垢主要是使用防垢剂,其作用机理有增溶作用、分散作用、静电斥力作用和晶体畸变作用等,所用的防垢剂要求与地层水及地层岩石配伍,并具有缓蚀性能。任何一种防垢剂的使用效果都与其使用条件(温度、pH 值及水中的化学成分)有密切关系,需通过试验评价筛选出适合的防垢剂。

3)除垢方法

除垢方法主要包括物理除垢和化学除垢,物理除垢是用钻头、钢刷以及高压水射流等方法;化学除垢是采用除垢剂。酸洗是一种最常用和有效的化学除垢方法,是将配好的除垢液经井筒注入近井地层,再返排到地面的过程。酸洗既可解除近井地层无机垢堵塞,又能清洗井筒,但对油、套管有一定的腐蚀性,不宜频繁使用。

3.气井防砂

1)气井出砂预测

地层是否出砂取决于岩石颗粒的胶结程度。影响地层出砂的因素大体划分为两大类,即地质因素和工程因素(开采和完井因素)。地质因素由地层和气藏性质决定(包括构造应力、沉积相、岩石颗粒大小、形状、岩矿组成、胶结物及胶结程度、流体类型及性质等);工程因素主要是指生产条件的改变,包括气层压力及生产压差、气流速度及射孔工艺条件等。

由于出砂危害极大,准确预测出砂是防砂的基础。气井出砂预测方法较多,大致可以概括为实验方法、经验统计方法及理论预测方法。

2)防砂及清砂措施

防砂方法主要有机械防砂、化学防砂及复合防砂等。每种防砂方法都有各自的特点和适应性,对于特定的出砂气井,防砂方法选择需考虑地层砂特征、完井类型、完井井段长度、产层物性、产能损失及成本等因素。

井底沉砂的清除,一般通过下入油管,用洗井液循环冲洗,将沉砂带至地面。炮眼内积砂,需用专门的洗井封隔器分段冲洗。井下深井泵等设备内的积砂,须将设备起出地面,检查清理。

4. 气井防水合物

1)预测水合物生成条件

预测水合物生成条件的方法很多,可归纳为相平衡计算法、图版法、波诺马列夫方法和统计热力学法四种。相平衡计算法最初是作为一个试探性的方法提出来的,但是应用至今仍保持原来的形式,尤其适用于含有典型烷烃组成的无硫天然气,而对于非烃含量很多的气体和烃类分布异常的气体,以及在压力高于 6.9MPa 情况下,该法的准确性较差。图版法和波诺马列夫方法都是以实验数据为基础的,但是实验的最高压力都只有 30MPa 左右,更高压力下可能形成水合物的温度都是推导出来的。上述方法简便易用,但其误差可达 20%。统计热力学法是以统计热力学为基础,将气体水合物宏观相态行为与其分子间的相互作用联系起来,理论基础严密,通用性强,便于运用计算机在较宽的范围内对水合物生成的温度、压力条件进行连续求解,得到的结果精确度较高。

2)水合物的防治措施

为了预防水合物形成,可采用以下方法:

(1)采用井下节流方法,降低井筒及地面流动管线中的压力;

(2)可注入甲醇、乙醇、二甘醇等水合物抑制剂;

(3)采用井筒或地面管线保温(加热)措施,提高流体流动温度。

八、气田污水回注设计

1. 气田污水回注层和回注井的评选要求

详见第六章第四节。

2. 气田污水回注推荐水质指标

(1)水质基本要求。

详见第六章第一节。

(2)推荐水质指标。

气田污水回注时推荐的水质指标如表 8-5 所示。

表 8-5 气田污水回注推荐水质指标

悬浮固体含量,mg/L	$K>0.2\mu m^2$	<25
	$K\leq0.2\mu m^2$	≤15
悬浮物颗粒直径中值,μm	$K>0.2\mu m^2$	<10
	$K\leq0.2\mu m^2$	≤8
含油量,mg/L		<30
pH 值		6~9

注:K—渗透率

3. 回注工艺设计

(1)水处理方法。气田污水处理方式有三种,即回注、达标外排和综合利用。其中回注地层是当前气田污水的主要处理方式,要回注地层必须对气田污水进行处理,否则可能造成腐蚀、地层堵塞等危害。常用的水处理方法主要有脱气、沉降、过滤、杀菌及除油等方法,可根据气田污水特征及水质要求选取一种或多种合适的方法。

(2)气田污水回注工艺流程。气田污水回注工艺流程如图 8-4 所示。

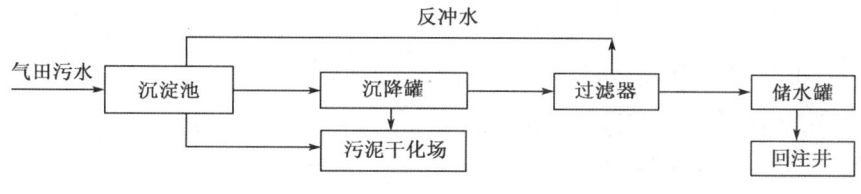

图 8-4 气田污水回注工艺流程图

(3)增注措施。为增大向地层回注能力,通常可采取提高地面注入压力、酸化解堵或压裂增注等措施。

九、生产动态监测设计

生产动态监测是科学管理气井的重要保证,它通过对气井在生产过程中的产量、压力、流体物性的变化,以及井下、地面工程的变化等监测,及时有效地指导其合理开采。随着我国天然气工业的发展,采气井逐渐增多,对气井实施规范化、科学化的动态监测,有利于提高气井的管理水平,提高开采效果。

1. 目的与任务

生产动态监测的目的与任务是:认识气藏的生产能力,了解生产动态和生产过程中地下气、水的变化规律,从而科学的选择气藏采气工艺技术和分析工艺技术措施效果,并对气藏科学开发提出相应的配套工艺技术。

2. 监测要求

根据气藏工程方案和采气工艺要求,编制具体的动态监测方案,并应在不动管柱及不压井的条件下实施。监测方法及工艺、仪器仪表、工具规格、型号及性能、资料录取等要求参照 SY/T 6125—2013 中第 6 章相关规定执行。

3. 动态监测设计内容

1)气藏动态监测

(1)常规试井测温测压。根据气田情况选择一定数量有代表性的气井作为定点测试井,每半年测试一次地层压力、流动压力、井底温度、井温梯度等。

(2) 全气藏试井及特殊试井。根据气藏工程方案、要求以及气藏开采的实际情况确定。

(3) 产出剖面监测。每年对15%～30%的气井进行一次产出剖面测试。

(4) 观察井监测。在构造的边、翼部选择一定数量的井作观察井,每半年测试一次地层压力、产出剖面。

(5) 气水分析(PVT)。每年对全气藏进行一次PVT取样分析。

(6) 流体组分监测。要选择一些井跟踪组分,特别是H_2S、CO_2的变化。

2) 措施井对比测试

要求对重点措施井实行测试。对压裂酸化施工井,在施工前进行就地压力测试,措施前后进行产出剖面和压力恢复曲线测试,以判断效果。

3) 完井质量监测

(1) 水泥胶结质量。应在所有井完井投产前进行检测。选用声幅测井仪、变密度测井仪或水泥评价测井仪测试。

(2) 射孔及套管质量。检测时需压井和动管柱,一般不作测试。根据需要只对个别井进行检测。

4) 井下技术状况监测

检测时需压井和动管柱,因此,应在区域内选择1～2口有代表性的气井作为固定点,进行时间推移测试,每3～5年测一次。

十、井下作业及配套建设设计

1. 作业工作量预测

作业工作量是生产操作费用预算及作业队伍建设的基础。气藏开发过程中的作业包括:新井投产、一井多层分采投产、压裂酸化增产工艺措施作业、井下设备安装及更换、"四防"作业、修井作业、新工艺新技术实施及其他特种作业。

作业工作量预测,首先是根据采气工程方案相关部分提出的措施要求,确定进行作业种类和估算需要实施的作业次数,然后采用统计法或折算标准工作量法进行工作量预测。

2. 井下作业设计

通常动用修井队伍的各类井下作业,其设计包括地质设计、工程设计、施工设计三项。作业目标不同,修井作业内容不同,具体设计内容参照井下作业设计规范Q/SY 1142—2008。

3. 配套厂站建设

新气区需要进行配套厂站建设规划,其配套装备参照SY/T 5176—2014《井下作业劳动定额》和有关定额标准执行。而老气区的新开发气藏的配套厂站,可在原有厂站能力的基础上,根据气藏开发需要提出扩建方案。无论新建还是扩建,其规模和内容应在保证气藏开发需要的前提下,遵循因地制宜、避免重复和少投入,多产出的原则,通过分析论证来确定。

十一、健康、安全和环境保护设计

健康、安全与环境保护体系简称为HSE管理体系(health safety and environment system),是国际石油天然气工业通用的体系。建立HSE管理体系是天然气企业与国际市场接轨,并把各种风险降至最低的重要保证措施之一。

HSE 管理体系的设计原则可概括为:以人为本,安全第一,预防为主,防治结合。将 HSE 管理体系贯穿到整个采气工程的全过程,尽可能地降低采气工程的作业风险。

(1)采气工艺的健康、安全和环境要求按 SY/T 6276—2014 的规定执行。

(2)井下作业的健康、安全和环境要求按 SY/T 6276—2014 的规定执行。

(3)试气、采气的健康、安全和环境管理要求按 SY/T 6125—2013 中第 7 章的规定执行。

(4)含 H_2S 和 CO_2 气井的防护应按 AQ 2012—2007 中第 4 章和第 5 章的规定执行。

(5)气层改造的安全要求按 SY 5727—2007 中第 4 至第 7 章的规定执行。

(6)含 H_2S 气井井下作业安全要求按 SY/T 6610—2014 中第 6 章至第 11 章的规定执行。

十二、投资概算

采气工程方案投资概算是气藏开发方案经济评价指标的组成内容,是优化方案的重要决策依据,以采气工程相关工作量和所需装备数量、价格及工程定额为主要依据,包括前期试验、完井投产、生产监测、新工艺与新技术试验、采气工程特殊装备及采气工程方案编制等费用,参照现行采气工程方案设计编写规范 SY/T 6463—2012 第 15 章进行。

十三、推荐方案及实施建议

对多个方案进行技术经济各方面的对比后,推荐一个最佳方案作为主体工艺方案,并提出相应的实施建议。另外从整个气田未来的生产动态变化趋势考虑,推荐开展一些新工艺、新技术试验方案。

第四节 HSE 管理体系

HSE 是健康(health)、安全(safety)与环境(environment)的简称,HSE 管理体系是国际石油天然气工业通用的管理体系,其内容主要包括健康、安全及环境管理要求。

一、健康管理要求

1. 作业人员要求

(1)没有进行职业性健康检查的作业人员不得从事(接触)存在职业危害的作业;

(2)有职业禁忌证的作业人员不得从事所禁忌的作业;

(3)每年需组织常规作业人员和从事职业危害的作业人员分别进行一次常规体检和职业性健康检查,根据检查结果,每年定期组织对作业人员的身体能力与所从事工种的适应性进行评估;

(4)作业人员应具有相应的资格证书。

2. 劳保用品

劳动保护用品按 GB/T 11651—2008 有关规定发放,施工作业人员必须按相关规定佩带劳保用品上岗作业。

3. 人身安全保护规定

(1)各施工队伍入驻井场前,应对作业人员进行安全教育培训,作业人员应具备相应的安全意识和安全技能;

(2)作业人员不得在作业期间饮用酒类或含酒精的饮料;

(3)作业现场按规定制作作业安全标志牌、警示牌,严格按照项目作业的操作规程和劳保规程进行作业,确保作业人员的人身安全;

(4)各施工队伍 HSE 负责人严格按规定组织好安全检查,发现作业过程中的安全隐患、重大险情,应采取有效措施积极处理并报告管理部门;

(5)各施工队伍不得购买、使用不符合国家、行业标准和油气田分公司规定的原材料、设备、装置、防护用品、器材、安全检测仪器等;

(6)井场禁止烟火,各施工队伍在作业过程中要按照有关要求和程序实施动火作业;

(7)各施工队伍应按照国家和行业的要求储存、保管、运输易爆品、易燃品和危险品。

4. 医疗器械和药品配置要求

(1)按 Q/SY TZ 0098—2003《医用急救包配备规范》配备大型急救包,配备所需的医疗设备、器械和药品,同时根据环境调查情况配备相应的防疫药品;

(2)依据施工地域、季节特点,配备相应的急救器材和药品;

(3)驻地无流行病、传染病,饮用水质合格;

(4)作业队由生活服务公司配备驻队医生、医疗急救药品及器材且完好有效。

5. 饮食管理要求

(1)严格执行《中华人民共和国食品卫生法》,加强井队饮食管理,饮食卫生达到甲级标准;

(2)生活服务人员健康证、上岗证、特殊工种证(包括电工、医生、厨师等)持证率达100%,个人卫生整洁;

(3)保持仓库和厨房环境整洁,采取消除苍蝇、老鼠、蟑螂和其他有害昆虫及其滋生条件的措施;

(4)库房食品要离地离墙,不得和有毒有害物品同放,无过期、变质食品存在。

二、安全管理要求

1. 作业设计安全要求

(1)设备检查与维护要求。作业设备安装技术、正确操作和维护按 SHS 06001 ~ SHS 06009—2004 执行;定期对主要设备、装置开展安全技术评估;生产设备做到"三清四无五不漏";

(2)井控设备要求。按"三高"井作业要求配备防喷器组合,并按要求试压;

(3)试压要求;

(4)提出各配合作业队伍安全要求。

2. 完井作业安全要求

(1)安全标志牌的要求(位置、标识等):

①必须在井场入口处设置"进入井场须知"和"井场应急逃生路线图";

②在要害、危险部位设置有警示牌或其他警标、指示标志;

③根据安全风险划分危险区、警戒区、安全区、消防通道和逃生通道;
④根据需要设置安全防护栏、防护罩、扶梯和防滑、防碰、隔离设施及其他设施。
(2)施工作业安全要求:
①按完井或修井作业工程设计对井筒、设备严格试压;
②按油气田分公司井下作业规范要求储备重泥浆;
③针对完井作业过程进行风险评估,并制定相应的消除、削减和控制措施;
④严格按 HSE 例卷进行上岗前安全讲评及应急演练。

3. 射孔作业安全要求

(1)易爆物品要贴上标签,并由专人保管;
(2)易爆物品要分别存放,防晒通风和远离火源;
(3)钻台上下、井口周围禁止堆放易燃易爆物品;
(4)安全枪入井后才能接装起爆器,如遇异常情况需起出射孔枪,必须拆出起爆器后,才能提出射孔枪;
(5)射孔前必须严格较深,并经监督、井队工程师等多人核实后方能起爆。

4. 井下工具入井安全要求

(1)所有工具到井时均需提供产品合格证书,并严格按入井前检测要求进行检测;
(2)书面提供各工具下入过程中的注意事项,并仔细向司钻交底;
(3)下完井工具过程中派技术人员上钻台监督入井全过程,同时协助检查油管丝扣及扭矩曲线是否正常。

5. 油管施工安全要求

(1)油管到井后,严格按油管摆放规定摆放、清洗丝扣,并通径及仗量;
(2)油管吊上钻台后,再次仔细检查丝扣,并用对扣器对扣,记录扭矩曲线并判断是否符合标准。

6. 采气树安装作业安全要求

(1)井口采气树上井前严格按要求进行强度及气密封试压;
(2)坐油管挂前必须仔细清洗油管头;
(3)仔细检查各密封件;
(4)采气树安装好后,严格按规定进行气密封试压。

7. 地面测试安全要求

(1)地面放喷主要设备要求必须满足设备压力、温度安全范围;
(2)地面设备连接必须满足要求,并进行试压等;
(3)高压部分必须安装警戒线,放喷等作业过程中,无关人员严禁入内。

8. 消防安全要求

(1)井场必须按要求摆放好消防器材;
(2)放喷测试过程中要求两辆消防车就位。

9. 动火安全要求

动火安全要求按相关标准执行,如 Q/SY 1241—2009《动火作业安全管理规范》。

10. 生产管理安全要求

（1）作业区提前介入完井工作，熟知井身结构及井口设备；
（2）建立单井资料档案；
（3）投产前制定好采气队 HSE 例卷；
（4）制定好开、关井操作程序，并严格按程序操作；
（5）依据巡检路线，每日定时巡检。

三、环境管理要求

生产过程中要严格按有关环境保护的规定，减少废水、固体废物的排放，必须将工业污水及固体废物运至工业废水集中存放池及固体废物处理场或指定场所进行处理；落地原油及油基泥浆必须及时回收或清运，不得就地掩埋处理；井场及周围必须"工完料净场地清"，坑池填埋，恢复现场平整整洁面貌。

四、HSE 应急预案

尽管 HSE 设计内容非常细致、全面，但仍有可能出现未预计到的突发事件，为了在突发事件发生时将损失程度降到最低，以阻止事态的蔓延和扩大，各施工队伍在 HSE 例卷中必须针对各作业过程、生产特点进行风险评估，并提前制定应急预案，以保证在发生任何紧急情况时，都能做到有条不紊，胸有成竹。

第五节 采气工程方案设计典型案例

一、X 气田基本情况

X 气田位于我国某县境内，呈东西向延伸。气田探明天然气地质储量约 $808 \times 10^8 \mathrm{m}^3$、凝析油地质储量约 $585 \times 10^4 \mathrm{t}$。

X 气藏为一个完整的受背斜构造控制的异常高压层状边水凝析气藏。储层岩性主要为褐色粉砂岩、中—细砂岩，其次为杂色—褐色含砾中—细砂岩、小砾岩等。岩石类型（成分分类）主要以岩屑砂岩为主，其次为次长石岩屑砂岩。胶结以孔隙式胶结为主，基底式胶结为辅。黏土矿物以稳定的伊利石、绿泥石和伊蒙混层为主，含有少量的高岭石。孔隙类型以原生粒间孔为主，其次为粒间及颗粒溶孔、微裂缝、微孔隙。储集类型为孔隙型。总体上属于低孔低渗或特低渗储层，非均质性强，孔隙度一般为 6% ~ 12%，渗透率一般为 $(0.1 \sim 10) \times 10^{-3} \mu \mathrm{m}^2$。

气藏埋深 5000m 左右，地层压力系数为 2.06 ~ 2.29，为异常超高压气藏；地温梯度 2.26℃/100m，属正常的温度系统。

二、设计原则

以气藏工程设计为基础，结合地面工程，形成符合 X 异常超高压气田特点、满足气田高产能开发要求的气层保护、完井、增产措施、采气方式、气田防腐、生产动态监测等配套工艺技术，并充分利用地层能量,尽量减少井下作业的工作量,最大限度地延长气井自然稳产期,确保气田开采获得较高的经济效益。

三、设计依据

1. 气藏类型及储层参数

(1)气藏类型及特征:X 气藏为一个完整的受背斜构造控制的异常超高压层状边水凝析气藏。气藏压力系数在 2.0 以上,为异常超高压气藏;地温梯度在 2.2℃/100m 左右,属正常的温度系统。天然气甲烷含量较高,平均 87.7%,已烷及以上烃组分含量平均 9.81%;N_2 含量低,平均 0.97%;酸性气体 CO_2 含量 0.26% ~ 1.02%,不含 H_2S。X 气田地面凝析油密度平均 0.800g/cm^3(20℃),总体上具有密度低、黏度低、凝固点低、含硫低的"四低"特点。测试过程中有少量凝析水产出,Cl^- 含量 4000 ~ 59000mg/L,$CaCl_2$ 水型,水密度 1.0027 ~ 1.0522g/cm^3。

(2)储层参数:黏土矿物以稳定的伊利石、绿泥石和伊蒙混层为主,含有少量的高岭石,孔隙类型以原生粒间孔为主,其次为粒间及颗粒溶孔、微裂缝、微孔隙。储集类型为孔隙型。总体上属于低孔低渗或特低渗储层,非均质性强。孔隙度一般为 6% ~ 12%,渗透率一般为 $(0.1 ~ 10) \times 10^{-3} \mu m^2$。

2. 气藏开发方案概要

(1)开发层系及开发方式:X 气田开发层系均为古近系储层,采用衰竭式开发。

(2)井数、产能等指标:全气田总井数 33 口(全部为直井)。按照实际的投产顺序排产,初期将观察井投入生产,待全部开发井完钻、气田年产能达到 $40 \times 10^8 m^3$ 的规模后,将投入生产的观察井恢复其观察井的职能。采气速度 2.28%,气田年产气 $40 \times 10^8 m^3$、年产凝析油 $31.98 \times 10^4 t$。

四、储层保护设计

1. 储层伤害因素分析

(1)水锁及水敏。由于 X 气田储层属于低孔、低渗,孔隙类型以原生孔隙类型为主,孔隙结构不规则,填隙物含量较高,分布不均匀,储层初始含水饱和度低。所以,当水基流体入侵时,将可能发生严重的水锁伤害。由黏土矿物组成可以知道,伊蒙混层相对含量为 20% ~ 45%,伊蒙混层比为 15% ~ 20%,同时,储层为低孔低渗,预计储层为中等—强水敏性。

(2)应力敏感。根据岩性分析,储层主要有细砂岩和砾岩,对于细砂岩,受压实作用较大,孔隙类型主要为收缩状和点状,储层孔隙度和渗透率比砾岩储层要好。同时,砾岩储层孔隙类型主要为片状或弯片状,有少量裂缝,从实验结果看,应力敏感性较强。

(3)固相侵入。储层孔喉为中小孔喉,孔隙半径为 10 ~ 60μm,从其孔喉半径看主要为 0.06 ~ 0.8μm,属于中小孔喉。根据三分之一架桥堵塞的原理,当发生固相侵入时,一般将形成外泥饼,形成内泥饼和侵入储层深部的可能性较小。同时,由于储层中含有少量微裂缝,主要为构造缝和泥砾收缩缝,当发生流体滤失时,极可能发生固相和滤液入侵。

(4)微粒运移。由于储层基质渗透率、孔隙度极低,胶结类型为基底式、孔隙式,高岭石含量低,根据这些因素,储层将可能发生微粒运移,但速敏伤害程度预计较弱。

(5)酸敏性。储层岩屑含量较高,填隙物含量也较高,占岩石矿物的 10% 以上。其中,杂基主要为泥质、铁泥质,胶结物主要碳酸盐岩,同时还有少量膏质、方沸石等。黏土矿物中绿泥石含量较高。另外,储层为低孔低渗,当酸性流体侵入储层时,可能增加储层渗流能力,也可能降低其渗流能力。但对于低渗特低渗气层,酸性流体对储层孔隙少量的溶解将极大地提高渗流能力,所以,储层可能为无—弱酸敏性。

(6)碱敏性。由于储层高岭石含量较少,胶结物中碳酸盐岩以方解石为主,所以,预测储层为弱碱敏性。

通过上述分析,并考虑无机垢和有机垢的伤害及生物伤害等,预计储层潜在伤害类型为:水锁严重,应力敏感较强,速敏较弱,中等—强水敏,无—弱酸敏,弱碱敏,可能发生固相入侵和无机沉淀。

2. 储层保护措施

根据 X 气田储层伤害机理因素分析,应采用如下气层保护措施:

(1)钻井过程中应提高机械钻速,减少钻井液对储层的浸泡时间,合理控制钻井液密度,选用易于返排的钻井液,尽可能防止井漏和固相侵入,并加入适量的表面活性剂,降低表面张力,减小水敏、水锁等伤害。

(2)在射孔作业中采用加入适量降滤失剂、桥堵剂、表面活性剂及反润滑剂的优质低滤失、无固相射孔液,同时要求射孔液具有较好的高温稳定性,以减轻固相侵入和水敏、水锁及碱敏伤害。

(3)在强化增产作业中,解堵液配制以实验研究为依据,实施作业后尽快返排解堵液。

(4)在修井作业中,采用加入适量表面活性剂及反润滑剂的优质低滤失修井液,在确保安全作业的条件下,尽可能减轻修井液对储层的伤害。

五、完井工程设计

X 气田储层埋深 5000m 以上,压力系数 2.0 以上,属于异常超高压凝析气藏。

1. 完井方式

X 气田是具有边水的凝析气藏。统计的气田试采井各工作制度的生产压差和出砂情况显示,均未出砂,结合组合模量法分析,发现储层组合模量远高于临界出砂模量值,储层出砂可能性较小,故不做防砂要求。由于储层砂层组多、纵向上跨距大的特点,采用裸眼完井不利于井壁稳定,因此根据当前地质特征研究结论及拟定的开发方案,采用下套管射孔完井比较适宜。

2. 油管套管选择

1)油管尺寸初选

根据气藏工程 X 气藏单井配产 $(20\sim50)\times10^4 m^3$ 的要求,按照能够有效携液、防止冲蚀、压力损失较低以及与井下工具、常用套管配套性能好和减少生产投资的原则,同时考虑到投产时需进行储层改造,应选择 3½in 油管作为主体油管。气井在流压 100MPa 的条件下,允许的产气量范围为 $(14.7\sim109.3)\times10^4 m^3/d$;在流压 30MPa 的条件下,允许的产气量范围为 $(10.4\sim68.5)\times10^4 m^3$。

2)生产套管尺寸选择

根据不同油管尺寸要求,以及考虑常用钻头和套管系列,气井的主体生产套管尺寸应选择

7in 套管完井,主要理由是:

(1)与 3½in 油管合理匹配的最小套管为 7in,符合降低生产投资的原则;

(2)3½in 系列的井下工具均可下入 7in 套管内,配套性较好;

(3)7in 套管可以满足气田射孔施工的要求,并有利于将来潜在的修井作业;

(4)7in 套管符合常用的钻头、套管系列,有利于钻井完井施工。

由于气田埋藏较深,从井下作业及井下工具配套方面考虑:为了方便井下作业时起下工具,减少工具卡、阻的机率,应采用较大内径的套管,采用 7in 套管完井比 5½in 套管完井更有利。

从射孔工艺方面考虑:采用 7in、5½in 套管均有利于推广应用深穿透射孔弹(YD127 弹),从而部分解除井筒附近污染。

充分与钻井工程方案相结合,生产套管选择为:生产套管 7in VM140 × 12.65mm VAM TOP 扣。7in 指外径,VM140 代表管材钢级,12.65mm 为壁厚,VAM TOP 扣是一种在高拉伸、高压缩情况下,机械性能和密封性能优越的特殊油管、套管气密封扣。

3)完井套管强度计算与校核

应用行业标准 SY/T 5724—2008《套管柱结构与强度设计》对套管柱进行强度计算、合格校核。

3. 固井设计

(1)由于气藏异常超高压,从安全考虑,应采用全井段固井;

(2)取消分级箍,采取回接方式;

(3)应用固井强化工具,防止微裂缝影响;

(4)在气层顶界以上及技术套管鞋以上合适位置各布一级油气膨胀封隔器,防止气体上窜(在气体上窜时起到阻隔作用)。

4. 射孔工艺设计

根据完井方式要求,生产井将采用套管射孔方式完井。由于 X 凝析气藏储层厚度大、压力系数高,要保证射孔后实现较高的产率比、减少二次伤害以及射孔完井的安全施工,难度较大。

(1)射孔工艺的确定:射孔工艺可选择正压射孔后起枪、负压不丢枪射孔或负压丢枪射孔三种方案。

①正压射孔后起枪:其优点是可完全满足生产过程中动态监测并降低后期措施作业风险的要求;缺点是会对产层带来一定程度的二次污染,以及因起枪、下完井生产管柱过程中完井液静止时间过长,存在较大安全隐患,风险较大。

②负压不丢枪射孔:优点是可以减少井底口袋深度,后期作业时直接提出射孔枪;缺点是不能满足生产过程中动态监测要求,以及因枪内存在弹屑,对生产管柱可能存在一定影响,并且后期措施作业有一定风险。

③负压丢枪射孔:优点是有利气井的生产测试施工;缺点是需要增加井底口袋,从而增加钻井成本及风险。

综合三种方案的优缺点:对不需进行生产测井的井采用油管传输负压不丢枪射孔一次性完井工艺;而对后期生产需要进行生产测井的井,在目前技术条件下建议采用负压丢枪射孔。

(2)射孔方案优化：使用射孔优化软件，进行射孔参数优化配置设计。适宜选择127枪、YD127深穿透射孔弹、16孔/m、90°相位角螺旋布孔，作为主选射孔参数。参考储层强度研究结果，推荐射孔负压值为12.0~17.0MPa；由于气藏压力系数较高，使用常规射孔液时，可采用井口加压的方式进行负压射孔。

六、增产措施设计

1. 增产改造难点

X气田为高温、超高压、深埋藏凝析气田，并部分发育有微裂缝。这类气藏的储层增产改造通常难点多、配套措施要求高、工程风险大。根据前期地质特征的认识和大量的室内试验研究，X气田储层改造中突出的难点表现在以下几方面：

（1）气田储层异常超高压且天然微裂缝发育，打开产层的钻井液密度大、浸泡时间长，导致储层钻井液浸入深度大，钻、完井过程中工作液漏失严重，储层存在深部伤害，酸液能否有效突破污染带是决定酸化效果的关键因素。

（2）气田储层高压低渗、岩性致密、破裂压力高、裂缝伤害严重导致储层改造过程中施工压力高，工作液入地困难；实验结果显示储层杨氏模量极高，压裂裂缝宽度窄，难以形成深穿透的水力裂缝。

（3）气田储层纵向上层间矛盾突出，各产层层厚、层间渗透性差异大，导致纵向上实施储层均匀布酸的难度较大，改造力度受限，加之天然裂缝发育，水力压裂难以形成深穿透支撑裂缝。

（4）酸化施工后近井带含水饱和度将增大，而储层物性差、孔喉小、泥质含量大，容易导致气相的渗透率减小，从而大大增加毛管压力，如果压降不足以克服毛管末端效应，就会形成水锁区，导致排液困难甚至改造无效。

2. 增产改造设计内容

基于X气田储层地质特征分析、压裂酸化后的产能评价和破裂压力研究预测的井口压力等，提出了气田压裂酸化增产改造的三种模式：投产酸化、酸化+水力压裂、水力压裂。且以投产酸化改造为主，后两者为辅，在开发后期气藏压力下降后加以应用。

1）酸化措施

（1）根据目的层段的储层地质特征和物性资料分析，采用"分流转向"酸化措施为主要策略，尽可能在纵向上实现均匀布酸，同时提高酸液缓速性能，加大酸蚀蚓孔纵深扩张和发育。

（2）根据目的层岩心、三开钻井液与酸反应的动、静态溶蚀率室内实验，结合以往在高压、低渗、致密砂岩储层的改造经验，酸化工作液采用三段酸液体系：前置液垫具有高表面活性、低摩阻特性，前置酸采用较高密度、缓速、降阻的转向酸，主体酸采用降阻、转向土酸（15% HCl + 1% HF），后置酸采用具有一定黏度、低摩阻、低伤害的10% HCl体系。

（3）由于储层裂缝发育，尽量提高酸化施工排量，保证天然裂缝开启的条件下注酸，实现酸液的非径向推进，以提高酸液有效作用距离。

（4）施工后尽快返排，如不能自喷，采用人工诱喷；酸化施工井口压力高，为了保证施工安全，必须采用性能良好的井口、井下工具。

2)酸化工作液体系

对 X 储层酸化改造,遵循"自主分流、较大排量、降阻、缓速、深穿透提高酸蚀作用半径"的总体技术原则,采用低摩阻转向酸体系。结合大量室内实验结果,形成酸化工作液配方:

(1)前置垫液:3%清洗剂 BA1-4+2%黏土稳定剂 BD1-13+2%助排剂 KMS-8+1%降阻剂 BA1-9+10%甲醇(体积分数)。

(2)前置转向酸:20% HCl+4%转向剂 BA1-27+0.15%增效剂 BA1-28+2%铁离子稳定剂 KMS-7+2%缓蚀剂 KMS-6+2%助排剂 KMS-8。

(3)主体转向酸:15% HCl+1% HF+4%转向剂 BA1-27+2%降阻剂 BA1-9+2%铁离子稳定剂 KMS-7+2%缓蚀剂 KMS-6+2%助排剂 KMS-8。

(4)后置酸:10% HCl+2%降阻剂 BD1-9+1%铁离子稳定剂 KMS-7+2%缓蚀剂 KMS-6+2%助排剂 KMS-8。

3)酸化工程参数设计

综合考虑 X 气藏酸化软件模拟结果、室内流动实验结果及其他致密油气藏改造的研究成果和成功经验,基于小型酸化作业(A)和大型深穿透酸化作业(B)方案,拟定的施工参数如表 8-6 所示。

表 8-6 酸化规模及泵注参数

项目	小型酸化规模	大型深穿透酸化规模
前置垫液	1.0 倍井筒容积	1.2~1.5 倍井筒容积
前置转向酸,m^3/m	2.5~3.0	5.5~8.0
主体转向酸,m^3/m	2.0~2.5	6.0~10.0
后置酸,m^3/m	1.0~1.5	4.0~4.5
顶替液	1~1.1 倍井筒容积	1~1.1 倍井筒容积
施工泵压,MPa	70~79	90~105
平衡压力,MPa	15~35	25~40
施工排量,m^3/min	1.0~1.5	2.5~4.0

4)施工步骤

(1)按设计要求依次配制前置垫液、前置转向酸、主体转向酸、后置酸、顶替液。
(2)连接地面高、低压管汇,高压管汇至井口试压。
(3)按照酸化设计泵注程序进行施工。
(4)放喷排液,排液结束后测试求产。

5)施工质量控制

充分做好施工前、后准备,严格按照施工设计进行施工,施工完成后及时排液。

七、采气工艺设计

1. 生产管柱设计

1)合理油管尺寸选择

根据气井生产系统分析确定的单井合理产能,进行油管力压力损失分析,若产气量为(30~

70)×10⁴m³/d,井底压力为30MPa~90MPa计算油管内压力损失,结果如图8-5所示。从图中可以看出,当产量为(30~70)×10⁴m³/d时,无论井底流压为多少,2⅞in 的油管较3½in或4in油管,其压力损失均要大得多,因此2⅞in油管偏小。比较图8-5(a)、8-5(b)可以看出当产量为(30~50)×10⁴m³/d时,3½in和4in油管内压力损失较为接近。根据开发方案单井主体配产为(20~50)×10⁴m³/d的要求,以及节约投资考虑,选用3½in油管比较合理。

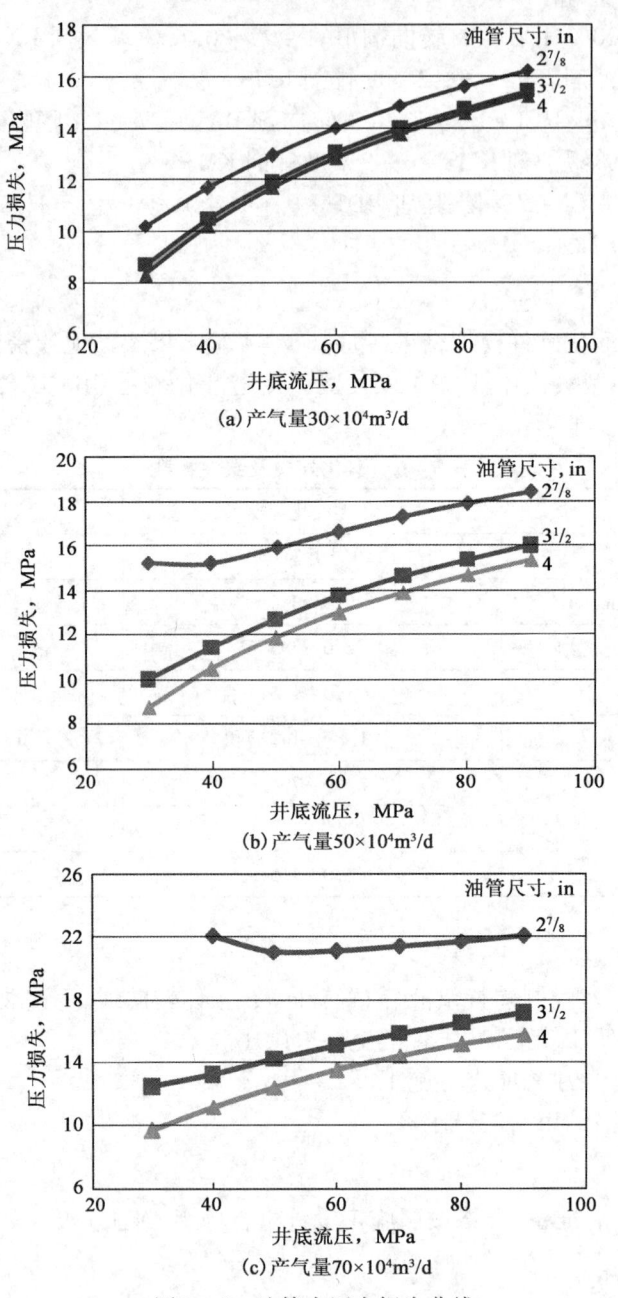

图8-5 油管内压力损失曲线

2)携液能力分析

在井底流压30~90MPa的条件下,计算了X气田采用3½in油管尺寸携液时的产气量,如图8-6所示。从图可以看出,3½in油管能满足连续携液(无论是水还是凝析油)的要求。

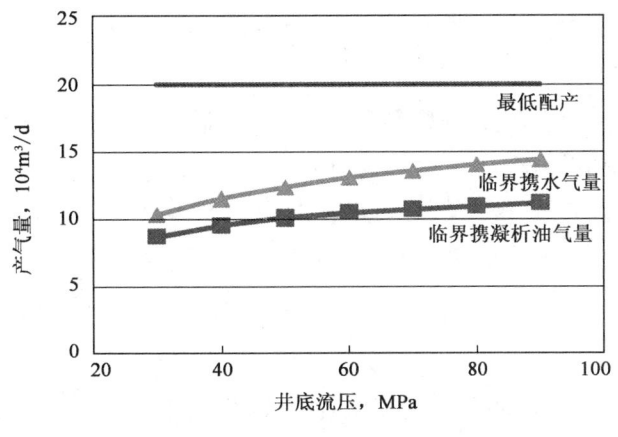

图 8-6 油管携液能力

3) 防冲蚀分析

计算气井流压从 90MPa 降到 30MPa 条件下,3½in 油管防冲蚀允许的最大日产气量,如图 8-7 所示。

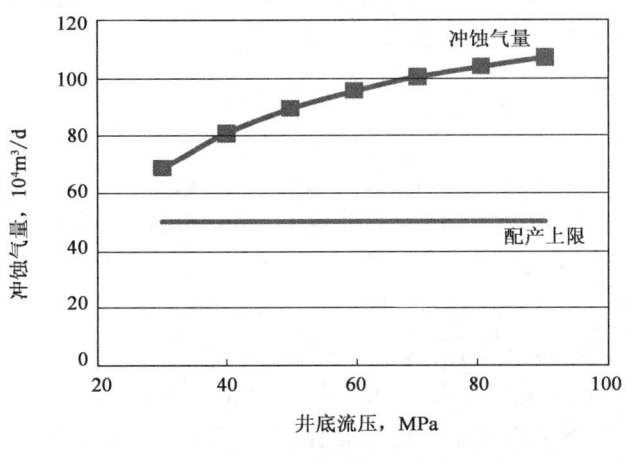

图 8-7 防冲蚀能力

从图 8-7 中可以看出:随着流动压力的降低,防冲蚀允许的最大产气量也相应降低,3½in 油管防冲蚀允许的最大日产气量远高于配产上限,能满足防止冲蚀的要求。

综上分析可知,选择 3½in 油管从管内压力损失、携液及防冲蚀能力看均能满足要求。

2. 采气管柱设计及井下工具选择

根据 X 气田的地层压力及井深计算出气井关井压力大约在 90MPa 左右。根据安全第一的原则,确保长期采气生产全过程的安全,管柱强度和气密封性安全可靠,X 气田工具密封件要求达到耐压约 105MPa(15000psi),耐温 150℃,抗 CO_2 腐蚀。

1) 油管钢级和壁厚

根据 API 油管柱设计有关安全系数的原则:丝扣连接屈服强度安全系数 1.8,抗挤毁强度系数 1.125,抗内压屈服压力安全系数 1.0。对于探区所用的大部分油管来说,抗挤毁强度系数及抗内压屈服压力安全系数均能满足要求,因此重点在螺纹连接屈服强度的选择。

从安全及经济的角度综合考虑,7in 套管的井油管柱为:3½in×7.34mm(5300m)油管;7in 套管+5in 尾管的井油管柱则为:3½in×7.34mm(4500m)+2⅞in×5.51mm 油管。

2)井下工具选择

(1)井下安全阀:使用 3½in 油管安全阀,液压控制开启,工作压力 15000psi,工作温度 150℃,材质与油管材质相匹配,上下端扣型与油管扣一致。

(2)封隔器:选择适用 7in 套管的永久式封隔器,工作压差 15000psi,工作温度 150℃,材质与油管材质相匹配,上下端扣型与油管扣一致,并配套相应座封球座。

3. 防腐及防水合物措施

1)防腐措施

X 气田属于低凝析油含量的异常超高压凝析气藏,天然气中含有一定量的 CO_2,在产水的条件下,气井将可能面临比较严重的腐蚀问题,因此应采取适当的防腐措施。

由于 X 气田储层天然气中 CO_2 含量 0.34%~0.37%,分压 0.35~0.39MPa,且地层水氯根超过 50000mg/L,属强腐蚀环境,需采用特殊防腐管材。根据日本住友金属工业株式会开展的 13Cr 腐蚀条件实验研究,其实验条件为:CO_2 分压 3MPa、Cl^- 含量 150000mg/L、温度 100℃,结果表明 13Cr 管材在上述条件下将产生孔蚀,HP13Cr 则不发生腐蚀。因此油管材质选定为 HP13Cr,使用特殊螺纹油管。考虑到 X 气田单井产量较高,在经济上可以承受,故建议油管采用 HP13Cr—S110 材质。

2)防水合物措施

(1)井筒内防治水合物。经分析 X 气田在正常生产过程中,无需采取井下防治水合物形成措施。但在测试和投产初期,还是应该预防在井筒中有可能形成水合物,原因有以下两点:一是气井刚开井,产气量小、流动压力高,易形成水合物;二是井筒没有预热,井筒流动温度低。由于正常生产时在井筒不会形成水合物,故不推荐采用隔热油管保温法或井筒加热来提高井筒流动温度。如在测试和投产初期需要考虑在井筒中采取防治措施,建议采用化学抑制法,可先向井底注入一定量的水合物抑制剂,随开井逐渐带出来预防在井筒形成水合物。由于井筒压力极高,不建议采用井下节流措施预防井筒和地面管线内形成水合物。

(2)井口及地面防治水合物。X 气田因井口油压高,节流后温度下降幅度大,有可能形成水合物,因此在井口需要采取适当的措施来防治水合物的形成。在井口防治水合物形成主要有两种方法:加热法和化学抑制剂法。对于 X 气田建议采用井口加热法,同时加注化学抑制剂。

4. 防垢措施

由于该气田存在边水,在生产过程中或生产到一定阶段将会有明显的水产出。同时,气体组分中含有 CO_2,在对气田进行开发时,可能会出现结垢,因此需采取防垢、除垢措施。

1)防垢措施

(1)根据地层实际情况,选用阻垢剂,定期向地层里挤注阻垢剂从而抑制各种垢的形成;

(2)从油套环空中注入多功能阻垢缓蚀剂,或将阻垢剂与缓蚀剂复配注入,达到阻垢、防腐的双重目的;

(3)采取持久性防腐和定期除垢相结合的工艺措施。

2) 除垢措施

(1) 由于 X 气田的结垢类型主要是碳酸钙垢,因此酸洗或酸溶能起到很好的效果。该方法是较为成熟的除垢技术,成本低,除垢效果稳定;

(2) 推荐酸液配方为:10%～20% HCl+1%～2% 酸化缓蚀剂+1%～2% 铁离子稳定剂+1% 互溶剂+0.5%～1% 的防膨剂+0.3%～0.5% 的助排剂+其他。

具体实施应根据现场实际情况,确定用酸强度和浓度等,配置溶垢能力强,浓度适宜,对油管、套管和流程设备腐蚀较小的酸液。

5. 排水采气工艺技术研究

由于该气藏为边水凝析气藏,在开发过程中将有一定量的地层水和凝析油产出。如果生产过程中天然气中析出的凝析油和产出的地层水不能带出井筒,将会造成气井井筒积液。

1) 停喷压力预测

影响气井的气流能否将井底液体带出井筒的因素有很多,主要有单井产气量、气井含水、最低井口回压、温度、油管内径、地层压力等。根据气井生产系统分析,对系统流入和流出建立数学模型,通过模拟分析确定气井停喷压力。其主要考虑以下因素:

(1) 单井产气量:单井产气量高于将井筒液体(水和凝析油)携带出井筒所需的卸载流量;

(2) 气井含水:气井含水量较少时(井筒气液比>1750m^3/m^3),按单相流或拟单相流计算井筒压力损失,反之则按气液两相流计算井筒压力损失;

(3) 最低井口回压:考虑天然气外输对井口压力的要求,将最低井口回压定为 8、10、12MPa;

根据生产系统分析模拟计算可知:

(1) 井口回压增大,停喷压力增大。井口回压增大,井筒内压力增大,井筒内气体进一步被压缩,井流物密度增大,从而使井筒内因重力造成的压力损失增大。

(2) 气井见水,停喷压力剧增:一方面气井含水,井流物密度增大,造成井筒内压力损失增大;另一方面,随着气液比的增大,井筒内的流态由单相流转变为气液两相流,井筒内压力损失增大。

(3) 采气管径越大,停喷压力越高:大的油管尺寸,有利于降低井筒内压力损失,但油管尺寸越大,把液体携带出井筒所需的卸载流量越大,从而造成在相同的井口回压下,气井的停喷压力较采用小尺寸油管的高。

为了充分利用地层能量,降低气井停喷压力,尽可能延长自喷期,可采取以下措施:

(1) 从试采气井来看,气井投产初期均能满足携液的要求,地层能量、产能下降之后,在进行单井采气油管尺寸选择时综合考虑单井产能以及含水、压力变化情况,使所选油管内径与之相匹配。

(2) 在满足输气的条件下尽可能降低井口回压。

2) 排水采气工艺适应性分析及选择

目前,国内常用的排水采气工艺主要有:优选管柱排水、泡沫排水、气举排水、电潜泵排水、柱塞举气排水等。

(1) 优选管柱排水工艺井下管柱结构简单,成本低,技术成熟可靠,同时也便于管理,非常适合 X 气田这类超高压气田。

(2) 泡沫排水工艺投资成本低,应用广泛,如在 X 气田采用该技术,需研制适应高压、高温、凝析油和高矿化度的泡排剂。

（3）气举排水工艺灵活,技术成熟,对斜井或大斜度井以及恶劣开采条件的井(存在腐蚀、出砂、结垢情况)适应性强;针对不同的需要已经发展了系列气举技术,X气田对水淹井复产、利用临近高压气源井气举具有较好的适应性。

（4）电潜泵排水工艺对斜井或大斜度井以及恶劣开采条件的井(存在腐蚀、出砂、结垢情况)适应性较差,主要适合于大液量水淹井的复产或气藏强排水,由于投资成本较高及液量范围限制等,X气田不适合采用。

（5）柱塞气举工艺对斜井或大斜度井以及恶劣开采条件的井(存在腐蚀、出砂、结垢情况)适应性差,免修期短。适合井深在3000m内,产水量在30~50m^3/d内,气液比在700~1000m^3/m^3的自喷井或间喷井助排生产。技术较成熟,运行成本较低但应用范围不广。柱塞气举因免修期短和深度限制不适应X气田气井排水采气。

综合以上分析,根据气田开发方案预测,气井开采初、中期,不会有大液量产出,如有少量液体产出,完井所选用的3½in油管可满足配产条件下的携液要求,不会造成井筒积液;开发后期,由于边水的侵入可能造成井底和井筒积液,可采取优选管柱及目前成熟的泡沫排水采气工艺进行排液,但泡沫排液需要研发适应X气田的高温、高矿化度及凝析油的深井泡排剂,作为技术储备,为开发后期排液采气作准备。

八、气田污水回注设计

X气田是具有边水的凝析气藏,其产出水密度1.0027~1.0522g/cm^3,为$CaCl_2$水型,气田生产污水主要含有凝析油、醇、悬浮物等。从经济角度考虑,将产出水回注地层较为经济,但考虑前期地层压力高,回注地层需要较高的回注压力,以及影响凝析油的采出,因此宜采用达标排放方式处理气田产出污水。

达标排放处理污水,除考虑凝析油、醇、悬浮物、溶解气等以外,还要对金属元素含量进行检测处理,须满足排放要求。图8-8是X气田达标排放污水处理流程。

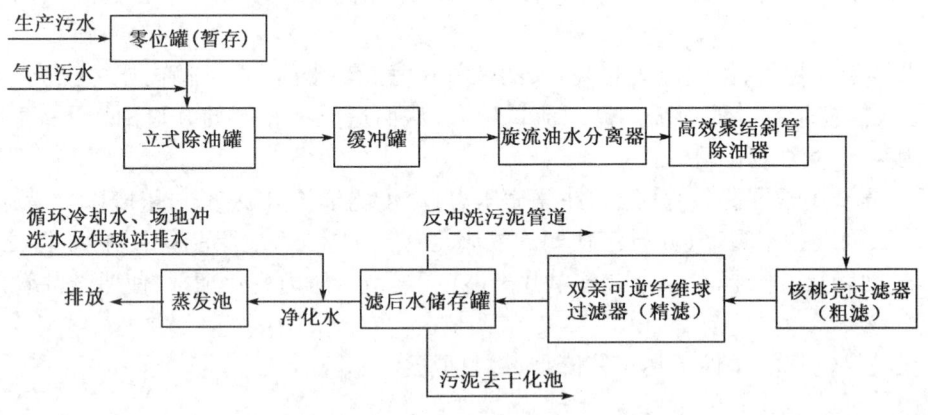

图8-8　X气田达标排放污水处理流程

九、生产动态监测设计

为确保该气田长期稳定和经济高效开采,在确保测试安全和满足开发动态分析的基础上,鉴于X气田异常高压测试难度大的实际情况,以既能满足开发动态分析对监测资料的需求,又要达到测试安全、减少测试工作量的目的。

1. 监测方式

井下压力、流量等监测的主要方式有钢丝或电缆测试、永久式监测系统、毛细管测压技术及无线遥测系统测试等。

(1)由于 X 气田开采初期井筒压力高、流速大,不建议见水前采用钢丝或电缆测试,如果井底存在明显积液,可以根据井的实际情况尝试使用电缆井下测压。

(2)永久式监测系统监测井下压力、温度和流量,事先将井下压力计(附带温度测量功能)、井下流量计随射孔完井投产管柱下井并永置于井下,在地面需要录取井下压力、温度和流量资料时,将地面接口与井口接头相连进行数据采集即可,因此非常适应于 X 气田气井井下测压,但考虑到永久式监测系统价格昂贵,建议在部分重点井上采用。

(3)毛细管测压技术具有测量精度高,井下部分结构简单,元件不易损坏,耐高温,地面部分操作简单,易于检修等优点,尤其适合于机械采气井,考虑到安装比较复杂、数据实时性差、集中监测困难等问题,不建议在 X 气田气井上采用。

(4)无线遥测系统测试运用先进的遥测技术,在井下管柱中接一压力发送装置,其信号通过地层传至地面接收系统,从而监测井下压力,考虑到井筒环境及干扰问题,不建议在 X 气田气井上采用。

2. 建议监测方案

(1)气井产水前井底静止压力、流动压力测试及不稳定试井主要采用井口测试方式进行,在部分重点井上可安装井下永久监测系统直接监测井底压力。

(2)气井产水后井底静止压力、流动压力测试及不稳定试井只能采用井底测压,可采用两种方式进行:一是在那些安装了井下永久监测系统的重点井上使用永久监测系统测压,二是直接下入井下压力计到井底测压。

(3)由于产水前采用井口和井下永久监测系统测压解决了超高压高产气藏监测难题,因此压力和温度监测及不稳定试井方案可参照行业标准和文件规定要求实施。

(4)各井投产前,应按照规定要求,进行产能测试。测试方法由气藏工程根据气田特点及气藏工程的需要来确定并统一,建议采用修正等时试井进行产能监测。

(5)由于气藏是背斜型边水层状凝析气藏,对产出流体常规化监测,可半年取样分析 1 次,但在见地层水前后,加密取样每 1~5 天 1 次,至水性落实为止。至于高压物性监测,可在投产初期选择 1~2 口井进行高压物性取样和分析。

(6)气藏为背斜型边水层状凝析气藏,因此应在气、水界面较近的生产井或观察井,每年测地层压力一次,半年取水样一次,并做水样分析;对气、水界面的生产井或观察井,当有地层水推进时,由气藏工程结合实际情况,确定加密测取地层压力和加密取水样分析的安排。

(7)由于过高的井筒压力及较高的配产要求,从安全角度考虑,见水前可不进行产出剖面监测。

(8)从 X 气田实际情况考虑,不建议进行井下状况工程监测,只需按行业标准和文件的规定要求,定时定点进行地面工程监测。

十、健康、安全和环境保护设计

该气藏属异常超高压气藏,采气工程方案执行过程中,各项生产作业工作都要树立"以人为本、安全第一、能源与自然和谐"的原则,认真贯彻执行国家、地方及行业、企业有关健康、安全、环境的法律、法规和规定,并对操作员工进行相关应急演练。

小　　结

本章主要介绍了采气工程方案设计的特点、作用、主要内容及程序,简述了采气工程方案设计的主体工艺设计内容及方法,分析了不同方法的特点,针对不同的气藏特点,给出了相应的技术措施。利用典型实例分析,较为系统地阐述了采气工程方案设计的主要内容及设计方法,以及如何恰当的选择各种技术措施。

参考文献

[1] 杨川东.采气工程[M].北京:石油工业出版社,2001.
[2] 金忠臣,杨川东,张守良,等.采气工程[M].北京:石油工业出版社,2004.
[3] 曾时田,吴柳生,高碧桦.四川地区平衡钻井及井控技术研究[J].天然气工业,1986,6(2):49−61.
[4] 何生厚.油气开采工程师手册[M].北京:中国石化出版社,2006.
[5] 采气工程方案设计编写规范:SY/T 6463—2012[S].
[6] 石油天然气工业健康、安全和环境管理体系:SY/T 6276—2014[S].
[7] 气田水注入技术要求:SY/T 6596—2016[S].

习　　题

8−1　简要叙述采气工程方案设计的主要特点和基本任务。
8−2　采气工程方案设计的主要内容是什么?
8−3　采气工程方案设计的原则及依据是什么?
8−4　储层伤害的潜在伤害因素有哪些?
8−5　增产措施设计的主要内容有哪些?
8−6　生产动态监测的主要目的与任务是什么?
8−7　气井水合物是如何生成的,防治措施主要有哪些?
8−8　气井产出液的主要来源有哪些?产液对气井生产有何影响?排除井筒积液主要有哪些手段以及如何选择?
8−9　如何避免冲蚀?
8−10　HSE是何含义?